但在这些著作中,未见以中华人民共和国成立后与日本关系史为起点作为研究范围的,其中有可弥补之处。因为中华人民共和国成立后与日本的关系,是一个新生的东方社会主义国家和近邻日本的崭新关系。它虽是过去近中日两千年关系史的延续,又是完全不同于封建时期和半殖民时期的新中日关系。因为中华人民共和国是一个人民当家作主的社会主义国家,它是在维护国家主权与尊严的基础上,平等、独立地发展和外国包括发展和日本的关系。这和战后中日两国之间有几年关系的性质是不一样的,虽然这几年的中日关系和中华人民共和国成立后的中日关系都受二战结果、冷战格局的强烈影响。所以,本书研究从中华人民共和国与日本关系史的本质着眼,要写一部《新中国与日本关系史》,也是一部"新中日关系史"。

"新中日关系史"的创新之一是以中华人民共和国对日政策为重点揭示中国政府和人民制定、贯彻对日友好政策,要建立中日关系上真正友好、平等、新型的中日关系的真诚愿望和过程。

"新中日关系史"的创新之二是新研究起讫点及新的分期。本书是第一本从中华人民共和国成立开始至今的中日关系双边通史。从1949年一直写到2010年约61年的历史,这里面包含中日关系新的分期。这是目前国内唯一一本《新中国与日本关系史》,也是从1945年第二次世界大战结束写中日关系的各研究断限中所述历史最长的。

"新中日关系史"的创新之三是新的全景式研究视角。本书内容除了中日关系史著作中主要以政治、外交之外,更多地增加了经济、文化、民间交往等方面的内容,例如像中日青年之间的交流,书中有专门的论述。书后的大事记完全配合书中的论述,有的部分为了集中、凝练,未能详细铺陈,相关拓展可在大事记中得到补充。为同样再拓展的目的,书后的参考书目也和相关的中日关系史著作有所不同,除集中反映了中国、日本等国的已有成果之外,从我主要研究中华人民共和国外交史的专业基础出发,增加了外交文献、外交史等参考书目。

"新中日关系史"的创新之四是利用了中国、日本最新的档案材料。中国外交部档案馆在最近几年将1949—1965年的外交部档案有选择的公开,其中包括这一时期的对日工作档案。尽管这段时间中日未建

1949—2015

新中国和日本关系史

HISTORY OF
CHINA-JAPAN RELATIONS
1949—2015

张历历——著

上海人民出版社

前　言

　　《新中国与日本关系史》的全称是"中华人民共和[国……]史"。中华人民共和国与日本关系史是中华人民共和国[……]一部分。如果认为中华人民共和国对外关系史是对外关[系……]中华人民共和国与日本关系史就是其中的双边史，也可[……]史。因为这样更好区别于通史中和双边史中的专门史或[……]

　　中华人民共和国与日本关系史是中国和日本关系史[……]的历史。因此，也是对当今中国对外关系发展和社会[……]的历史。由于中日两国地理相邻、有长达近两千年的[……]言、习俗人种相近，特别是从 19 世纪末甲午战争起日本[……]年的历史给中国人民造成严重的灾难，留下了不可磨[灭……]都使中日关系成为中国对外关系中最复杂的关系，当[……]要的对外关系之一。

　　中华人民共和国成立后就已经有一些对中日[……]1978 年改革开放前主要是在日本侵华史方面做了一[……]学术意义上开展研究还是在改革开放之后。20 世纪[……]系双边通史集中出现。这批著作有五六本之多。作[……]1978 年改革开放前就从事中日关系实务工作的老一[……]批著作的起始年代都是从 1945 年第二次世界大战结[束……]的日本和当时中华民国的历史。所以一般都称为"战[……]有著作称为"当代中日关系"，也是从 1945 年第二[次……]起，这是从历史学中的分期而来，以此时为当代的起[……]

　　到 21 世纪，中国学术界对中日关系的研究成果[……]或专题研究成果很多。如以日本政府的对华开发援[助……]至少有三本专著面世。关于中日双边通史的研究起[……]以 20 世纪百年中日关系为研究范围的；有以 1972 年[……]史为研究范围的著作出版。

立外交关系,内容不是很多,但已对研究这段时间的中日关系有很大价值。书中尽可能地予以摘录发表,以增加学者研究的方便。日本方面的外交档案也在最近这些年公布到20世纪70年代,书中也尽可能加以引用。

《新中国与日本关系史》是从中国的立场出发,以科学、求真为标准,力图全面准确地反映这段历史的本来面貌和内在规律。通过对这段历史的研究,发现中日人民要求友好、理解与紧密合作的愿望推动着中日两国的国家关系不断发展。这就是中日关系发展的内在规律。在长期研究中,感觉到新中国与日本关系史的研究不仅仅是一门学术研究,还有强烈的政治性。既往的这段过程不仅是历史,还对中日关系的动态,甚至对中日关系的未来起作用。影响中日关系的因素十分复杂,有推动的力量,也存在各种阻碍、倒退力量。就是在对中日关系的研究中,也存在一些以讹传讹、混淆、挑拨性的研究观点。因此,希望本书能对读者研究、了解中日关系有所帮助。

希望中日关系能在21世纪排除困难,不断向前发展。

目　录

目 录

第一章

中华人民共和国成立对国际关系的影响

第一节　1949 年是东亚历史的分水岭

一、 中华人民共和国成立的国际影响

中华人民共和国成立是近代以来东亚历史的分水岭,是第二次世界大战结束后的又一历史坐标。

中华人民共和国成立后即被简称为新中国,因为是以国家政权的基本性质为标准,区别于之前处于封建社会和半殖民地时期的旧中国。[①]新中国是劳动人民当家作主的国家,而不是之前由剥削阶级掌握政权的国家。但由于中国的国家性质发生的变化,在第二次世界大战结束后的国际体系里,中国的地位、作用、影响同之前相比有极大的不同,都变得很"新"了。[②]

新中国的成立既改变了此前的东亚历史,又对此后的国际关系产生了巨大的演变作用。

---

① 《毛泽东外交文选》,世界知识出版社、中央文献出版社 1994 年版,第 79 页。

② 日本《读卖新闻》1949 年 10 月 4 日评论:"去年以来,国际社会所关注的中国共产党政权终于成立了,中国历史揭开崭新的一页。"

　　新中国的成立受二战后冷战格局的强烈影响,它的成立使正在形成的社会主义阵营得到极大的加强,使社会主义阵营从东方到西方连成一片,并且成为社会主义阵营坚强的东方前哨,使世界综合力量对比发生了有利于社会主义和爱好和平人民的变化。

　　新中国的成立极大地推动了亚非拉人民反帝、反殖、争取民族解放和独立的斗争。

　　新中国横空出世改变了冷战格局初期东亚地区的国际关系,成为该地区的一个不断上升的属于社会主义阵营的重要的国际力量。冷战格局在东亚地区的表现非常复杂。第二次世界大战中的亚太战场是仅次于欧洲战场的又一主战场。在这里形成了以中国军民为主抗击日本陆军主力的中国大陆战场和以美国海空军为主和日本进行海上和岛屿作战的太平洋战场。到二战末期,苏联军队主力也加入这一战场作战,并对击败日本军国主义作出了重大贡献。但是,历史发展极其复杂,美苏在欧洲形成对抗的同时,在东亚地区却有所妥协。经过波茨坦会议,美苏在东亚地区达成默契,由美国军队直接占领全部日本和三八线以南的朝鲜,苏联占领南库页岛和北方四岛。这样,就出现日本被纳入美国控制之下这样的结果,并使日本至今仍受这一结果的影响。

　　新中国的成立直接打击了处于顶峰状态的美国。新中国的成立粉碎了美国妄图称霸中国、称霸东方的企图,是美国登上资本主义霸主地位后受到的第一次沉重打击。中华人民共和国成立使第二次世界大战后中国内战在大陆结束。新中国成立后,美国不甘心对华政策的失败。美国为封锁新中国,而重新大力支持蒋介石集团,并改变对日政策转而扶植日本及韩国、南越等反共政权以构筑东亚冷战锁链。

　　所以,经过第二次世界大战后几年错综复杂的斗争之后,到 20 世纪 40 年代末 50 年代初,美国在中国、朝鲜、越南三个社会主义国家外侧构筑了冷战堤坝。美国认为东亚社会主义力量弱小,不惜发动侵略战争,企图颠覆这三个国家的社会主义政权。在东亚地区,两大阵营的对抗不仅仅是冷战形态,而以热战形式出现。1950 年 6 月 25 日爆发的朝鲜内战,几天后因美国武装干涉扩大为国际间的局部战争。10 月 25 日中国人民志愿军参战,形成了以中朝为一方,以美国为首的另一方的抗美援朝战争。东亚爆发了冷战格局开始后的第一场大型局部战争。

二、中华人民共和国成立对中日关系的影响

新中国的成立开创了中国对外关系的新纪元,根本改变了近代以来旧中国的对外关系,也根本改变了近代以来旧中国和日本的关系。

中国和日本同处太平洋西部、亚洲的东部地区,为世代相邻的国家。中日之间根据最早的史料记载距今已有约两千年的历史。在中日交往史中的大多数时间中,两国关系是和平友好的。但日本在1868年明治维新之后,逐渐走上了对外侵略扩张的道路。日本的首要侵略目标对准中国、朝鲜等东亚邻国。中日关系就变成为侵略和被侵略的关系。日本在1894年发动甲午战争侵略中国初战得手后,时隔几年就对中国进行一次侵略,并企图吞并灭亡中国,终于导致中国的全面"抗日战争"。①这一日本侵华史长达五十余年,日本也成为外国侵略者中"为害中国最烈的国家"。"日本对中国的损害无法估量,单是死人,中国就死了几千万。……日本欠中国的账是最多的。"②

日本的侵略激起全中国人民的坚决抗击。经过艰苦卓绝的奋战,在世界反法西斯阵营的支持下,中国人民终于在1945年8月15日取得最后胜利。抗日战争是自鸦片战争以来,中国反对帝国主义侵略战争中取得的第一场胜利,不仅彻底粉碎了日本帝国主义妄图奴役中国人民的梦想,而且和其他反法西斯国家一起消灭了它。收回了50年前被日本割占的台湾、澎湖列岛等中国领土,并向世界宣布和证明南沙群岛等也是属于中国的领土。

中华人民共和国中央人民政府宣告成立,取代中华民国政府成为全中国的唯一合法政府和在国际上的唯一合法代表,中华民国从此结束了它的历史地位。这是在同一国际法主体没有发生变化的情况下,新政权取代旧政权,中国的主权和固有领土并未由此而变化,中华人民

---

① 这段历史可参见张历历:《百年中日关系》,世界知识出版社2006年版。
② 《邓小平文选》第3卷,人民出版社1993年版,第293页。

共和国政府理所当然地完全享有和行使中国的主权,其中包括对台湾、香港、澳门的主权。从此,中国人民在主权独立,完全平等的基础上自主和世界各国政府和人民开展双边和多边关系,为维护世界和平发挥重要作用。

新中国成立之后即享有较好的国际声誉,以苏联为首的社会主义国家迅即承认,许多民主主义国家和爱好和平的资本主义国家也给予承认。连英国、荷兰也和中国建立了不完全外交关系。

新中国成立之后即面对许多复杂的历史遗留问题,在较短时间内新中国中央政府迅速解放了中国大陆的所有国土:和平解决了西藏问题,1950 年 4 月解放了海南岛。1955 年解决了苏军从旅顺口撤退问题。当时还剩下香港、澳门问题需要解决。由于台湾海峡的阻隔以及朝鲜战争发生后美国武装干涉留下了台湾被蒋介石集团占据,并造成至今尚未完成统一大业的台湾问题。

新中国成立后所处的国际环境非常复杂。既由于二战后不久中国革命迅速取得了胜利,帝国主义阵营无法组织有效的干涉,又由于中国人民赶走的最后一个帝国主义——美国是当时处于顶峰的最大的帝国主义,也是一个空前的超级帝国。新中国成立后,美国迅速组织力量,除了马上武装干涉朝鲜半岛外,在各方面组织扼杀新中国的反华战线。美国还企图武装日本,这会对新中国的国家安全构成重大威胁。[①]美国在中日关系方面造成中日之间隔绝敌对的不正常状态。美国的冷战政策给新中国发展设下了重重障碍。

第二节　美国对日本占领与控制政策

一、 战后初期的美国对日占领政策

日本自古代立国后,一千多年时间中一直是未受侵略和占领的岛国(在世界历史中不多见)。1853 年,美国海军少将黑利率舰队打开了

————————

① 《毛泽东外交文选》,世界知识出版社、中央文献出版社 1994 年版,第 162 页。

日本封建社会的大门。在严重的民族危机面前,日本国内统治阶层发生变化,于1868年开始"明治维新",建立了以封建残余和资本主义相结合的体制,走上以对外侵略富国强兵为国策,以侵略中朝、东南亚为进攻方向的侵略道路。但是经过几十年的侵略战争,日本民族落得一个无条件投降的结果。1945年8月15日日本宣布无条件投降后,美军远东最高司令部成为日本的最高权力机构,日本政府只是个对内维护社会秩序的执行机构。

美国在战后初期的对日政策,是要使日本不再可能成为其竞争对手,所以对日本军国主义的制裁比较严厉。但从1948年末至1949年起,中国大陆形势突变,中国革命的胜利形成不可阻挡的历史潮流,美国被中国人民赶出去已不可改变。在这种形势下,美国感到它需要日本作为对付亚洲革命的桥头堡,需要日本为其亚太反社会主义战略服务。所以,美国此后逐渐改对日限制政策为扶植政策,利用单独占领日本的有利条件,既为了将日本置于其长期有效的控制之下,也为了冷战的需要,把这个太平洋上的岛国扶植成为对付苏联为首的社会主义阵营的桥头堡。

这期间美国对日政策改变的一个风向标是考虑在联合国框架内推动签订"对日本和平条约"。美国的意图是利用它所操纵的多数签订片面的对日和约,使美国对日本的占领长期化和合法化,变日本为美国的军事基地。①

1950年6月朝鲜战争爆发后,美国加快了签订片面的对日和约、变日本为其侵略和后勤基地的步伐。美国对日政策也由占领政策转为控制政策。其对日政策执行的重点就是对日本的军事占领予以部分改变。由于日本处于美国单独占领下,其内政外交都由美国来决定,加上美国当时能控制联合国的表决机器,所以从1950年起便加紧策划,变对日军事占领为条约控制。这样既便于减少日本人民的反抗,减轻美国的经济压力,又有利于利用日本政府支持美国的远东战略。

---

① 吴学文、林连德、徐之先:《当代中日关系》(1945—1994),时事出版社1995年版,第16页。

1950 年 9 月 17 日,杜鲁门发表"对日媾和的七原则",并指示国务院抓紧工作。10 月 20 日,蒋介石当局的驻美"大使"在纽约成功湖听取杜勒斯对七原则的说明。1951 年 1 月 25 日至 2 月 1 日,杜勒斯访日期间表示,"美国不想签订胜利者对失败者的和平条约,而是要签订作为友邦的条约"。3 月中旬,美国拟订的对日条约草案出台,30 日分送给 11 个远东委员会成员国及印度尼西亚、锡兰(今斯里兰卡)、韩国等。9 月 4 日,联合国对日和会在旧金山举行,9 月 8 日举行签字仪式,参加的 51 个国家中,苏联、波兰、捷克拒绝签字,其他 48 个国家和日本在和约上签字。中华人民共和国在联合国的合法席位没有恢复,被排斥在外。

该条约共分 5 条,主要内容有:美国有权在日本国内及其周围驻扎陆海空军,驻日美军可援助日本政府镇压日本人民的革命斗争;未经美国事先同意,日本不得将其基地给予任何第三国;美军驻扎日本的条件由日美两国政府间的行政协定决定。1952 年 4 月 28 日,美国背着苏联等国一手操纵联合国签订了旧金山和约,取消了对日占领状态,让日本形式上恢复主权。

但是,这时的日本只是名义上恢复主权,在内政方面自主权还大一些,外交方面完全被纳入美国的全球战略范围,特别是日本的对华政策,都是在美国指挥下进行的。对日本军国主义残余也由较严厉的镇压改变为豢养政策。①加上大批日本过去的侵华分子重新上台,这些人还抱有敌视中国人民的观点,自然就采取敌视新中国的政策,由此造成中日关系的不正常状态。这一历史过程也说明日本的国际地位是很低的。

二、 美国严控日本对华政策

日本对华政策是在美国对华政策制约下制定执行的。在新中国成立后,美国已看出在中国不可能保留帝国主义特权和改变社会主义建设路线,便迅速制定了敌视中国的对华政策。1950 年 4 月 6 日,美国

---

① 在日本郊区关押政治犯的巢鸭监狱中的大批侵华分子陆续被释放。如 1957 年当上首相的岸信介就是这时被释放的。

政府任命在野党的杜勒斯为国务院顾问,负责对日和约的缔结。6月,他访问了日本、韩国。在他访问东亚地区期间,朝鲜战争爆发,美国加速了对日媾和的步伐,加快组织反华包围圈的步骤。

美国对华政策是当时美国东亚战略的核心,并以此为中心来制约和操纵日本对华政策,影响了中日关系。

然而,中华人民共和国作为代表中国的唯一合法政府被排斥在对日和约之外,是违反国际正义的。根据《波茨坦公告》规定的对日和约必须先由美、苏、中、英、法五大受降国处理的原则,新中国自然要参加对日和约的会议。周恩来总理于1950年12月4日发表谈话指出:"中华人民共和国中央人民政府是代表中国人民的合法政府,它必须参加对日和约的准备、拟制和签订。"1951年12月4日,周恩来再次声明:"如果没有中华人民共和国参加,无论其内容与结果如何,一概认为是非法的,因而也是无效的。"①

日本人民和各阶层人士也反对旧金山片面对日媾和,要求缔结全面和约。国际上,苏联等社会主义国家、印度等国也要求新中国参加对日和约,认为美国所策动的对日和约,不仅不能缓和远东的紧张局势,反而会助长新的战争危险。

但是,美国不承认中华人民共和国,而和蒋介石集团保持着正式的外交关系,并操纵日本政府的对华政策。1951年12月15日,杜勒斯到东京对吉田茂首相谈道:"如果日本政府不和'中华民国'签订和约,美国国会就不批准旧金山对日和约。""'国民政府'作为中国的合法政府,已被美国和其他国家所承认,台湾是远东的军事战略要地。日本政府同'国民政府'进行和约谈判,是符合日本利益的。"

日本政府当然知道中国的合法政府是中华人民共和国,也想和新中国建立联系。所以,最初几个月和美国在与中国大陆建立联系上有矛盾,但美国坚决切断日本政府想和中国拉关系的想法,要其向美国对华政策看齐。12月18日,杜勒斯把他写的一封信送交吉田茂,要他签字后送还。双方以此信为基础多次磋商,最后产生了所谓"吉田书简",

---

① 《周恩来外交活动大事记》,世界知识出版社1993年版,第23页。

表明日本政府屈从了美国的反华政策。该书简主要内容如下：(1)日本政府希望最终同日本的邻邦中国建立全面的政治的和平与通商关系；(2)日本准备和"中华民国"签订重建正常关系的条约；(3)在两国间签订的条约中，有关对"中华民国"的条款，适用于现在"中华民国国民政府"控制下的或今后在其控制下的全部领土；(4)中苏友好同盟实际上是针对日本的军事同盟；(5)有迹象表明，中共政权支持企图颠覆日本宪法制度和现政府的日共；(6)鉴于上述情况，可以确认，我(吉田)没有和中共缔结两国间条约的意向。

针对蒋介石政权的担心，杜勒斯曾对顾维钧说："如日本不遵守对美国之诺言，美国自有办法应付。我预料，日本即将于日内正式宣布它与贵方成立双边和约的愿望。"两天后，1952年1月16日，美日两国政府分别向国际社会公布了该书简。

2月16日，日本政府代表河田烈率团到达台北。日方带去的所拟条约草案的名称为"日本国政府关于终止战争状态及重建正常关系的条约"，而没有和约的提法。这引起蒋介石集团的强烈反对，指责日方的草案并非和约而像是通商航海条约之类的一般性商业条约。双边和约的谈判处于僵持状态时，美国再次施压，要求日本必须在美国国会批准旧金山和约之前完成日蒋"和约"的签订程序。经过讨价还价，双方于1952年4月28日签订了日蒋"和约"，同一天，旧金山和约也正式开始生效。日本国会在社会党、共产党、劳农党等在野党强烈反对的前提下，于5月14日强行通过了这项"和约"，并在8月5日"生效"。这是日本政府敌视中国人民的集中表现，反映了它妄图插手中国内政，重新染指台湾的企图。"日台和约"后恢复的所谓日台"邦交关系"，构成了中日两国邦交正常化的主要障碍。

第三节　中国对日外交政策

一、外交部对日政策的研讨

新中国和国际上的主权国家的外交关系都是由政务院外交部负责

的。中央人民政府政务院首任总理周恩来兼首任外交部部长。①

但当时新中国和日本的关系却非常特殊。因为 1949 年 10 月 1 日
中华人民共和国成立时,日本还处在美国军事占领之下,并不是一个形
式独立的国家,没有外交和国防权。但这种情况到 1950 年初开始改
变,美国在联合国主导起草对日本国家地位有重大变化的《对日本和平
条约》,这对美国对日政策将带来什么变化? 新中国外交部按当时的国
际情况,迅速开展了对日政策的研讨制定。②

1950 年 5 月起,新中国外交部就对日和约问题讨论会召开了多次
会议。12 日,先就对日和约问题讨论会的召开举行了预备会。会议主
席:章汉夫。出席人:乔冠华、陈家康、沈端先、李曙森、吉雅泰、李纯青、
孟宪章、钱端升、邓光、刘思慕、郑森禹、李一氓、冯宾符、龚澎、梅汝璈、
周鲠生、宦乡、管大同、冯乃超、江右书、刘覃荣、周维斌、王铁崖、冀朝
鼎、刘彬、姚仲明、胡愈之、孙方、何思敬、章汉夫、张友渔、庄涛、王晶喜、
杨刚。分为(1)和约程序组;(2)领土组;(3)政治组;(4)军事组;(5)经
济组;(6)赔偿组。第一次会议,和约程序;第二次会议,军事领土;第三
次会议,政治;第四次会议,经济赔偿。会议地点:南池子人民外交
学会。③

从这一系列会议的准备可以看出外交部相当重视对日和约问题的
讨论。参会者绝大多数是当时和后来共和国外交界、学术界及各方面
的名人。会议分四次举行,重点清楚,六个小组分工明确,涉及议题全

---

① 新中国外交部组成情况,参阅张历历:《外交决策》,世界知识出版社 2007 年版,第
97 页。

② 本节写作及引用大量详细中国外交档案也是为证明新中国外交部从成立后即开始
研讨制定对日政策。而不是如某些著作认为:中国也是在鸠山政权成立后才开始有组织地策
划与制定对日政策的。可参见[日]毛里和子:《中日关系:从战后走向新时代》,徐显芬译,社
会科学文献出版社 2009 年版,第 21 页。

③ 外交部解密档案:原档号 105-C0062 档号 105-00089-02(1)名称:我外交部就对日
约问题进行的讨论会记录(1950 年 5 月 12 日)。本节所使用的外交部档案由外交学院外交
学系国际政治专业 2009 级硕士研究生李靖摘录,因档案原件陈旧,并用繁体字记录,存在个
别字抄错的可能。因中日间此时未建交,故这部分档案并未收在外交部档案馆编:《解密外交
文献——中华人民共和国建交档案 1949—1955》(中国画报出版社 2006 年版)中,只能到外
交部档案馆现场调阅。

面。参会者中,比较有意思的是沈端先(笔名夏衍)。他既是1927年参加中国共产党的老革命,又是名满天下的大作家。外交部成立时公布他为亚洲司司长,但有说法他未到职。从外交部解密档案发现,他不仅到职,而且参加重要工作。

对日和约第一次讨论会,是1950年5月16日下午2时,在南池子人民外交学会举行。会议主席:周鲠生。出席人:梁上苑、孟宪章、刘思慕、柯伯年、管大同、周鲠生、王铁崖、郑振铎、郑森禹、周维彬、庄涛、刘泽荣、李纯青、宦乡、王飞、柳无垢、章汉夫、冯宾符、杨学纯、孙方、丁明、杨刚、徐明、浦寿昌、梅汝璈、李曙森、浦山、胡愈之、刘英、张闻天、冯乃超、陈家康、徐达涛、张友渔、乔冠华、罗静宜、夏衍、赵夷年、姚仲明、阎明智、陈叔亮、冀朝鼎、周敏、钱端升、何方、李仁川、刘贯一、曾达斋、孟用潜。

> 主席:……第一个请陈家康先生给我们做关于一般形势的报告,第二个请梅汝璈先生做关于程序问题的报告。
>
> 陈家康讲话重点:……我们可得到一基本结论,就是由于中苏条约的成立,对日媾和已操主动地位,这是一个基本形势的改变,就是说我们取得了有利的地位。……假如单独媾和,不但不能解决国际问题,且亦不能解决日本国内的问题……。关于对日媾和的斗争策略:……第一争取日本人民,第二打击美帝的方针。……我们应与苏联紧紧地在一起采用一致步骤。在这样的原则下我们既不怕单独媾和也不怕拖,同时形势是渐渐对我们有利的。①

这次会议上外交部的陈家康提出了对日和约的重要策略:"第一争取日本人民,第二打击美帝的方针。"这也可以看成是新中国成立后对日外交的基本原则。

第二次对日和约讨论会。时间:1950年5月17日下午2时;地点

---

① 中国外交部解密档案:原档号105-C0062 档号105-00089-03(1)名称:我外交部就对日和约问题进行的讨论会记录(1950年5月16日下午2时)。

同前;主席:周鲠生。出席人:梁上苑、冀朝鼎、刘思慕、王铁崖、李曙森、李纯青、王晶垚、刘彬、王飞、庄涛、陈家康、温剑风、刘贯一、宗君仁、周鲠生、孟宪章、何方、周维斌、陈叔亮、柯伯年、李一氓、夏衍、赵夷年、刘泽荣、周敏、郑森禹、曾达斋、胡千持、阎明智、管大同、罗静宜、乔冠华、杨学纯、张友渔、孟用潜、梅汝璈、胡愈之、张闻天、冯宾符、刘英。

　　主席:今天是第二次讨论会,有两个报告:对日和约的领土与军事问题。领土由李曙森先生报告。军事由庄涛先生报告。①

　　第三次对日和约讨论会(关于政治民主化问题)。时间:1950 年 5 月 18 日。出席人:张友渔、王铁崖、庄涛、梅汝璈、陈家康、管大同、郑森禹、刘贯一、王晶喜、李一氓、王飞、柯伯年、李曙森、曾达斋、夏衍、孟用潜、刘英、乔冠华、李纯青、刘思慕、冯宾符、姚仲明、王仪、罗静宜、刘彬、刘泽荣、周鲠生、冀朝鼎、赵夷年、阎明智、周敏、朗林、陈叔亮。

　　主席:今天请王铁崖先生与刘思慕先生来担任做两个报告。②

　　第四次对日和约讨论会(关于经济与赔偿归还问题)。时间:1950 年 5 月 19 日下午 2 时。地点:南池子人民外交学会。主席:周鲠生先生。出席人:冯宾符、孟宪章、周鲠生、郑森禹、李一氓、陈家康、郑振铎、庄涛、浦寿昌、李曙森、刘泽荣、浦山、李纯青、任以沛、张友渔、王飞、陈叔亮、钱端升、王晶垚、赵夷年、王铁崖、陈涛、冀朝鼎、杨刚、何方、刘英、孟用潜、周敏、罗静宜、朗林、姚仲明、梁上苑、刘贯一、丁明、刘彬、夏衍、王仪、管大同、阎明智、宦乡、曾达斋、张闻天、刘思慕、胡愈之、柯伯年、梅汝璈、乔冠华。

---

　　① 中国外交部解密档案:原档号 105-C0062 档号 105-00089-04(1)名称:我外交部就对日和约问题进行的讨论会记录(1950 年 5 月 17 日下午 2 时)。
　　② 中国外交部解密档案:原档号 105-C0062 档号 105-00089-06(1)名称:我外交部就对日和约问题进行的讨论会记录(1950 年 5 月 18 日下午 2 时)。

主席:今天有三个报告。一个是经济民主问题由郑森禹先生来报告。第二是工业水平问题由李纯青先生来报告。第三是赔偿问题由孟宪章先生来报告,并由冀朝鼎先生来作补充。①

从后三次会议看,讨论到各方面的具体重要问题。从这一系列研讨会的规模、主题可以看出外交部为制定对日外交政策集中各方的杰出专家学者进行了研讨。以对日外交政策系列研讨会的举办为例,可以得出新中国外交政策制定的基本步骤:先调研分析,再讨论决策。这次系列研讨会涉及除对日和约有关的程序、法律问题外,还包括关于政治民主化问题、日本工业、对华战争赔偿问题等,并决定了建国初期中国外交应对单方面的对日和约的基本政策。

就在中国外交部紧张研讨对日政策之际,东北亚朝鲜半岛爆出大事。1950 年 6 月 25 日爆发的朝鲜内战因美国武装干涉扩大为国际间的局部战争。朝鲜战争的演变和扩大,严重威胁到新中国的国家主权及领土安全,直接导致了中国人民志愿军参战。美国为在东北亚地区获得国际支持,加速改变对日直接占领政策为给予日本形式独立、间接控制为美国所利用的政策(战略要地仍采取直接军事占领政策)。

二、 中国对日外交战略

针对 20 世纪 50 年代初冷战格局下的实际状况,为打破美国的对华封锁遏制政策,新中国第一代领导人毛泽东、周恩来等对对日外交进行了相当准确的战略分析。

美国利用占领日本的地位,逐步执行扶持日本将它变为美国在东亚地区执行冷战政策的桥头堡,甚至有可能成为美国发动侵略战争的帮凶。新中国领导人判断:"在东方,美帝国主义要发动战争就要控制日本。"②鉴于日本过去的侵略给亚太人民造成巨大灾难的历史,如何

---

① 中国外交部解密档案:原档号 105-C0062 档号 105-00089-06(1)名称:我外交部就对日和约问题进行的讨论会记录(1950 年 5 月 19 日下午 2 时)。

② 《周恩来外交文选》,中央文献出版社 1990 年版,第 13 页。

防止日本军国主义再起就成为新中国领导人制定对日政策的重要考虑。①又由于经过半个世纪的侵略和反侵略战争,中日两国之间的了解和联系超出一般的国家关系。领导取得抗日战争胜利的新中国领导人毛泽东、周恩来等深信,日本人民是要求和中国人民友好的,中日两国人民都反对战争。毛泽东指出:"我们所有东方人,在历史上都受过西方帝国主义国家的欺侮。日本虽然是一个东方国家,但是过去它又是一个帝国主义国家,它也欺侮别的东方国家,可是现在连日本都受欺侮了。……因此,我们东方人有团结起来的感情,有保卫自己的感情。"②中日两国人民之间是要求友好的,也是能真正友好的。而中日人民之间的友好关系发展起来,就可以遏制美国在东亚推行战争政策,从而有利于东亚地区的和平。因此他们将新中国外交的突破口选在和宿敌日本的关系方面。

三、 中国初定对日外交政策

中国领导人认真分析和制定了对日外交方针。1950 年初,周恩来总理已认识到对日和约的签订恐怕不可避免。1950 年 3 月 20 日,周恩来总理兼外交部长在给外交部全体干部做形势报告时讲道:"美国它企图单独缔结对日和约。"③为打破中日关系僵局和冷战封锁,中国要不失时机地利用国际场合争取打开中日民间关系,先从民间交往入手,争取日本人民的同情和支持。中国领导人认为,恢复中日邦交正常化符合中日两国的长远利益,特别是日本人民的长远利益,由日本人民推动日本政府改变敌视中国的政策,最后争取中日邦交正常化。这就是著名的"以民促官"对日外交政策的基本设想。

对于片面的"旧金山对日和约"和非法的"日台和约",中国政府是坚决反对的。1952 年 5 月 5 日,周恩来总理兼外交部长发表声明指出:"美国政府包办制造的单独对日和约,决不是什么恢复日本主权、独

---

① 参见 1950 年 2 月 14 日中苏两国政府缔结《中苏友好同盟互助条约》,载《中华人民共和国对外关系文件集》第 1 集,世界知识出版社 1957 年版。

② 《毛泽东外交文选》,世界知识出版社、中央文献出版社 1994 年版,第 163 页。

③ 《周恩来外交文选》,中央文献出版社 1990 年版,第 13 页。

立和改变日本的被占领地位的条约。恰恰相反,它是彻底变日本为美国军事基地和附属国的备战条约和奴役条约。""对于美国所宣布生效的非法的单独对日和约,是绝对不能承认的;对于公开侮辱并敌视中国人民的吉田蒋介石'和约',是坚决反对的。"

针对美日联合敌视中华人民共和国的政策,中国政府和人民确定的对日外交方针是针锋相对,与之斗争。这就是:日本必须废除非法的日蒋"和约",断绝同台湾蒋介石集团的所谓外交关系,中日邦交才能正常化。

但是,由于冷战格局的制约,在相当时期内美日难以改变反华政策、中日官方关系难以打开的情况下,中国如何开展对日工作,如何促进两国人民的了解和友谊? 周恩来在同日声明中说得很清楚:"中国人民深知,在美国占领下的日本以吉田政府为首的反动集团不能代表人民",中国人民"愿意与日本人民和平相处,友好团结,互通贸易,互相尊重民族独立和国家主权,以保障远东和平,因为只有这样,才能对中日两个国家和人民都有利益的"。

虽然日本政府不承认中华人民共和国是中国的唯一合法政府,台湾是中国领土不可分割的一部分。根据国际法,在日本政府未与中华人民共和国政府签订和约之前,由日本军国主义侵略中国所造成的中日之间的战争状态并没有结束,中日两国之间的外交关系就处于非正常状态。但是中国政府和人民基于中日两国人民之间的传统友谊,从处理好中日关系有利于亚洲及世界和平的大局出发,以博大的胸怀和远见卓识确定了重点发展中日人民间的友好关系、以推进中日关系(包括政府关系)全面发展的对日政策,为两国关系排除人为障碍,虽然十分艰难但仍不断地向前进。

四、 中国对日民间工作机构的设立

中国领导人清楚地认识到,在相当长的时间里,日本不会承认新中国,也不会和新中国外交部打交道。那么如何打开中日关系呢? 只能从非官方关系入手。从非官方关系入手,新中国外交部从事这项工作就不太适宜。

自新中国中央人民政府政务院成立之后,对日工作就在进行。如前述外交部的对日政策研讨会及后述新中国中央人民政府政务院贸易部与日本的贸易团体的电函往来,这些都表明对日工作是在政务院总理周恩来领导之下进行的。朝鲜战争爆发之后,新中国外交的主要力量集中在如何维护国家的主权安全及国际尊严上,放在打破美国操纵一些国家对中国制造的所谓"经济封锁"上。新中国政府对和中国有长久历史关系并对中国国家的领土主权安全造成重大损害的日本及日美关系的动向相当关注。朝鲜战争爆发后,美国严控日本,通过《旧金山对日和约》变日本名为独立、实际仍在美国东亚冷战反华指挥棒下。中国政府对这一状况非常了解。为打破美国严控下的日本敌视新中国的政策,在政府关系短时间难以打开的情况下,创造性地以先发展中日人民之间的关系来打开中日关系隔离的局面。

要打开中日民间的关系,中央人民政府有必要建立新的工作班子负责对日民间关系。[1]从最初的情况分析,在 1952 年 5 月以前,对日民间关系还处于试探建立阶段。新中国政府的运行机制是在政务院总理周恩来的指导下以下属机构的形式来进行。工作方式是抓住时机、放出信息、寻求反应。[2]根据 1952 年 5 月,日本三位国会议员费尽周折被中国方面的中国贸易促进委员会,从莫斯科请到北京的经过分析,周恩来似已组织了一个工作小组来完成中日首次民间贸易协定的谈判。这一工作组名义上还是中国贸易促进委员会牵头,如中方签订者是中国贸易促进委员会主任南汉宸,主要的接待和谈判人是中国贸易促进委员会副主任冀朝鼎。但自始至终负责接待工作的孙平化是中共中央涉外部门的工作人员。这一工作小组是临时性的还是常设的目前还难确定。但从这个小组的组成人员分析,周恩来这时已抽调国内各部门适合从事对日民间关系的干部,开始筹建在他直接领导下的对日工作班子。

---

① 这一新的工作班子何时建立运作目前没有统一意见。关于对中日民间工作班子的建立已有吴学文、罗平汉等人的不同表述。参见[日本]毛里和子:《中日关系——从战后走向新时代》,徐显芬译,社会科学文献出版社 2009 年版,第 21 页。

② 例证见本书第二章第二节。

　　在 1952 年 5 月至 6 月,中日第一次民间贸易协定谈判期间,中国共产党内和日本渊源极深、出生在日本东京大久保、在东京早稻田大学上过大学、精通日语的廖承志并未露面。他此时还在国家华侨事务部门工作,似无参与这次活动。①1952 年 10 月,廖承志出席了在北京举行的亚洲及太平洋区域和平会议,但并不是会议的组织者。不过有接近对日民间工作的迹象。从他出席这次和会的照片中看到,在他后排坐着王芸生。②1953 年 1 月,廖承志还在广东省广州市华南分局第一次华侨工作会议上做总结报告。紧接着同年 2 月,廖承志就直接在一线从事中日民间关系的工作。2 月 18 日,他以红十字会代表的身份在和日本代表团关于协助日侨归国问题的第一次正式会谈时,发言"协助日侨回国旨在增进中日人民的友好关系"。③从此时起,廖承志就直接出现在中日民间关系工作中,以他的政治地位,应该是在周恩来领导之下的对日工作班子的具体负责人,并大约领导近 20 年的对日民间工作。④周恩来领导下、由廖承志具体负责的对日民间工作班子汇集了一大批优秀干部和人才。

----

　　①　1952 年 5 月 12 日,廖承志在缅甸华侨回国观光团座谈会上讲话。见《廖承志文集》上卷,人民出版社 1990 年版,第 104 页。

　　②　见《廖承志文集》上卷,人民出版社 1990 年版,照片部分(第 6 面)。王芸生为中国对日民间工作班子的资深成员,书后部分会提到此人。

　　③　《廖承志文集》上卷,人民出版社 1990 年版,第 209 页。

　　④　廖承志在 20 世纪 50 年代—80 年代去世前长时间担任国务院侨办的领导工作,和 50 年代担任过共青团中央的领导工作,但他最出名的是从事中日民间外交所做的工作。

第二章

新中国成立前后的中日民间关系

第一节　最初的中日民间接触

一、日本对华友好团体的成立

虽然战后初期日本政府追随美国执行敌视新中国的政策,阻碍了中日两国之间正常的交往。但由于历史、文化、地理和经济等方面的原因,中日两国人民要求友好往来的心情与愿望是迫切的,也是任何势力都无法阻隔的。深受战争之苦的日本人民和各界人士强烈要求发展与中国的友好关系。最初的表现为促进中日贸易三团体和日中友好协会的相继成立。

1949 年,在中华人民共和国成立前夕,日本经济界看到中国革命胜利大局已定,于是推进日本和新中国贸易的活动逐渐展开,代表各阶层利益的贸易团体相继成立。

最初成立的友好团体是于 1949 年 5 月 4 日成立的中日贸易促进会。它由社会党、共产党的成员及进步学者、工会活动家、大企业和中小企业的企业主组成。主要负责人是铃木一雄。该协会在成立后发表的宗旨称:鉴于战前日本对中国的进出口贸易占有巨大的比重,日本经济的复兴,同新中国的贸易是绝对必要的。新中国期待日本放弃过去的侵略性,与民主的日本进行真正的合作,并强调通过同新中国进行直接贸易来实现中日友好。该协会 1955 年 1 月 28 日至 1958 年 4 月 22 日期间称中日贸易会,此后改称日中贸易促进会,1967 年解散。①在此期间该协会为开辟和发展中日贸易发挥了积极作用。

1949 年 5 月 24 日成立的国会议员促进中日贸易联盟是个超党派的国会议员组织。它表面上看起来是一个政治性组织,其实它已经超出了党派的利益,由代表各种经济团体的政治家组成。成员包括民主自由党、民主党、社会党、共产党、绿风会、劳动党等。主要负责人是民主党的占米地义三、绿风会的帆足计、自由党的平冢常次郎。有 300 多名参众两院议员参加该联盟。该组织于 1953 年 6 月改称国会议员促进日中贸易联盟。20 世纪 50 年代的四次中日贸易协议都是以该联盟为主要谈判团体。

中日贸易协会成立于 1949 年 6 月 20 日,是一个纯产业界人员组成的实业家团体。主要负责人是日产重工会社社长箕浦多一。它的成立宗旨是抛弃过去经济侵略式的对华贸易方式,把日本经济同新中国工业建设结合起来,通过中日贸易加深中日两国人民的团结和友谊。

以上三个团体的成立标志着在新中国成立前夕,日本已经存在要求同新中国进行贸易的社会阶层。这首先是由于日本经济在战争中遭到破坏,物质资源不足,粮食缺乏,失业率高,特别是中小企业尤为困难,他们要寻找出路。其次,国际上美国在欧洲和亚洲推行冷战政策,使国际局势趋向紧张。刚刚求得和平的日本各阶层人士对美国的冷战体制产生了危机感。为此他们展开反对战争、维护和平的运动,并要求同社会主义阵营,特别是同新中国对话,建立友好关系。所以不少进步人士,虽然与贸易无关,也参加到贸易团体中来。

二、 日中友好协会成立

除了有关促进中日贸易的团体外,希望中日两国友好的日中友好协会也及时成立。1949 年 10 月 10 日由内山完造先生(鲁迅先生的老

---

① 这三个日本民间组织的名称为什么把中置于日之前,请参阅吴学文、林连德、徐之先:《当代中日关系》(1945—1994),时事出版社 1995 年版,第 34 页。

朋友)为首的一批日本有识之士发起并召开了日中友好协会筹委会会议。经过一年的努力和准备,日中友协于 1950 年 10 月 1 日正式成立。参加成立大会的有 22 个都道府县的代表及各政党、工会、贸易团体、文艺界、学术界和华侨留学生等各界代表共 180 人。"与会者的社会阶层是第二次世界大战结束后日本民间团体集会中最为广泛的。"①

成立大会时会长暂缺,后选举参议员松本治一郎为会长。副会长有作家丰岛与志雄和社会党的原彪及中国研究所所长平野义太郎等,理事长由内山完造担任,理事共 73 人,包括众议员黑田寿男、参议员西园寺公一等一批社会名流。事务局局长由小泽正元担任。这一民间团体具有广泛的群众基础与极强的代表性。

协会的成立宗旨抨击了日本军国主义的侵华政策,提出日本军国主义对中国的侵略不仅破坏了中国人民的生活,也破坏了日本人民的生活,造成这种不幸的最重要的原因就是统治阶级强加于日本人民的错误的中国观,为摆脱这种错误的中国观的蒙蔽,需要作出最大的努力。宗旨还强调必须重新建立两国关系,以保证两国人民的和平与繁荣。在当时的历史条件下,协会提出这种主张与观点是需要极大勇气的。

协会为了贯彻其宗旨,首要任务就是使日本社会了解新中国。协会通过其机关报《日本与中国》正确介绍新中国的国内建设与对外政策,驳斥美国占领军控制下的日本政府宣传机构的反华宣传。协会还把通过合法途径购买的《人民日报》、《世界知识》等中国报刊杂志分发给提出要求的大学、研究所及报社等机关团体,这些资料都成为正确了解中国的主要信息来源。这次行动引起美国占领军的极大恐慌,1950年 11 月 15 日,大阪市警署根据美军指示以分发诽谤占领军的文件、妨碍占领目的为由,搜查了协会驻大阪支部事务局,逮捕了事务局局长坪井正、事务局负责人坪井己之助、事务员山口和子三人,没收了《人民日报》、《世界知识》等中国报刊。后又传讯并逮捕了前去作证的日中友好协会事务局局长小泽正元等人,进而搜查了东京的友好协会总部,逮捕

---

① 吴学文等:《战后中日关系》,时事出版社 1995 年版,第 36 页。

了资料部部长赤津益造,并对这些友好人士予以拘留和判刑,不断对协会的活动进行限制和镇压。但协会不畏美军的镇压,一直坚持宣传了解新中国的活动,并继续坚持早在协会的筹备阶段就已提出的"发展百万会员"的运动方针,使日中友好运动不断向前发展。

该协会还积极参与解决在华日侨归国问题,并组织成立"中国殉难者慰灵执行委员会"。在送还中国劳工死难者遗骨方面进行了艰苦的工作。这些活动表明日本人民渴望了解新中国,渴望和中国发展友好关系。

三、最初的中日民间贸易

中日贸易团体的建立为日本与新中国进行贸易准备了组织基础,在他们的努力推动下,中日民间开始了最初的贸易往来。

1949年底,中日贸易促进会给新中国的贸易部部长发来信函,要求与新中国合作,发展中日贸易。1950年2月,中国贸易部副部长沙千里复电表示,愿与中日贸易促进会合作。这可能是新中国成立后中国政府和日本贸易团体的第一次联系。[1]同年1月30日,日本通产相稻垣平太郎在众议院预算委员会上表明,希望同中国开展多边贸易。3月15日,美国国务院批准日本可以有条件地同中国进行贸易,并通告许可进出口的货物清单。

为缓解日本燃料和粮食的不足,3月24日参加中日贸易促进会的日本商社和中国签订了进口东北大豆15 000吨的合同,由于当时日本船只还不能进入中国港口,由英国商社作中间人,使用英国商船在香港装运。

与这种客观形势相配合,参加国会议员促进中日贸易联盟的议员们也开始从法律上推进中日贸易的展开。4月25日,国会众议院提出促进日中贸易议案,但未能审议通过。28日,参议员帆足计等20人在参议院提出《关于促进日中贸易决议案》,29日进行了表决,并获多数票通过。决议提出,重开日中贸易是日本经济自立和振兴的重要环节,日本政府应采取积极措施,尽早和新中国互换经济使节。

---

① 李恩民:《中日民间经济外交(1945—1972)》,人民出版社1997年版,第133页。

新中国和日本第一次直接贸易是食盐贸易。当时中国食盐价格便宜,日本方面对进口中国的食盐表示了极大的兴趣。综合贸易商社共荣商事会社社长山本省与一位曾在国民党政府盐务总局工作过的中国人士取得联系,经过此人两次赴日本洽谈,于 1950 年 4 月与有关商社签订了 90 000 吨食盐的交易合同。同年 8 月,日本商社在香港租船将合同规定的食盐从天津运抵日本北九州。这可能是日本从新中国直接输入的第一种商品。①根据中国外贸部的统计,1950 年中日贸易总额为 4 700 万美元,其中中国出口 2 100 万美元,进口 2 600 万美元。②日本向中国出口的是钢材、电动机等,中国向日本出口的是大豆、煤炭、铁矿石、食盐等。

这种民间贸易开始不久,1950 年 6 月朝鲜战争爆发。以美国为首的主要资本主义国家对中国实行全面禁运政策。日本政府执行美国政府制定的全面禁止向中国出口物资的政策。从 1950 年 6 月至 1952 年 6 月中日贸易全面断绝两年之久,使中日两国的经济都遭受了损失。

第二节　中日民间交往打破了美国封锁

一、　中国政府打破封锁的举措

从处理好中日关系有利于亚洲乃至世界和平的大局出发,中国在开辟中日交往方面采取了主动措施。

最早的举措是从人道主义立场出发采取的。1950 年夏,中国红十字会会长李德全、常务理事伍云甫应邀出席在摩纳哥召开的国际红十字会会议。他们按行前周恩来总理的指示,在会议期间主动与日本赤十字社社长岛津忠承接触,并谈到愿帮助尚留在中国的 3 万多日侨归国。日本赤十字社将这一喜讯带回国内,立即在日本引起强烈反响。③

---

①　李恩民:《中日民间经济外交》(1945—1972),人民出版社 1997 年版,第 134 页。

②　田桓编著:《战后中日关系史年表》(1945—1993),中国社会科学出版社 1994 年版,第 15 页。

③　高粱:《不能忘却的历史情缘》,《参考消息》2002 年 6 月 13 日。

其次,中国又在经济贸易方面采取主动行动。

为打破西方国家"封锁禁运"与加强东西方经济交流,苏联、中国等社会主义国家计划在 1952 年 4 月召开莫斯科国际经济会议。会议的发起人之一中国人民银行行长、中国国际贸易促进会主任南汉宸于 1951 年 12 月 8 日向石桥湛山等日本政界、财界及学界的著名人士发出邀请函。为此,1952 年 1 月 27 日,石桥湛山、村田省藏等人组成国际经济恳谈会,研究如何发展东西方贸易以及中日经济关系问题,并于 2 月 25 日推选代表及向外务省申请前往莫斯科参加会议的护照。但忠实执行美国对中苏封锁政策的日本外务省拒绝发给代表护照。莫斯科国际经济会议于 1952 年 4 月 2 日准时召开。高良富、帆足计和宫腰喜助三位国会议员想尽办法,冲破重重困难,最终以访问其他国家的机会在会议开幕与闭幕之后先后到达苏联。

4 月 9 日,高良富在国际经济会议上作为日本代表演讲,表示日本必须发展日中贸易。三位议员在莫斯科期间取得的最切实的成果是就中日贸易的方针原则与中国代表南汉宸和对外贸易部副部长雷任民进行了会谈。中国代表看到日本朋友的友好意愿后,迅速报告给国内,中国政府决定正式邀请三位议员访问北京。

1952 年 5 月 15 日,高良富、帆足计、宫腰喜助三位国会议员及其随行秘书共五人乘坐伊尔 14 飞机抵达北京西苑机场。中国贸易促进委员会副主任冀朝鼎和负责接待工作的孙平化等去机场迎接,并安排他们居住在宣武门附近头发胡同的一个四合院内。高良富、帆足计和宫腰喜助三位国会议员成为新中国成立后到京的第一批日本客人。此后高良富等人与中国国际贸易促进委员会按照当时在莫斯科达成的共识进行了半个月的谈判。

二、 中日第一个民间贸易协议达成

1952 年 6 月 1 日,中日之间的第一个民间贸易协议签订。协议规定了易货贸易方式和贸易总金额为 3 000 万英镑;并针对禁运货单采取同类物资交换的原则;按当时双方供求关系的需求程度,将双方出口货单分为甲、乙、丙三类,规定同类货物互换。

这个贸易协议后来在执行过程中由于受到美日反华势力的多方阻挠和破坏,经延期半年也只完成了规定贸易额的 5%,但是它仍然具有巨大的经济意义和政治意义。首先,它开启了两国民间正常的贸易渠道,使中断两年的贸易交流重新启动,并为今后的中日经济交流提供了模式与经验。其次,这个贸易协议在政治上打破了美日政府对华的经济禁运,表达了两国人民要求友好合作、维护亚洲乃至世界和平的强烈愿望。高良富在签字仪式上发表的谈话中称这个协议"是中国人民与日本人民之间深厚友情的象征,是为了建设和平经过深刻考虑与长时间努力的结果所产生的"①。另外,高良富一行在中国期间还到其他地方参观访问,了解新中国的情况。他们回国之后,受各方面的邀请,多次介绍新中国的情况,使日本人民更准确地了解新中国,加深了中日两国人民之间的理解。

高良富等人的行动与贸易协议的签署得到了日本各界人士的热烈支持。而日本政府指责他们"违反签证法",企图追究他们的法律责任,但在各界人士的保护与社会舆论的巨大压力下,日本政府只得不了了之。日本广大群众的这种态度在客观上形成了对美日对华政策的强烈批判。

三、 亚洲及太平洋区域和平会议在北京举行

1951 年 10 月,为反对朝鲜战争以及战争对全亚洲的威胁,全印度和平理事会向世界和平理事会建议在北京举行亚洲及太平洋区域和平会议。建议被采纳后,1952 年 6 月 3 日在北京召开有关国家代表参加的亚太和会筹委会会议。当时在京的高良富等人作为日本代表应邀参加了会议,并在会议宣言上签了字。北京和会筹委会决定向日本有关团体发出正式邀请,日本各阶层人士热烈响应亚太和会筹委会的呼吁,有关团体和人士组成了以日中友好协会会长松本治一郎为团长的 60 多人的代表团准备前往北京参加和会。但吉田内阁拒绝发放护照,阻止代表参加和会,还指使暴徒袭击了在外务省门前静坐的申请护照的

---

① 杨正光编著:《当代中日关系四十年》,时事出版社 1993 年版,第 17 页。

代表。但一部分代表不畏困难,想尽办法,如一桥大学教授南博、巴商事代表樱井英雄绕道欧洲到达北京;另一部分代表如中村玩右门、龟田东伍等人是乘小渔船偷渡到达中国。最后到北京参加会议的共有 13 名日本方面代表。

1952 年 10 月 2 日,亚太和会在北京举行,亚太地区 37 个国家的 378 名代表出席了会议。日本代表团副团长、一桥大学教授南博在开幕式的致词中强烈表达了日本国民渴望和平与自由贸易的愿望。会议举行了 12 天,通过了 11 项决议及宣言。其中包括《关于日本问题的决议》,内容有以下四点:(1)有关各国必须实行全面的、真正的对日媾和;(2)反对和制止军国主义在日本复活,同时支持与日本人民建设独立、民主、自由、和平的新日本;(3)任何外国军队应立即从日本领土撤退,任何外国不得在日本保有军事基地,任何外国不得干涉日本内阁;(4)应完全取消外国政府对日本的和平建设及对外贸易的各种人为限制。①会上日本代表先后发言,要求制止朝鲜战争,缔结全面对日和约,实现真正的和平。他们还从不同角度批评日本政府屈从美国执行亲美反华的对外政策。这种爱好和平、反对战争的大无畏气概赢得了各国会议代表的赞同与支持。

这次和会大大激励了亚洲各国的和平运动和民族独立运动,特别是大大推进了 1952 年日本的和平友好运动。战后首次开拓通往中国之路的高良富等人带回的中国电影《白毛女》在日本全国上映后,成为中日文化交流的新契机,而日本代表参加在北京召开的亚太和会则是日本国民将视线转移到亚洲的契机。

1953 年 7 月 27 日,朝鲜停战协议签订。远东形势有所缓和,这一方面有助于日本人民与远东各国建立正常关系;另一方面,朝鲜战争给日本经济带来的"特需景气"也因此而减缓。日本经济界人士于朝鲜停战后立即将目光转向寻求稳定的市场方面。1953 年 7 月 29 日和 30 日,日本参众两院分别通过了促进日中贸易决议案,要求政府迅速采取

① 〔日〕岛田政雄、田家农:《战后日中关系五十年》,东京东方书店 1997 年版,第 117—118 页。

适当的措施,至少把日中贸易的限制降到西欧各国水平,并为相互通商而缓和航海限制,以促进日中贸易。

在这种情况下,经帆足计和铃木一雄的联络,国会议员促进日中贸易联盟和一部分工商界人士组成的通商视察团,于 9 月正式对中国进行访问。团长为自由党的池田正之辅,访问团成员共 26 人。这是战后日本第一个由各党派和实业界代表组成的大型代表团,也是日本政府第一次给前往中华人民共和国的代表团签发"通商视察"的出国护照。

日本民间代表团在华期间除了参加了中国的国庆观礼活动外,主要是与中国国际贸易促进会就中日贸易问题举行了会谈。鉴于第一次民间贸易协议经两次延长后又将期满,中日双方发展贸易的愿望又是共同的,所以在 1953 年 10 月,中日双方经过 20 多天的谈判,取得一致。第二次中日民间贸易协议于 1953 年 10 月 29 日签订。该协议规定商品总额和种类大致与第一次贸易协议相同,但比第一次协议更具有现实性,而且将政策上允许的部分及时地纳入新协议,有效期截止到 1954 年 12 月 31 日。协议后附的备忘录中首次提出了相互在对方首都设立贸易代表部的意向。

第二次中日民间贸易协议签订后,两国民间交流发展得比较顺利,到协议期满时,中日贸易实际成交额达到规定额度的 38%,虽不及原计划的一半,但比起第一次协议的执行情况来,显然有很大的长进,说明中日交往在不断扩大。

四、 中日民间外交方针的提出

随着中日两国民间交流的不断扩大,周恩来总理在接待日本客人时明确表述了中国政府对日"民间外交"的基本方针。

1953 年 9 月 24 日,日本拥护和平委员会主席大山郁夫应中国人民保卫世界和平委员会的邀请,在出席了哥本哈根世界和平理事会后经苏联来到北京。9 月 28 日,周恩来总理接见了大山郁夫教授,就有关中日建交的原则和民间往来的方式进行了交谈。

首先,大山郁夫教授表示:过去日本军国主义长期侵略中国,日本人民未能及时加以制止,使中国人民蒙受巨大损失,我代表日本人民向中国人民表示歉意。中华人民共和国政府和中国人民对于日本人民一贯采取友好态度,我代表日本人民谨致感谢。对此,周恩来总理说,日本军国主义分子的对外侵略罪行,不仅使中国人民和远东各国人民遭受了巨大损失,同时更使日本人民蒙受了空前未有的灾难。日本人民正在为争取民族独立、反对重新军国主义化而进行英勇的斗争,中国人民对此表示敬意。大山郁夫教授认为,东方各国,尤其是中国和日本,由于历史和地理的原因,关系应该更密切。周总理说:"我们是主张恢复与世界各国的正常关系,特别是与日本的正常关系的。但是,如果日本政府仍然继续做美国侵略中国和东方各国的工具,仍然继续执行敌视中华人民共和国和中国人民的政策,并仍然继续保持与蒋介石的所谓外交关系,那么,日本就将日益成为太平洋上不安定的因素,从而阻碍日本与新中国缔结和约、建立正常外交关系的可能。"大山郁夫接着说,中日两国外交关系未建立之前,并不妨碍两国人民间进行文化交流和经济交流。

周恩来总理表示赞同。他说,我们欢迎日本人民代表团来我国访问,但是今天美帝国主义和日本反华势力阻碍中日两国人民友好关系的发展。日本现政府公然执行美国政府的所谓"禁运",竭力阻碍中日贸易的发展和文化的交流。因此首先要打破这个阻碍,需要两国人民的共同奋斗。中日两国之间的贸易关系,必须建立在平等互利的基础之上。有些日本人认为"中国工业化,中日贸易就没有前途",必须指出,这是完全不对的。只有中国工业化,才能彻底改变过去那种"工业日本、原料中国"的帝国主义和半殖民地的经济关系,而建立起真正平等互利、有无相通的贸易关系。中国逐步实现工业化,中国国家和人民的生产、需要就会愈加扩大,它就愈加需要发展国际间的贸易关系。而日本是中国的近邻,在和平共处的基础上,中日贸易发展和经济的交流,是完全有它的广阔前途的。周总理还特别强调两国之间的贸易关系必须建立在平等互利的基础上。

这次谈话是周恩来总理首次会见日本客人就中日关系发表重要谈话,其中提出,两国在未建立正常关系之前可以进行民间的经济文化交流。周恩来总理的重要谈话在日本报纸刊登后,引起了日本社会各界广泛的反响和好评。

第三节　中国政府解决战后遗留问题

一、中国政府妥善解决日侨归国问题

随着中日民间交流的渐次展开,中日双方在解决战后遗留问题上迈出具有实质意义的一步,突出表现在中国政府妥善解决日侨归国问题和宽大处理日本战犯问题上。

在日本侵华战争中来中国的日本平民很多,但随着战争的结束大部分被迅速遣返回国,①而此后的遣返工作由于中国发生内战而中断,留在中国大陆的日本侨民大约有 35 000 名。新中国成立后,尽管中日两国没有建立外交关系,但从人道主义与区别对待日本军国主义和日本人民的角度出发,中国政府希望妥善并早日解决战争遗留下来的日侨归国问题。

1950 年夏天,中国红十字会会长李德全出席在摩纳哥召开的国际红十字会会议时,主动和出席会议的日本赤十字社社长岛津忠承接触,商谈在华日侨的归国问题。当时岛津忠承社长向中国红十字会表示,希望中国方面告知在华的日侨,日本赤十字社会援助他们回国。但中国政府的这一善意被朝鲜战争爆发所打断。

1952 年 12 月 1 日,中国政府有关方面就在华日侨的人数、生活状况等问题答新华社记者问时,明确表示:中国政府愿意协助自愿回国的日侨回国。关于具体事宜,日本的适当的民间团体代表可与中国红十字会协会进行协商解决。这一消息的发表被日本人称为"渡船"。②日本有关方面对此消息反应积极,12 月 25 日,日本在华同胞回国协商代表团派遣协议会决定组成以日本赤十字社社长岛津忠承为团长,日中友好协会的内山完造、平野义一太郎,和平联络会的田中政春等代表组成三团体代表团访问中国,就日侨归国问题进行协商。1953 年 1 月 26

---

① 参见张历历:《百年中日关系》第二编第九章第一节末的数字。
② [日]岛田政雄、田家农:《战后日中关系五十年》,东京东方书店 1997 年版,第 120 页。

日,三团体代表团起程访华,这是第一个持有护照上写着前往"中华人民共和国"国名的日本代表团。以廖承志为团长的中国红十字会代表团接待了日本三团体代表团的代表。双方进行了长达一个多月的谈判,于 3 月 5 日签署了《关于商洽协助日侨归国问题的公报》,商定由日本政府派船接运日侨回国,中方负担日侨到达港口以前的一切费用,并为归国日侨在携带物品和兑换外币方面提供方便。

1953 年 3 月 23 日,从中国驶往日本的第一条船"兴安丸"满载 1 000 多名日侨到达舞鹤港。此后,一直到 1958 年止,共分 21 次约有 35 000 名日侨归国。随着欢迎这些归国者的活动的展开,从 1953 年到 1954 年日本全国掀起了中国热。这些归国者以自己的亲身体验讲述了中国的实际情况,歌颂了新中国实行的人道主义,并以此和日本军队在中国进行的"三光政策"相比,唤醒日本民众对日本军国主义在中国犯下的滔天罪行进行深刻反省。

为了对中国人民在华日侨归国问题上所提供的帮助表示感谢,日本三团体经过努力,一批在日华侨 551 人乘坐"兴安丸"于 1953 年 7 月 2 日到达天津塘沽港。同时还成立了"中国殉难者慰灵执行委员会",调查和收集了从 1943 年到 1945 年被日本军国主义者强制劫往日本充当劳工,因受折磨而死的中国殉难者的遗骨 3 000 多具,并于 1953 年 7 月 2 日开始,分 10 批从日本接回中国。

二、 中国政府宽大处理日本战犯问题

另外,在日本投降后,当时的远东国际军事法庭和国民党政府设立的法庭对大部分的日本战犯作了处理。关押在我国的日本战犯主要包括:被人民解放军俘虏的 140 名战犯和 1945 年被苏联军队在我国东北俘虏并于 1950 年移交给我国政府的 960 名战犯。到 1956 年,在华在押案犯共 1 062 名。这些战犯绝大多数在侵华战争中罪行较轻,并且在关押期间有不同程度的悔罪表现。因此 1956 年 4 月 25 日,全国人民代表大会常委会作出了关于处理在押日本侵华战争中战争犯罪分子的决定。决定明确表示:鉴于日本投降后 10 年来的情况的变化和现在的处境,鉴于近年来中日两国人民友好关系的处境,鉴于这些战犯在关

押期间绝大多数有不同程度的悔罪表现,因此,决定对于这些战犯按照宽大政策分别予以处理。对于次要的或者悔罪表现较好的战犯,可以从宽处理,免予起诉;对于罪行严重的战犯按照其所犯的罪行和在关押期间的表现分别从宽处理;在日本投降后又在中国领土上犯有其他罪行的战犯,对于他们所犯的罪行,合并论处。

根据全国人民代表大会常委会的决定,最高人民法院特别军事法庭于 1956 年 6 月 9 日至 20 日,对 17 名罪行特别重大的日本战犯进行了审判,按照他们所犯罪行和在押期间的表现,分别从宽判刑。6 月 21 日,最高人民检察院对 335 名次要的和悔罪表现较好的日本战犯,宣布免予起诉,立即释放,遣送回国。到 8 月 21 日,最高人民检察院在抚顺对在押的 354 名日本战犯宣布免予起诉,并立即释放。这是中国政府释放的第三批日本战犯。至此,在押的战犯已经全部处理完毕。

中国政府对日本战犯的处理方式既明确了日本军国主义者在侵略中国时所犯的罪行,又体现了中国人民宽大为怀的气度,赢得了日本广大社会阶层的称道,为恢复和发展中日两国关系奠定了深厚的群众基础。

第四节　民间交往初现小高潮

一、初现小高潮的原因

从 1954 年至 1957 年,中日民间经济文化交流不断增加,出现了中日民间交往的高潮,这种高潮是在以下的背景下出现的:

首先,朝鲜停战协议的签订与日内瓦会议的召开,使国际形势出现缓和。中国人民志愿军与朝鲜人民并肩作战,经过五次战役,把美军赶回三八线,迫使美国与中国和朝鲜代表在板门店签订了停战协议。中朝双方在政治上、军事上取得重大胜利。这深深震动了日本政府,也显示了新中国的伟大力量。随后,新中国首次作为世界五大国之一参加了为讨论和平解决朝鲜问题和恢复印度支那和平问题于 1954 年 4 月召开的日内瓦国际会议。中国代表团首席代表周恩来在发言中阐述了新中国的和平外交政策,获得了国际社会的理解和赞同。在会议期间,中国代表团还开展了一系列的外交活动,为推动日内瓦会议的进展作了不懈的努力。日内瓦会议后,国际上掀起了与中国友好的热潮。

其次,和平共处五项原则的提出与万隆会议的召开为中国进一步与包括日本在内的亚洲各国的交往创造了条件。1954年中国和缅甸、中国和印度先后提出了和平共处五项原则作为处理国家关系的原则。此后,和平共处五项原则渐渐为世界很多国家所接受,并成为处理国家关系和国际事务的普遍准则。1955年4月,万隆会议召开,这是有史以来首次没有西方列强参加的、由亚非国家召开讨论有关自己切身利益问题的大规模国际会议。会议期间,周恩来总理和日本代表团团长高碕达之助举行了一次会谈。在准备第二次会谈时,日本政府迫于美国的压力,取消了第二次会谈。但是双方通过第一次会谈就中日关系问题交换了看法。这是中日政府代表团在国际上首次和官方接触。

第三,在日本国内,吉田政府的向美一边倒政策不得人心,他于1954年12月7日被迫宣布辞职。主张实行自主外交,并致力于改善对苏、对华关系的鸠山一郎内阁成立。鸠山一郎内阁在对华政策方面与吉田政府的路线,即置日中关系于日美关系的总框架内,维系日台"外交关系",制造"两个中国"的大方针并没有改变。但在人员交流和贸易往来中撤销了某些人为障碍,态度较前积极,并在指派有关人员进行带有官方性质的接触方面与吉田政府采取的死硬对华政策有着明显的不同(在吉田内阁末期,他的死硬政策被迫有所松动)。

另外,亚非会议后不久开始的中美大使级会谈对国际紧张局势,特别是对远东局势的缓和起了一定的积极作用。中美关系的变化影响了中日关系,为中日两国政府间的接触创造了有利的气氛。总之,在这一系列的有利条件下,中日民间贸易与人员往来频繁,为民间关系发展起了推动作用。

二、 多个日本代表团参加中国国庆五周年活动

随着中日民间往来逐渐升温,1954年国庆节前夕,日本两个超党派国会议员代表团来北京访问。一个是出席斯德哥尔摩世界和平大会

和访问苏联后来到中国的议员团,包括自民党的西村直己,改进党的中曾根康弘、樱内义雄、园田直等,以及共产党的须藤五郎等人。另一个是日本方面派来中国参加中国国庆节的大型代表团,他们有自民党的山口喜久一郎、小川平二、宇都宫德马,社会党的铃木茂三郎、佐佐木更三等。这两个超党派议员代表团共有40多名成员,包括了各党派的实力人物和有影响人士。

10月11日,周恩来总理在中南海紫光阁会见了代表团,并就中日关系当前存在的问题发表谈话。谈话重申了中国对日政策基本方针,并强调和平共处五项原则将成为以后中日两国关系正常化的重要指导方针,大致可归纳为以下几点:(1)日本可以拥有用于自卫的军备,但不是美国指挥下的军队。(2)希望日本人民团结自立,赢得独立。(3)中日两国人民要加强友好往来,阻止日本军国主义复活的危险。(4)妨碍中日关系正常化的主要原因是日本对美与对台关系问题。(5)和平共处五项原则是处理中日关系的根本原则。(6)只有两国共同实现工业化才能和平共处。("农业中国、工业日本"是错误的。)(7)中国即使强大了也不会威胁日本的发展。以上七个要点对日本客人具有充分的说服力,给议员代表们留下很深的印象。

日本代表团在华期间通过在中国各地参观访问,与各界人士交流,看到了新中国各方面取得的巨大进步,增进了中日双方的了解和友谊。日本代表团回国后纷纷举行报告会,积极介绍新中国的情况,促成各所属政党对华政策的调整。此次代表团访华使中日关系的民间交往具有了一些政府交往的性质,也可以看出日本外交政策开始显示出了一定的自主性。

三、 新中国第一个代表团访日

1953年春,日本赤十字社等三团体同中国红十字会就遣返在华日侨问题达成协议,并立即开始遣返工作。为了表达对中国方面的感谢,三团体决定邀请中国红十字会代表团访问日本,并于同年9月向日本政府提出申请,但被日本当局以不利于对美关系为由拒绝。日本当局的这种态度激起日本社会舆论的不满。在日本赤十字社、各地方议会及工会组织等广泛社会阶层的要求下,1954 年 5 月国会议员促进日中贸易联盟参众两院海外同胞遣返特别委员会向国会提出了超党派的《关于邀请中国红十字会代表团访日的决议》,5 月 27 日和 29 日在参众两院分别获得通过。随着吉田政府对华方针渐渐的不得人心,在强大的舆论压力下,已无力再坚持强硬态度的吉田政府终于在 8 月 3 日被迫同意中国红十字会代表团访问日本。

1954 年 10 月 30 日,以李德全为团长、廖承志为副团长的中国红十字会代表团由香港乘英国航空公司的飞机到达东京羽田机场。日本各界人士对新中国第一个访日代表团给予了热烈而盛大的欢迎。到达当日,赤十字社等三团体的代表,在华日侨家属代表,大山郁夫等社会名流,山口喜久一郎、高良富等各政党的国会议员及旅日的华侨代表共 1 000 多人到机场迎接中国代表团一行。日本各界代表 2 000 人还在东京日比谷公会堂举行群众大会欢迎中国代表团。

代表团在日期间,通过欢迎大会、宴会、茶会、座谈会、记者招待会以及电视广播等向日本社会各阶层强调说明中国政府和人民发展中日友好的愿望,表明他们访问日本的目的是把中国人民和日本人民长期友好和平共处的信仰和决心传递给日本人民,进一步加深两国人民的友谊和了解,并利用这次机会与日本有关团体协商日侨归国问题。这些谈话引起各界人士的强烈反应和共鸣。10 月 31 日,李德全团长向日本赤十字社送交在华日本战犯名单,使战犯家属感激不已。代表团在两周内还访问了名古屋、京都、大阪等地,所到之处处是掌声和欢呼声,在日本全国形成了一股"李德全热"。代表团还广泛接触了日本各团体、政界及经济界人士,其中包括日本厚生大臣草叶隆圆、众议院议长堤康次郎、参议院议长河井弥八等日本政府官员。代表团还和日本三团体发表关于日侨、华侨回国问题的联合声明。双方表示继续为对方人员回国而努力。访问获得了圆满成功,代表团于 11 月 12 日离开东京回国。

从中国红十字会代表团访日的整个过程来看,日本各界以热烈而持久的欢迎和接待的行动回应了代表团带去的中国政府和中国人民希望和平友好的心愿,使这次访问的意义远远超出了普通的人道主义的范围,从而达到了中日两国人民交流信息、加深理解的深层次的目的。

四、 第一个中日民间渔业协议达成

在中国红十字会代表团访日期间,中国政府遣返了近两年内由于侵入中国禁渔区而被扣留的多艘日本渔船和 300 多名船员。这一问题的产生主要是由于中日间没有一个可以依据的渔业协定。中日两国隔黄海和东海相望,因沿海一带盛产鱼虾而吸引了两国的渔民。日本自古渔业发达,第二次世界大战结束以后不久,日本渔船就开始远距离出海捕鱼。1949 年 10 月中华人民共和国成立之初,就宣布禁止外国渔船在中国沿海进行捕鱼作业,但当时没有宣布中国的领海宽度。(1958 年 9 月 2 日宣布中华人民共和国领海宽度为 12 海里。)日本渔民根据自己对领海地域范围的理解,仍然进入中国的领海禁渔区捕鱼,造成多次被中国扣留,问题一直得不到解决。

为了缔结渔业协定,日本于 1954 年 11 月 13 日成立日中贸易协议会。会长为村山佐太郎。在此协议会成立的同时中国也建立中国渔业协会。1955 年 1 月 10 日,以七田末吉为团长、村山佐太郎和山崎原之助为副团长的日本日中渔业协会代表团到达北京。1 月 13 日代表团开始与以杨煜、高树颐为正副团长的中国渔业协会代表团举行会谈。

谈判中,双方争论的问题很多,如在关于领海的范围,关于渔区内双方进入渔船的数量,关于渔区的划分及关于中国的军事区域和渔业资源保护区域等问题上,双方分歧较大。经过 3 个多月的谈判,双方在主要问题上基本达成了共识,发表了《关于中日渔业会谈的公报》,并签订了第一个中日民间渔业协议——《关于黄海、东海渔业的协议》。协议根据平等互利与和平共处的原则,对中日两国渔业界在黄海、东海的一定区域的捕鱼问题作了合理的安排,体现了中日两国渔业界相互谅解和友好合作的愿望,对为改善中日两国关系、增进中日两国人民的友谊作出突出贡献。

在渔业协议谈判的同时,中日民间还进行着另一场重要的谈判:关于第三次民间贸易协议的谈判。

在日本国际贸易促进协会会长村田省藏等的邀请下,1955 年 3 月

29 日,中国外贸部副部长雷任民率领的中日贸易代表团到达东京。这是新中国派往日本的第一个贸易代表团。以村田省藏为首的日本国际贸易促进会和以池田正之辅为首的国会议员促进日中贸易联盟组成了有各大党派议员和工商界的代表参加的代表团,同中方代表团就缔结新的中日贸易协议进行了为期一个多月的谈判,5 月 4 日在东京签订了第三次中日民间贸易协议。

进一步发展和扩大对华贸易是鸠山内阁的既定政策,因此这次贸易协议得到两国政府的支持。尤其是协议规定同意在对方境内举办商品展览会,双方同意在对方设置常驻贸易代表机构,其代表享有外交官待遇的权利等,使协议具有了明显的半官半民的性质,体现了"民间贸易、官方挂钩"的特点。这种进步与鸠山内阁为促进中日官方接触而作的努力是分不开的。协议签订之际,鸠山内阁表示为实现协议内容要给予支持和协助,显示了他希望发展中日关系的积极态度。但是由于受到来自美国的干涉,鸠山内阁并未在官方挂钩的方式下取得进一步的突破,其对华政策仍受到很大限制。

五、 中日民间交往层级提高

1955 年 11 月 9 日,由前首相片山哲、总评议长藤田藤太郎率领的拥护宪法国民联合会代表团访问中国。片山哲作为第一位日本前首相访问中国,受到中国的重视。毛泽东主席和周恩来总理会见了片山哲先生。代表团在华期间完成了关于今后中日关系的三个协议。(1)根据片山哲与周恩来总理的会谈,中国人民外交学会和拥护宪法国民联合会于 11 月 16 日发表联合公报。主要内容是中日两国间的所有问题都应通过和平对话解决,绝不使用武力或以武力相威胁。(2)代表团又和中国总工会之间达成了关于工人运动的协议,从工会的角度为恢复两国正常邦交和经济、文化交流而努力。(3)代表团和中国人民对外文化协会于 11 月 27 日达成了一项关于进行广泛文化交流的协议,可以称为第一个中日民间文化交流协议。作为实现这个协议的第一步,1956 年 3 月 23 日,日本成立了日本中国文化交流协会,该协会至今还发挥着巨大的作用。

1955 年 12 月 1 日,原全国人大常委会副委员长、中国科学院院长郭沫若率领中国科学院代表团访问了日本。代表团广泛接触了日本文化界人士,访问了东京、仙台、千叶、爱知等 11 个县。其活动范围大大超过了中国红十字会代表团和贸易代表团。这次活动沟通并加强了两国的文化往来,丰富了中日民间往来的内容。

从两个代表团团长的身份(一位是日本前首相、一位是全国人大常委会副委员长)及活动内容来看,中日两国互访的规格提高了,交流内容丰富了,步伐加大加快了。在这种形势下,中日两国之间的友好交流在许多领域都有深入发展。

在文化领域,1955 年 7 月,以松山树子为团长的日本松山芭蕾舞团来华访问。松山是日本版芭蕾舞剧《白毛女》的制作者和扮演者。7 月 25 日,周恩来总理会见了松山一行,并且还特意请来了中国歌舞剧《白毛女》中白毛女的扮演者王昆和电影《白毛女》中白毛女的扮演者田华,使三位"白毛女"共聚一堂,成为中日文化交流史上的一段佳话。1956 年 5 月 27 日,京剧大师梅兰芳率领的中国京剧代表团到日本访问演出。由于梅兰芳先生早年在东京帝国剧场曾经演出过,在日本有相当的知名度,所以这次访问演出受到日本国民的热烈欢迎。京剧团一行受到日本文艺界的盛情款待,并且与之进行了广泛的交流。

在科学技术与学术交流方面,1955 年 11 月,日本医学代表团访华,此后的 1956 年、1957 年日本又两次派医学代表团访华,并和中国医学会缔结了交流协议。中国政府也两次派代表团访问日本,参加 1956 年在日本举行的亚洲产业保健会议和亚洲大洋洲电子显微镜会议。1956 年日本土木水利学会代表团,1957 年日本考古学视察团、物理学访华团相继访问中国。中国政府也于 1957 年派出代表团访问日本,并参加在日本召开的国际地球观测年西太平洋地区联络会议。1956 年日本电气通信技术代表团、1957 年日本农业技术代表团访问中国。中国政府也于 1957 年 10 月派出了以农垦部部长王震为团长的农业技术代表团访问日本,进行了为期两个月的农业技术交流。

在新闻界的交流方面,日本新闻通讯广播界代表团应中国新闻工作者协会的邀请,于 1955 年 7 月访问中国。这是两国在新闻通信领域交流的开始。

另外,两国在电影、美术、出版、体育等方面的交流也变得丰富起来。

这样,在两国国内与国际形势都较为有利的条件下,中日两国之间的民间交往在许多领域出现前所未有的高潮,为以后两国进行官方接触及建立正常邦交关系奠定了深厚的民间基础。

六、 中日外交层面的秘密接触①

中日两国之间虽然未能建立外交关系,而且美国严格控制日本政府和中国政府的官方关系发展。但日本政府还是希望能和中国政府有所联系。20 世纪 50 年代前半期由于冷战格局制约,未出现中日在国际上接触的空间。1955 年万隆会议上,周恩来总理和日本代表团团长高碕达之助举行了一次会谈,实现了首次官方接触。②

1956 年中日关系处在一个相对上升期。中国政府考虑能不能对政府外交关系有所促进。1956 年 1 月 30 日,周恩来总理在全国政治协议会议第二届第二次会议上,再次呼吁中日两国政府商谈邦交正常化问题。2 月 11 日,中国外交部发表《关于中国政府建议中日两国政府就促进中日关系正常化问题进行谈判的公报》,公布了中日双方驻日内瓦总领事的来往信件,建议中日两国政府就促进中日关系正常化问题进行谈判。

中日民间关系的不断发展影响着两国驻外使领馆的接触情况。但双方对通过驻外使领馆途径秘密接触,都持有谨慎又较为积极的态度。这种通过双方的驻外使领馆的途径秘密接触的活动,从 1956 年起断续存在了十多年,也反映出中日关系的起伏。

---

① 本目所写内容过去的研究极少反映,系根据中国外交部解密档案得以完成。2009 级硕士研究生宋扬写作了本目初稿。

② 高碕达之助这个人很有研究价值。据说他在抗日战争胜利后作为技术骨干留在中国东北解放区工作。1949 年回到日本,1954 年就当上了内阁大臣,其后又为中日关系作出了贡献。

根据当时中国驻外各使馆向国内的汇报分析,1957 年之前的一段时间里,中日两国外交部都赞同使领馆人员的私人或非正式的接触,但正式的可能涉及官方的接触方式都尽量避免。值得注意的是,中国政府对双方使领馆人员的接触一度还持比较积极主动的态度。1956 年初,中国驻阿富汗使馆的汇报中反映,日方人员最近在外交场合很少主动同中方人员打招呼。1956 年 2 月,日本驻阿富汗新大使到任,在日本向各国使馆发到任通知书时,有意不发给中国和苏联大使馆。在日本驻阿富汗新大使到任的几天后,阿富汗政府外交大臣拟举办欢迎日本大使的宴会,中国、苏联大使都受到邀请。对中国驻阿大使馆的请示,中国外交部给的指示是接受邀请,"并通过阿外交大臣介绍相识,可作一般的寒暄交谈,以便给今后来往建立关系"。①

现在分析日本此举是为了避免使外界误认为日本对中国和苏联的态度已经发生变化,同意与中苏进行官方接触。如 1955 年 8 月 17 日、11 月 4 日中国政府两次通过驻日内瓦领事致函日本驻日内瓦领事,提出在北京举行复交谈判的呼吁。日本政府"未作任何响应"。②

不过日方对于中日双方通过外交人员进行接触一事的态度越来越主动积极。中国驻瑞士使馆举办文艺活动,日方人员除了驻瑞士大使以外全都到场(可能日方认为大使作为政府的正式代表,是不方便到未建交国的使馆),这是日方人员"第一次来中国使馆"③。不过在中日双方人员的谈话过程中,日方人员总是避开中日经济文化交流的话题。

1956 年 6 月,日本驻日内瓦领事致函中国驻日内瓦领事馆要一份中国释放的日本战犯名单,中国政府的态度是不与日本政府谈论日本战犯一事。综合之前日本外交人员在同中方人员交谈中的表现和中国驻日内瓦领事致函日本驻日内瓦领事一事分析,双方当时并不打算像中美之间那样通过驻外使节就两国关系中的重大问题进行谈判。而且日本担心中国借民间经济交流问题同日本讨论两国恢复邦交的事情,

①③　外交部解密档案,档案号 105-00800-03。
②　宋有成、李寒梅等:《战后日本外交史(1945—1994)》,世界知识出版社 1995 年版,第 214 页。

这也说明了鸠山内阁外交政策依然受到美国对华政策的影响,不敢在中日关系上向前更进一步。

在这一期间,毛泽东主席、周恩来总理还曾派章士钊先生在香港和日本驻港总领事会晤,双方并已商定好时间和地点进行晤谈,但因港英当局破坏未能实现。①

---

① 参见章士钊和日本驻港总领事会晤联系人汤澄波之女汤小薇的回忆文章《澳门带来的惊喜》,《北京晚报》2000 年 2 月 9 日。

第三章

1958 年中日关系遭受严重挫折

第一节　1957 年中日第四次贸易协议谈判受阻

一、日本内阁频繁更换

1956 年 12 月鸠山一郎内阁宣布辞职。由于鸠山在首相任内,于 1955 年主导策划成功日本政坛的两大保守政党——自由党和民主党的合并而成立了自由民主党。①自民党成为控制日本国会参众两院的第一大党,因此由该党推出新的继任首相人选即可获国会通过成为新首相。12 月底自民党推出石桥堪三担任日本新首相。由于石桥新首相从政以来对华态度较为积极,中国政府对石桥新内阁持期待态度。但石桥新首相上任后执政仅 54 天(日本战后历史上迄今在任时间最短),就以发现身患重病为理由宣布辞职。②在这种情况下,自民党推选出石桥内阁的外务相岸信介接任首相。

1957 年 2 月 25 日,岸信介新内阁成立。中国人民对岸信介并不

①　日本学者称为"保守合同",引自[日]松村歧夫、伊藤光利、辻中丰:《日本的政治》,有斐阁 1992 年版,第 83 页。

②　对石桥堪三首相因病辞职的说法,作者一直有些怀疑。他 1963 年 9 月至 10 月到中国来访问,当年国庆节在天安门城楼受到毛泽东主席接见。1973 年 4 月 25 日,石桥湛山以 88 岁高龄去世。

陌生。他曾是日本控制"伪满洲国"的五巨头之一,是一个老牌侵华分子。但中国政府从推动中日关系向前发展出发,对岸信介新首相采取观察的态度。岸信介内阁上台后在外交方面碰到的一大课题就是对华关系问题。因为作为当时中日之间交往主要窗口的中日第三次贸易协议,在协议期满延长一年后将于 1957 年 6 月到期。岸信介新内阁在对华关系上采取什么政策和态度受到日本国内外各方关注。

二、 岸信介上台后的对华政策

岸信介上台后对华政策主要有以下几点:维持和台湾当局缔结的和平条约。不承认中国,理由是联合国认为中国是侵略国,中国没有加入联合国,所以在政治上不能承认。如何对待日本和新中国的关系发展呢? 岸信介 1957 年 3 月 31 日说:"在目前阶段,要以增进经济关系为主,无意恢复邦交。"1957 年 5 月 22 日岸信介出访缅甸时在仰光的一次记者招待会上说:"至于贸易,这是一个实际的问题。我们打算扩大两国间的贸易。"这表明岸信介政府对华政策是在日美关系允许的范围内,在不违背美国对华政策的前提下,和中国发展有限度的经济关系。

三、 岸信介内阁对中日第四次贸易协议的政策

关于中日第四次贸易协议的谈判,岸信介上台之初的态度并不是要反对。他曾表示过:"最好是设立民间贸易代表机构。……如果在民间进行的商谈在某种程度上达成协议,政府将不得不采取方便措施。"日本通商产业相水田 1957 年 4 月 10 日也表态说:"政府要(对第四次的谈判)积极进行指导,以谋求扩大日中贸易。"但是日本政府并不想积极认真解决,在 4 月底决定把谈判推延到岸信介访美结束后进行。日本政府想通过访美,看看美国的具体态度,再决定对协定的进一步对策。

为了拖延中日第四次贸易协定谈判,岸信介在 5 月 4 日别有用心地重提指纹问题。他说:"我国同共产党中国还没有建立正常的外交关系,要给予他们以政府代表的资格一事,按照我国同各国的关系来看,

也很难办得到。如果以平民资格入境,从惯例来说,要按捺指纹是理所当然的。"

岸信介上台后表现出比前两届政府更亲美的倾向。日本评论家岩村三千夫指出:"岸内阁比鸠山内阁更接近美国是事实。"然而岸信介还用讨好台湾当局的办法来取媚于美国。1957年6月初,岸信介做了前几届首相都不敢做的事:访问台湾,干涉中国内政。6月2日岸蒋会谈中,蒋介石说:"必须中国收复大陆,联合中国与日本的人力物力,共同对俄,才能成功。阁下之意以为如何。"岸信介答:"很同意这种看法。"第二天的岸蒋会谈中,岸信介又表示:"对大陆恢复自由,日本有同感……国府能恢复大陆的话,作为我认为是非常好的。"

通过上台几个月在外交政策主要是对华政策上的表现,岸信介得到美国政府的信任。以访台为前奏,1957年6月底岸信介访问了美国。在美国,一方面岸信介发表了"我认为,中国人民不会永远屈服于一个否定自由和民主的政权"的反华讲话,对中国进行猖狂挑衅。另一方面,表示希望美国能考虑到日本经济的特点,有限度地允许增加对华贸易,他在纽约曾说希望中日贸易额增加到每年两亿美元。

美国一向反对中日两国之间扩大贸易。1957年初美国负责远东事务的助理国务卿罗伯逊在访问东京时说:"我们认为我们有理由要求日本和其他受共产党中国人侵略威胁的国家同我们一起合作,不把共产党中国人加强战争潜力所需要的物资运给他们。如果为了几个国家争取短期贸易而牺牲所有国家的长远的安全,那将是一种极其短见的政策。"6月,对日本国内出现的放宽对华禁运的要求,美国政府官员威胁说:"它(指日本)很有可能丧失它在美国的一部分有利可图的市场。"

但是,国际形势发展很快,并对中国有利。1957年4月底巴黎"对华贸易管制委员会"开会讨论放宽对中国的贸易禁运,美国坚持禁运,遭到十四比一的反对。会后英国宣布将单独放宽贸易限制。法国、联邦德国等也将采取类似的行动。对于日本这样一个没有资源、严重依赖海外贸易的国家的强烈贸易要求,美国不便过于反对。而且在此之前,当年4月间美国提出的日本放宽对华禁运的方案被日本商人指责为没有实质的变化。这种情况下,在岸信介访美期间,美国政府表示同意日本可有条件地增加对华贸易,这个条件就是岸信介宣布的:"只要日本不将战略物资包括于其对中国大陆的输出项目中,日本可增加对中国的贸易。"

在获美首肯之后,7月16日日本政府正式宣布放宽对中国的禁运。对于日本政府的放宽决定,日本贸易界普遍感到失望,认为仍是紧跟美国对华政策行事,没有实质变化。英国贸易界人士认为:"岸信介唯太平洋彼岸马首是瞻;这说明岸信介显然愿意听命于美国,而且,这种政策对于改善中日关系是没有好处的。"

四、 中国政府的对日政策

中国政府的对日政策是:一方面,批评日本政府追随美国反华不承认中国的政策;一方面,发展中国人民和日本人民的友好关系,以民间关系推动官方关系向前发展。周恩来总理指出:"中国政府主张撤除人为的障碍,打开中日两国之间的贸易","先从民间的频繁来往并且达成协议开始。把两国的关系大大发展,最后就剩下在外交上宣布结束战争状态,恢复正常关系"。但是日本岸信介政府并不愿意和中国发展友好关系,一再拖延中日贸易协定的谈判,在既怕得罪美国又怕失掉和中国扩大贸易机会的两端徘徊着。对此,中国政府一直希望岸信介政府能从日本民族利益出发,作出明智的决定。但对岸信介访台、访美时的一系列反华言行,中国政府当然要予以驳斥。

1957年7月25日,周恩来总理声明:"岸信介支持蒋介石'收复大陆',这就是岸信介不惜公开敌视六万万中国人民的表现","日本同美国友好我们并不反对。我们主张一切国家都应该互相友好而不应该互相敌视。问题在于岸信介跑到美国去拿诬蔑新中国来讨美国主人的欢心"。同时表示对中日新的贸易协定的谈判,中方的原则立场是:"我们甚至考虑同日方有关方面签订长期贸易合同,为了中日两国经济的发展,中日贸易应该发展得更好。但要我们的代表打手印,使通商代表团变成非正式的,这是对我国的侮辱,实际上是破坏通商代表团的设立。至于我国,我们从未设想过对日本通商代表团的设立附加任何条件。"

当时,中国的对日政策受到日本人民的欢迎。日本第一大在野党——社会党向日本外相藤山爱一郎递交质问书,要求岸政府改变屈从美国的政策,同中国恢复邦交。当时,日本人民希望和中国增进交往,1957 年上半年来华访问的人数很多,估计该年超过两千人。中日贸易比过去有较大增长。而中国政府的原则立场是坚定的,决不会妥协退让。这些都迫使岸信介政府在指纹问题上不得不改变态度,以便使第四次贸易协定谈判有所进展。7 月 14 日岸信介还说:"中方贸易官员进入日本时要按手印。"8 月 9 日则表示:"假如对贸易有很大的障碍的话,政府也正在好意地研究会使双方都满意的解决办法。"12 日外务省决定:"对于贸易代表团工作人员,可以采用日本政府发行的旅行证明书给予公务人员的待遇。"13 日藤山作相同的表示。28 日,日本内阁会议决定:在日本举行国际商品展览会的工作人员如果在日本逗留的时间"略微"超过两个月,将不强制他办理登记和按指纹的手续。但是日本政府并不想立刻解决这个问题,想搁置一段时间,寻求台湾当局的谅解。

五、 中日第四次贸易协议第一阶段谈判未果

尽管如此,在日本人民发展中日贸易的愿望的推动下,1957 年 9月 14 日拖延了四个月的日本第四次贸易协议谈判代表团终于起程来华。在香港,团长池田正之辅说:"迟延并不是由于协议本身的原因,而是因为'内部的纠纷'。"

日本代表团到达北京后,9 月 21 日开始谈判。在谈判过程中首先碰到"关于驻东京中国代表机构的人数问题"这个障碍。

由于日本政府考虑到美国反对,不愿意中国政府在东京设立商务代表机构。在前两个议议成立时写明的设立商务代表机构的条款到第四次贸易协议谈判时仍未解决。岸信介政府对协议的这个关键问题很敏感。8 月 9 日外相藤山说:"要日本政府允许赤色中国在日本设立贸易使团是不可能的。"

但这种机构的设置,对于发展两国间的贸易关系,无疑是有重要作用的。对此,岸信介政府不便公开反对,所以先以指纹问题,后以限制人数问题来刁难。

据法新社报道,中方坚持驻东京贸易代表处至少要有 30 人,而日方代表团说,日本政府只准备接纳 5 人。日方代表团内的社会党团员建议,日本至少应当接纳 20 人。谈判在此陷入僵局。

在谈判期间,周恩来总理曾表示:"中日友好的基本方针不变,如果藤山外相有所希望,欢迎他来访问中国。"中国和日本大多数人民都希望中日关系能进一步向前发展,摆脱美国的控制,能就贸易协定达成协议。正是在谈判尚在进行之际,日本《每日新闻》举行一次民意测验显示,主张早日和中国恢复外交关系的占 59.6%。

到 1957 年 10 月中旬,日方作少许让步,决定把人数问题同代表机构任务联系起来谈判。谈判走上正轨。30 日的谈判中,双方还一致同意将互设常驻民间商务代表机构的有关事项列入备忘录内,构成第四次中日贸易协议不可分割的一部分。日本代表团临行前,日本政府规定三条原则:(1)中国的通商代表机构具有民间性质;(2)来日本的通商代表机构的成员最多只能 5 人,可准公务员待遇免除按指纹;(3)对这 5 人不承认外交特权,但允许国内旅行使用密码。而这几条和中方条款相距较大。日本代表团没有谈判的决定权,便提出需要把第四次中日贸易协议草案和备忘录带回国内去商讨,因而建议终止谈判。

所以,尽管中国方面不断努力,也作了让步,想通过协商取得一致意见,争取签订协议,但是,由于日本政府的梗阻,没有取得突破。中日 1957 年关于第四次贸易协议第一阶段的谈判到此告一段落。

第二节　中日第四次贸易协议终于签订

一、 日本国内形势的变化

第四次贸易协议谈判暂停后,引起日本人民和社会舆论的不满。《东京新闻》1957 年 11 月 5 日社论说:"日中贸易谈判中断的原因在于日本政府一方面宣传要扩大日中贸易,但是在另一方面却对缔结贸易协议表现消极的态度,……关键完全在于日本政府对中日贸易有没有诚意。"日本全国 130 多个经济团体 11 月 28 日在东京举行大会要求立即缔结第四次日中贸易协议。12月东京都议会通过决议要求岸信介政府尽速缔结第四次日中贸易协议。日本贸易代表团回国后,即向岸信介汇报谈判情况。岸信介了解后表示了两点:(1)强调不能立即承认中国;(2)同意迅速修改关于进入日本的外国人按手印的现行法律。日本政府内部对怎么解决中日贸易协议问题进行紧张的讨论,加紧制定对策,在宣传上比较谨慎,公开表态较少。

这段时间日本经济情况恶化。1957年日本外贸入超约为15亿美元,其中对美国入超达10亿美元以上,占总数的三分之二。1957年日本外贸额比前虽有增加,但没有达到战前的最高水平(1934—1936)。中日贸易方面由于第三次贸易协议在1957年5月期满,第四次中日贸易协议没有签订,日中贸易1957年比1956年下降了20%。而日本经济的上升景象在1957年7月达到顶峰后开始下降,从1957年8月开始进入危机,失业人数增加77%,主要工业如钢材、汽车、造纸、棉纱等开工率比预定计划减少了20%—50%。经济形势的恶化,使日本中小资产阶级以及部分大垄断资本强烈要求岸信介政府改变对华政策,打开中日贸易的通道,为日本经济注入新的活力。

因此,日本政府新年伊始就表示:一方面不能承认中国,另一方面"按照只是保持纯粹经济的关系,为人民谋利益的意义,要努力把同共产党中国的贸易推进一步"(外相藤山语)。1958年1月24日日本通产相前尾繁三郎对新华社记者说:"日本在对中国的关系方面,首先要从经济交流着手,增进两国之间的了解,逐渐使两国关系在事实上密切起来。"他表示希望能够在当年"4月以前解决签订第四次日中贸易协议和互换通商代表部问题"。1月31日岸信介又表示"打算扩大贸易,对指纹问题,也想加以解决,促使第四次(中日贸易)协定的签订"。2月3日,日本政府向国会提出部分修改外国人登记法议案,内容主要是在日本逗留一个短时间以后就出境的外国人,可以不按指印。

但是,日本政府对第一次谈判中达成的协议草案极不满意,想根据自己的条件来修改协议。日本政府经过几个月研究之后,对协议提出了全面修改意见。

关于悬挂国旗问题,备忘录规定:"商务代表机构有权在自己的建筑物上悬挂本国国旗。"外务省表示不能接受,理由是:"如果代表机构在自己的房子里面挂国旗那虽然没有问题,可是,假如在房子外面升起旗来,这面旗和'国民政府'的旗同时存在,就等于升起了'两面中国旗',就会引起承认共产党中国的误解。"

关于保障安全问题,备忘录的条文中有:双方将采取适当的措施,以保障对方商务代表机构及其成员的安全,如引起法律上的纷争,双方将取得联系,用双方同意的方法加以处理。对此,外务省表示反对,理由是:(1)这样一来,就等于给代表机构人员以事实上的外交官待遇;(2)答应不逮捕不是外交官的人,这就是侵犯了司法权。

日本政府的这种态度,使日本贸易代表团无法起程。因为如果不解决以上两个问题,无法达成协议。而日本政府所以持这种态度,是因为:"在同意中国商务代表机构人员常驻日本的时候,曾经向美国政府和'国民政府'说明'准许以私人资格入境'。"因而政府对备忘录草案表示反对。

但是,日本国内要求增加对华贸易呼声很高。尤其引人注目的是日本垄断资本内部产生的新动向。钢铁业界出现"中国贸易热"。这是因为钢铁业"十分之二生产能力空闲,库存钢材达四五十万吨以上,造船业又碰上了严重的疲风,他们势必急于把存钢找出一个出路。日本钢铁业的情报,认为中共目前需钢的胃口,正好解决日本这一方面的苦闷"。所以由执钢铁业牛耳的八幡制铁董事长稻山嘉宽率领的代表团,不顾美驻日使馆和日本政府的反对,于 2 月 12 日访问中国。其次,日本政府提出 1958 年贸易输出 31.5 亿美元的目标,在国内衰退压力下,要完成也不容易。在这种情况下,有多党派组成的日本贸易代表团协商后决定在不应该修改该协议和备忘录的前提下再次访华。日本国会不得不在 1958 年 2 月 19 日通过修改的外国人登记法。法务相唐泽说:"要给予'准外交官待遇'。因此,可以认为,指纹问题已经消除了障碍。"

但是就在日本代表团将起程之际,又横生波折。日本自民党出面要求修改日中贸易协议附属备忘录。2 月 21 日上午自民党主要领导副总裁大野伴睦及佐藤、川岛、三木等和代表团内属于自民党的池田正之辅、植木庚子郎两人讨论。"党的领导机构、外交调查会方面都反对不加修改地同意目前的贸易协议附属备忘录的内容,并提出具体意见说,对于会使人感觉日本将承认共产党中国的备忘录内容,应该加以修改。"22日又正式向池田、植木两人提出四点要求,至于这四点要求在同中国谈判时作为备忘录的谅解事项,还是直接作为修改备忘录,则完全交由池田决定。这四项要求是:(1)关于裁判权,备忘录有欠明确,为了避免将来引起纠纷,应明确规定分别按照服从驻在地国内法的原则,不赋予外交官特权。(2)删去同意有悬挂国旗权利的一项。(3)明确规定商务代表机构的组成人员限于业务上最低限度的必要的人员。(4)明确规定日中贸易协议和备忘录是民间协议,以分别取得本国政府的同意为条件。

日本自民党高层的要求主要反映了岸信介内阁刻意阻挠中日贸易协议的谈判的目的。①自民党这些要求的核心是"消除被认为有悬挂国旗权利的条款"。自民党提出的这四项条件遭到代表团内非自民党成员的坚决反对,因为它严重干扰了日本贸易代表团原来的谈判计划,在代表团内造成不同意见。当时,团长池田表示,要一方面考虑自民党的立场,同时要站在三个有关日中贸易团体的立场上,促使签订协议。但是植木庚子郎不同意这种态度,以没有做好准备为理由推迟起程。在代表团起程的当晚(22日),植木庚子郎和岸信介首相等执政党首脑协商,对于按照已定方针贯彻自民党的四项要求一事取得一致意见,决定应采取的态度是:"一方面看中国方面的态度,一方面在谈判进程中同自民党领导干部保持联系。"于是,植木庚子郎于2月25日动身追赶代表团。

中国方面自1957年10月31日双方谈判暂停后,对日基本立场没有变化。仍然希望从中日两国人民友好,发展经济贸易关系出发签约。但是,中国政府不同意日本方面改变协议性质的修改。同时,为使中日贸易向前发展,中国政府做了大量工作。1958年2月3日,时隔两年之后日本商品展览会在广州开幕。为谈判创造良好气氛,中国报纸对

---

① 王泰平主编:《中华人民共和国外交史》第2卷,世界知识出版社1998年版,第18页。

日本批评也较前减少。

对于日本贸易代表团的访华,美国政府特别是国务院表示非常关心。1958 年 2 月 26 日美国国务卿杜勒斯在众院外委会发言:"目前共产党的政治和经济攻势是共产党逐渐包围和最后扼杀比较发达的自由国家,特别是美国的战略的一部分。……我们必须防止共产党以更狡猾的手段——经济渗透和政治颠覆——来吞并或席卷自由国家。"杜勒斯的这个讲话对日本贸易代表团的行动和日本政府是直接的牵制,想阻止中日发展贸易关系。

在日本代表团到达北京之后,先期到达的日本钢铁代表团同中方在 2 月 26 日达成 1958 年钢材矿产易货 2 000 万英镑的协议。并且规定 5 年内每方出口共为一亿英镑。共同社评论:"对于处在萧条时期的日本钢铁厂商来说,真有起死回生之感。"这一次行动对第四次贸易协议的谈判无疑起了推动作用。

二、 中日第四次贸易协议终于达成

从 1958 年 2 月 25 日起,中日双方开始谈判。3 月 1 日,日方提出修改原协议要求,由池田提出的四项谅解事项和自民党提出的修改方案一模一样。中国方面拒绝接受。中国方面表示:池田提出修改词句,其实是要改变协议本质,中国方面绝对不能同意。如果单纯是对词句进行技术性的修改,则愿意考虑。在中国方面坚决拒绝之后,日方代表团和日本政府进行协商。据藤山爱一郎回忆,当时交涉的难点是:"关于民间通商代表部的人数,中国方面希望 35 人左右,20 人也可以。只是能有承认外交特权那样的待遇。难题是悬挂国旗的问题,因为这是公式化地承认中国的形式,作为日本政府的立场是困难的。因此对池田委托:在北京再进行交涉吧。回答是:'那几乎是不可能的'。"

最后,据池田正之辅回忆:"中日双方对国旗达成了谅解:日中双方关于国旗问题,在两国互相不承认的今天,给予悬挂国旗的权利和承认没有任何关系是当然的。"但池田想以收回修改要求,换取中国方面同意改变原来协议的关于"双方商务代表机构"人数不加限制和双方可以根据工作需要选派人员的原则规定。对此,中国方面未予接受。尽管谈判进行得颇为困难，但中国方面力促谈判能够成功。日本代表团十名成员（自民党、社会党、共产党、日本国际贸易促进协会、日本输出入组合各两位代表）经过讨论，绝大多数人认为不应受自民党修改意见的限制，从国内贸易要求来看应达成协议；最后决定维持上一年草签的协议，同意签字。1958年3月5日，第四次中日贸易协议终于达成。

综上所述，从1957年2月底岸信介内阁上台至1958年3月5日第四次中日贸易协议达成，中日关系的发展虽然缓慢（岸信介内阁和鸠山内阁相比，进展不如鸠山内阁时期发展快），但还算正常。中日双方虽然都还在维护中日民间关系，但可以看出中国政府想尽快推动，而日本政府受制较多、顾虑重重。

第三节　岸信介内阁的反华政策

一、　中日第四次贸易协议签订引爆各方矛盾

中日第四次贸易协议的签订，就像点燃了一根导火索，国际上和日本各方之间的矛盾在这个焦点上激化了。围绕着如何对待协议，在短短两个多月时间里，斗争错综复杂，激烈异常。

中国方面热烈欢迎协议的签订。《人民日报》1958年3月6日专门发表社论，指出，"中日贸易协议终于签字了"，希望"双方的政府也应该以积极的态度，采取有效措施，给予支持和协助，只有这样，协议才能圆满的实现"。中国政府对协议态度很明朗，3月7日，国务院副总理兼外长陈毅在接见日本代表山本熊一、南乡三郎时说："中日贸易的前途是广阔的。"并给予协议很高的评价，指出："这个协议从经济上说是贸易协议，从政治上说是友好协议，是发展两国人民友谊的桥梁。"

协议签订后受到日本人民和实业界的欢迎。当天东京各大报刊都在头版显著地位刊登关于签订第四次日中贸易协议的消息。《东京新闻》还发表文章指出："日本贸易界和人民要求签订第四次日中贸易协议的强烈愿望击退了日本执政的自民党的反对。"社会党决定以全党力量促使日中贸易协议付诸实施。共产党的《赤旗报》在3月14日发表

社论,号召日本人民加强监督以促使日本政府立即承认第四次日中贸易协议。

但是,岸信介的态度暧昧模棱两可。协议签字当天,岸信介内阁声明:"插进悬挂国旗的权利这些字,是不适当的。……对于这样的措辞,要承认是非常困难的。"①3 月 6 日他在参院答辩会上又表示:"我相信不修改词句是难于承认的。"同一天外相藤山却表示:"这次签订的协议是双边协议,因此,如果共产党中国在日本设置民间商务代表机构,日本也将在共产党中国设置民间商务代表机构。"3 月 12 日,岸信介和自民党党魁们听取池田、植木二人汇报。汇报结束后,政务调查会长三木说:"政府的想法是:(1)不承认共产党中国;(2)不给予商务代表机构工作人员以外交特权;(3)要遵守日本国内法。并强调:在表明了政府的这样的想法以后,为了扩大日中贸易,将用'对设置商务代表机构给予支持和协助的词句来表明政府的态度'"。

但就在这时,情况突变,台湾当局横插进来,破坏中日第四次贸易协议。台湾采取的一系列行动有:3 月 12 日,蒋介石对岸信介传出口信"日本政府默认中共协议,代表部悬挂国旗和承认中共是一样的",对贸易协议提出抗议。3 月 14 日,台湾当局终止了正在台北举行的台日贸易交涉,停止了对日进口许可。3 月 17 日还向日本政府提出备忘录:(1)日本政府声明:不承认中共,中共商务代表没有公务身份,不给予外交特权;(2)不准悬挂中共旗帜。此外,台湾当局还终止执行同日本的一切贸易业务;禁止在台湾销售日本货,只有各店在这个决定宣布前就已存储的商品才允许出售;还取消早先关于参加一个日本贸易博览会的决定和派一个代表团参加于 5 月间在东京举行的第三届亚洲运动会的计划。

台湾的行动完全出乎日本政府的预料。事件发生后,日本政府很清楚背后有美国在支持。日本执政人士经过密商,权衡利弊,3 月 15日一天之内采取三套行动:一是外相藤山训令重开日台谈判,表示三点意见:最近在北京签订的贸易协议属私人性质,所以与日本政府承认北

---

① 王泰平主编:《中华人民共和国外交史》第 2 卷,世界知识出版社 1998 年版,第 18 页。

京政权问题无关;中国贸易代表将受到日本国法律管辖。二是日本外务省次官大野胜已约见台湾驻日"大使"沈觐鼎,表示保证日本政府甚至不承认(中国)的旗帜为任何国旗,即使它在此间悬挂起来的话。三是岸信介准备了一封发给蒋介石的私人亲笔信,着重强调协议不意味着日本承认共产党中国。日本对于要驻在日本的中国通商代表机构不给以特权地位,不承认其悬挂国旗的权利。在那些日子里,日本政府首脑向台湾百般解释。但是台湾当局有美国撑腰,态度强硬。

美国是台湾干扰活动的策划者。日台争端产生后,美国以调解为名,对日本频频施加压力。3月28日,美联社透露美国已经非正式然而很强烈地向台北和东京表明了美国对中国商务代表机构有权利悬挂国旗这件事的忧虑。4月1日,美国助理国务卿罗伯逊同日驻美大使潮海浩一郎秘密会谈中日贸易协议问题,对日本政府施加压力,要其坚持破坏这个协议的立场。美国共和党政策委员会主席参议员布里奇斯4日恶毒攻击这个协议增加了中国的军事实力。美国一批反华政客拼凑的所谓"百万人委员会"发表声明,无耻攻击中日贸易协议是对"自由世界的威胁"。4月初,美国向日本通产省抗议日本与中国订立的输入大豆合同,理由是中国价格比美国所要的价格低得多。

1958年3月19日,访日的美国商务次官维廉安斯在日本经团联主办的恳谈会上表示:"美国本身至今禁止中共全面贸易。可是,因为日本拥有主权,关于中共贸易以适合日本的利益作出决定是本国自由。但是,日本和美国从来有紧密关系,对于共产势力的警惕应该是共同的自觉的。从这点出发期待日本重视长期的预测。关于中共贸易作出正确的决定,作为我来说,过去的经验,中共是否确实遵守国际协定是有疑问的。在这点上日本采取慎重的态度好一些。另外,对中共输出制度去年放宽,从后来的实际成绩看,对中共贸易作为整体没有扩大,今后是不是也不应该具有过分的期待。"这番话威胁利诱兼而有之,可以说集中反映了美国破坏中日关系的真实面目。

二、岸信介政府采取强烈反华政策

由于美、台对日本政府施加的压力,促使岸信介政府对中日第四次

51

贸易协议的态度起了重大变化,从拖延表态发展到公开破坏协议。岸信介当时的考虑是:"作为中共以此为手段,进一步发展在事实上的承认,由此使日本和国府的关系,进而使日本和美国的关系恶化;另一方面也使日本国内发生分裂混乱。"遂决定:"由于和中共贸易的比重还不大,将来再做各种各样的考虑吧。"

岸信介这一态度和日本垄断巨头的意见不谋而合。日本垄断资本家的组织经联会首脑声称:"日本金融及商业界的高级领袖们是不一定支持和北平的贸易协定的。……日本金融及商业界和高级领袖虽然承认和中国大陆贸易的重要,可是并不愿意损害日本和美国及自由中国(按指台湾)的良好贸易及友谊关系,日本和美国及'中华民国'的良好贸易关系是日本的基本经济政策。"

1958年4月9日,在经过精心研究之后,日本政府在一天之内又抛出三项行动。首先拿出拖延一个多月的给日本贸易三团体关于第四次贸易协议的答复:"政府鉴于扩大日中贸易的必要性,将尊重第四次民间中日贸易协议的精神,在我国国内各项法令的范围内,同时根据没有承认政府这个事实,还考虑到目前的国际关系,给予支持和协助,以便达到扩大贸易的目的。"日本政府炮制的这个答复很短,但用三个限制实际上推翻了中日贸易协议。连日本朋友也说:"政府这个答复,在语言上对第四次贸易协议给予支持和合作,实际上对蒋介石的干涉大大让步,再次确认不承认中国,为此不承认中国通商代表机构悬挂国旗的权力。"其次,日本内阁官房长官爱知揆一当天发表讲话,日本政府的目的就说得更清楚了。爱知讲话的要点是:"政府无意承认共产党中国,不承认商务代表机构有法律上的特权地位;不能承认共产党中国有权悬挂国旗。"此外,岸信介当天在众议院答复议员质询时对国旗问题进行答辩。他说:"我们因为采取不承认中共政府作为一个独立国家的立场,那么即使中共政府有要求,这条刑法(第九十二条国旗破坏罪)对该国的请求不适用,那么是旗子,是一张桌子,一把椅子,说器物损坏罪是成立的。但是,当该国请求'对国旗破坏罪'时是不适用的。"①岸信

---

① 王泰平主编:《中华人民共和国外交史》第2卷,世界知识出版社1998年版,第19页。

介把中华人民共和国国旗和桌椅相提并论,并暗示,出现破坏是器物损坏罪,而不是国旗破坏罪,不会受到严惩。

岸信介公开反华博得美、台喝彩。日驻台"大使"崛内到4月8日曾和台湾当局的"外交部长"叶公超举行过十次会谈,意见逐渐接近。在4月9日日本政府采取三项行动后,当天国民党"外交部"发表声明:"日本政府声明保障尊重现在和'中华民国'的关系,同时不给予(中国)驻日通商机关国家地位和相应特权,特别无意认为有悬挂国旗权利。中华民国政府考虑到中日两国间特别是自由世界的共同利益,深信日本政府必定能实施声明各点。"此声明后,日台关系缓和。特别值得注意的是,台湾中央社透露日本"大使"在台北的最后会谈中曾对台湾保证说,他将尽力在某种事件发生时迎合(台湾)所提禁止(中国国旗)在其贸易代表团悬挂的要求。

三、 中国政府的强烈反应

当日台关系缓和之际,中日关系却孕育着风暴。日本政府对7亿中国人民的敌视、污蔑激起了中国人民的强烈愤慨。1958年4月1日中国贸易促进会副会长雷任民在武汉日本商品展览会上说:"日本政府对第四次中日贸易协议不但不给予支持和保证,相反的采取了实际上是破坏这个协议的态度,发表了一连串违反协议精神的言论,使第四次中日贸易协议的实现受到阻碍。"

1958年4月3日《人民日报》发表社论:"翻了身的中国人民,既不会容许任何外国人在我国享有特权,也绝不会要求别的国家给我们特权,第四次中日贸易协议的确作出了具体规定使中日双方民间性的商务代表机构及其所属人员在对方国家得到安全保证和进行工作的方便。这些具体规定是保证双方商务代表机构顺利执行任务所必需的。这些规定适用于双方,根本不是什么特权……岸信介凭空捏造出一个所谓'特权'问题,并且大做文章,这只能是为了一个目的,那就是企图以取消'特权'为名,推翻第四次中日贸易协议中的具体规定,使中国商务代表机构无法执行任务从而破坏贸易协议的实施。"4月5日雷任民在接见记者时指出:"岸信介政府把协议和备忘录规定的在对等原则下给商务代表机构人员以安全保证和工作方便的待遇,说成是'特权'、'法外特权'而加以反对,只是为破坏协议寻找借口。"尽管如此,中国方面仍然愿意使第四次中日贸易协议生效。所以雷任民表示:"中国不会宣布和日本人民停止贸易往来,中国人民一向主张促进中日贸易,并愿意把设置商务代表机构问题对中日贸易的影响缩小到最小程度。"希望在这个问题上进行协商解决。中国方面并为此作出重要努力,从3月底开始的日中钢铁谈判在4月1日达成一项合同,数额约达100亿日元。

但是,4月9日日本政府发表答复、岸信介和爱知发表讲话之后,表明日本政府公开破坏协议,使中日贸易协议不可能实施。对此,中国方面作出针锋相对的反应。4月13日中国贸易促进会会长南汉宸复电日本三团体,谴责日本政府蓄意破坏。在电报中,南汉宸全面驳斥了日本政府答复的三个前提条件和岸信介、爱知讲话,指出日本的目的在于讨好美蒋,敌视中国人民,并宣布:"在日本政府设置的障碍没有扫除之前,这个协议是无法实施的。"中日第四次贸易协议暂时中断。

但到这时,中日双方的交锋中,中国政府的态度很克制,除了报纸上发表批判文章外,并没有采取进一步的激烈行动,也没有中断中日贸易关系。如果日本政府及时停止反华言行,是会改善紧张局面的。

第四节 "长崎国旗事件"导致中日关系中断

一、"长崎国旗事件"发生

但是,日本政府一意反华,而且越演越烈。4月10日晚,东京警视厅官员说:"如果有狂热分子攻击共产党中国的国旗,他是不可能因此而遭到控诉的。"这是公开唆破坏中国国旗。14日爱知说:"如果红色中国对于我国政府的这篇声明不满意的话,那么只好取消这项私人协定。"17日,日本法务省公安课长说"不给中国商务代表机构外交特权,日方就有裁判权,还可以进行某种程度的搜查",显示了日方险恶的用心。24、25日岸信介连续发表讲话,表示绝对不想收回官房长官的谈话,协定不发生效力也能够进行贸易。所以连日本作家也说:"这实际上是根深蒂固的敌视态度。必须讲长崎事件,在客观上是由于政府的这种态度煽动起来的。"

5 月 2 日下午,在日本长崎中国邮票、剪纸展览会上,两名日本暴徒把中国国旗扯下来。长崎警察署简单调查后,叫两人行使沉默权,当晚 9 点 40 分释放。在此之前,对会场悬挂中国国旗,台湾驻长崎"领事"常家铠曾向长崎市政府提出抗议。另外在开幕时,台湾"大使馆"又提出从会上撤去中华人民共和国的展品遭到拒绝。一连串的迹象显示长崎国旗事件不是偶然事件。事件发生后,日本外务省说刑法第九十二条不适用于这一事件,换句话说,那两个日本青年将不致按"妨害外国国旗罪"处罚。这是日本政府公开纵容包庇罪犯。岸信介 5 月 6 日说:"日本的国内法不能保护中共的国旗。"日本政府很清楚中国对这次事件的重视,也知道应该如何解决。但是日本政府首先摆出对抗的架势,决心把中日关系恶化下去。日本政府决定:延缓缔结包裹及通邮、交换气象预告等协定,拒绝日本渔业界所提支持订立新渔业协定的要求。并扬言这次采取强硬态度。

"长崎国旗事件"激起中国人民极大的愤慨。新华社北京 6 日消息指出这两个暴徒的行动是岸信介屈从蒋介石、美国,敌视中国人民行动的一部分。5 月 9 日陈毅副总理兼外交部长指出:"岸信介政府纵容暴徒在长崎侮辱中国国旗的事件,说明岸信介政府敌视中国的态度已经到了令人不能容忍的地步"。"他们反对的是中日贸易同中日两国人民友谊的结合,他们要的是使中日贸易为他们讨好美国、勾结蒋介石集团,敌视中国的政治服务。侮辱中国国旗的长崎事件就是在岸信介政府直接纵容和包庇下制造出来的。这些言论和行动是对中华人民共和国的侮辱,是蓄意向六亿中国人民挑衅。岸信介政府必须对由此而产生的一切后果负完全责任"。

二、 中国政府的反制行动

岸信介的反华政策迫使中国政府不得不采取断然行动。从当时《人民日报》的公开报道看到:5 月 7 日,侵入中国禁渔区的 14 艘日本渔船被中国海军扣留。5月9日,停止和日本进行一切新的贸易谈判。同一天中国贸易促进会给日本三团体发了抗议电。10日,中国停止在东京的中日钢铁易货谈判。同一天中国宣布对武汉、广州日本展览会展品不予购买。5月12日,中日之间经济贸易关系全部中断。这对日本工商界造成相当大的影响,是一个全面制裁行动,可以说是由中共中央作出对日反制决策,由国务院统一部署。

外交部当时的内部通报说:"这次我国政府的反制行动由于日本政府采取敌视我国的政策,我抓紧日本即将举行大选(5月22日)的时机,彻底揭露了日本政府的阴谋,并采取了一系列的强硬措施,对日本政府施加压力。4月上旬,针对岸信介政府破坏中日贸易协定的举动,我国报纸和广播电台对日本政府展开了一系列的抨击。紧接着,从5月6日起开始拘捕违法入侵我领海的日本渔轮,至13日已拘捕了16艘。5月9日中国国际贸易促进会致电日本三团体抗议岸信介政府在长崎纵容歹徒扯下中国国旗的事件。5月8日中国五金进口公司和中国矿产公司召回他们正在日本同八幡钢铁厂谈判关于向该厂进口158 000吨钢铁的访日代表团;同时,我并召回正在日本访问的艺术代表团和法律工作者代表团。对在华的日本商人,凡居留期满者,一概不予延长签证期限。5月9日陈毅副总理兼外交部长就当前中日关系发表谈话,严正地斥责了日本政府敌视我国的政策,并揭穿日本政府的帝国主义面目。5月11日和15日《人民日报》配合陈毅副总理的谈话,分别发表了《再斥岸信介政府》和《驳岸信介》的社论。我国务院并已决定从现在起相当时间内停止对日贸易,以示抗议。"①

同时,中国对外贸易部建议国内报刊立即停止接受日商广告,如该部给文化部的行文:

文化部:日本岸信介政府破坏第四次中日贸易协议之后,又纵容暴徒在长崎侮辱我国国旗。对于这一连串蓄意与中国人民为敌

① 外交部解密档案:原档号105-D0410 档号105-00899-04(1)名称:我继续抨击日本政府敌视我事1958.5.10—1958.5.23。

的行动,我国人民愤慨万分,中日两国人民间在平等互利和友好基础上进行贸易的条件已被岸信介政府彻底破坏了。我国政府在人民要求下,已经停止签发对日进出口许可证。贸易既已停顿,日商在我国进行商品广告宣传已无需要,因此,我们建议国内各报纸杂志停止接受日商广告;对于已刊登或已接受的广告仍可登完。在处理广告业务时,应当向日商进行适当解释,并指出这是岸信介政府造成目前的情况,应对此次事件负严重责任。中华人民共和国对外贸易部 1958 年 5 月 16 日①。

1958 年中日关系的这次中断在新中国和日本关系史上是最严重的一次中断。

三、 岸信介政府的静观对策及被赶下台

中日关系中断后,日本一些商人对岸信介政府阻挠中日贸易不满,要求恢复中日贸易的心情强烈。1958 年 5 月后,关西经济界大多数人士都有这样的看法:"日本绝不能忽视拥有六亿人口的中国市场,抛开中国,就不成其为亚洲。……因此应努力恢复日中贸易。"但另一方面,世界冷战形势影响了日本垄断资本对中国的认识。"这些领袖(指垄断巨头)担心日本同红色中国的密切贸易联系会使日本同美国的关系恶化。""大多数金融界领袖认为日本商人和工业家应该把北平目前对日本采取的经济抵制行动当作是向大陆告别的迹象,而开始促进同美国和东南亚国家的贸易联系。"法新社的分析也认为:"日本的大企业已经打消他们对共产党中国市场的片刻的重视。他们公开说不能把共产党中国作为一个'稳定的'市场来依靠它。"7 月初,日本垄断资本的决策机构经济团体联合会就日中关系举行首脑会议,确定了暂时的静观对策。

岸信介既造成中日关系的中断和倒退,又造成国内社会矛盾的激

---

① 外交部解密档案:原档号 105-C0585 档号 105-00598-02(1)名称:国内报刊立即停止接受日商广告事,起止日期 1958.5.16。

烈爆发。岸信介是个亲美反华的首相,他想在任内强行通过《日美安全保障条约》,受到日本人民的反对。对日本人民的反对,岸信介又采取了对抗和镇压措施,所以他又是个反人民的首相。1959 年 3 月,由日本总评议会、日本社会党、日本共产党、日中友好协会、恢复日中邦交国民会议等 134 个团体和组织,组成的"阻止修订安全条约国民会议"在东京宣告成立。

1960 年 1 月 19 日,双方在修改《日美安全保障条约》的基础上签订了新的安全条约,全称为"日美相互合作和安全条约"。主要内容有:美国继续有权在日本驻扎军队和使用军事基地;日美两国将通过"有效的自助和互助","维持并发展他们抵抗武装进攻的能力",在日本领土上,日美任何一方遭受武装攻击时,双方将"采取行动以应付共同的危险"。条约有效期为 10 年。条约期满时,双方同意自动延长。

日美安保条约的签订和当时世界上国家要解放、民族要独立的运动背道而驰,违反了世界潮流,不仅遭到中国等亚洲国家的反对,也遭到日本政界有识之士的强烈抵制,日本自民党重要政治家石桥湛三、松村谦三、河野一郎、三木武夫等拒绝到国会审议该条约。日本国内形成了反对日美强化其军事合作的全国性的群众运动。6 月,日本 10 万人包围国会抗议通过该条约和美国总统艾森豪威尔访日,但日本执政党——自民党利用国会中的多数强行于 6 月 19 日通过该条约使之生效。然而在日本各界的持续抗议下,反华亲美的岸信介在此后不得不宣告解散。不过,岸信介内阁虽下台,《日美安全保障条约》却被以后日本历届政府保留了下来。

第五节　中国提出政治、经济三原则

一、 中国在中日关系中断后的后续对策

在处理中日关系中断问题上,中国政府的原则立场是明确的。1958 年 7 月 7 日《人民日报》的社论说:"就中日关系来说,中国人民的态度是非常明确的。中国人民对于日本人民始终表示友好……但是,

如果岸信介政府继续敌视中国人民,继续制造'两个中国',继续阻挠中日两国正常关系的恢复,中日关系全面中断情况就会继续延长,对此中国是有思想准备的。"

但是,在具体的做法上,中国政府重视中日民间往来的态度仍是十分清楚的。中断关系两个多月后,1958 年 7 月 30 日,日本社会党外事局长佐多忠隆访华,并和中国国务院外事办公室副主任廖承志举行了会谈。①佐多局长回国时带回中国方面打开中日关系的三项原则条件,即(1)立即停止并不再出现敌视中国的言论和行动;(2)停止制造"两个中国"的阴谋;(3)不阻挠恢复中日两国的正常关系。关于"长崎国旗事件",中国方面要求:(1)由日本政府代表团在现场重新升起中国国旗;(2)惩罚撕下中国国旗的犯人;(3)向北京派遣政府代表团表示道歉。中国方面认为只要这些条件能做到,重新打开中日关系是可能的。9 月 6日《人民日报》评论员文章表示:只要岸信介政府能够立即放弃敌视中国的态度,停止制造'两个中国'的阴谋,保证不再阻挠中日两国正常关系的恢复,那么改善岸信介一手造成的中日关系的僵局,还是有可能的。但是中国政府为解决中日关系而提出的这两个三项条件遭到岸信介政府的拒绝,致使中日关系继续停滞。②10 月 10 日,中国人民对外友好协会仍然表示:如果岸信介政府彻底改变敌视中国的政策,并且采取必要的具体措施,那么,可以考虑在改善贸易、渔业等关系上予以协助。

日本政府在 1958 年 8 月台湾海峡危机中支持美国威胁中国,10月又开始修改矛头对准中国的《日美安全保障条约》,这理所当然地遭到中国政府的驳斥。11 月 9 日,陈毅外长发表声明,严厉谴责岸信介的反华政策。指出:日美两国准备修改的《日美安全保障条约》的实质是美帝国主义奴役日本民族的、片面的不平等的条约。这个条约使日本越来越被美国带进它所制造的战争边缘。岸信介内阁一天不改变反华政策,中国一天不和日本政府发生关系。这表明由于岸信介反华政策所产生的恶劣影响,在岸信介任期内发展中日关系已不可能。

---

①②　王泰平主编:《中华人民共和国外交史》第 2 卷,世界知识出版社 1998 年版,第20 页。

这实际上是中国不以岸信介政府为对手,而在等待岸信介政府下台之后的新日本内阁为发展关系之对手。

二、 对日关系政治、经济三原则的提出

中国对日政策在 1959 年 3 月日本社会党委员长浅沼稻次郎访问中国时有了新的重大发展。在浅沼稻次郎和中国外交学会会长张奚若发表的联合声明中,中国方面第一次提出对日关系政治三原则:(1)停止执行敌视中国的政策;(2)不参加制造'两个中国'的阴谋;(3)不阻挠中日两国关系正常化的趋势。并指出只有采取与此相适应的措施,才能打开岸信介造成的中日关系的僵局。声明还指出,否则,重开中日贸易是不可能的。

但是,岸信介内阁执意不改变对华敌视政策,把自己绑在美国的冷战战车上。

1960 年 8 月 27 日,周恩来总理在北京接见了日本贸易促进会专务理事铃木一雄。在会谈中,周总理提出了中国方面对日贸易的新原则。周总理提出,"过去中日双方曾经搞过民间团体协议,想通过民间协议来发展中日贸易。经过岸信介政府这一段时期,证明这种做法行不通。岸信介不承认、不保证民间协议的实施,并且采取敌视中国的政策来破坏它。我们不能容忍这种行动,只好将中日贸易来往停了两年半。"接着周总理提出对日贸易的新原则是:(1)政府协定;(2)民间合同;(3)个别照顾。①后来被称为"经济三原则"。周总理并表示:"根据中日两国人民的愿望,中日贸易如果能够恢复过来,对两国人民都有好处。"在这次谈话中,周总理还指出中日经济三原则必须和政治三原则相联系,"政府之间的贸易协定总要在两国政府向着友好方向发展,并且建立起正常关系的情况下才能签订。在政府关系方面则坚持我们说过的政治三原则"。从此,在中日关系方面,我们坚持了政治三原则、经济三原则以及政治和经济必须结合的原则。这些原则对中日关系的正常发展有重大作用。

----

① 详见第四章第一节。

　　在上述政策的指引下,中国方面在政治上加强了和日本国内要求促进中日邦交的各派力量的合作。在坚持原则性的同时,方法上更加灵活,追求实际效果。事实上,早在 1958 年中国国庆节起,中国接待日本朋友来华访问就恢复了,并逐渐增多。中国方面和日本社会各阶层人士的接触增加,包括日本有势力、有影响、过去反对过我们的人士。特别突出的是从 1959 年起日本执政党自民党要员多次来访。1959 年自民党顾问、元老松村谦三来访。1960 年 10 月高碕达之助访华(他后来为建立备忘录贸易作出贡献)。1962 年 9 月松村谦三再次来访。在继续坚持和日本人民友好的同时,加强对日本政界上层的工作是很有意义的。通过中方耐心细致,以诚相待,摆事实讲道理,争取朋友的成绩很明显。如岸信介内阁的通产相高碕达之助、外相藤山爱一郎后来都成为促进中日邦交的友好人士,反对日本支持美国不承认中国的政策,并为中日邦交的实现贡献了力量。

　　在经济贸易方面,在中国政府采取中断措施后,由于某些日本中小企业依赖中国原料进行生产,当时特别困难。日本总评议会同中国中华总工会进行联系,希望中国政府能够照顾。中国政府考虑到日本劳动人民的实际利益和困难,在中断关系后不久即在售给日本原料等问题上给予日本中小企业特别照顾,这种贸易当时称为"照顾贸易"。这使得日本中小企业非常感谢中国政府和人民,连日本政府通产相高碕达之助也多次表示了谢意。周恩来总理在 1960 年曾表示:"今后还可以继续照顾,并且根据需要,数量可以扩大一些。"

　　中国政府对日政策的新发展,争取日本民间人士的巨大努力,给日本政治以巨大的影响。英国《金融时报》1960 年 1 月的一篇文章曾说:"日中关系的问题可能把岸信介赶下日本首相的地位。……中共曾一而再、再而三地重申,只要岸先生执政一日,就没有可能达成东京和北京之间的和解。因此,大多数政治家认为,继任首相的人必须是个能改善同北京关系的人。"岸信介的反华政策导致中日关系的倒退,打不开中日关系的僵局,遭到日本国内各个方面的反对,其中包括他的政敌。

三、 中日外交层面的接触①

岸信介内阁执政期间,中日关系的这一系列变化,自然也使得中日两国驻外使领馆人员在接触中的态度发生变化。

岸信介上台初期,日方外交人员对中方人员的态度比较积极,双方人员的关系还是不错的,双方互请吃饭、日大使邀请中国大使参加宴会等等。然而这种"友好"时期很快就结束了。从1958年特别是下半年开始,一直到岸信介下台的1960年,中日两国使领馆人员原先那种互请吃饭、见面寒暄的友好不再。这个时期内先是日方人员主动去接触中方人员,到后来双方互不理会。

在中日贸易中断前后的一段时间里,由于岸信介一再阻碍第四次中日贸易协议的执行和处理国旗事件表现出来的反华立场,中国驻外使领馆人员在与日本驻外人员的接触过程中采取了避让的态度,不再同日方人员握手寒暄。尽管中方人员的态度发生了变化,不过日本驻外人员一旦在外交场合遇到了中方人员,总是主动靠近,中国一些使馆反映日本使馆人员依然愿意同中方外交人员建立关系。日方人员反复向中方人员解释中日贸易出现问题的原因不在日本政府,日本的处境使得日本政府也无可奈何,主要是美国的压力。他们还提出,中日贸易出现问题责任也不完全在日本,中国政府的态度太过强硬,特别是日本就要举行大选,中国此举有干涉日本内政之嫌。日本政府希望同中国进行贸易,中日贸易停止造成日本"困难很大"。②中方人员遇此情况时,一般会反驳日方人员,说"责任完全在日本","日本首相对中国的态度很不友好"。遇到反驳时,日方人员也没有过多解释。

中日贸易中断以后,在主动向中国驻外使领馆人员接触时,无论是日本驻外人员还是媒体记者,都向中方人员询问中日贸易是否有可能迅速恢复。中方人员表示在当前中日关系状况下,无法考虑恢复中日贸易。

1957年8月到1958年7月,日本在所谓"神武繁荣"之后出现了一次严重的经济危机,对外贸易锐减,库存增加,需要对外销售工业剩余产品。另外,日本外交官也提到"美日贸易对日不利"③。考虑到这

---

① 本目是根据中国外交部解密档案而写。2009级硕士研究生宋扬写作了初稿。
②③ 外交部解密档案,档案号105-00895-01。

些情况,不难理解日本政府此时为何向中国解释日本的"难处",为何希望迅速恢复中日贸易。

1958 年 8 月,就各驻外使馆上报的日本使馆人员主动要求接触一事,中国外交部指示各驻外使领馆,"一律拒绝日外交人员以任何形式提出的接触要求"①,要求各馆在未接到新指示前不改变对日外交人员的态度。外交部认为,有迹象显示日本政府要改变对中国的静观政策,采取"有力"外交方针,通过其驻外使馆或第三国试探中国到底为何对日本采取如此的强硬态度,探询恢复中日贸易的可能。

此后,无论日方外交人员想要通过何种方式同中方使领馆人员进行接触,打招呼、邀请赴宴,或通过第三国邀请、希望建立私人关系,或是要求拜访中国使馆、赠送宣传品,中方人员都采取冷淡和不理睬态度,一律回绝。尽管遭到了中方人员的冷遇,大部分日方人员的态度是比较主动的。还有些使馆表示,自建馆以来双方就很少来往,偶尔见面日方人员表现也比较冷淡。总体而言,日本驻外人员还是表示出了与中国使馆人员进行接触的要求,不过接触的情况因人而异,有的人主动一些,有的人比较冷淡。

日本政府经常会要求第三国外交人员帮助它向中国传达信息,希望中国改变对日态度,恢复中日贸易。一般第三国是它认为同中国较为友好的国家,特别是苏联。日本外交人员和政府官员经常会求助苏联外交官向中国传达口信或者文件,要求苏联从中"作媒",拉近中国和日本的关系。

1958 年 12 月,在给使领馆的回复中,对于日方人员试探中日贸易恢复的可能性问题,中国外交部指出中方的立场是:中日贸易中断以来,岸信介并没有改变其制造"两个中国"的反华行径且企图修改《日美安全保障条约》,是复活军国主义的表现,中国政府无法考虑恢复中日贸易。外交部多次提出,中方人员对日方主动接触继续采取冷淡态度,岸信介内阁"处境日趋不利"②,要持续保持对岸信介内阁的压力。

---

① 外交部解密档案,档案号 105-00899-12。
② 外交部解密档案,档案号 105-00668-01。

第四章

中日关系进入半官半民阶段

第一节　中日贸易关系迎来转机

一、池田勇人内阁成立

岸信介下台后,日本自民党高层经过一段时间的内部协商后,决定推举党内长期担任经济部门领导的专家型政治家池田勇人继任首相。

1960 年 7 月 19 日,池田勇人新内阁宣誓就职。池田勇人上台后提出的施政大纲是"国民生产总额和人均收入倍增计划",后称"双倍增计划"。该施政大纲中心为:对外大力开拓日本商品市场,为日本经济腾飞全力服务。池田勇人的"双倍增计划"的实施恰逢第二次世界大战后世界经济的起飞,促使日本经济搭上世界经济的高速列车,奠定了日本成为经济大国的基础。"国民生产总额和人均收入倍增计划"实施的结果是 1960—1970 年十年间,日本国民生产总额增长率达 350%,国民收入增长率达 340%。[1]中国和日本之间的国民生产总值在 1960 年相差不大,但此后逐渐拉开差距。

在日本对华政策方面,池田勇人看到岸信介内阁追随美国、敌视中

---

[1]　《北京晚报》2010 年 6 月 30 日。

国的政策受到国内左翼人士和民众反对的全过程，也知道这并不符合日本的实际利益。因此，虽未根本改变政治与经济分离的政策，但表现出较多的自主倾向。在他的决策下，提出要改善关系，增进贸易，特别要寻求进一步稳定、扩大中日贸易的更好办法。他支持自民党元老松村谦三为中日友好活动，撤销了易货贸易制度，改变了强行规定中日间进出口物资必须同等数量的规定。这些都对中日民间交往重新启动有利。

二、 中国政府的积极态度

中国政府注意到日本池田内阁上台后表现出的比较积极的态度，并在坚持原则的基础上，就中日贸易问题制定了重新谈判新的灵活友好政策。1960 年 8 月，日中贸易促进会专务理事铃木一雄应中国亚非团结委员会主席廖承志的邀请访华。8 月 27 日，周恩来总理会见铃木一雄时发表重要谈话，提出了中日贸易三原则。周总理提出的中日贸易三原则是充分考虑了当时冷战形势下中日关系的现状，即坚持中国外交的原则立场，又为打开双边关系采取了灵活、合情合理和照顾日本人民的政策。所以，中日贸易三原则在日本得到了日本经济界的欢迎，日本政府也表示支持。中日贸易之门重新开启，势头很好。针对这种情况，中国决定采取两条腿走路，一方面继续同日本各友好公司打交道，以支持中小企业和进步友好人士；另一方面也同日本的大企业做生意，购买中国经济建设所需要的成套设备。

当时中日贸易开展的具体做法是：由日本企业向日中贸易促进会、日本国际贸易促进会、日中友好协会提出申请，经上述三团体向中国国际贸易促进委员会推荐，再由中国国际贸易促进委员会认定日本这些企业为"友好企业"。然后由这些"友好企业"直接同中国各贸易公司联系，进行洽谈，签订民间贸易合同。实践中这一方法可行有效。到1961 年底，日本就有包括大银行、大公司在内的 181 家企业与中国签订贸易合同。民间贸易日渐发展。

第二节　中日备忘录贸易的产生

一、　中日双方对关系发展的考虑

1962年9月,松村谦三带着池田首相的重托应邀来华访问。在中日贸易不断扩大的形势下,日本方面也希望寻求一个进一步稳定的日中贸易的方法。日本方面设想了几个方案。如日本空运株式会社社长冈崎嘉平太为发展中日贸易,制订了一个"冈崎试行方案",主张主要抓两件事:(1)要有长期计划;(2)向中国出口成套设备,日本技术人员到中国安装机器,同中国人一起工作可以改善中国的对日感情。这个方案被首相池田、内阁官房长官黑金泰美、通产大臣佐藤荣作接受,日方还设想如果找到"第三国担保",可以使用延期付款方式。但找"第三国担保"难以办到,日方又设想由中日双方有名望的个人来担保,中国可请廖承志,日方可请松村谦三担保。日方的这些积极态度引起中国领导人重视,中方也希望扩大中日贸易,因此,邀请松村谦三访华。访华前池田首相亲自出面请松村为日中关系搭桥,并授以全权,还派他的亲信——日本长期信用银行专务董事田林政吉、国会议员小川平二随行,以示支持。

9月13日至24日,日本自民党顾问、众议院议员松村谦三访华。15日周恩来总理、陈毅副总理接见并宴请了他,并向他祝贺80岁寿辰。16日、17日、19日连续三天周恩来、陈毅同松村进行友好、坦率的长谈,双方认为中日关系不可能一日之内就实现正常化,但必须逐渐向前发展。松村提出了"积累方式",从扩大贸易入手,逐步改善两国政治关系。中国表示赞同,周总理还补充说,中日两国的政治关系和经济关系既要能够结合起来发展,也要能够平行发展,双方既要用渐进的、积累的方式发展经济关系,又要用渐进的、积累的方式发展政治关系,并且应该使这两方面的关系互相影响,互相促进,而不是相反。这次会谈中,双方就如何扩大中日贸易问题,最后确定了四点内容。(1)采用以货易货的做法,以便使双方进出口基本平衡;(2)开列各自的出口主要商品,进行综合性的贸易;(3)双方贸易合同应是长期的,以 5 年为期;(4)日本采用延期付款方式向中国出口成套设备。由于松村是为打开中日扩大贸易渠道而来的,先把大原则定下来,为了进一步推进,双方商定由前通产相高碕达之助另行访华,和廖承志商订一个具体方案予以落实。

由于松村谦三访华取得成功,并且就中日贸易的原则问题达成了一致。因此,日本政府认为签订新的贸易协定的时机已经成熟,决定立即派出以前通产相高碕达之助为团长的由 42 人组成的大型代表团访华,于 10 月 26 日到达北京。团员包括竹山佑太郎、野田武夫、松本俊一、冈岐嘉平太以及 22 家企业的负责人。29 日,周恩来总理、陈毅副总理会见高碕达之助。11 月 2 日,周总理再次会见高碕达之助时指出:"一切事物的发展大多是由小而大、由少而多逐渐地发展起来的。一件新的有发展前途的事情,在开始的时候,大多是简单的,而最后完成的时候却是巨大的。中日贸易的发展应该使用渐进的、积累的方式进行。毫无疑问,中日贸易发展的前途非常广阔,中日两国互通有无的需要是很多的。但是,在世界上、在日本,确实还有一部分人不愿意看到中日两国人民友好。因此,我们要对他们提高警惕。我们应该披荆斩棘,不把障碍看在眼里,为中日两国人民世世代代友好而努力前进。"

中共中央这时对国际国内形势作了认真的思考,在中国社会主义建设思想上有了一些新认识。在建设方针上仍然强调"自力更生、奋发图强",但也认识到"关起门来搞建设不利",要争取国外的先进技术。而从当时可能争取的技术来源分析,美国坚决反华,对我国进行封锁。欧洲太远,没有联系途径,只有日本有可能。虽然日本跟着美国反华政策走,技术也是从美国引进的,但中日之间距离近,民间外交有基础,日本有对华出口的热情和需要(通过出口赢利)。所以,中央决策要争取使中日民间关系上一个台阶,为中国经济建设作些贡献。为达成新的贸易协议,较之 20 世纪 50 年代签订第三、第四次中日贸易协议时中方在一些问题上做了灵活处理。这样,中日双方由于已就原则问题达成了一致,所以具体问题的会谈进行得十分顺利。

二、 中日长期综合贸易备忘录的达成

11月9日廖承志、高碕达之助分别在《中日长期综合贸易备忘录》上签字。①这是一项具有长期的、综合的、易货的、采取延期付款方式特色的贸易文件,以民间贸易形式出现,但经过两国政府承认,已接近于一种政府贸易协定的性质,具有半官半民的性质。这是当时国际贸易中的一个创造。

《备忘录》主要内容如下:"(1)双方同意发展长期的综合性的贸易。从1963年至1967年为第一个五年贸易时期,规定年平均进口总额约为3 600万英镑。(2)中国向日本出口商品为煤、铁矿、大豆、杂豆、盐、锡及其他商品,日本向中国出口的商品为钢材(包括特殊钢材)、化学肥料、农药、农业机械、农具成套设备和其他商品。(3)根据备忘录进行的各项交易,由有关贸易进出口公司签订个别贸易合同。"另外还规定:日本向中国出口商品中的某些商品的延期付款的支付方法和成套设备的分期付款的支付方法以及商品检验、仲裁等为执行备忘录需要事项,另行商定。双方努力促进为执行备忘录所需要的技术交流和合作。各项交易以英镑或双方同意的其他货币开立信用证或以保函方式,加以保证,办理结算。备忘录及其协议和合同,非经当事人同意,不得废除;但经双方协商可以修改和调整。备忘录有效期经双方同意,可以延长。两国政府要对由日本厂商同中国有关贸易公司签订的商业合同予以保证。②

中日备忘录贸易的成立使中日关系向前推进了一大步。(1)这是由中日两国政府支持的贸易协议。形式上虽以有名望的个人担保,但廖、高都是政界大人物。还规定两国政府要对备忘录签订的有关协定给予保证,使协定兼具政府协定的性质。(2)使中日贸易纳入了长期、稳定的轨道。时间上以5年为一个贸易时期。从种类上,规定了综合的性质和品种,使双方贸易余地扩大,实质上突破了巴黎统筹委员会的

---

① 因廖承志和高碕达之助的英文名字的第一个字母是L和T,因而又被简称为"LT贸易"。

② 引自《人民日报》1963年1月21日。

限制。(3)从经济领域扩大到政治领域,中日备忘录是在确认中方提出的政治三原则、贸易三原则、政经不可分原则基础上达成的,并为发展中日关系,最终实现中日邦交正常化找到了全面联系的渠道。(4)开了引进西方先进技术的好头。日本当时的技术大多是从美国引进的先进技术。中国从日本进口成套设备、新技术对提高中国的技术水平有很大帮助。(5)促进中日贸易发展。在以前双方民间贸易团体之间"友好贸易协定书"之外,又增加了半官方的备忘录,两者互相促进。(6)设立了半官方的常设机构,廖、高办事处的相互设立其性质和职能都超出了经济领域(正式代表 5 人,首席代表 1 人,代表 2 人,随员 2 人)。使双方在对方首都有了固定的联系机构,实质上起着不挂国旗的外交机构的作用(但是其中规定,双方代表人员不享受外交特权,双方都不挂国旗,都不使用密码电报)。

在《备忘录》签订之后,周恩来立即考虑要和 20 世纪 50 年代以来为发展中日贸易而努力的日本各友好团体也签订一个文件,这就是友好贸易议定书的由来。1962 年 12 月 15 日日本贸易三团体联合访华,27 日和中国贸促会达成了《中国国际贸易促进委员会和日中贸易促进会、日本国际贸易促进协会、日本国际贸易促进协会关西本部议定书》及附属备忘录。双方就进一步推动中日两国人民间的友好贸易问题取得完全一致的意见。在当天的签字仪式上,周恩来、陈毅、廖承志等中国领导人出席,该议定书确认中日关系政治三原则、贸易三原则、政治经济不可分原则精神,指出:今后两国贸易仍以民间贸易为主,在民间贸易基础上,两国有着广阔光明的前途。具体规定了两国贸易促进会团体之间的关系,包括代表团交流、技术交流、银行联系、互办展览会等诸多方面以及举办展览会的具体事项等。这些都为中日贸易进一步发展打下基础。《议定书》和《备忘录》是 20 世纪 60 年代中日贸易的两个轮子。《议定书》是民间的,可起到以民促官的作用;《备忘录》是半官方的,可以起着促进政府的作用;具有平衡发展,互相促进的作用。

1964 年 4 月,松村谦三访华和中国方面签订了关于中日互设备忘录贸易机构、互派记者、备忘录纪要三个会谈纪要。关于中日互设备忘录贸易机构,决定中方在日本设立"廖承志办事处驻东京联络处";决定日方在中国设立"高碕事务所驻北京联络处"。8 月 13 日,"廖承志办事处驻东京联络处"首席代表孙平化一行五人到达东京。①

1964 年 9 月 27 日,根据中日交换新闻记者的会谈纪要,14 名日本新闻记者来中国工作。9 月 29 日,根据中日交换新闻记者的会谈纪要,7 名中国新闻记者到日本工作。

中日关系的发展,引起台湾当局的恐慌。特别是在 1963 年 9 月的"周鸿庆事件"和日本政府 1963 年 8 月 20 日批准仓敷人造丝株式会社使用日本输出入银行贷款向中国出口成套设备之后。在美国支持下,台湾召回其驻日"大使",一再向日本抗议。池田内阁为了缓和日台关系,于 1964 年 2 月派前首相吉田茂向台湾当局的"秘书长"张群交了一封信,其中说明:日本对中国的融资只限于民间商业贷款;日本政府无意在 1964 年再批准日本纺织会社使用输出入银行贷款。这封信被称为"吉田书简",并为池田、佐藤两届内阁遵守。直到复交后才于 1973 年 9 月由田中内阁宣布无效。这也说明池田内阁并没有下政治决心解决日台关系,从而决定了他改善日中关系的局限性。

这一阶段中日关系中的经济贸易关系发展比较快。日本从 1963 年至 1969 年在北京、广州、上海、天津等地举办了工业、科学仪器展览会,中国在大阪、名古屋、北九州等地举办了综合性经济建设成就展览会,反响巨大。1963 年中日贸易额超过 1 亿美元,已恢复到 20 世纪 50 年代最高水平。

另一方面,民间友好往来继续发展。为适应这种形势,1963 年 10 月 3 日成立了中国日本友好协会。陈毅副总理出席,郭沫若、廖承志、日本前首相石桥湛三等到会讲话祝贺。会议选举郭沫若为名誉会长,廖承志为会长。中日友好协会成立推动了两国人民间的友好往来。在这段时间,有 1961 年 3 月以巴金为团长,刘白羽为副团长的中国作家代表团访日,有中国妇女代表团、中国法律代表团访日,有日本社会党 1962 年 1 月和 1964 年 10 月的第三次、第四次访华团成行。有 1963 年 12 月日本岐阜县向杭州市赠送"中日不再战"石碑揭幕式,并由杭州

---

① 王泰平主编:《中华人民共和国外交史》第 2 卷,世界知识出版社 1998 年版,第 23 页。

市代表中国人民向日本人民提出"中日人民世代友好"这一伟大口号。

三、 中日外交层面的接触①

1962 年 11 月 9 日,中日双方代表签订《中日长期综合贸易备忘录》,使中日关系向前推进了一大步,②也将中日驻外使馆人员的关系向前推进了一大步。

1963 年开始,中国驻外人员对日外交人员要求接触的回应态度开始发生变化。从 1962 年底开始,中国驻外使馆多次向国内报告,日外交人员想和中方人员建立私人关系,在外交场合主动向中国外交人员打招呼、寒暄。在 1963 年的上半年,中国国内对此的指示是,谢绝日方人员建立私人关系的要求,可向日方人员表示中国驻外使馆不同日本使馆建立正式联系。如果日方邀请参加日本或驻在国为日本举办的活动,应托辞拒绝。需要指出的是,在交际场合,如果日方人员主动打招呼,可握手寒暄。这是一个很大的变化,较之前对日方人员任何形式的接触要求都持冷淡和不理睬的态度,中国方面的态度有所松动。

到了下半年,随着中日关系的发展,中方对日方人员的态度又发生新的变化,尤其是在要求建立私人关系问题上。1963 年 8 月,周恩来总理批示同意了《下半年对日工作的请示报告》,其中第九条明确提出,根据当时的新情况,"可改变关于同日本外交人员不以任何方式进行接触的原有规定"③。具体地讲,中国驻外人员可以在公共场合和日方人员进行接触,握手寒暄,还可以建立私人关系。中日外交人员的交往只限于私人领域,不接谈涉及中日关系的具体事宜。

9 月,根据中国驻外使馆的报告以及中日关系的新发展,外交部向各驻外使馆下发了新指示,主要是将《下半年对日工作的请示报告》中的对日外交人员的态度转变以正式的文件确定下来,"统一口径"④。新指示提到,随着中日两国贸易和半官方往来的进行,中日关系有所缓

---

① 本目是根据中国外交部解密档案而写。2009 级硕士研究生宋扬写作了初稿。
② 张历历:《百年中日关系》,世界知识出版社 2006 年版,第 331 页。
③ 外交部解密档案,档案号 105-01217-01。
④ 外交部解密档案,档案号 105-01214-04。

和而且可能还要缓和下去,所以驻外使领馆人员对日外交官的态度也相应松一些。可"适当接受"日方人员建立私人关系的要求,互赠宣传品等。新指示指出,与日外交官进行会见时不要在双方使馆或大使官邸内,不参加日方或驻在国为日方举办的活动和日方的正式宴会或招待会,以表明中国使馆不与日方使馆建立正式联系。也就是说,改变以前冷淡和不理睬的态度,积极回应日方的接触要求,但中方人员不要主动表示想要与日方人员进行接触。根据新指示,中国驻外使馆人员开始"有条可依"地同日方人员发展私人关系。一直到池田勇人下台前,中日使馆接触情况基本上就按照外交部新指示进行。

其间出了一个小的事故,不过很快又回到原来的轨道上,随后中方态度甚至还要有所松动。1964 年 4 月 19 日中日双方达成协议,双方同意为廖承志、高碕办事处互派代表及在对方首都设置联络事务所,且交换新闻记者。根据协议,人员的互派要在 6 月底完成;然而 8 月份中方代表到达东京,9 月份中日记者才到达对方首都。日本政府拖延中日互派代表协议执行的做法,引起中国的不满。1964 年 7 月 13 日,中国外交部以外交通报的形式指示驻外使领馆,在互派代表和记者实现之前,"对中日外交官的接触问题,不宜立即开始进行"①。中国方面认为,日本政府积极同中国外交官进行接触,是在拖延双方互派人员的实现。到了 9 月份,互派人员已经基本实现,外交部以外交通报告知驻外使馆,"中日外交官间的非正式接触可以逐步适当增加"②。这些内容跟外交部 1963 年的指示基本相同,变化就是放宽了中方人员参加日方活动的限制,比如可以参加驻在国迎接日方首脑的活动,前提是日方参加过驻在国迎送中国领导人的活动;日方邀请参加展览会、电影周等活动时,大使以外的馆员可以参加;可以和日本政党和政客进行接触;中国大使为使团长时,若日方拜访,可以回拜等。

---

① ② 外交部解密档案,档案号 105-01297-03。

第五章

佐藤内阁造成中日关系停滞

第一节　佐藤内阁的反华政策

一、佐藤内阁成立

1964 年 11 月初,池田勇人因患喉癌不得不辞去首相职务;经自民党元老议定,岸信介的弟弟佐藤荣作在未经投票选举的情况下就当上了自民党总裁,于 11 月 9 日组成新一届内阁,出任战后第十任日本首相。

佐藤自 1964 年 11 月上台组阁,至 1972 年 7 月下台,是日本战后历史上任期最长的一位首相。佐藤执政的近 8 年时间,也是国际风云变幻的 8 年。他上台之初,国际上接连发生美国扩大越南战争,苏联赫鲁晓夫下台,中国首次核试验成功和英国工党竞选获胜,1966 年中国开始了"文化大革命",1968 年苏联入侵捷克斯洛伐克,1969 年中苏"珍宝岛事件",以及尼克松上台后致力于改善中美关系等重大事件。这一系列事件都不可避免地影响着佐藤的内外政策,使佐藤的对华政策处于一个复杂多变的国际政治环境之中。

在佐藤上台之前,对对华关系曾有过友好的言论。1964 年 5 月,身兼科技厅长官和北海道开发厅长官的佐藤,曾委托佐藤派议员久野忠治与在日本主持中国经济贸易展览会的南汉宸联系会面。18 日,双方在东京佐藤派赤坂"周山会"事务所秘密会见,会上,佐藤向南汉宸表示"如果我掌握政权,将为改善中日关系尽最大的努力";还表示,"有希望按照政经不可分离的原则发展两国关系";并对通产大臣没勇气出席此次展览会不以为然,说"如果我是通产相就一定出席"。然后又委托久野在 9 月 25 日参加中国国庆观礼时带口信给中国,"希望同周总理会谈",经久野在北京逗留期间与廖承志协商,约定在周恩来总理访问缅甸时在仰光见面(此次会谈由于池田辞职,佐藤上台这一政局变动未能实现)。中国政府对佐藤的对华积极态度寄予很大的期望,正如廖承志在会见来访的久野时说:"池田一旦病倒,下一任首相将是佐藤。他一当上首相,来仰光也不合道理。不过,由于佐藤同意了政经不可分原则,日本也将在今后采取向前看的中国政策吧! 我们对此寄予厚望,并衷心欢迎佐藤政权的产生。"

11 月 10 日,佐藤在其组阁后的首次记者招待会上表示重视日中关系,"中国问题是日本当前外交的基本问题,也是佐藤内阁面临的重要问题",又说,"在中国有两个国家,他们都一开口就'只有一个中国'。在这种情况下,外国能说'两个中国'吗? 那才是干涉内政呢!","虽说日本同'国民政府'缔结了和约,但蒋'总统'在战争结束时表示的好意并不能约束日本国民走向,对蒋'总统'是非常感谢的,可也不能以此感情来处理问题"。但这些仅是佐藤首相刚上台时为稳定执政局面而做的一些姿态,并不是他真实的政治态度。

二、 佐藤内阁的反华政策

尽管佐藤内阁在成立之初提出"自主外交"和表示高度重视中日关系,但他的对内对外政策的根本出发点仍是维护日美同盟关系。尤其是,佐藤首相在自己的任期之内,将"促使美国归还冲绳行政权"这一目标作为其主要的外交任务。因此,为了解决这一问题,他急切需要美国合作。他深深懂得如果没有美国的合作,他将无法完成这一重大任务。在这种围绕美国为中心的外交政策指导之下,怎样改善与新中国的关系对于佐藤政府来说就显得无足轻重了。相反,他认为中日关系的改善将有碍于日美同盟关系,会刺激美国的情绪,并有可能导致"归还冲绳"问题谈判的搁浅。因此,佐藤首相上台之前的对华积极态度也就不可能持续下去。果然,上台不久,佐藤一反前态,撕掉了对华态度积极的假面具,走上了完全反华的道路。他的政策表现主要有:

第一,继续奉行"两个中国"的政策。

1964年11月20日,佐藤在第四十七届国会上第一次发表施政演说时,表示:"政府将一面维持迄今同'中华民国政府'之间的正规外交关系,一面以政经分离原则同中国大陆之间继续开展贸易以及其他事实上的接触。"公然道出其"两个中国"的对华政策。此后,佐藤内阁在中国问题上一直玩弄"两个中国"或"一中一台"的手法。尽管佐藤这一对华政策受到中国政府和中日两国人民及友好人士的批评和谴责,但其仍执迷不悟。1965年7月21日,日本社会党和公明党议员在国会质询中,揭露和批判佐藤内阁的敌视中国的政策。佐藤首相回答说,"废除日华和平条约(指日蒋条约)和从联合国驱逐国府(指蒋介石集团),那就不得不采取慎重的态度",因为日本"必须恪守对国府的信义"。要改善中日关系,就要以"承认过去的原委"为条件。日本不赞成"用中国代替国府","不是二者择一,而是二者同一的道路"。在对联邦德国电视台记者发表谈话时,他说:"只要北京不放弃对台湾的要求,日本就不能承认中国。"

对于台湾问题,佐藤除大肆鼓吹"台湾归属未定论",又加紧与蒋介石政权勾结,于1967年9月访问台湾,成为继岸信介之后第二位访台的现职首相,一改历届首相对台湾问题的谨慎态度。访台期间,佐藤公然鼓吹中国是对"和平的威胁",并表示将继续在联合国支持蒋介石。1971年3月15日,日本外相就台湾问题说道:"如果两者(指中国和蒋介石集团)之间发生武装纠纷,可能成为国际纠纷,⋯⋯日本不能漠不关心⋯⋯将行使集体性的自卫权。"[1]1972年2月1日,佐藤在国会答辩时说:"一旦北京政府同国府之间发生武装争端,周围各国理所当然地要寄予严重的关切,我国也不能隔岸观火。"在佐藤反华反共政策的

---

① 　王泰平主编:《中华人民共和国外交史》第2卷,世界知识出版社1998年版,第23页。

纵容和恣惠下。该年3、4、5月,日本右翼分子连续到我国"廖承志办事处驻东京联络处"门前挑衅,叫嚷"台湾不是中国的"、"维护日华条约"等,散发反华传单,撕毁中国国旗。

这一系列反华言论和行径,表明了佐藤在台湾问题上干涉中国内政,制造"两个中国"的政策较吉田茂、岸信介有过之而无不及。

第二,阻挠中日友好往来。

佐藤上台之后不久,除继续执行敌视中国的政策之外,还逆历史潮流而动,想方设法破坏、阻挠中日两国人民的友好往来。

1964年11月20日,佐藤政府拒绝由彭真率领的中国共产党代表团应邀参加日本共产党第九次代表大会的入境申请。

1965年8月,为阻挠中日青年第一次友好大联欢,佐藤内阁拒绝发护照给日本青年团体,致使部分日本青年团体不能如期来中国参加大联欢。

1966年7月,佐藤政府拒绝前往日本参加第十一届"禁止原子弹氢弹世界大会"的中国代表团一行(团长刘宁一)入境,阻挠中国参加正常的世界和平大会。

同年9月,佐藤政府再次拒绝发给来华参加第二次中日青年友好大联欢的日本青年以护照,使原定的计划流产。

1967年8月,佐藤政府又拒绝以周培源为团长的中日友好协会代表团访日。在佐藤内阁执政时期特别是中前期类似破坏中日关系的事件屡屡发生。

第三,充当美国反华帮凶。

1965年1月,佐藤组阁后首次前往美国访问,同约翰逊总统着重讨论了中国和越南战争问题。在双方发表的《联合声明》中,佐藤公然支持美国侵略越南,攻击中国"好战",并表示支持蒋介石集团推行"美日韩台联合遏制中国的战略"。佐藤表示日本支持美国对越战争行动,同时不忘维持与蒋介石集团正常外交关系,根据政经分离原则,"与中国大陆保持贸易等领域的民间水平接触"。

1967年11月中旬,佐藤再次访问美国。在与约翰逊会见后发表的《联合公报》中,开头就表示"关注中共进一步发展核武器的事实",要为使"亚洲各国不受来自中共威胁的影响创造条件"而促进"自由国家"的"相互合作",保持亚洲地区的"政治稳定和经济繁荣"。1969 年 11 月,佐藤第三次访问美国,在同尼克松总统发表的《联合公报》中,特别提到台湾问题:"总统言及美国对'中华民国'的条约上的义务,美国重申遵守这个条约,总理大臣认为,'维持台湾地区的和平与安全,是日本安全的一个极重要因素'"。佐藤赤裸裸的反华政策由此可见一斑。1972 年 1 月 7 日,佐藤又一次访问美国,在同尼克松举行会谈后表示:"可以明确地说,在日美安全体制的地区里,没有把台湾除外,⋯⋯一旦邻居发生火灾,⋯⋯就到台湾和韩国灭火。"公然叫嚣插手中国台湾、朝鲜半岛问题,佐藤一味追随美国,充当了反华的急先锋,使中日关系在其执政时期无任何进展。

日本还紧密跟随美国的反华政策,在联合国中阻挠新中国恢复联合国合法席位。(详情见后)

第二节　中日经贸关系受到破坏

一、中日经贸关系受损

由于佐藤一味执行敌视中国的政策,追随美国不断制造反华行动,发出反华叫嚣,因而对中日经贸关系造成了极大的破坏。

1964 年底之前,中日之间的贸易额在友好贸易和"LT 贸易"的推动下迅速增长,中日之间的关系也初步具有了半官半民的性质。中日双方根据"LT 贸易"签订了通过日本输出入银行贷款向中国出口成套设备的 4 个合同,中日关系向前迈开了一大步。然而,由于美国、台湾方面及日本国内反华议员的反对和施加压力下,导致该年 5 月"吉田书简"的出台。"吉田书简"公布后,当时的池田内阁虽予以默认,但幕后仍研究并通过了由日本"市中银行"为设备出口提供贷款。

然而,佐藤上台不久,于 1965 年 1 月虽然表示允许"日纺"向中国出口成套设备,但不批准日本银行提供贷款。2 月,佐藤在众议院预算委员会上表示"'吉田书简'对日本政府有行为约束力"。对日立造船会社的贷款申请,佐藤也予以拒绝。由于佐藤的破坏,日立造船会社的合同、"日纺"的成套设备合同及东洋机械会社的化肥成套设备合同先后失效。

佐藤上台后于 1965 年 2 月表示日本政府"在道义上也是受其(吉田书简)约束的",使前文所提的几个成套设备合同搁浅。对此,中国方面断然中止了 40 个关于成套设备的谈判,并在从 1966 年开始实施的"三五计划"中完全排除了日本的设备,转而从西欧进口。这样一来,到 1965 年中期,"LT 贸易"实质上开始变化。1965 年 9 月,高崎事务所代表团来华谈判 1966 年度贸易合同时,廖承志对代表团表明,只要"吉田书简"有效力,就不能进行成套设备、货船的谈判。9 月 18 日签订的 1966 年度"LT 贸易"合同只比上一年前增加 300 万—400 万美元。1966 年的整个中日贸易取得了 1.5 亿美元的增长,而"LT 贸易"占整个中日贸易的比率从上一年的 36%降到 33%。从 1967 年开始,"LT 贸易"的绝对额和份额都呈下降趋势(见表 1)。

到 1967 年底,为期五年的"LT 贸易"协议期满,就在中日双方达成就延长协议进行交涉的口头协定后,9 月 8 日佐藤访问了台湾,第二天发生了日本右翼分子袭击东京廖承志办事处的事件。于是,中国决定不再续签长期协议,改为签订年度协议并在每年会谈后与日方发表公报。同时,由于廖承志受到"文革"的冲击而被迫从中日关系的第一线退了下来,根据中国的提议,将廖承志办事处与高崎事务所分别改为中日备忘录贸易办事处和日中备忘录贸易事务所。如此,中日五年一度的备忘录贸易改为每年协商的备忘录贸易,从 1968 年开始称为"MT 贸易"(英文备忘录和贸易的第一个字母)。"MT 贸易"启动后,由于佐藤的重重干扰,"MT 贸易"不仅没出现增长,反而呈下降趋势(见表 5-1)。①

---

① 1973 年,中国代表刘希文同冈崎嘉平太签订了最后一个"MT 贸易"协议事项,订立了 1973 年总额为 1.2 亿美元的货单。同年 11 月 22 日,冈崎率最后一个日中备忘录贸易访华代表团到达北京。1974 年 1 月,双方结束常驻机构的工作,中方机构改为驻日使馆商务处,另保留贸促会的常驻代表处;日方机构改为日中经济协会事务所。至此,"MT 贸易"完成其全部历史任务而画上了终止符。

表 5-1　友好贸易和 LT/MT 贸易[①]

（单位：100 万美元）

年　份	1963	1964	1965	1966	1967	1968	1969
友好贸易	51	195	299	416	406	436	562
百分比（%）	37	63	64	67	73	79	90
LT/MT	86	115	171	205	152	114	63
百分比（%）	63	37	36	33	27	21	10
总　计	137	310	470	621	558	550	625

二、　中国政府努力促进贸易发展

尽管佐藤内阁采取反华对策，但在中国政府正确的外交方针、政策的指导下，在中日两国人民以及日本友好人士的推动下，中日贸易仍取得了一定的增长。如前所述，20 世纪 60 年代初发展起来的中日友好贸易，由于中国国际贸易促进委员会和日本方面的日中贸易促进会、日本国际贸易促进协会及其关西分部在 1962 年 12 月 27 日交换了《第一次友好贸易议定书》而制度化，以上日本三团体成为友好贸易的主要窗口组织。《议定书》还正式明确了支持中日政治三原则、经济三原则、政经不可分原则为"友好"的标准。另外，《议定书》还规定 1963 年在北京和上海，1964 年在东京和大阪举行商品展览会，在一年两度的广州交易会上增设新的友好贸易场所。此后，中日友好贸易除 1967 年因佐藤访问中国台湾地区而略有减少外，直至 1970 年都保持连续增长，这与 LT/MT 贸易额受政治影响大幅度减少形成了鲜明对比。正是因为友好贸易的存在，尽管当时中国国内国际形势恶化，中国的对日贸易还是在曲折中取得了增长（见表 5-2）。

---

① ［日］添谷芳秀：《日本外交和中国 1945—1972》，东京庆应义塾大学出版社 1995 年版，第 143 页。

表 5-2　中国的对日贸易(1961—1970)[①]

(单位:100 万美元)

年份	1961	1962	1963	1964	1965	1966	1967	1968	1969	1970
贸易额	48	84	137	310	470	621	558	550	625	823

由表 5-2 可知,1966 年中日贸易额突破 6 亿美元,比 1963 年多近5 亿美元,1967、1968 两年略有下降,1969 年超过 1966 年,至 1970 年超过 8 亿美元。从 1960 年后半年到 1970 年初期日本对中国的出口来看,主要的商品是以钢铁为中心的金属及其制品,包括化学肥料的化学制品、机械类以及以合成纤维为主的纤维和纤维产品,此四类主要产品占总贸易额的 97.8%。从 1965 年至 1970 年日本进口商品的结构来看,食品、纤维和纤维产品、原料占总贸易额的 81.4%。

佐藤执政时期阻挠中日互办展览会上的斗争。佐藤执政时期,中日双方通过互办展览会,不仅促进了中日贸易的发展,也增进了中日两国人民的了解。然而,由于佐藤敌视中国的政策和中国"文化大革命"的干扰,展览会的举办是在冲破重重障碍、几经周折才得以实现的。

1962 年和 1964 年,中国国际贸易促进会和日本方面的三个团体(日本国际贸易促进协会、日本国际贸易促进协会关西分部、日中贸易促进会)签订了关于举办展览会的议定书。商定轮流在日本和中国每年举办一次展览会,并决定 1966 年在日本的北九州和名古屋举办中华人民共和国经济贸易展览会。展览会举办期间,日本右翼势力不断地进行捣乱和破坏。

名古屋展览会破坏事件。1966 年 11 月 22 日,各地右翼分子在名古屋的热田神宫集齐,召开会议后,分乘十几台宣传车冲到展览会场前的道路上。他们在警察的批准下举行游行,拿着金属梭标的旗杆和竹尖枪,并用高音喇叭叫喊着"砸碎中共展品"的口号向展览会开进。这些暴徒在会场前跳下卡车,乱叫乱闹,砸坏了展览会协力会的汽车,并

---

① 〔日〕添谷芳秀:《日本外交和中国 1945—1972》,东京庆应义塾大学出版社 1995 年版,第 119 页。

打伤了协力会事务局的工作人员和中国展览团的工作人员。日本法务省入境管理局在中国展览团入境手续问题上,也表现出敌视中国的态度,使当时的展览会全国协力会负责人川濑一贯先生在办理中国展览团员的滞留延期手续上历经周折。

敌视中国的日本右翼分子的阻挠和破坏行为,激起了广大希望日中友好的各界人士的义愤。日本各界的 32 位著名人士发表了呼吁书《面临国内外危机,为促进日中友好再告国民书》,谴责了这种反华行为。日本国际贸易促进协会专务理事荻原,长期驻在名古屋,与当地协力会共同努力,竭力防止事态发展。协会为防事态不测,动员了东京、大阪,以及全国的友好商社社员数千名,昼夜在会场警戒。在日本友好人士的帮助下,1966 年北九州、名古屋两处的展览会,有 366 万人参观,展销品当场销售达 4.2 亿日元。

与此同时,围绕日本工业展览会在中国展出,日本企业界为废除巴黎统筹委员会的规定而进行了积极的斗争。①佐藤时期,西欧的英、法、德等国对巴黎统筹委员会的规定都作了修改,放宽了对中国出口物资的限制。而日本政府却采取了敌视中国的政策,卖力地执行巴黎统筹委员会的规定,破坏了中日贸易的正常进行。1967 年 6 月,日本国际贸易促进协会在天津举办了日本科学仪器展览会,日本政府宣布不允许其中 17 种展品展出(后来以 3 种产品带回为条件而允许展出,最终展出 14 种)。1969 年 3 月至 6 月,日本工业展览会在上海、北京举办展览。展览会事务局在 1968 年 11 月向通产省提出了大约 7 000 个展览品,无外汇出口的申请。对此,通产省在 1969 年 1 月通知主办团体:因为属于统筹委员会所禁止出口的商品,对于其中 19 种展品不准出口,对这 19 种展品,以不在中国销售、带回日本为条件,同意办理。日本工业展览会方面认为,政府的措施不妥,1969 年 2 月,向东京地方裁判所、民事第二部提出要求撤销对于不予批准的 19 种展品的规定。

---

①　巴黎统筹委员会(Co-ordinating Committee for Export Control, COCOM)全名"输出管制统筹委员会",简称"巴统"。美国和其他西方国家贯彻对苏联和东欧国家"集运"战略物资的机构。1949 年 11 月成立,1994 年 4 月 1 日正式解散。

4月份,展览会方面就由于佐藤政府对中国的敌视政策而导致上海展览中止造成的100万日元损失,提出要求赔偿的申诉。8月,审判厅进行宣判,"驳回要求赔偿损失的申诉",原告的诉讼失败。但在说明判决理由时,伊达秋雄主任律师在记者招待会上说:"巴黎统筹委员会条约本身,不能构成法律性的限制出口物资的法律依据","裁决以120%承认我们的要求,是一次全胜的比赛"。因此,原告方面实质上是取得了胜利。

佐藤执政时期类似事件还有很多,这些事件都集中反映了佐藤的反华政策。

第三节　中国和佐藤政府反华行为的斗争

一、　中国方面严厉批判佐藤政府反华言行

针对佐藤政府的敌视中国的政策及反华言语和行为,中国方面为了中日关系长期发展考虑,对其进行了针锋相对的斗争。

《人民日报》于1964年11月25日发表题为"佐藤荣作的白日梦"的观察家评论,揭露佐藤上台后接二连三的破坏日中关系的勾当:无理地拒绝以彭真为首的中国共产党代表团入境;攻击中国为了自卫和维护和平而掌握核武器的正当措施;公然反对恢复中华人民共和国在联合国的合法权利,反对把蒋介石集团驱逐出联合国;鼓吹所谓"台湾归属未定"论,说什么台湾问题不是"中国的国内问题"。所有这些坏事,很清楚地表明:佐藤上台伊始所说的对华政策的"一大使命",原来就是破坏中日友好关系,为美帝国主义阻挠恢复中国在联合国的合法权利、制造"两个中国"的阴谋效劳。

评论指出,佐藤鼓吹所谓"台湾归属未定",是阴谋攫取台湾,恢复日本军国主义对台湾的殖民统治。"岸信介就是这一阴谋的策划者。佐藤政府一开张,就走岸信介的老路",但是"佐藤荣作及其同伙的一整套打算不过是一场迷惘的白日梦。第二次世界大战以后,亚洲的形势发生了根本的变化,而佐藤荣作及其一伙却死捧着一本30年代的老皇

历。今天,中国人民站起来了,美帝国主义尚且在亚洲碰得焦头烂额,日本军国主义分子又有什么能耐扭转乾坤呢"?

佐藤内阁用"吉田书简"破坏中日贸易,是它追随美国敌视中国政策的又一重要表现。中国政府对此表示了坚决反对的立场。《人民日报》于 1965 年 2 月 12 日发表评论指出:"吉田书简"已给中日关系投下重大的阴影,特别是在发展中日贸易的道路上设置了极大的障碍。因此,如果要改善中日关系,发展中日贸易,首先要撤回"吉田书简",用行动证明诚意,否则佐藤内阁必须对中日贸易负责。

1965 年 2 月 15 日,廖承志办事处通知高碕事务所驻北京代表,废除和日本东洋机械公司签订的进口化肥成套设备的合同;4 月 6 日,廖承志办事处通知日方驻北京的代表,废除同日立造船公司签订的向中国出口万吨货轮的合同;5 月 6 日,廖承志办事处通知日方驻北京代表,废除与大日本纺织会社签订的向中国出口第二套维尼纶成套设备的合同。同年 10 月 2 日廖承志就"吉田书简"问题发表谈话指出:"如果佐藤首相不在国会等公开场合亲自宣布'吉田书简'无效,中国是不能谅解的。"

佐藤内阁破坏中日民间友好往来的行为受到了中国有关方面的严厉谴责。

二、 中日青年首次大联欢

1965 年 6 月,中日友好协会、中华全国青年联合会、中华全国学生联合会向日中友好协会和日本青年团体发出邀请,希望日本方面派出有 500 名代表参加的 40 个青年代表团体来华访问,在中国的 15 个城市同中国青年进行大联欢。联欢从 8 月下旬由北京开始分三路进行,东北路去沈阳、鞍山、北戴河、南京;西北路去西安、延安、洛阳、无锡;南路去武汉、长沙、南昌、庐山。最后三路人员在上海汇合。联欢的内容十分丰富,有音乐、体育友好比赛,有戏剧欣赏和游览名胜古迹。

这是中日两国青年之间的第一次大规模的联欢,是中日两国青年加深理解和友谊的重要活动,也是中日两国人民世世代代友好相处精神的体现,意义非常深远。

然而,佐藤内阁却以拒绝发给日本青年代表团成员护照的手法,阴谋从中破坏。日本人民同佐藤内阁进行了斗争,有 23 个青年团体经过斗争如期赶到中国,有 5 个团体斗争了三个月才来中国参加联欢。中日友好协会等团体的发言人于 8 月 24 日发表谈话指出,佐藤内阁拒绝发护照给参加中日青年友好大联欢的部分日本青年,再次暴露它破坏中日友好的面目。

在中日两国青年和两国人民的共同努力下,中日青年大联欢取得了极大的成功。毛泽东主席于 8 月 29 日和 11 月 25 日分别会见了参加大联欢的 23 个日本青年代表团和 15 个青年代表团,高度评价他们为中日友好而奋斗的精神。

三、 中国和平代表团参加"世界大会"[①]

"禁止原子弹氢弹世界大会"(简称"世界大会")是自 20 世纪 50 年代起,由日本民间团体筹办并每年在日本召开的系列国际性会议。

1945 年 8 月 6 日和 9 日,美国分别在日本的广岛和长崎投下两颗原子弹,加快了日本军国主义失败。同时,很多日本民众直接因两次原子弹爆炸而失去了生命,还有一些人多年来深受原子弹爆炸后遗症的影响。原子弹爆炸给日本人民造成了严重的生理和心理影响,日本民众对原子弹等核武器普遍存在排斥感。

1954 年 3 月 1 日,美国在太平洋上的比基尼岛进行了氢弹试爆。当时,一艘在太平洋上航行的日本捕鱼船——"福龙丸第 5 号"的船员受到了此次氢弹爆炸辐射的影响,其中的一位船员——久保山爱吉因此去世。此事在日本国内引起了强烈的反响,加之当时世界上反核思想的蔓延以及日本民众对美国占领的不满,终于在日本形成了以"禁止原子弹氢弹"为主题的签名运动。此次签名共征集到 3 500 万人,而第一届世界大会正是在这样的大背景下召开的。

1955 年 1 月 16 日,在日本东京举行的"日本人民要求禁止原子武器和氢武器全国大会"决定在广岛原子弹爆炸十周年之际举办一次世

---

① 本目由外交学院 2009 级国际政治专业硕士研究生李靖写作初稿。

界性的集会。当年的 8 月 6 日,大会在广岛举行。这一大会的主旨是 "防止核战争"、"禁用核武器"、"援助受害者"。从 1955 年开始,每年 8 月都在日本举办。

第一届世界大会是由"日本禁止原子弹氢弹签名运动全国协议会" 主持召开的。随后该协议会更名为"日本禁止原子弹氢弹协议会",每 年负责举办世界大会。第一届世界大会召开前,中国就收到了日本方 面发出的参会邀请。1955 年 6 月 10 日、7 月 1 日,当时的"中国人民保 卫世界和平委员会"两次收到了世界大会筹委会的邀请。而中国人民 救济总会、中华全国总工会、中华全国民主妇女联合会也收到了日本相 关团体发出的参会邀请。基于上述情况,中国当时派出了以刘宁一①为团长,成仿吾、赵朴初、谢冰心等人为团员的中国代表团出席第一届 世界大会。

1956 年 8 月 6 日,第二届世界大会在日本东京开幕,中国再次派 出代表团参会,团长为许广平。

1957 年,应当时国际形势的需要,第三届世界大会的全称改为"禁 止原子弹氢弹和争取裁军世界大会"。尽管此后大会的名称略有变化, 但基本上都包括了禁止原子弹氢弹等相关内容。这一次,中国派出了 以蔡廷锴为团长的代表团参会。

1958 年、1959 年的第四届、第五届两次世界大会因日本的岸信介 政府采取敌视中国的政策,中国未能派出代表团赴日参会。但有关团 体仍向大会发去了贺电,以示支持。

1960 年,中国再次派出以刘宁一为团长的代表团赴日本参加第六 届世界大会。

从 1960 年至 1965 年,中国每年均派出代表团参加世界大会:出席 1961 年第七届世界大会的中国代表团团长为周培源;出席 1962 年第 八届世界大会的中国代表团团长为巴金;出席 1963 年第九届世界大会 的中国代表团团长为赵朴初;1964 年、1965 年的第十届、第十一届中国

---

① 刘宁一(1907—1994),曾任中共中央书记处书记、中共中央统战部副部长等职,时任 中华全国总工会书记处书记、党组副书记。

代表团团长均为刘宁一。

1966 年第十二届世界大会召开前,以刘宁一为团长的中国代表团已经抵达香港,但 7 月 26 日,当时执政的佐藤内阁却宣布拒绝刘宁一入境,从而使得中国无法参加第十二届世界大会。中国就此中断了参会的进程。中日关系的变化与中国参加世界大会这两者之间存在着互动关系。

由于"禁止原子弹氢弹和争取裁军世界大会"在日本召开,所以中国代表团要赴日参会首先要面临能否取得签证的问题。当时中日双方并未建立外交关系,因而获得签证就成了中国参会的先决条件之一。

其实,"签证问题"自世界大会召开伊始就存在。1956 年,蒙古代表团因未能取得签证而无法参加第二届世界大会。1960 年 8 月 9 日,日本相关友好团体的代表赴日本外务省要求延长出席第六届世界大会的中国代表团的签证遭拒。1963 年和 1964 年,日本方面连续两年拒绝中国代表团部分团员的入境请求,为此中国方面反应强烈。中国早就担心日本方面可能会拒绝代表团入境。尤其是进入 20 世纪 60 年代以后,随着中国周边环境的恶化,中国的这种担心更加明显。

中国人民保卫世界和平委员会在第十届世界大会召开前写给中央的报告中明确提到:"日本政府可能要留难我国代表入境。为此,我们决定,在会前先派遣北京市和委会代表团、宗教代表团和纪念玄奘的文化代表团访日,以便他们争取留下来参加大会。"[1]此外,中国方面还准备从日本内部物色合适的对象,以应对中国代表团无法参会的局面:"考虑到中国代表团有可能领不到签证,我们还准备利用一些左派朋友会前访华的机会,物色一些对象,组成核心力量,促成他们出席会议时,能协同日共斗争。"[2]

那么,当时中国为什么会希望参会呢?

(1)加强中日两国民间联系,促进中日关系的发展

中国参加世界大会的另一个重要目的就是发展中日两国的民间关

---

[1][2] 《中国人民保卫世界和平委员会关于参加第十届禁止原子弹氢弹世界大会的报告》(1964 年 7 月 19 日),中国外交部开放档案,档号:105-01297-05,原档号:105-C1219,第 5、4 页。

系。中日两国的关系在 1972 年中日两国邦交正常化之前,都是靠民间的往来而维系和发展的。毫无疑问,世界大会就是其中一个重要的渠道。中国参加世界大会,不仅在口头上支持日本人民反对美帝国主义,而且在物质上给予日本人民帮助。世界大会的发起人之一时任日本禁止原子弹和氢弹协议会理事长的安井郁在 1960 年访华时就提到:"从 1955 年开始,每年都以巨额的救济金捐赠给原子弹氢弹被害者。"①中国不仅捐款给受害者,还负担了大会的部分经费。中国"捐款给日本原子弹氢弹受害者人民币 5 万元(过去每年如此,除 1960 年的 10 万元外),负担大会经费人民币 5 万元(过去除 1960 年第六届大会为 20 万元、1962 年第八届大会因他们尚有余款未给外,每年均为约 5 万元)。"②

尽管在这期间,中国经历了三年自然灾害,自身的经济也面临很大的问题,但中国对世界大会和日本原子弹氢弹受害者的支持却始终如一。

(2) 把世界大会当成宣示新中国对外政策的重要平台

世界大会的召开源于日本人民对核武器和核试验的反对。所以,世界大会就成了新中国在世界舞台上对抗美国的"没有硝烟的战场"。随着国际形势的变化,世界大会愈加成为当时中国宣示其对外政策的"讲坛"。尤其是 20 世纪 60 年代初期,中国认为自己遭到了美帝和苏修的夹击,因而这种"讲坛"的作用日趋明显。比如在中国对苏联展开猛烈批判的 1964 年,在中国人民保卫世界和平委员会的请示报告中就明确结合了当时中国对外政策的主题,提出了如下建议:"对于苏修分裂世界大会和参加两个大会的勾当,我们必须加以彻底的揭露,要把他们勾结社会党右派和为美帝国主义效劳的丑恶面目暴露在广大日本人民的面前,使他们在政治上处于孤立的地位。"③

---

① 《人民的智慧勇气必能击退一切压迫与暴力 日本禁止原子弹和氢弹协议会理事长安井郁在欢迎会上的讲话》,《人民日报》1960 年 2 月 22 日。

② 《中国人民保卫世界和平委员会关于参加第九届禁止原子弹氢弹世界大会的请示报告》(1963 年 7 月 11 日),中国外交部开放档案,档号:105-01214-02,原档号:105-C1114,第 5 页。

③ 《中国人民保卫世界和平委员会关于参加第十届禁止原子弹氢弹世界大会的报告》(1964 年 7 月 19 日),中国外交部开放档案,档号:105-01297-05,原档号:105-C1219,第 4 页。

到了 1965 年,中国参会的一个主题就变成了"越南问题"。中国人民保卫世界和平委员会在 1965 年的请示报告中就明确提到:"越南问题是当前国际斗争中的中心问题,也是这次大会的一个中心议题。我们要在这次大会中,说明越南问题的真相,指明越南人民斗争的发展前途,阐明我国人民对越南人民斗争的积极支持。"①

既然中国这么希望参会,那为什么又会在参会的问题上遇到困难呢?

(1) 世界大会的组织者内部出现了分化。

世界大会的组织者内部分化迹象早已存在。而中国方面对此展开广泛的报道则是从 1962 年以后开始的。《人民日报》在 1962 年 8 月 9 日对世界大会的分裂态势进行了报道:"日本共产党中央委员会政治局昨天发表声明,谴责参加第八届禁止原子弹氢弹和阻止核战争世界大会的社会党代表和日本工会总评议会代表的分裂活动,并保证共产党将加紧斗争来保卫禁止原子弹氢弹运动。"②随着中苏关系的恶化,中国方面很快便将日本社会党、总评与苏联方面联系了起来。尤其是到了 1964 年第十届世界大会召开前,中国人民保卫世界和平委员会在给中央联络部的请示电中就提到:"社会党、总评伙同日共叛徒,在美帝、苏修的唆使下,决定于今年 8 月在广岛、长崎等地召开同'原氢协'主持的世界大会相对抗的分裂大会。"③所以,世界大会的组织者内部出现的分裂倾向加大了中国的参会压力。

(2) 中国在 1964 年进行的核试验也加大了中国参会的复杂性。

1964 年 10 月 16 日,中国在罗布泊爆炸了第一颗原子弹,震惊了世界。尽管中国在第二天宣布了关于全面禁止和彻底销毁核武器的声

---

① 《中国人民保卫世界和平委员会关于参加第十届禁止原子弹氢弹大会的请示》(作者怀疑档案名有误,其中的"第十届"应为"第十一届")(1965 年 6 月 18 日——1965 年 7 月 25 日),中国外交部开放档案,档号:105-01948-02,原档号:105-Y0519,第 29 页。

② 《日共中央政治局就禁止原子弹氢弹大会发表声明 谴责社会党和总评代表的分裂活动 日共决心同国内外和平力量合作发展反对原子弹氢弹运动》,《人民日报》1962 年 8 月 9 日。

③ 《中国人民保卫世界和平委员会关于参加第十届禁止原子弹氢弹世界大会的报告》(1964 年 7 月 19 日),中国外交部开放档案,档号:105-01297-05,原档号:105-C1219,第 2 页。

明。并以中国国务院总理周恩来的名义发出致世界各国政府首脑的电报。①但中国拥有了核武器直接导致中国参加世界大会的一些复杂因素。之前,中国一直在世界大会上反对美国使用核武器和进行核试验并对美英苏三国签署的《部分禁止核武器条约》进行批判。事实上,在进行核试爆的随后几天内,中国就收到了来自日本方面的抗议。日本社会党、民社党、青年团体议会以及日本长崎市、广岛长崎禁止原子弹氢弹大会实行委员会等组织机构分别向周恩来和刘少奇发去了电文以表达不满、遗憾,甚至抗议。②

　　这就使得中国在世界大会上处于不利地位:一方面中国主张全面禁止和彻底销毁核武器,另一方面中国自身却拥有了核武器。这样的状况使中国很容易在世界大会上遭到其他国家的攻击。中国方面在1965 年参会前就预见到了这种局面,在当年中国人民保卫世界和平委员会的请示报告中就明确提到:"今年同前年、去年不同,三国条约和'反对任何国家核试验'口号,在日本人民中的欺骗作用,已逐渐消失。但是,日本右翼社会民主主义者和苏修追随者,还仍有可能借我国两次核试验对我进行攻击。因此,我们仍需要继续宣传我国政府主张全面禁止和彻底销毁核武器的一贯立场,并应特别指出首先禁止使用核武器的重要意义。我们还要强调说明,中国人民有了核武器,就是世界人民有了核武器,也就是日本人民有了核武器,中国的核武器是为保卫世界和平服务的。"③尤其应当注意的是,这份请示在报送中央批示的时候,中央删去了当中的"也就是日本人民有了核武器"这一句。

　　这些都是中国顺利参会的障碍。当然,从 1965 年开始,更多的因素使得中国的参会变得困难重重。

　　(1)中国国内政治情势的变化。

---

　　①　引自《人民日报》1964 年 10 月 21 日。

　　②　参见《日本社会党委员长河上丈太郎等人来信抗议我核试验》(1964 年 10 月 17日——1964 年 10 月 19 日),中国外交部开放档案,档号:105-01656-06,原档号:105-D0845,第 1—7 页。

　　③　《中国人民保卫世界和平委员会关于参加第十届禁止原子弹氢弹大会的请示》(作者怀疑档案名有误,其中的"第十届"应为"第十一届")(1965 年 6 月 18 日—1965 年 7 月 25日),中国外交部开放档案,档号:105-01948-02,原档号:105-Y0519,第 30 页。

1966 年,随着五·一六通知的出台,防修反修成了中国国内政治的重中之重。从外交上来看,早在 1965 年,中国外交中的"左"的因素就开始凸显。1965 年 9 月 3 日,《人民日报》发表了《人民战争胜利万岁——纪念中国人民抗日战争胜利二十周年》一文。其中在第七节"毛泽东同志关于人民战争的理论的国际意义"中提到:"从全世界范围内看问题,如果说北美、西欧是'世界的城市',那么亚洲、非洲、拉丁美洲就是'世界的农村'。今天的世界革命,从某种意义上说,也是一种农村包围城市的形势。整个世界革命事业,终究要以占世界人口绝大多数的亚洲、非洲、拉丁美洲的人民革命斗争为转移。社会主义国家理应把支持亚洲、非洲、拉丁美洲的人民革命斗争,当成自己的国际主义责任。"[1]当"左"的思想和防修反修结合在一起后,那么前面提到的,日本部分团体和人士与苏联方面的联合,在中国看来就是犯了大忌,是值得批判的。

(2) 中共与日共的关系急剧变化。

正如中国人民保卫世界和平委员会在第十届世界大会前的请示报告中提到的那样,"我们代表团出席这次世界大会的总的方针任务应该是,以日共为主,并竭尽全力协助日共开好这次大会",[2]这一方针也一直是中国参加世界大会时所坚持的方针。中共与日共的关系却从 1966 年以后急转直下:"当时日共中央面对美帝侵略越南战争日趋激烈化,认为有可能引发起第三次世界大战的危险,便作出结成反对美帝的国际统一战线的决定",[3]但当时中共却"不同意日共把苏共拉进反美国际统一战线的提议"。[4]所以,中共与日共的关系从此开始恶化,而这也直接影响了中国参加世界大会的进程。

1966 年 8 月 12 日,刘宁一在首都各界欢迎维护禁止原子弹氢弹世界运动光荣传统的各国朋友大会上的讲话中提到:"日本禁止原子弹

① 《人民战争胜利万岁——纪念中国人民抗日战争胜利二十周年》,《人民日报》1965年 9 月 3 日。

② 《中国人民保卫世界和平委员会关于参加第十届禁止原子弹氢弹世界大会的报告》(1964 年 7 月 19 日),中国外交部开放档案,档号:105-01297-05,原档号:105-C1219,第 3 页。

③④　[日]岛田政雄:《战后日中关系五十年》,田家农译,江西教育出版社 1998 年版,第208 页。

氢弹协议会和日本代表团的某些领导人,在'统一行动'的口号下,接纳世界民主青联代表参加这一届大会,不是局部问题上的错误,而是路线错误。他们同苏联修正主义集团唱一个调子,大叫什么'加强一切和平民主力量'的团结,大讲什么'统一行动'。说来说去,他们无非是要把美帝国主义的头号帮凶苏联修正主义领导集团拉进反美统一战线中来,同他搞'统一行动'。这是我们绝对不能同意的。"①

所以,中共与日共关系的恶化使得中国在参加 1966 年世界大会的时候面临了更为困难的局面。1966 年正是日共的宫本集团从中作梗,"使准备出席 8 月在日本举行的禁止原子弹氢弹世界大会已经到香港的中国代表团(团长为刘宁一),因拿不到日本入境签证而返回北京"。②

这一切都增加了中国的参会难度,而日本在 1966 年 7 月 26 日拒绝刘宁一入境,实则就使得中国代表团整体无法参会。因为早在第十届世界大会召开前,中国人民保卫世界和平委员会在入境参会问题上就有过明确的表态:"日本政府也可能只采取不让我代表团部分团员入境的做法来留难我们。在这种情况下,取得签证的部分团员仍将赴日开会。但是,如果日本政府不允许刘宁一同志入境,我们倾向于先作整个代表团不去日本的表示,同时我们还将专案请示。"③

廖承志办事处驻东京联络处代表孙平化于 7 月 28 日就拒绝刘宁一入境一事,向日本政府提出了严重抗议。同一天,《人民日报》发表社论指出,佐藤内阁拒绝以刘宁一为团长的中国代表团访问日本,是为了破坏中日两国人民的战斗友谊,破坏禁止原子弹氢弹世界大会的光荣传统,破坏中日友好运动。社论强调,中日两国人民不论是现在还是将来,都将在反对美帝国主义的共同斗争中并肩战斗,他们的战斗友谊和伟大团结,是任何反动派也破坏不了的。

---

① 《中国人民坚决支持各国人民反帝革命斗争绝对不能同意和苏修领导集团搞"统一行动"》,《人民日报》1966 年 8 月 13 日。

② [日]岛田政雄:《战后日中关系五十年》,田家农著译,江西教育出版社 1998 年版,第 210 页。

③ 《中国人民保卫世界和平委员会关于参加第十届禁止原子弹氢弹世界大会的报告》(1964 年 7 月 19 日),中国外交部开放档案,档号:105-01297-05,原档号:105-C1219,第 5 页。

中国再次参加世界大会则是在 1983 年。当年的 6 月 23 日,中国国际交流协会会长李一氓在欢迎日本和平运动活动家中林贞男时提到:"1966 年以前,我们曾派代表参加你们的大会。后来,由于一些原因,我们中止了派代表,但这并不意味着我们不支持你们的和平运动。现在,我们决定派观察员参加这次大会,这表明我们愿意同世界各国人民一起为维护世界和平而共同努力。"①

四、 反对佐藤内阁干涉中国台湾问题

佐藤内阁在台湾问题上,长期干涉中国内政。例如佐藤任首相不久就大谈"台湾归属未定"的谬论,并指使外务省加紧追随美国参与制造"两个中国"的阴谋。另外 1967 年 9 月 7 日,佐藤以首相身份访问台湾,加紧同蒋介石集团勾结。

对佐藤访问台湾,向中国人民挑衅的行为,中国方面予以严厉批评。1967 年 9 月 8 日,廖承志办事处驻东京联络处代表吴曙东发表声明指出:"佐藤首相访问台湾是对中国的内政干涉,是对中国的政治挑衅行为。"9 月 10 日,《人民日报》发表社论,揭露佐藤内阁企图走东条英机的老路,是日本军国主义分子阴谋再次占领中国领土台湾的野心的一个大暴露。

1969 年 12 月 1 日,佐藤在国会演说中明确说,"台湾的安全对于日本的安全是一个重要问题"。对佐藤首相的反华言论,《人民日报》于 12 月 25 日发表评论指出,过去日本军国主义者侵略中国时,从田中义一到东条英机都曾使用这种强盗逻辑。日本军国主义者的魔手伸到哪里,哪里就"对日本的安全是必要的"。佐藤的言论,是把侵略的矛头直接指向中国,企图以武力阻止中国人民解放台湾的战争叫嚣,评论警告日本方面不要玩火自焚,否则必将被彻底粉碎。②

五、 以"政治经济不可分"的原则进行中日贸易

鉴于佐藤内阁一再阻碍中日关系的改善,中国方面表示今后不再

---

① 《中国决定派观察员参加禁止原子弹氢弹世界大会》,《人民日报》1983 年 6 月 23 日。
② 引自《人民日报》1969 年 12 月 25 日。

续签五年长期贸易协议,只签年度协议事项,并在每年举行会谈后发表的公报中加上政治内容。1967年后的几次会谈,日方不肯公开承认中日关系政治三原则和经济三原则,只由中方单方面重申这些原则。这也是备忘录贸易与友好贸易一个重要的不同之处。但是1971年双方发表的公报和此前有了不同,由于佐藤内阁的反华政策遭到中国人民的强烈抨击,受到日本人民的普遍反对,日方迫于当时的形势,第一次在公报中公开确认政治三原则和政经不可分的原则是中日关系必须遵守的原则。

1970年4月15日,周恩来总理在北京先后会见日本国际贸易促进协会代表团和由松村谦三率领的访华团,提出了政治性很强的对日贸易四项条件:第一,如果日本有厂商和中国做贸易,同时又帮助台湾蒋介石集团反攻大陆,帮助南朝鲜侵犯朝鲜民主主义人民共和国,我们就不同他做买卖;第二,在台湾、南朝鲜有大量投资的厂商,我们也不同他进行经济往来;第三,为美帝国主义侵略越南、老挝、柬埔寨提供军火武器的企业,我们坚决不同他们进行往来;第四,在日本的美日合资企业和美国的子公司,我们也不同他做买卖。

四项条件公布之后,中国对外贸易部曾在1970年春季广州交易会上点名停止同对台投资较大、参加日台合作委员会的某些日本企业进行贸易。日本友好贸易团体和商社积极拥护这四项条件,备忘录贸易也表示遵守贸易四项条件。1971年3月1日,中日备忘录贸易双方负责人在北京发表联合公报,谴责日本、台湾、南朝鲜成立联合委员会。日方代表冈崎嘉平太、古井喜实首次明确表示日台"条约"是非法的、无效的,应予废除。一大批从事日中贸易的日本企业、商社及团体,接受中日关系政治三原则、贸易四项条件,主张废除日台"条约",是对执行敌视中国政策的佐藤内阁的沉重打击。

六、 反对日本复活军国主义

1963年,日本拟订了以中朝两国为假想敌人的简称为"三矢计划"的秘密军事作战计划。1965年2月10日,日本社会党国会议员冈田春夫在众议院对此进行了揭露,日本共产党政治局委员冈正芳发表谈话指出,这个秘密文件是日本反动派为了帮助美帝国主义在远东推行危险的侵略政策而策划的一个阴谋。

1965 年 2 月 19 日,《人民日报》发表题为"日本军国主义势力野心不死"的评论员文章,一针见血地指出:这是日本军国主义势力妄图卷土重来,重温帝国主义旧梦的一个大暴露。评论指出:第二次世界大战结束后的最初几年,战败了的日本军国主义势力,一时曾销声匿迹,蛰伏下来。但是,为时不久,他们在美帝国主义的大力扶植下,从地下钻了出来。"三矢计划"……表明日本军国主义势力进一步抬头的趋势。佐藤上台以后,日本军国主义势力更加活跃。日本的军事预算,年年有所增加。日本陆海空三军"自卫队",也有了进一步的扩充……等等。……日本"防卫厅"的绝密文件,暴露日本军国主义不仅要攫取中国领土台湾,而且还要同美帝国主义联合起来,进攻中国和朝鲜。……佐藤上台以后的一系列露骨敌视中国的言行,不能不被认为是同日本军国主义的侵略蓝图有联系的。评论进一步指出:现在的日本军国主义者不看现实,不自量力,居然那么野心不死地拟订"三矢计划"乃至其他侵略计划,这对于日本人民和亚洲人民来说,不失为一个很好的反面教材,……中国人民、朝鲜人民和亚洲各国人民,不能不对此保持高度的警惕。评论最后表述了将与日本军国主义斗争下去的决心,指出:中国人民坚决反对复活日本的军国主义,坚决支持日本人民走独立、民主、和平、中立的道路,并且决心同日本人民一道为保卫亚洲和平而斗争。

1970 年是中国人民取得抗日战争胜利 25 周年,9 月 3 日《人民日报》、《解放军报》刊登了题为"打倒复活的日本军国主义——纪念中国人民抗日战争胜利 25 周年"的社论。社论指出:"今天在美帝国主义扶植下,日本军国主义已经复活,重新成为危险的侵略势力和战争势力……。为了从对外掠夺和扩张中寻找出路,为了加强镇压和榨取日本人民,日本反动派就走上了军国主义的老路。"社论还列举了日本军国主义已经复活的事实:"曾经是日本法西斯'军部'后台老板的几个大财阀已经东山再起;日本军国主义已经重新武装起来;军国主义势力重新掌握了日本军政大权;日本统治集团正在加速推进政治体制的法西斯化；日本垄断资本对外实行疯狂的侵略扩张；日本军国主义公然把我国领土台湾省和朝鲜划为它的势力范围；日本军国主义积极充当美帝国主义的'亚洲宪兵'和奴才'总管'，妄图借此重新称霸亚洲；日本军国主义积极为派兵出国制造借口；日本统治集团为侵略战争大造反革命舆论"。从而得出了无可置疑的结论："日本反动派正在野心勃勃的妄图重温其'大东亚共荣圈'的迷梦。'大日本帝国'的阴魂又在亚洲游荡起来了。日本军国主义的复活已经不是一个什么存在这种危险的问题，而是一个无可争辩的现实问题。"社论还指出："今天，亚洲和太平洋地区各国人民的一个共同任务，就是要进一步团结起来，坚决粉碎在美帝扶植下复活了的日本军国主义。"

1971 年 9 月 18 日，《人民日报》发表题为"不许日本军国主义重走侵略老路"的社论，对日本军国主义进一步进行了揭露和抨击。

第四节　中日友好形成潮流

一、 20 世纪 70 年代初国际形势大变

经过 20 世纪 60 年代的大动荡、大分化的剧烈演变后，到 20 世纪 70 年代初期由于世界政治、经济的各种力量及相互关系相对稳定，终于形成了三个世界这一新的世界基本格局。美苏是唯一一对世界性对抗力量，具有发动世界大战的能力，对世界和平和政治局势影响最大。美苏对外互为对手争夺世界霸权，对世界人民的利益威胁最大，因而被列为世界人民须与之霸权行径坚决斗争的第一世界。西欧、日本不具有对世界政治和和平的全面影响，也没有发动世界大战的能力，它们也受到两个超级大国的压迫制约，到这一阶段它们实力增强后，独立自主倾向日益发展，和美苏都有相当程度的矛盾，是不同于美苏又不同于发展中国家的一支力量，因而为第二世界。此外的广大发展中国家都是第三世界。广大发展中国家在世界政治中的作用增强成为世界格局中的一个重要方面。发展中国家对世界政治的影响加大，在联合国等国际组织中起着重要的作用。

在东西方关系中出现所谓"缓和"现象,这实质上是美国影响下降、苏联进攻加强的反映。但由于西方各国不愿采用和苏联对抗的形式,所以一时间在东西方关系上"缓和"成为一种时髦。但实际上,"缓和"并没有减少和减轻美苏两霸的激烈争夺,反而把它们之间的激烈对抗推向了一个新台阶。一般认为,"缓和"对苏联较为有利,苏联得分较多,而美国则处于比较被动的境地。在当时世界上,中国对缓和的批评最尖锐、最响亮。

中国外交在国际政治中的地位提高,由于中国坚持独立自主的外交政策,在复杂的国际斗争中维护自己的利益,不为他人所影响,因此成为谁也拉不动、谁也不敢忽视的力量,成为维护世界和平、制止战争危险的最重要的力量。

二、 中美接近及"越顶外交"对日本造成冲击

20 世纪 70 年代初,世界局势出现了新的历史性变化,这和中国外交的积极推动是分不开的。在"文化大革命"最混乱的日子里,毛泽东主席、周恩来总理及时制止外交部的"大权旁落",使外交部在全国各部委中所受到的破坏较小,还能坚持正常工作。在 1969 年 5 月至 11 月,由毛泽东主席亲自决定,由周恩来总理安排,由陈毅、叶剑英、聂荣臻、徐向前四位元帅组成的调研小组,研究了国际形势的深层变化。总理对四位老帅说,"主席认为,主观认识应力求符合客观实际,客观实际不断发展变化,主观认识也应随着发展变化,对原来的看法和结论要及时作出部分的甚至全部的修改。所以,你们不要被框住。……你们都是元帅,都有战略眼光,可以协助主席掌握战略动向,供主席参考。这个任务很重要,不要看轻了。……世界风云天天变,但战略格局不是天天变。"①

从 6 月开始,由陈毅主持"国际形势座谈",并在 7 月中旬写出《对战争性质的初步估计》的书面报告,提出了对中美苏大三角战略关系的

---

① 参见熊向晖:《打开中美关系的前奏》,《新中国外交官回忆录》第 4 集,世界知识出版社 1965 年版,第 7—29 页。

探索,判定中苏矛盾大于中美矛盾,美苏矛盾大于中苏矛盾,反华大战的可能性不大。9 月 17 日,又提出《对当前局势的看法》,另外陈毅提出他对打开中美关系的设想,并具体到通过中美华沙大使级会谈,中方可主动提出举行中美部长级和更高级的会谈,协商解决中美之间的根本性问题和有关问题,并决定将这些"不合常规"的设想向总理口头汇报。①

中国政府正是在深刻分析了国际形势的变化趋向之后,对中国外交作了战略调整,从 1969 年年中起开始重新外派大使,逐步修复与改善和建交国的国家关系,积极在和平共处五项原则的基础上和不同国家建立正常的国家关系。从 1970 年起,中国外交有很大发展,从 1970 年至 1972 年 2 月在短短的两三年时间里中国和二十多个国家建立了外交关系,其中有世界工业发达国家加拿大(1970 年 10 月)、意大利(1970 年 11 月)。国际形势的重大变化,决定美国必须改变战后二十多年的对华敌视政策,寻求和中国改善双边关系。中苏关系恶化,苏联在中苏边境阵兵百万。中国针锋相对抵抗着苏联的重压,成为抗击苏联对外扩张的重要力量,也使中美改善关系有了条件和可能。中美双方从各自所处的地位,从共同对付各自主要对手的威胁,从取得最有利的国际力量联合考虑,采取了中美接近的外交活动。

经过一两年的秘密接触,中美之间建立了联络的渠道。为了推动中美关系向前发展,尤其是在美国人民中扩大影响,争取新闻舆论力量的大力支持,打开封锁中国的铁幕。1971 年 4 月,毛泽东亲自决定,果断地抓住在日本名古屋举行第三十一届世界乒乓球锦标赛的机会,邀请美国乒乓球代表队访问中国,这是 25 年来真正访问中国的第一个美国公民团体。这件事震动了美国和世界,被国际舆论称为"小球推动了大球"。②

尼克松政府立即作出反应,发表了一系列声明,准许美国人按照与苏联在经济上交往的条件同中国进行交往。国务院明确表示美国欢迎

①　参见熊向晖:《打开中美关系的前奏》,《新中国外交官回忆录》第 4 集,世界知识出版社 1965 年版,第 7—29 页。

②　张历历:《当代中国外交简史》,上海人民出版社 2009 年版,第 171 页。

中国的来访者,并突然取消了对同中国做生意的美国商人的外汇限制。

1971年4月27日,出现了真正的突破。通过"叶海亚渠道",周恩来送了一份照会给美国政府,"中国政府重申它愿意在北京公开接待美国总统的一位特使例如基辛格先生或者是美国国务卿,或者甚至是总统本人,以便直接进行会晤和讨论"。4月28日早晨,尼克松告诉基辛格,要他准备去北京作一次秘密访问。中美之间二十多年人为的障碍就要被打破。

1971年6月30日,尼克松在一次例行公告中宣布,他的助理亨利·基辛格将于次日离开华盛顿去远东和印度等作10天了解情况的旅行。美方为这次旅行保密,曾在国务院顶楼开辟密室准备文件,以防止泄密。基辛格一行经过西贡、泰国、印度,7月8日到达巴基斯坦的拉尔瓦品第。突然,一位级别较低的官员若无其事地宣布基辛格因为胃部不适,将在巴基斯坦北部山区休养几日。7月9日在巴基斯坦政府严密保卫下,几个没有说明身份的旅客登上巴基斯坦国际航空公司波音707飞机飞往北京,这就是美国总统国家安全事务助理基辛格及他的几位助手。

基辛格到后马上被接去同周恩来总理进行了近8个小时的会谈。会谈是讨论式的,并不要求取得一致,而双方会谈的中心议题是缓和中美两国的国家关系,打开冻结了二十多年的中美联系渠道。经过两天的紧张会谈,双方商定:获悉尼克松总统曾表示希望访问中华人民共和国,周恩来总理代表中华人民共和国政府邀请尼克松总统于1972年5月以前的适当时间访问中国。尼克松总统愉快地接受了这一邀请。中美两国领导人的会晤,是为了谋求两国关系的正常化,并就双方关心的问题交换意见。①以上公告,双方商定在1971年7月15日同时向全世界宣布。这个消息像炸弹一样震惊了世界,标志着在中美接近的道路上终于迈出了第一步。

但是,日本佐藤内阁对20世纪70年代初期国际形势的重大变化表现得非常麻木,根本没有察觉中美之间的外交接近过程和趋向。对在名古屋发生的第三十一届世界乒乓球锦标赛期间中国邀请美国乒乓

---

① 张历历:《当代中国外交简史》,上海人民出版社2009年版,第172页。

球代表团访华这样重大的外交信号竟毫无探究,这只能说明佐藤内阁对华敌视政策的顽固和短视已经到了逆历史潮流而动的地步。而当1971 年 7 月 15 日中美双方同时发表尼克松将访华的新闻公报后,长期追随美国反华的佐藤内阁被这一"越顶外交"冲击得狼狈不堪。1971 年 7 月 16 日(华盛顿时间 7 月 15 日)上午,佐藤接到美国大使馆送来的备忘录,上面写着"尼克松总统定于明年 5 月前访华,发表时间为日本时间上午 11 时半",他低头看了一下表,此时离发表时间只剩 3 分钟。①这说明美国二十多年执行的敌视、遏制中国的政策彻底破产,并且为了自身的利益撇开日本直接和中国打交道。

　　紧接着,在联合国大会上关于恢复中国合法席位问题又摆在世界各国政府面前。原来长期受美国影响的一些国家看到国际形势的变化,便纷纷改变对华态度,转而支持恢复中国在联合国的合法席位。而日本作为长期以来美国在联合国阻挠恢复中国合法席位最积极追随者,仍然抱着反华敌视政策不放,决心逆历史潮流而动,继续配合美国,作为唯一同美国联名的提案国,还提出想把台湾当局保留在联合国组织内的所谓"重要问题"和"双重代表权"两项提案,和世界大多数主张恢复中国合法席位的国家作最后的对抗。②

　　1971 年 7 月 15 日阿尔巴尼亚等 18 个提案国致函联合国秘书长吴丹,要求将恢复中国在联合国的合法权利问题作为紧急问题列入第二十六届联大议程。

　　8 月 17 日,美国驻联合国大使乔治・布叶,根据美国国务卿罗杰斯 8 月 2 日《关于中国在联合国的代表权问题的声明》,向联合国秘书长递交了一封信和一份备忘录,正式要求把中国在联合国的代表权问题,列入第二十六届大会议程。

　　对此,8 月 20 日中国外交部发表声明指出,中国人民和中国政府坚决反对"两个中国"、"一中一台"或类似的荒唐主张,坚决反对"台湾

---

　　①　[日]永野信利:《日中建交谈判纪实》,时事出版社 1989 年版,第 4 页。
　　②　这是佐藤首相在 1971 年 9 月 22 日对日本外务省提出的方案作出的最后裁定。引自陆建元:《战后中日关系》,河南人民出版社 1994 年版,第 99 页。

地位未定"的谬论,坚决反对"台湾独立"的阴谋。美国政府宣称"中华人民共和国应当有代表权",同时又主张"应当规定不剥夺'中华民国'的代表权",这是尼克松政府在联合国制造"两个中国"阴谋的大暴露。中国人民绝对不能容忍。只要在联合国里出现"两个中国"、"一中一台"、"台湾独立未定"或其他类似情况,中华人民共和国就坚决不同联合国发生任何关系。中国政府的这一严正立场是不可动摇的。声明指出:恢复中华人民共和国在联合国的合法权利和把蒋介石集团驱逐出联合国,这是一个问题的不可分割的两个方面。必须把蒋介石集团从联合国及其一切机构中驱逐出去。

1971 年联大第二十六届大会举行,关于恢复中华人民共和国在联合国合法权利的专题辩论从 10 月 18 日开始,到 25 日结束。双阿联合提案国从 18 国增加到 23 国。在讨论过程中,美国和日本合伙炮制了两项制造"两个中国"的提案。一个是所谓"重要问题",需要联合国三分之二的多数票通过。另一项是所谓"双重代表权"提案,即由中国在联合国享有安理会席位,而由蒋介石集团继续占有联合国大会席位。但是当时的形势是美日的这种阴谋不可能得逞。当时尼克松事后回忆说:"基辛格在中国执行第二次波罗行动时,联合国大会正就接纳中华人民共和国为成员国的问题进行表决。我指示基辛格在外面多呆一天,不要正巧赶在表决这一有争论的问题时回到国内。"尽管美、日代表到处奔走,对所有能施加影响的国家威胁利诱,施加压力,甚至忙到表决前几分钟。但美国的意愿没能实现。所有手法完全破产,推迟表决的动议被大会拒绝。美国的所谓"重要问题"提案以 55 票赞成(包括蒋介石集团一票)、59 票反对、15 票弃权而被大会否决。在最后表决二十三国提案时,美国代表布什还在作最后的努力,想删去提案中关于立即驱逐蒋介石集团代表出联合国一节,但在代表们的反对声中,经大会主席马利克(苏联)的裁决,予以拒绝。到这时,蒋介石集团的"外交部长"周书楷被迫宣布退出联合国,领人退场。接着对二十三国提案表决,以 76 票赞成、35 票反对、17 票弃权的压倒多数获得通过。由于以上两项提案的表决结果,"双重代表权"提案成了废案。

尼克松事后写道："不过我早在春天就了解到,反对接纳北京的传统投票集团已经无可挽回地瓦解了。以前支持我们的几个国家已经在下次表决时转而支持北京。我从来不愿意仅仅因为事情已经不可避免而向它低头,但是在这个问题上,我感到同中华人民共和国发展关系牵涉美国国家的安全利益。此外不论在联合国会发生什么情况,美国决心遵守条约义务,继续对独立的台湾提供军事和经济支援……我们原来以为最大的问题是在中华人民共和国被接纳而享有同等地位以后,劝说台湾仍旧留在联合国内。"充分暴露了美国政府就是想在联合国内制造"两个中国"的阴谋。

中国合法席位和合法权利的恢复,挫败了美日在联合国制造"两个中国"阴谋,又一次沉重的打击了美国的霸权地位,也使日本的反华政策遭到沉重打击。

三、佐藤内阁的政治投机

长期以来紧紧跟随美国顽固反华的日本佐藤内阁,在国际形势起了巨大变化,和中国发展双边友好关系成为历史潮流的情况下,特别是尼克松将在 1972 年 5 月底以前访华的新闻公报发表之后,感觉到相当的被动和难堪。佐藤认为需要在外交上作出某些姿态来应付国内舆论。但是,佐藤从 1964 年底执政以来的 7 年时间里在对华关系上自己把路都堵住了,和中国方面一点联系也没有。

这种情况下,佐藤派大管家、自民党干事长保利茂,同自民党中国问题调查会会长野田武夫商量如何同中国进行接触的问题,事情凑巧而且马上出现了一个机会。

1971 年 8 月 21 日,松村谦三逝世。中国政府总理周恩来在《参考消息》大字版上批示要立即发唁电和派身份较高的人去吊唁,并指派中日友协副会长王国权(前驻波兰大使)去日本参加松村先生的葬礼。①佐藤内阁策划在东京让佐藤会见王国权,以改变自己在中国问题上日益孤立的处境和鹰派形象。

---

① 江培助:《乒乓外交、葬礼外交和舞剧外交》,《参考消息》2002 年 6 月 20 日。

　　首先，他们想通过佐藤派众议员木村武雄在香港先会见王国权，安排王国权在东京同佐藤会谈。此时木村正在东南亚访问，就急忙赶到香港。但木村在香港没有见到王国权，这一计划没能实现。

　　在东京，保利又委托和中国关系较好的众议员田川诚一从中斡旋，被田川托词拒绝。为了制造佐藤与王国权会谈的空气，8 月 25 日，王国权抵达东京那天，日本政府特意派内阁官房长官竹下登去羽田机场迎接，以便为日后佐藤与王国权会谈作事前准备。但竹下在机场候机室里，见到王国权被众多的欢迎人群和记者围得水泄不通，无法接近中国代表团，只好打个照面了事。

　　1971 年 8 月 26 日，松村先生的敬礼在东京本愿寺举行。王国权提前一刻钟，于 12 点 40 分到达本愿寺入席，不久佐藤首相入席。佐藤通过王国权前面时，主动地一边伸出手来握手，一边说："从中国远道而来，深表感谢。"王国权淡淡地无言地同佐藤首相握了握手。葬礼结束后退席时，佐藤又一次与王国权握手，并说："回国后，请向周总理转达我的问候。"王国权说了声："谢谢。"就这样由日本政府当局导演的佐藤与王国权会面就此结束。这完全是形式，毫无实际内容。佐藤想借机渲染他努力改善中日关系以欺骗舆论的目的没有达到。

　　中国政府之所以对佐藤政府采取这种冷淡态度，是因为看透了佐藤并未真心放弃反华敌视政策，而只是在国内的压力下采取欺骗世人、蒙骗舆论的权宜之计。以后的事实证明，中国政府对佐藤对华政策实质的分析是完全正确的。这时候，佐藤在外交上实际采取两面政策，表面上似乎要改变对华政策，搞些小动作，根本上还是要执行敌视中国，搞"一中一台"或"两个中国"的外交政策。8 月底开始，日本在联合国积极开展的配合美国阻挠恢复中华人民共和国合法席位的外交努力就是最好的证明。但佐藤还认为中国政府看不透他这套政策，一方面继续坚持反华政策的时候，另一方面指使保利茂等人继续在日中关系上搞政治投机。8 月下旬策划佐藤会见王国权失败之后，在内部又多次密谋，继续寻找接近中国方面的途径。

　　1971 年 8 月间，就如何与中方接触，保利茂干事长曾听取过日中备忘录贸易办事处常务理事渡边弥荣司的想法。9 月初，他还征询过香港总领事冈田晃的意见。

　　9 月 10 日，东京都知事美浓部亮吉的智囊人物小森武与自民党福田派议员福家俊一拜访保利茂，告知美浓部不久将访问中国。嗣后，保利茂通过福家俊一、小森武的斡旋与美浓部进行了三次会谈。保利茂认为必须通过政府间交涉才能找到中日关系解决的线索，佐藤内阁即使倒台，只要自民党政权继续，他愿早日实现邦交正常化，希望美浓部知事能从超党派的立场出发予以合作。美浓部接受了保利茂的请求。保利茂感谢美浓部的好意，并委托美浓部把他的书信转交给周恩来总理。据说"保利书简"是由东京外国语大学教授中岛岭雄和佐藤首相的首席秘书楠田实共同起草，经保利茂润色后，最后还征得佐藤首相、福田外相的同意。信的宗旨是呼吁就日中关系正常化，举行政府间的谈判，必要时保利茂本人将偕同田川诚一、野田武夫等三人访华。10 月 19 日，保利茂通过田川诚一，同中国驻日记者进行了接触。10 月 25 日，美浓部访问中国，在北京把"保利信简"委托中日友协的干部转交给周恩来总理。就在这一天，中国在联合国的合法席位胜利恢复，这是中国人民在世界进步力量的坚决支持下，经过长达二十多年的艰苦奋斗取得的伟大外交胜利。而中国人民与之坚决斗争的除了美国反华势力外，最主要的就是日本的反华势力。佐藤内阁一方面派人持信送交中国政府总理，另一方面在联合国等国际组织和国际场合中不遗余力反对中华人民共和国，并招致完全的失败，暴露了日本反华力量的虚伪。

　　美国在联合国阻挠中华人民共和国恢复合法席位失败的消息很快传到了日本。正在国会答辩的佐藤、福田赳夫外相得知后，在座位上涨红了脸，眼望着天花板，呆若木鸡。中华人民共和国在联合国恢复合法席位对佐藤政府造成了巨大冲击。①佐藤政府和自民党首脑立即在国会大厦的大臣室商量紧急对策，最后决定由竹下登发表谈话，他说"根据事实，要为日中邦交正常化而努力。"

　　然而此时，长期被佐藤内阁反华亲美政策压抑的日本社会进步力

---

① 牛军：《中华人民共和国对外关系史概论》，北京大学出版社 2009 年版，第 231 页。

量却忍无可忍,公开出面批判佐藤等人。在全国出现了追究佐藤内阁和自民党外交政策的形势。不仅是在野党,就连自民党内的反主流派也纷纷发表谈话抨击佐藤内阁,对福田外相提出不信任案,追究通产相田中角荣在日美纤维谈判中的责任并提出不信任案,这两个提案虽然均被否决。但在众议院表决外相不信任案时,藤山爱一郎、宇都宫德马、川崎秀二、古井喜实、田川诚一、河野洋平、西冈武夫、山口敏夫、管波茂等12名自民党议员缺席,党内矛盾加深。

接着日中议联、社会党、公明党、民社党联合提出恢复日中邦交的提案。自民党执行部与之相对抗,由中国问题调查会会长野田武夫起草对案,主要内容是:(1)中华人民共和国是代表中国的政府;(2)台湾是中国的领土,即一个中国;(3)现在存在着中华人民共和国等两个政府,这是历史的事实,但如何处置应由中国人民来决定。

野田对案不仅自民党内亲华派反对,而且亲台湾派也难以接受,意见无法统一,提案最后只好作罢。佐藤政府在强大压力下,被迫表示要承认中华人民共和国,应为邦交正常化采取相应的措施。

从当时中国驻外使馆的反映来看,日方外交人员像以前一样邀请中方人员参加活动和宴会,但此时国内给的指示是鉴于佐藤政府对华很不友好,"同日外交官暂不进行过深接触,对宴请仍以婉拒为宜",①并且不再与日外交人员进行私人来往。中国政府是想借助中国驻外使馆这个渠道,以中国外交人员对日外交人员态度的转变来影响日本外交官,对日本政府施加压力。鉴于这个时期的中日民间往来势头依然强劲,中国政府没有采取之前的冷淡和不理睬态度,为中日使馆人员的接触保留了一些余地,不要过深接触,不主动打招呼,但是在"交际场合可以进行一般性接触"。②

从中日邦交正常化之前中日两国使馆人员的接触过程来看,两国外交人员的接触情况是与日本政府对华态度紧密相关的。中国政府根据中日两国关系发展的情况,及时调整有关中日使馆人员接触的政策,

①　外交部解密档案,档案号 105-01756-05。
②　外交部解密档案,档案号 105-01756-08。

希望通过向日方施加压力来迫使日本政府改变敌视中国的政策。在中日没有实现邦交正常化的时期，中日之间除了民间贸易以外，中日驻外使馆人员之间的接触也为中日之间的交流开辟了一条通道。

但是，由于佐藤内阁在长达7年的时间里，在对华关系上坏事做的太多，不论是在中日民间渠道还是外交接触，都彻底失去中国方面的信任。

1971年11月11日，周恩来总理接见访朝后返回北京的美浓部一行时，表示了对佐藤内阁的看法，对他说"保利书简"是骗局，不可信。周总理说：信中说，第一，中华人民共和国政府是中国的合法政府；第二，台湾是中国国民的领土。这里去掉了"唯一"的字眼，同时只说台湾是中国国民的领土，这就有可能再建立一个国家。只要不承认中国政府是唯一的合法政府，台湾是中国领土不可分割的一个省，就不可能同日本建立外交关系。佐藤首相不仅追随美国，还走在美国前头，有必要明确承认，日本放弃了台湾，投降时台湾交还给了中国。周总理对"保利书简"严正驳斥，明确予以拒绝。事前保利征求美浓部和福田意见时，美浓部要求加上"唯一"合法的字句，福田表示坚决反对。[①]

对于迅速发展的中日关系变化形势，中国方面的外交政策是一贯和明确的，并根据中日双边关系的发展强调中日恢复邦交正常化三原则。11月20日，中日友协同日本"恢复日中邦交国民会议"发表共同声明，中方强调复交三原则：第一，中华人民共和国是中国唯一合法政府；第二，台湾是中华人民共和国领土不可分割的一部分；第三，日蒋和约是非法的、无效的，必须废除。

在中国政府严肃明确的对日政策面前，日本佐藤内阁根本无意认真考虑和接受，在看到中日恢复邦交正常化三原则之后，日本政府内部甚至有人认为"复交三原则"成了日中恢复邦交的障碍。佐藤本人也不可能痛改前非，幡然醒悟，根本改变过去对华敌视政策，顺应历史潮流，为中日人民友好作出贡献。对这样一届日本反华政府，中国政府自然不会把它作为恢复中日邦交的谈判对象。

---

① ［日］永野信利：《日中建交谈判纪实》，时事出版社1989年版，第12—13页。

　　由于佐藤对华敌视政策不能根本改变，他也无法在中日关系上有所前进，1972年后，对围绕中美接近发生的一系列世人瞩目的外交大事，佐藤只剩下旁观的份了。1972年2月21日，看着美国总统尼克松到达北京，和中国总理周恩来进行历史性握手的画面让盯着电视机的佐藤苦涩不已。为掩饰内心的激动，他离开电视机房，但采访的日本记者追着发问，有什么感想？佐藤没好气地说："他（尼克松）自己不是说吗？这是本世纪的伟大事业。他自己说了，别人还说什么！"说罢，便歪着嘴走进了旁边的小餐厅。日本政界因受到尼克松访华的刺激，强烈要求佐藤内阁尽快实现日中邦交正常化，在国会众院预算委员会的讲坛上，质询的议员此起彼伏，发言踊跃，要求日本政府从各个方面作出积极的回答，但日本政府在上海公报发表不久，还没有来得及就政府见解进行充分研究就仓促答辩。结果佐藤和福田先后进行答辩的口径不同，被在野党抓住破绽，进行了批驳。使得佐藤政府只好在3月6日由福田赳夫外相在众议院预算委员会会议上正式宣读了政府的统一见解，问题才总算得到了结。

　　政府的这个统一见解是经过首相官邸和外务省磋商之后得出的，提出了佐藤内阁争取日中邦交正常化的方针。福田外相在答辩时说："我国根据旧金山和约，已经放弃了对台湾的一切权利和权利依据，因此没有资格就台湾的归属问题发言。然而，从历史情况以及现在中华人民共和国政府在联合国代表中国这一情况看，中华人民共和国政府提出台湾是中华人民共和国的领土这一主张是完全能够理解的。政府准备根据上述认识，为实现日中邦交正常化而积极努力。"

　　为了把佐藤内阁的上述意图转告给中方，日本著名苏联问题专家、驻巴基斯坦大使曾野明采取了行动。曾野大使在一个秘密场合把佐藤的施政方针演说和福田的政府统一见解的抄件，当面交给了中国驻巴基斯坦大使。

　　但佐藤内阁的这些小动作起不了什么作用，由于他长期以来跟随美国积极反华，在中日关系上做了许多坏事，不可能取得中国政府的谅解和信任，因而在打开中日关系上也就无能为力无所作为了。

　　日本各阶层人民包括自民党内有识之士对佐藤内阁的亲美反华政

策日益不满,要求佐藤下台的呼声日益高涨。在这种情况下,佐藤于1972年7月6日通过电视向全国宣布辞去首相职务。

四、 中国加强对日"民间外交"

中国方面加强了对日民间外交,扎实深入地做好对日本人民的宣传友好活动。中国人民对外友好协会、中日人民友好协会的活动重新活跃起来。

中国政府注意到中日关系的发展潮流,陆续提出了中日关系进一步发展的政治原则。1970年4月19日,周恩来会见了松村谦三一行,在回答《朝日新闻》社长广冈知男提问时提出了中国对外贸易的四原则,这是20世纪70年代初周恩来总理最早提出关于中日关系发展的原则意见。并得到日本主张中日友好的社会团体和人士的支持与响应。1970年11月1日,以成田知己为团长的日本社会党第五次访华使节团,与中日友好协会发表联合声明,就恢复日中邦交阐明了四项原则:(1)同亚洲各国人民的反帝力量团结起来,反对美帝国主义和日本军国主义的复活,争取废除"日美安保条约";(2)反对一切敌视中国的政策,站在只有一个中国、台湾是中国领土的立场,要求废除"日台条约",并按照和平共处五项原则和日中关系的政治三原则,立即实现恢复日中邦交;(3)站在真正的日中友好和政治经济不可分割的立场上,扩大两国人民友好运动,积极开展文化、经济等各方面的交流活动;(4)广泛团结真正期望日中友好和恢复日中邦交的力量,组织联合战线。

1971年3月1日发表的中日备忘录贸易会谈公报中,将周恩来提出的中国对外贸易四原则规定为"对日贸易四条件",凡不符合上述四个条件之一的企业、厂家、商社,中国就不同它进行贸易。

1971年7月2日,以竹入义胜为团长的公明党代表团同中日友好协会发表了联合声明,提出了公明党关于恢复日中邦交的五项主张,即(1)中华人民共和国政府是代表中国人民的唯一合法政府;(2)台湾是中国的一个省;(3)"日台条约"是非法的,必须废除;(4)美国应当从台湾地区撤除其武装力量;(5)必须恢复中华人民共和国在联合国的合法权利,把蒋介石集团的代表驱逐出联合国。

1971 年 11 月 20 日,中日友协同日本恢复日本邦交国民会议发表联合声明,中国强调指出复交三原则是:(1)中华人民共和国政府是代表中国人民的唯一合法政府。坚决反对任何"两个中国"、"一中一台"、"一个中国,两个政府"等荒谬的主张。(2)台湾是中华人民共和国领土不可分割的一部分,并且已经归还中国。台湾问题纯属中国内政,不容外国干涉。坚决反对"台湾地位未定"论和策划"台湾独立"的阴谋。(3)"日蒋条约"是非法的,无效的,必须废除。复交三原则是对多年来中日各方面会谈的政治内容的概括,它与 10 年前的政治三原则一样,阐明了解决中日关系前进障碍的关键,具有很强的说服力和感召力,有力地促进了中日复交的实现。

五、 中日友好形成历史潮流

进入 20 世纪 70 年代以后,随着国际形势的巨大变化,随着中国国际地位的提高,中日友好形成历史潮流。

在日本国内,推进中日友好运动的发展很快,出现了以下几个新特点:

(1) 成立了一大批促进中日友好政治性很强的社会团体和群众组织

例如从 20 世纪 70 年代初日本相继成立促进恢复日中邦交议员联盟、日中邦交正常化国民协议会,恢复日中邦交国民会议等组织。恢复日中邦交国民会议组织遍及全国各地,全国的都、道、府、县也分别成立了都、道、府、县国民会议。而且这些政治性很强的促进中日友好的团体不断访华,和中日方面进行会谈,并发表表明政治立场的联合声明和各种文件。1970 年 12 月,促进恢复日中邦交议员联盟成立,会长为藤山爱一郎。1971 年 10 月 2 日,由藤山爱一郎率领的促进恢复日中邦交议员联盟代表团在北京同中日友好协会签署了联合声明。联合声明在有关恢复日中邦交的基本原则方面,继承了公明党与中日友好协会的联合声明的成果。双方一致认为:(1)两个超级大国以武力为背景的强权政治和武装干涉的政策,注定要失败。……美国一切武装力量及其军事设施必须从印度支那和远东其他地区撤走;(2)日本军国主义的复活,已成为对亚洲人民的现实威胁,恢复日中邦交同反对日本军国主义复活是不可分的;(3)关于联合国代表权问题,日本方面对佐藤内阁充当逆重要事项的联合提案国,"深表遗憾"。

1971年10月16日,以黑田寿男为团长的日中友好协会访华代表团也同中日友好协会发表了联合声明,声明强调反对"两个中国"、"一中一台"、"一个中国两个政府"和"台湾归属未定"等谬论,坚决反对美日策划的"台湾独立"的阴谋,重申:中华人民共和国是代表中国人民的唯一合法政府,台湾省是中国领土不可分割的一部分,解放台湾是中国的内政,任何外国不得干涉,必须废除非法的"日台条约",美国的一切武装力量和军事设施必须从台湾和台湾海峡地区撤走。必须恢复中国在联合国所有机构的一切合法权利,坚决把蒋介石集团的"代表"从联合国驱逐出去等。在此前后,日本社会党、公明党、恢复日中邦交国民会议等各个代表团分别和中日友好协会签署联合声明,并进一步同意中日复交三项原则,支持中国政府的原则立场。

1972年4月13日,以春日一幸委员长为团长的民社党代表团同中日友好协会代表团发表了联合声明。联合声明的内容继承了上述日本友好政党团体和中日友好协会联合声明中对中日复交三原则的肯定,再次表示尽早实现中日邦交正常化。

(2) 中日友好运动深入各行各业

过去从事中日友好的主要是政界有识之士和经济界人士以及和中国有过交往的人士。但是20世纪70年代以后,经过几十年的努力,到1972年出现中日友好运动深入日本全国各地各行各业的形势。

1月,日本有9个代表团的125人访问中国。其中有总评、中立工联代表团、冲绳县第一次友好访华团,还有恢复日中邦交运动高涨的宫城、爱知、三重、福岛等县一级的工会访华团以及社会党70年会访华团、解放同盟访华团和日中友好协会的工会访华团等。2月25日,在日中友好协会中央总部的主持下,在东京丰岛公会堂召开了"立即废除日台条约,实现恢复日中邦交中央集会"。3月1日,社会党、公明党、总评、恢复日中邦交国民会议、日中邦交正常化国民协议会五团体,在日比谷公会堂主持召开了实现恢复日中邦交国民大会,有2 000人参加。4月11日,恢复日中邦交议员联盟藤山会长,社会党、公明党、民社党等的委员长以及工会、日中贸易团体、日中友好团体的代表和西园寺公一等各界知名人士共23人,把共同欢迎中日友好协会代表团作为当前的目标,组成了促进恢复日中邦交联络会议。日中友好协会和恢复日中邦交国民会议还把7月7日(卢沟桥事件35周年纪念日)到8月15日(日本战败27周年)作为反对日本军国主义、恢复日中邦交月,集中开展大规模的群众活动。

日本有影响的《朝日新闻》、《读卖新闻》、《日本经济新闻》、《每日新闻》等大报,以及广播电视台,均大量地报道中国问题,一再发表社论,呼吁早日恢复日中邦交。要求早日恢复日中邦交的呼声在日本越来越高,已成为日本舆论较一致的强烈主张和一股巨大的洪流。

(3) 推动政府顺应历史潮流

"越顶外交"发生后,日本政界有识之士和社会各界人士纷纷要求佐藤内阁改弦更张,及时采取有力措施和中华人民共和国政府发展友好关系。

面对国内要求恢复日中邦交的强烈呼声,佐藤内阁仍顽固地支持敌视中国的政策,并把希望寄托在美日一致行动方面。直到1972年1月6日,即在尼克松访华的50天前,佐藤在同尼克松会谈时,还"确信"美国不会改变对华政策。与此同时,国会议员岸信介匆忙飞往台湾,鼓吹"一个中国"还是"两个中国"要由台湾1500万民众自己决定,唆使"台湾独立"的阴谋公开化。自民党亲台派还以违反党纪为由,给前外务大臣藤山爱一郎以停职处分(缓期执行)。曾当过岸信介内阁外相的藤山爱一郎晚年批评佐藤内阁的对华政策,积极促进中日复交,表现出很高的见识和勇气。1972年2月21日,尼克松访问中国,并于2月28日发表了"上海公报",公报着重指出:美国认识到,台湾海峡两边的所有中国人都认为只有一个中国,台湾是中国的一部分,美国政府对这一立场不提出异议。公报发表后,佐藤才无可奈何地说:"日华(台)条约的基础崩溃了。"

尼克松访华及中美上海公报的发表,使日本受到巨大的震动。日美两国是同盟关系,但华盛顿在决定同北京改善关系时,竟然事先未与它的同盟国日本打招呼,这不仅激怒了日本国民,也刺激了执政的自民党,使许多自民党人士产生了"不要在与中国建交问题上再次落后于美国"的紧迫感。

在自民党内,中国问题成了政策的焦点,如何对待中国问题成了测试政治家胆略的尺度,对佐藤内阁持批评态度的人越来越多。自民党内的几派开始下决心修改佐藤内阁的对华政策。1972 年 6 月 17 日,内外交困的佐藤荣作在自民党众、参两院议员全体会议上辞去自民党总裁职务。在酝酿总裁选举时由于事关今后能否迅速实现中日邦交正常化,日本舆论和各界人士表现出强烈的关注,纷纷强调:新日本政府领导人必须能解决中日关系正常化问题,否则,不能担任领导日本的责任。实现中日邦交正常化对日本政治走向产生重大影响一时成为日本报纸、电视的热门话题和评论的中心。

日本自民党的主流派中,田中、大平、三木和中曾根四派达成了外交方面的政策协定,中心内容是实现中日邦交正常化。所以应运而生的田中新内阁在中日关系上采取了新的姿态,改变了佐藤时期敌视中国的态度,这也是中日友好运动推动的结果。7 月 7 日,田中就任首相后第一次会见新闻记者时就公开表示:"中日邦交正常化的时机业已成熟,我要认真地处理这一历史性课题。"

7 月 10 日,周恩来总理指派孙平化任团长率上海舞剧团一行 208 人访日,受到日本新闻界的普遍关注,各大新闻机构纷纷为他们举行欢迎会和宴会,就中日关系问题进行恳谈。孙平化只要一出饭店的房间,立刻就有记者跟上去。日本报纸形容当时政治气氛高涨的流行用语是刮起了"旋风"。1971 年有"双王旋风"(王晓云、王国权访问日本引起的中日友好气氛)。这次孙平化率上海舞剧团的访日又被描绘成"孙旋风"。在中国问题上,日本舆论从来没有像这次这样完全一致,弄得自民党内亲台派分子也不能正面反对中日恢复邦交,最多只能拿出所谓"台湾问题"来加以阻挠。然而在中日邦交正常化的强烈"旋风"面前,这也无济于事。

这段时期,日本国内政治生活中,实现中日邦交正常化成了压倒一切的中心活动,各友好团体不断举行活动敦促政府迅速实现人民的愿望。中日友好协会邀集全国 6 000 名代表于 8 月 20 日在东京日比谷露天音乐堂举行中央集会,要求田中首相在复交三原则的指导下迅速访华,会后举行了声势浩大的宣传活动和群众示威游行。20 世纪 70 年代以来,日本人民和友好团体所做的工作对推动中日关系的迅速发展起了很好的作用。

第六章

中日邦交正常化的实现

第一节　中日邦交正常化的前期准备

一、　中国政府的周密部署

中日邦交正常化的实现是历史发展的必然结果。20 世纪 70 年代初,在中日关系中出现的要求实现两国邦交正常化的洪流和世界局势中出现的要求和中国友好的历史潮流是一致的。世界人民要求和中国人民友好的历史潮流不可阻挡。而这不可阻挡的历史潮流也推动着中日邦交正常化的实现。

中华人民共和国政府自成立以来,一贯高度重视中日关系的发展,希望和日本建立正常的外交关系。为此,中国政府有计划、有步骤地为实现中日邦交正常化进行了 20 年的长期周密的准备。

中国政府对日外交工作由周恩来总理亲自领导。由于"文化大革命"的原因,原先在周总理领导下负责中日关系的一批干部,在停止工作一段时间后从 1970 年起又纷纷出来重新工作。如廖承志在久病初愈之后,重新出来领导具体的对日工作。孙平化在 1972 年 5 月从干校回到中日友协,杨振亚也调回外交部亚洲司日本处工作,等等。

在周恩来总理领导之下,形成了由外交部长姬鹏飞、亚洲司司长陆维钊、日本处处长陈抗及杨振亚、唐家璇等组成的外交部负责政府对日工作渠道。另外还有一条民间对日工作渠道，由中日友好协会的王国权、孙平化、张香山、王晓云、肖向前等为主以民间渠道形式出现，其中多人也曾是外交部的重要干部、著名大使。这两条渠道都在周恩来总理领导之下，相互紧密配合，组成了一支精干的工作队伍。另外中国政府其他部门及民间团体也在周总理的领导下为中日邦交正常化积极工作，作出了各自的贡献。

中国政府对日工作是有计划、有步骤进行的，计划的总制定调整人是周恩来总理。在中日邦交出现解决希望的时候，如何解决、何时解决是极其复杂的问题，这关系到中日两国的历史基础问题。中国的对日政策是坚定、正确、一贯的，决不能为了实现两国关系正常化，而拿重大原则做交易。对当时佐藤荣作政府在 1972 年 2 月尼克松访华后，由于尼克松"越顶外交"强烈冲击引发的对日本政府、自民党及社会造成的不满而做的种种姿态：如福田赳夫外相发表对华关系统一见解，佐藤指使自民党干事长保利茂托人带信（"保利信件"）给周总理等动作。中国政府经过认真的分析之后认为，长期反华的佐藤内阁不可能接受中国对日邦交正常化三原则，[①]不可能真正实现中日关系正常化。中国不会和这届日本内阁发展中日关系，而期待着出现真正执行对华友好政策的新一届日本内阁，并和中国政府共同完成中日邦交正常化的历史重任。

由于中国政府长期执行和日本人民友好、发展中日民间外交的政策，使中日友好在日本深入人心。这时的中国政府对日本社会各界的情况非常了解，对日本政界的动向非常明晰。使中日关系这样一个国际问题到 1972 年变成了日本国内的政治问题，出现了谁解决不了中日关系谁就下台、谁能解决中日邦交正常化谁才可能上台的局面。中国长期的对日友好工作，日积月累，滴水穿石、水到渠成，显示出明显的效果。在日本出现了要求中日友好和实现中日邦交正常化这一不可阻挡的历史潮流。

---

① 吴学文、林连德、徐之先：《当代中日关系》，时事出版社 1995 年版，第 157 页。

二、 日本政坛出现新变化

在这股历史潮流冲击下,日本政界尤其是执政的自民党内部发生了前所未有的变化。佐藤内阁逆历史潮流而动,下台是必然的。但佐藤首相的任期长达 7 年 8 个月,受到美国的多方支持,势力盘根错节。依过去自民党政权交替的惯例,一般都是由首相、众元老密室议定,先内定中意人选出任党首,再由他继任首相。佐藤希望的候选人是当时和他有同样对华认识的外相福田赳夫。但如果福田继任首相成功的话,他不会真正地接受中国方面的基本原则,中日邦交正常化在短期内难以实现。[①]从中国方面来讲,显然不希望在佐藤下台后新上台的日本政府还不能解决这一问题。

在这个时候,和福田同属佐藤一派的通商产业相田中角荣出面向福田外相的继任人身份发出挑战。田中是日本战后成长起来的年轻政治家,以承包工程起家,后竞选国会议员进入政界。他长期以来属于自民党内主流派中的少壮派,也是佐藤内阁的重要成员。田中角荣主要负责日本对外贸易,和美国打交道较多,在日美贸易中敢于和美国顶撞,所以能赢得日本经济界的支持。而他在工作中又和美国方面建立了较深的关系。他在对华关系上涉及不多,没有历史包袱。在对华关系这一点上,和佐藤内阁的外相福田赳夫、防卫厅长官中曾根康弘等人相比,田中具有明显的优势。

由于田中出马竞选,佐藤原来的让福田和田中联合起来建立后继政权的想法落空。自民党内的上层出现激烈的竞争,参加竞选总裁的候选人共有 4 人:田中角荣、福田赳夫、大平正芳、三木武夫。这四人中,福田得到佐藤支持,他的资格较老,所在的派系最大,表面上看胜算最高。

但是当时日本政坛和社会活动变化的焦点问题是"如何实现中日邦交正常化"这个议题。对这个议题福田的态度很不明朗。因为他是佐藤派的掌门人,派内亲台分子很多,他提不出如何有效推动中日关系正常化的对策。因此,佐藤首相、福田外相的亲美外交受到了严厉批

---

① 黄大慧:《日本对华政策与国内政治——中日复交政治过程分析》,当代世界出版 2006 年版,第 63 页。

判。如曾担任过日本外相和通产相的自民党重要人物大平正芳批判说:战后日本"无外交"。日本舆论普遍认为福田如上台,很难迅速打开中日关系的僵局。

田中则以日本政治家中少有的魄力,在中日关系上旗帜鲜明。"田中为了在总裁选举中获胜,与大平正芳、三木武夫缔结三派政策协定,就日中邦交正常化问题提出了明确的方针。当时,自民党的国会议员多半对早日实现日中邦交正常化采取支持态度。这使田中在总裁选举中处于有利地位。"田中能在总裁选举中高举早日实现中日邦交正常化的政治旗帜,也是经过深思熟虑的。尼克松访华以后,佐藤内阁气数已尽,日本政界有意逐鹿者开始问鼎准备。1972 年初,田中敏锐地认识到,对华关系问题必将成为自民党总裁、首相选举中的重大问题。因此在 1972 年 4 月,田中、大平、古井喜实三人密谈时,田中就下了决心,如果他上台任首相,要实现中日建交。①5 月 15 日晚 11 时至次日凌晨 2 时 30 分,周恩来总理在人民大会堂会见日本公明党副委员长二宫文造为团长的公明党第二次访华团。田中的老朋友公明党委员长竹入义胜派的二宫带来田中的口信,周总理也给竹入及田中带回口信。②5 月 28 日,周总理会见了访华的古井喜实参议员,古井传达了田中的决心,并要求中国方面对田中掌权后予以照顾。③这样,田中和中国方面建立了个人联系,也进行过初步的意见交换。

由于中国政府长期以来执行和日本人民友好的民间外交,深得日本社会各界的支持和信赖,20 多年的努力终于水到渠成。1972 年出现了日本各界都为中日邦交正常化献计献策、纷纷出力的局面。所以,当时中日之间虽没有外交关系,但两国之间的联系渠道却很多,日本友好人士不辞辛劳,绕道香港,再到北京,为中日邦交正常化传递消息,牵线搭桥。

---

① 〔日〕早坂茂三:《政治家田中角荣》,东京中央公论社 1987 年版,第 364 页。

② 中国外交部外交史研究室编:《周恩来外交活动大事记》,世界知识出版社 1993 年版,第 631 页。

③ 中国外交部外交史研究室编:《周恩来外交活动大事记》,世界知识出版社 1993 年版,第 632 页。

在中日友好潮流不断高涨的情况下，1972 年 7 月 5 日，自民党在东京日比谷会堂选举总裁。上午第一次投票结果是：田中 156 票；福田 150 票；大平 101 票；三木 69 票。谁都没有过半数，所以再次投票，结果田中以 282 票击败福田 190 票当选自民党总裁。但田中获胜是险胜，他以实现日中邦交正常化为旗帜赢得各派支持。福田则坚决反对与台湾断交，如果田中在处理台湾问题上失败，这些势力马上就会联合起来打倒田中。所以，通过外交渠道按部就班地搞日中邦交正常化，对田中来说是危险的，他的办法是不经过外交谈判而是通过两国首脑外交一气呵成。由田中本人访华来进行，通过政治决策造成既成事实，不给亲台派钻空子的机会。

三、 田中内阁成立

1972 年 7 月 5 日，顺应历史潮流，提出"三个月实现中日邦交正常化"的田中角荣上台后，在当晚举行的记者招待会上说："恢复日中邦交正常化的时机已经成熟。"7 日在田中内阁成立会议上说："把实现邦交正常化作为自己的首要任务，充分理解中国方面提出的邦交正常化三原则。"会后，大平外相在会见记者时谈了新内阁的对华政策，主要有：对于日台关系，大平明确表示，"日中谈判出结果后它将不再继续存在"；为举行邦交正常化，"首相和外相可能访华"；日中邦交正常化后继续保持"日台之间经济、文化关系的稳定"。

日本政局的最新变化，受到中国政府的高度重视。7 月 9 日周总理在欢迎民主也门代表团的宴会上说：在外交方面日本政府"声明要加紧实现中日邦交正常化，这是值得欢迎的。"①这是中国政府第一次对田中内阁的成立表示支持。

7 月中旬，中国舞剧团访日。为了促进中日邦交正常化，周恩来总理派长期负责中日民间关系工作的孙平化任团长。由于形势发展很快，中方为早日实现中日邦交正常化制定了详细的推进计划。在紧接

---

① 中共中央文献研究室编：《周恩来年谱(1949—1976)》下卷，中央文献出版社 1997 年版，第 535 页。

着访日的中国农业代表团中,加上外交部日本处的陈抗任农业代表团的副团长。中国农业代表团结束访日后,便把陈抗留在日本协助孙平化工作。陈抗到达日本后,马上向孙平化、肖向前传达周总理的指示:"我讲田中内阁要加紧实现中日邦交正常化值得欢迎,是因为毛主席对我说,应该采取积极的态度,毛主席的思想和战略部署我们要紧跟。(对方)能来谈就好,谈得成也好,谈不成也好,总之到了火候,要抓紧。这回不能再叫'旋风'了,要落地。孙平化嘛,就是要万丈高楼平地起,肖向前是继续前进的意思,这两个人就是要把这件事落实才行。"从历史情况分析,毛泽东、周恩来的意见就是争取尽快实现中日邦交正常化,能在 3 个月内完成最好。为此,周总理在身患重病的情况下,倾注了巨大的精力来完成这一历史任务。

四、 中日实现关系正常化前的密切互动

1972 年 7 月中旬,日本政界元老社会党副委员长佐佐木更三访华前,①当面问田中首相是否有访华意愿。田中首相当场表示肯定意见。7 月 16 日晚,佐佐木将田中首相访华意愿转达给周恩来总理。周总理马上表示邀请田中首相访华,并对他说,"田中政府采取向前看的政策,反映了广大人民的愿望。"②还表示田中首相从日本来北京绕道香港不方便,田中首相来华,请直接来北京。③7 月 21 日,佐佐木更三回到东京,22 日即将周总理的邀请转达给田中首相。

接着公明党委员长竹入义胜来访华。竹入义胜访华前四次与田中首相、大平外相会见,了解了田中首相的底牌。竹入这次来京主要和中方谈建交条件,他和周恩来总理谈了 3 次,时间近 20 小时。周总理读了有毛泽东主席签字的联合声明中方草案,只准竹入用笔记,共敲定了三点八条。④

---

① 关于佐佐木更三是社会党副委员长还是前委员长,各书所述不一,本书采用《周恩来外交活动大事记》中的记述。

② 中国外交部外交史研究室编:《周恩来外交活动大事记》,世界知识出版社 1993 年版,第 638 页。

③ 王泰平主编:《新中国外交 50 年》(上),北京出版社 1999 年版,第 417 页。

④ 日本外务省解密档案:《竹入(义胜).周(恩来)会谈》01-298,第 73—79 页。

为保密,周总理对竹入下了"缄口令",要求竹入碰到记者不要说话。竹入回日本时在香港停留了一天,整理了很详细的谈话记录("竹入记要")。竹入义胜 8 月 3 日回到东京,8 月 4 日就去见了田中首相、大平外相,汇报了访华的情况。大平外相看了"竹入记要"后不断道谢,拿着记录马上去了外务省。①

8 月 11 日,大平外相在接见孙平化、肖向前(中日备忘录贸易办事处首席代表)时,转达了日本政府派团访华的决定。次日,中国外交部长姬鹏飞授权宣布,周恩来总理"欢迎并邀请日本首相田中角荣访问中国,谈判并解决中日邦交正常化问题"。8 月 15 日田中首相接见孙平化、肖向前,孙平化、肖向前正式转达了周总理对田中首相访华的邀请。田中首相愉快地正式接受周总理的访华邀请并表示感谢。田中首相还一再询问北京气候什么时候好,并表示考虑到自民党内有人反对,希望能派一个自民党代表团访华。

为田中首相访华能首次实现直飞中国的机场。8 月 30 日日本航空公司飞机借把访日中国舞剧团送回试飞上海虹桥机场。中国方面在上海虹桥机场搞了个很大的欢迎场面,实现了为田中访华试航的目的。孙平化到上海虹桥机场后,被告知周总理要见他。第二天上午他即乘飞机回北京,到北京首都机场后,他没有回家,行李由别人送回去,直接驱车到了人民大会堂。孙平化到时已是晚上七八点钟,周总理在人民大会堂一个大厅里单独等候他的到来。到后,周总理马上就询问对中日关系进展的感觉如何。孙平化向周总理做了详细汇报,并说:"这次一定搞成。"周总理还批评他"怎么这么有把握,凡事要想得周到一些",关注之情溢于言表。②

周总理如此关注中日关系的进展,是因为日本国内反华势力仍在破坏,就连日本外务省内也有不同意按中日邦交正常化三原则谈判建交问题的人。外务省内这些人提出对中日建交方案要逐条由事务级官

---

① ［日］大平正芳纪念财团编:《大平正芳》,中日友好协会等译,中国青年出版社 1991 版,第 373 页。

② 张历历:《百年中日关系》,世界知识出版社 2006 年版,第 379 页。

员磋商研究,而这样做会拖延邦交正常化时机。

田中内阁尽管决定要访华,但还要摸清尚未同中国建交的美国的态度,要向美国打招呼。8 月 31 日,田中首相由大平外相陪同,到美国夏威夷同美国总统尼克松和国务卿罗杰斯举行了会谈,日本向美国"保证要坚持日美安全条约体系,同时表示不管成功与否,要着手日中邦交正常化的工作"。美国对于日本先于自己同中国实现邦交正常化没有持不同意见。①

在向美国做了说明的同时,田中内阁又对台湾当局做日台断交的善后工作。9 月 13 日,自民党决定派自民党副总裁、前外相椎名悦三郎到台北去做解释工作。②但素有亲台派名声的椎名悦三郎知道这事不好办,并不愿意去,他说:"尽让我干这种差事。"③台湾方面当然不愿意中日邦交正常化实现。果然,9 月 17 日至 19 日访台的椎名在台北桃园机场一下飞机,就受到有些人的石块、鸡蛋的攻击。椎名在台北受到冷遇。另外,田中、大平等人不断地向党内亲台派议员做工作,以期减少工作中的阻力。为此,他们受到贺屋兴宣、藤尾正行等亲台派议员的责难。

9 月 9 日,日本外务省派来代表团确定了访华日程,并准备了卫星转播。同机有个神秘人物即自民党的古井喜实参议员带着日本方案,但日本外务省草案和中方的草案有差距。其中内容为:对于中日邦交三原则,第一、二条照办;关于日台条约,日方意见不在文中标明,日本政府通过其他适当途径来表示;关于战争状态问题,日方认为已经解决,不用再重复。9 月 20 日,周总理在和古井的第二次单独会谈中,就日方准备的联合声明草案发表了中方意见。④如对日方的"关于战争状态问题,日方认为已经解决,不用再重复",中方提出一个好办法,即"两

---

① 黄大慧:《日本对华政策与国内政治——中日复交政治过程分析》,当代世界出版社 2006 年版,第 84 页。

② 关于田中政府为何派椎名去台湾,参阅陈奉林:《战后日台关系史》(1945—1972),香港社会科学出版社有限公司 2004 年版,第 245 页。

③ [日]二阶堂进:《日中建交秘话——中南海一夜》,《正论》1992 年 10 月号。

④ 中国外交部外交史研究室编:《周恩来外交活动大事记》,世界知识出版社 1993 年版,第 647 页。

国间不正常状态的结束"。关于台湾地区的归属附上《波茨坦宣言》来解决。在中日邦交正常化实现后,中国政府将放弃战争赔款。

田中首相还请中国帮一个忙,要求派一个自民党议员代表团访华。当时自民党内很多议员对中日邦交正常化并不支持,田中希望通过访华能转变这些人的态度。9 月 14 日,以小坂善太郎为首的自民党议员代表团访华,由 23 名参众议员组成。9 月 18 日,周总理接见了代表团,周总理环顾了一下日方成员,问道:"今天是什么日子?"小坂团长和成员谁也没想起来。周总理话锋一转,说:"这是 41 年前爆发九一八事变的日子。在 41 年后的今天,两国人民的双手紧握在一起。这是历史的转折,新的时代终于来到了。"①日方代表受到震动,鼓起热烈的掌声来表示同意周总理的讲话。代表团大多数团员表示要为中日友好贡献力量。

第二节　中日邦交正常化及其意义

一、 田中首相访华

由于中日两国政府和人民的共同努力,9 月 20 日,中日双方在北京时间上午 10 点同时发表公告:日本内阁总理大臣田中角荣愉快地接受中华人民共和国总理周恩来的邀请,将于 9 月 25 日至 30 日访问中国,谈判并解决中日邦交正常化问题,以建立两国间的睦邻友好关系。至此,田中访华的基本日程完全确定下来了。

由于中日两国当时没有外交关系,双方的接触主要通过中日民间友好人士来往传递,时间很短,只有两个月时间。中日两国政府只是对建交方案有了大致的沟通和默契。但并没有达成邦交正常化的草案,详细正式的建交文件还需要正式商谈。这在新中国对外关系中和有影响的大国建立外交关系中是仅有的。所以,在中日邦交正常化准备过程中,还有一些重要问题需要澄清,例如对日本侵略战争如何表态问

---

① 参阅吴学文主编:《日本外交轨迹》,时事出版 1990 年版,第 115 页。

题、关于日台关系问题、关于战争赔偿问题等。

虽然中日之间的这些问题没有最后达成协议,但两国领导人从国际政治的高度,从历史和未来发展的角度考虑要尽快实现邦交正常化。双方都有迫切的需要。

从日本方面分析。(1)1971年之后中国的国际地位迅速提高,中国恢复了在安理会常任理事国的地位,是国际政治中的大国,国际地位不容忽视;(2)尼克松访华,上海公报发表表明美国的全球战略,特别是对华政策,有重大调整,"越顶外交"造成重大冲击,日中友好已成为国内政治潮流,政府要考虑社会潮流的变化;(3)苏联对日本威胁加剧,日本视苏联为主要威胁,日中建交,有利于应付苏联的威胁;(4)中国市场具有强大的吸引力,打进中国市场,对日本经济发展有利。

从中国方面分析。从新中国成立之日起就希望和日本早日实现邦交正常化,阻碍两国关系发展的障碍都不是来自中国。到20世纪70年代初期,中国一如既往地争取实现中日建交,也有实际上的需要,这主要是:(1)实现和日本关系正常化是中国外交目标之一,有利于缓和与周边国家的关系,加强东亚地区和平;(2)对日美关系造成制约,促使形势向有利于中国的方向发展;(3)妥善处理日台关系问题,有利于实现台湾问题的解决,实现祖国统一大业;(4)有利于减轻来自北方苏联的压力,缓和中国三面受敌的安全形势。正是在这种形势下,田中首相访华,和中国领导人商谈两国关系正常化问题,是当时中国外交活动中的一件大事。

9月25日,田中首相率大平外相、二阶堂进官房长官及日本代表团访华。11时30分到达北京机场。周恩来总理、叶剑英副主席、郭沫若副委员长到机场欢迎,并陪同检阅了三军仪仗队,然后陪同去钓鱼台国宾馆下榻。

二、 中日邦交正常化谈判

9月25日下午1时50分至2时40分,周恩来总理、叶剑英副主席等在人民大会堂会见日本国内阁总理大臣田中角荣一行主要官员。

下午3时至4时45分,在人民大会堂安徽厅,中日政府首脑周恩来总理和田中首相举行第一次首脑会谈(限制性)。①由于双方开门见山,谈得比较坦率。田中首相和大平外相谈了日方对邦交正常化的意见。周总理代表中方表示:中日两国恢复邦交是双方的大同,是第一位的原则。中日两国一恢复邦交,"日蒋条约"当然就自然失效了,日台外交关系也就中断,我钦佩你们的果断。日美关系如何,是日美之间的事情,日美安保条约中方虽有意见,对日本的重要性中方可以理解。联合声明中要宣告结束战争状态、声明中写上你们理解中日邦交三原则等。②这一表态消除了日方的担心,为中日复交扫除一些障碍。

当晚 6 点 30 分,中国政府总理周恩来在人民大会堂举行宴会欢迎田中首相访问中国。周总理先致欢迎词,田中首相致答辞,但在谈到过去日本侵华战争时用了"添了麻烦"的话表示对侵略战争的道歉,轻描淡写很不诚恳。会场上当时就有低声议论,对田中首相仅使用"添了麻烦"一词不满。③

26 日上午,第一轮中日两国外长谈判在人民大会堂会见厅进行。中国外交部长姬鹏飞和日本外相大平正芳各自率团进行会谈。日本外务省条约局长高岛益郎谈了日本的几个基本观点:"战争状态由'日台条约'宣告结束,如果中国一定要用,可由中国单方面宣布战争状态结束;放弃赔款请求权,也由'日台条约'解决,难以接受;台湾是中华人民共和国不可分割的一部分,日本不能完全承认,因为事实上中国的统治权还没管到台湾,而日本政府不能谈论它归属何方;关于'日台条约'是非法无效的,必须废除,也不能承认。"高岛的发言主要与台湾问题有关。他代表日方所谈的观点遭到中国方面的强烈反对。会谈一开始就出现对立与分歧。

9 月 26 日下午 2 时至 4 时 40 分,在钓鱼台国宾馆 18 号楼,周总理和田中首相举行第二次首脑(限制性)会谈。

周总理首先对第一轮中日两国外长谈判中高岛局长表述的一些观

---

①　由于中外多种著作关于中日复交谈判的时间引用多不一致,本书采用的记载依据中国外交部外交史研究室编:《周恩来外交活动大事记》,世界知识出版社 1993 年版。

②③　吴学文、林连德、徐之先:《当代中日关系》,时事出版社 1995 年版,第 186—187、189 页。

点,给予严厉的批驳。①周总理严肃指出:"当时蒋介石逃到台湾,他是在缔结旧金山和约后才签订日台条约,表示所谓放弃赔偿要求的。那时他不能代表全中国,是慷他人之慨。遭受战争损失的主要是在大陆上,我们是从两国人民的友好关系出发,不想使日本人民因赔偿负担而受苦,所以放弃了赔偿的要求。""毛主席主张不要日本人民负担赔款,我向日本朋友传达,而你们的条约局长高岛先生反过来不领情,说蒋介石已说过不要赔款,这个话是对我们的侮辱,我们绝对不能接受。我们经过50年革命,蒋介石早已被中国人民所推翻。高岛先生的说话不符合你们两位(指田中、大平)的精神。"

接着周总理又对25日晚宴上田中首先在答辞中的"添了麻烦"说法提出批评:田中首相对过去的不幸感到遗憾,并表示要深深的反省,这是我们能够接受的。但是,"添了麻烦"这一句话,引起了中国人民强烈的反感,因为普通的事情也可以说是"添麻烦"。周总理的讲话虽严厉但是摆事实讲道理,用词文雅准确,很有震撼力。②

田中解释说,从日本来说,"添麻烦"是诚心诚意地表示谢罪之意,而且包括以后不再犯、请求原谅的意思。周总理说,"麻烦"在汉语里意思很轻。例如刚才记者在这里照相耽误了时间也可以说是"找麻烦"。田中首相表示:中国把恩怨置之度外,从大处着眼,本着互让的精神处理问题,日本应坦率地评价中国的立场,并再次表示深切谢意。③27日上午一早第二轮中日两国外长谈判继续进行,磋商联合声明的条文。由于周总理26日在第二次首脑会谈上的讲话批评了高岛局长的一些观点。高岛局长在联合声明起草小组讨论时马上对此作了解释。他说,他对中国方面放弃战争赔偿一条的说明,希望不要引起误解,日本国民对中国放弃战争赔偿要求深为感动。

9月27日上午姬鹏飞外长陪田中首相、大平外相等游览长城。日本贵宾不断赞叹长城的雄伟。

① 中国外交部外交史研究室编:《周恩来外交活动大事记》,世界知识出版社1993年版,第648页。

② 张香山:《中日关系管窥与见证》,当代世界出版社1998年版,296页。

③ 吴学文、林连德、徐之先:《当代中日关系》,时事出版社1995年版,第190页。

9 月 27 日下午 4 点 15 分,第三次中日两国政府首脑会谈(限制性),在人民大会堂福建厅举行。①会谈的焦点是关于日台关系问题。1952 年日台缔约,建立所谓"外交关系"之后,日台关系问题一直是中日邦交正常化的主要障碍。中方认为,日方应承认中国提出的复交三原则:即(1)中华人民共和国政府是代表中国的唯一合法政府;(2)台湾是中华人民共和国领土不可分割的一部分;(3)日台条约是非法的、无效的,应予废除。这是中日恢复邦交正常化的基础。而且田中、大平在访华前也曾多次公开表态"充分理解"三原则,因此在会谈中,中方坚持在联合声明中写上这三项原则。

日方强调国内的处境与困难,企图在联合声明中只提三原则中第一、第二两条,而不愿对第三条"日台条约是非法的、无效的,应予废除"作出公开表态。中方强调,只有在日方承认中方复交三原则的前提下,才谈得上对日本面临的困难给予照顾。最后,日方同意在联合声明的前言中重申"充分理解"中方三原则,结束迄今为止存在的不正常状态,台湾归属写进中国主张。中方同意照顾日方的困难,在联合声明中不提日台条约,而由日方单方面声明,作为中日邦交正常化的结果,日台条约宣告结束。但是,日方何时做此声明在第三次会谈时并未确定。周总理反复问这事什么时间能做到,大平不明确表示,但保证说话算数。周总理还是问及此事及从联合声明公布之日起两国就建交了,双方互换大使要多长时间才能实现? 田中让大平作答,大平说:"我们有决心尽快采取必要的措施。但如果明确约定在某个月之内互换大使,万一由于某种原因,晚了一两天实现,我们总觉得有些不好意思。"大平希望得到中方的信赖。周总理同意,表示要"互相信赖"。

9 月 27 日晚 8 时 30 分在中南海,周恩来总理陪同毛泽东主席接见了田中首相、大平外相、二阶堂官房长官 3 人。毛泽东主席从历史的角度畅谈中日关系要世代友好下去。毛泽东主席说:会谈情况怎么样,吵了架没有。并说:总要吵一些,天下没有不吵的,吵出结果来就不吵

———————

①　中国外交部外交史研究室编:《周恩来外交活动大事记》,世界知识出版社 1993 年版,第 649 页。

了嘛。之后,又问田中:你们那个"添了麻烦"的问题怎么解决的? 田中回答:我们准备按中国的习惯来改。毛主席说:"只说句'添了麻烦',年轻人不满意。在中国,这是把水溅到女孩子裙子上时说的话。"会见中,毛主席请日本领导人参观书房,纵论古今,气氛很好。毛主席并送给田中首相等人每人一套《楚辞集注》作为礼物。毛主席的接见对中日复交会谈成功有很大促进作用。

9月28日上午,田中首相、大平外相、二阶堂官房长官等在中日友好协会会长郭沫若和故宫博物院院长王冶秋陪同下访问了故宫。

9月28日下午3时40分,中日两国政府第四次首脑会谈(限制性)在钓鱼台国宾馆18号楼举行。周恩来总理说:明天发表建交联合声明以后,大平外相根据田中首相的指示,准备对记者发表一个讲话,声明日本政府将跟台湾断绝外交关系,对此我们表示欢迎。这证明你们这次来是守信义的,这是我们两国和平友好的开端。他还写了"言必行,行必果"(孔子论士的三个条件之一、二)六个字送给田中首相。[1](有说送给大平正芳外相,希望他信守承诺。)田中写了日本飞鸟时代当政者圣德太子的话"信为万事之本"六个字送给周总理,表明他信守诺言、恪守联合声明的决心。[2]中日双方经过28日一天的讨论完成联合声明草案。讨论中大平外相断然决定将"添了麻烦"的说话改为"痛感责任,深刻反省"。

29日上午在人民大会堂,中日两国政府首脑周恩来总理、姬鹏飞外长和田中首相、大平外相分别签署《中日联合声明》,交换文本。整个签署仪式有上百人出席。

《中日联合声明》包括前言和九项条款。主要内容:自本声明起,中华人民共和国和日本国之间迄今为止的不正常状态宣告结束;日本方面痛感日本国过去由于战争给中国人民造成的重大损失的责任,表示深刻的反省;日本国承认中华人民共和国政府是中国的唯一合法政府

---

① 中国外交部外交史研究室编:《周恩来外交活动大事记》,世界知识出版社1993年版,第649页。

② 吴学文、林连德、徐之先:《当代中日关系》,时事出版社1995年版,第194页。

（第二条）；"中华人民共和国政府重申：台湾是中华人民共和国领土不可分割的一部分，日本国政府充分理解和尊重中国政府的这一立场，并坚持遵循波茨坦公告第八条的立场"（第三条）；"中华人民共和国政府宣布：为了中日两国人民的友好，放弃对日本国的战争赔偿要求"（第五条），及"两国任何一方都不应在亚洲和太平洋地区谋求霸权，都反对任何其他国家或国家集团建立这种霸权的努力"（第七条）。

联合声明签字后，由日本外相大平正芳驱车去民族文化宫大厅举行记者招待会，宣布日本政府的见解：作为日中邦交正常化的结果，"日华条约"已失去存在的意义，并宣告结束。"中日建立正式外交关系"。周总理对当天大平外相就发表这个见解给予了很高评价。周总理认为大平外相："他诚实，不说假话，不十分善辞令，但内秀多才，有了大平才有了田中，有了大平才有了中日邦交正常化恢复。"

谈判成功后，田中想立即回国，但上海按中日双方原定计划已准备好接待，中方劝说还是按原计划去上海访问。29 日上午，周总理陪同田中首相前往上海，在去上海的飞机上，田中首相完成了历史性任务，如释重负睡了一路。①下午，田中首相一行参观了上海马桥人民公社。

晚上，上海市革命委员会在锦江饭店举行欢迎宴会，平常不喝酒的大平外相连喝了十几杯茅台酒，高兴得都喝醉了。②30 日上午 9 时 30 分，周总理在虹桥机场欢送田中首相一行回日本。③

三、中日建交的历史意义

中日建交是中国外交的一大胜利，经过二十几年的努力，终于迫使日本统治阶级改变了反华敌视政策，实现中日人民要求友好的一大愿望。

中日建交将对国际形势产生深刻的影响，中日这两个在世界上有重大影响的国家实现关系正常化，对许多国家和中国的关系发展产生

①②　［日］纪念周恩来出版发行委员会编：《日本人心目中的周恩来》，中共中央党校出版社 1991 年版，第 321 页。

③　中国外交部外交史研究室编：《周恩来外交活动大事记》，世界知识出版社 1993 年版，第 650 页。

一定影响,对远东和平和世界和平的维护也有一定的帮助。

中日建交对国际上敌视中国,制造"两个中国"或"一中一台"的政治势力是个沉重打击。中日建交明确了建交三原则,明确日台之间是民间关系,既显示了中国的坚定立场,也为某些国家解决相似问题提供了借鉴。

中日建交对中国的经济建设,建设四个现代化也是非常有利的。

第七章

中日实务协定和《中日和平友好条约》的签订

第一节　中日实务协定的签订

一、中日两国政府签订一系列协定

中日两国实现邦交正常化不仅对中日两国人民的根本利益,而且对缓和亚洲的紧张局势和维护世界和平产生了积极而深远的影响。《中日联合声明》的签订标志着中日关系从民间交往步入官民并举的时期。它结束了第二次世界大战后,持续了 20 年的旧金山体制,促进了亚洲的冷战结构的解体。缓解了两个超级大国在亚洲—太平洋地区的争夺,影响了苏联、美国、中国、日本四国在亚洲—太平洋地区的力量对比。以至于美国新闻媒体认为:"日中关系正常化将削弱美国在远东的影响","在外交、军事和经济方面与美国紧紧连在一起的日本现在将开展它自己的独立外交"。

中日邦交正常化之后,两国政府遵照《中日联合声明》的精神,积极发展两国间的各种关系。经过两国政府、人民及各友好团体的共同努力,根据《中日联合声明》第九条的规定,两国政府先后签订了贸易、航空、海运、渔业协定。并根据《中日联合声明》第八条的规定:在各项协定的基础上于 1978 年 8 月签订有利于巩固和发展两国和平友好关系的《中日和平友好条约》。为中日关系的全面发展奠定坚实的基础。

二、《中日贸易协定》的谈判与签订

根据《中日联合声明》第九条的内容,在两国预定要缔结的贸易、航空、海运、渔业协定中,《中日贸易协定》是两国签署的第一个政府间协定,也是中日两国政府之间的第一个贸易协定。

1973 年 1 月 17 日至 21 日,日本通产相中曾根康弘率团访华,其中包括日中经济协会会长稻山嘉宽等日本经济界重要人士。这是中日邦交正常化之后,日本第一个由官方和民间联合组成的访华代表团。18 日晚 9 时 30 分,周恩来总理在人民大会堂和廖承志、姬鹏飞外长、李强外经贸部长会见了中曾根康弘所率访华团全体成员。19 日晚 9 时 30 分,周恩来总理在人民大会堂再次会见了中曾根康弘。①

2 月 20 日,李先念副总理接见了以原定司为团长的日中友好贸易代表团。8 月 8 日,中国银行和东京银行确定了人民币与日元之间的新汇率。8 月 16 日,以中国外贸部奚业胜局长为团长的中日贸易协定谈判代表团到达东京,与以高岛益郎为团长的日本政府代表团进行贸易谈判。8 月 17 日,《中日贸易协定》第一次谈判开始进行。双方代表团就《中日贸易协定》的主要条款达成了协议。

1974 年 1 月 3 日,日本外相大平正芳访华。1 月 5 日,中国外长姬鹏飞和日本外相大平正芳在北京签署了《中日贸易协定》。在双方各自履行法律批准手续之后,于 1974 年 6 月 22 日正式生效。协定有效期为 3 年,期满后任何一方如不在 3 个月之前通知终止本协定,则继续有效。双方在协定中指出:"根据 1972 年 9 月 29 日在北京发表的两国政府联合声明,尊重已有民间贸易关系所积累的成果,本着在平等互利的原则基础上进一步发展两国间的贸易和加强两国间的经济关系的愿望

---

① 中国外交部外交史研究室编:《周恩来外交活动大事记》,世界知识出版社 1993 年版,第 662 页。

经过友好协商,达成协议的。"[1]该协定由正文和 10 项条款组成,主要内容包括:相互给予最惠国待遇;贸易支付方法;双方贸易应遵循的原则和处理贸易纠纷的办法;促进中日贸易的措施;平等互利促进产业技术交流;相互举办商品展览会;设立由两国代表组成的混合委员会,处理贸易纠纷,检查协定的执行情况等。《中日贸易协定》的签署不但肯定了邦交正常化之前两国民间贸易所取得的成果,而且对在今后发展两国贸易过程中应该遵守平等互利和加强经济联系的精神达成了一致意见。经过 14 年的努力,终于实现了周恩来总理于 1960 年 8 月 27 日提出的"政府协定"的原则,使中日贸易发展走上了正轨,使建交后的中日贸易出现了大幅度增长的势头,为中日两国的经济发展作出了贡献。

在中日贸易谈判长达半年的过程中,存在着两个焦点问题:一是日本向台湾提供"特惠税率"问题,另一个是"巴黎统筹委员会特殊商品对华禁运"问题。

关于"特惠税率"问题。由于"中华民国"是联合国贸易发展会议的成员,日本政府按照 1971 年联合国贸易发展会议的决定,根据"关税制定实施法"的规定,向联合国贸易发展会议成员提供"特惠税率"。在谈判中,根据中日联合声明的原则,中方要求日本政府正式宣布取消对台湾提供"特惠税率"待遇和在贸易往来中消除具有"两个中国"性质的错误做法。日本政府于 1973 年 11 月 17 日向中国政府提交口头确认,认为:"根据日中联合声明的精神,日本国同中华人民共和国之间的贸易协定是国家间的经济贸易关系,日本国与台湾之间现在进行的一切经济贸易往来都是地区性的民间的关系。"日本政府与 1973 年 3 月 15 日给中华人民共和国外交部照会中所称:"日本国与台湾当局之间 1955 年 3 月 15 日关于航空业务的换文和日本国台湾当局之间其他一切政府间的条约、协议及其他国际许诺,作为 1972 年 9 月 29 日日中邦交正常化的结果,已经全部失效。其中包括了有关贸易的一切政府间条约、协议和国际许诺。"[2]由于当时中方对"特惠税率"应用含义和范围不了

---

① 引自《人民日报》1974 年 1 月 6 日。

② 吴学文、林连德、徐之先:《当代中日关系》,时事出版社 1995 年版,第 205、270—271 页。

解,所以只停留在要求日方澄清态度,直到 1978 年召开的中日贸易混合委员会上才提出希望享受"特惠税率"待遇。1979 年 12 月 5 日,日本内阁总理大臣大平正芳应邀访华时,宣布从 1980 年 4 月 1 日起,日本向中国提供"特惠税率"待遇。

关于"巴黎统筹委员会特殊商品对华禁运"问题。在谈判过程中,中方重申了自己的原则立场:消除人为障碍,互相在进出口许可方面给予最惠国待遇。日方虽一再表明对中方采取了比较宽松的措施,但由于美国的压力,还是在草案中提出把"维持重大安全利益"等项作为例外。还规定:"在多边协定的义务与贸易协定相抵触时,双方应商定适当措施。"这种"安全利益"和"多边协定"主要就是指"巴黎统筹委员会特殊商品对华禁运"问题。但双方为了达成协议都作出让步,中方决定只在关税等待遇上作最惠国的规定;日方也表示,将不断放宽对华出口技术设备的限制。这样尽管双方就"巴黎统筹委员会特殊商品对华禁运"问题做了原则表态,实质问题还没有解决,但贸易协定可以签署了。

根据《中日贸易协定》第九条的规定,在 1975 年 4 月 18 日,中日贸易混合委员会在北京举行了第一次联合会议。中方代表团由外交、外贸、商品检验、海关、银行和涉外法律等方面的人士组成。日方代表团由外务省、通产省、大藏省、法务省和农产水利省等方面的人士组成。双方商定:混合委员会每年在北京和东京轮流举行。会议讨论的主要议题以贸易平衡、商标产权、关税、合同条款等政策性贸易问题和实际贸易案例为主。混合委员会会议在 1977 年 3 月和 1978 年 11 月举行过两次。这一会议的举行,在邦交正常化初期,双方在贸易往来方面相互还不太了解的情况下,有利于定期协商解决两国贸易中出现的问题,促进双边贸易的发展。中日双方于 1980 年 12 月举行了由政府高级成员组成的部长级会议,讨论双边所有问题,随着两国关系日渐密切,形成定期磋商机制提上议事日程,并且把贸易作为其中一个重要问题来进行磋商。此后混合委员会被取代。

三、 《中日航空协定》的谈判及签订

《中日航空协定》的谈判势必触及台湾问题,因而进展并不顺利,整

个过程也充满了各种困难。1973年初,由于日本自民党内亲台势力组成的"日华关系恳谈会"和反对田中—大平集团的"青岚会"的阻挠和破坏,致使谈判一开始就陷入僵局。

谈判的关键问题是如何处理日台航线问题。日本外相大平正芳为了打破谈判的僵局,于1974年1月2日,不顾自民党内亲台势力的反对,抱病乘班机,绕道香港到达北京访问。在周恩来总理与大平外相的两次会谈中,中方强调在坚持《中日联合声明》的基本原则的前提下,中方将从务实的角度出发,不反对日台之间保持原有的地区性业务联系,但不能带有官方性质。大平外相表明了日方的基本观点,即日中航线作为国家之间的空中通道,日台航线只是地区性质的,因此,应该在不造成"两个中国"问题的范围内,妥善处理中华航空的名称、机体标志和使用日本机场等问题。①双方意见比较接近。

姬鹏飞外长和大平外相还就航空协定举行具体谈判,中方表示:根据《中日联合声明》的原则,在中日邦交正常化之后,以前曾经存在的任何日台之间的航空业务的换文、协定和条约都已经失效。作为一种过渡性措施,日台之间只能维持地区性的民间交往。日方表示:日本航空公司的飞机不飞台北,台湾的飞机除东京外不在其他地点降落。成田机场启用后,中国飞机起降成田机场,台湾飞机起降羽田机场。初步达成协议回到日本后,大平外相又不顾自民党议员的反对,提出了日本政府关于航空协定谈判的"六点指导方针",②并采取果断措施,于4月18日,在自民党首脑会议上通过日中航空协定处理方案。这样,经过曲折的过程,终于在1974年4月20日,姬鹏飞外长和日本驻华大使小川平四郎在北京签署了《中日航空协定》。中日双方在各自履行法律批准手续之后,于1974年5月24日正式生效。

4月20日,日本外相大平正芳在东京举行记者招待会,就《中日航空协定》阐明了日本政府的见解:"日本国和中华人民共和国之间的航空协定是国家间的协定,日台之间是地区性的民间航空往来。日本国

---

① 〔日〕古川万太郎:《日中战后关系史》,东京原书房1988年版,第398页。
② 〔日〕大平正芳回想录刊行会编:《大平正芳传》,中国青年出版社1991年版,第351页。

政府根据日中两国政府的联合声明,自该声明发表之日起,就不承认台湾飞机上的旗帜标志是表示所谓国旗;不承认'中华航空公司'(台湾)是代表国家的航空公司。"①

1974 年 9 月 29 日,在中日邦交正常化两周年之际,两国实现正式通航。周恩来总理和田中角荣首相、姬鹏飞外长和木村俊夫外相互相致电祝贺。以王震为团长的中日友好代表团和以小坂善太郎为团长的日中航线通航友好访华团分别乘首航班机抵达东京和北京。9 月 30日,邓小平副总理会见了日中航线通航友好访华团。《中日航空协定》的签署和中日两国正式通航,对两国人民的友好往来和促进两国经济、文化的交流起了积极的推动作用。

四、 《中日海运协定》和《中日渔业协定》的签订

1974 年 11 月 13 日,中国外交部副部长韩念龙和日本外务省次官东乡文彦分别代表本国政府在东京签署了《中日海运协定》,并于 1975年 6 月 4 日正式生效。在协定的谈判过程中,日方也表示,日本同台湾之间的海运往来属于民间性质,日本不承认台湾船只上悬挂的旗帜是所谓的国旗。协定规定了两国的船舶在对方港口享受的待遇和双方为对方船舶提供各种方便等项内容。1976 年 8 月 25 日,中日两国政府就中日两国间海洋运输业务协议、民间团体的设立等问题在东京进行谈判,并就在北京和东京分别设置代表事务所问题取得一致意见。1977 年 6 月 24 日,中国远洋运输总公司驻东京办事处和日本海运协会驻北京办事处同时开始办公。《中日海运协定》的签订及后续机构的设立为推动两国通商航海事业的发展和双边经济贸易关系的往来以及及时处理双方各种海运事务起了积极的作用。

《中日渔业协定》是在 1955 年中日民间渔业协定的基础上开始谈判的。为了签订《中日渔业协定》,1973 年 6 月日本政府渔业专家代表团访华;1974 年 4 月以安福数夫为团长的日本政府渔业专家代表团为参加中日渔业预备谈判到达北京进行了初步谈判。在此基础上,日本

---

① 引自《人民日报》1974 年 4 月 21 日。

政府于 1974 年 5 月派出以安福数夫为团长的渔业谈判代表团,在北京就渔业协定进行正式谈判。谈判由于双方存在分歧而中断。1975 年 3 月,中国渔业代表团到达东京,重新开始渔业谈判。5 月 20 日双方在北京继续举行谈判,6 月 22 日达成原则协议,最终在 1975 年 8 月 15 日由中国驻日本大使陈楚和日本外相宫泽喜一在东京签署协定,并于 1975 年 12 月 22 日正式生效。协定包括保护和合理地利用黄海、东海渔业资源,维持正常的海上作业秩序等项内容。

中日两国政府间贸易、航空、海运、渔业协定的签署,促进了两国经济贸易合作和双边民间往来的发展,使中日经济合作关系进入新阶段,为《中日和平友好条约》的签订奠定了坚实的基础。

第二节　《中日和平友好条约》的签订

一、《中日和平友好条约》设想的提出

《中日和平友好条约》的设想是周恩来总理早在中日邦交正常化之前就提出的。周恩来总理对来访的日本朋友说:"中日双方要缔结和平友好条约,不是单纯宣布战争状态结束,而主要是在于使中日两国世世代代友好下去。"并建议称之为和平友好条约。①中日在发表联合声明时宣布结束战争状态,实现邦交正常化。但是从立法程序上来看,声明与条约的法律效力是不一样的,条约具有法律约束力。因此中日联合声明宣布:"中华人民共和国政府和日本国政府为了巩固和发展两国间的和平友好关系,同意进行以缔结和平友好条约为目的的谈判。"

二、《中日和平友好条约》的谈判过程

第一阶段:从 1972 年 9 月 29 日中日邦交正常化起至 1974 年 11 月 13 日中日两国副外长第一次预备会谈。

进入 1974 年后,按照《中日联合声明》达成的协议,中日两国间的

---

① 林代昭:《战后中日关系史》,北京大学出版社 1992 年版,第 229—230 页。

《贸易协定》、《航空协定》、《海运协定》相继缔结生效,中日双方开始考虑为早日缔结和平友好条约而努力。1974 年 8 月 20 日,日本外相木村俊夫在东京日本记者俱乐部发表外交政策讲话。他就有关中日关系问题表示:今后要进行谈判的日中和平友好条约,是"日中两国之间的友好记录",是"一个规定日中关系的永远的友好的根本性条约"①。

9 月 26 日,中国出席联合国大会的代表团团长、外交部副部长乔冠华在会见日本外相木村俊夫时正式提议,"中日双方尽早开始缔结中日和平友好条约的谈判"。11 月 7 日,邓小平副总理会见来访的日本参议院议长河野谦三时表示:"如果双方都认为必要,有半年时间就能谈成。"②

11 月 13 日,中国外交部副部长韩念龙同日本外务省次官东乡文彦就缔结和平友好条约在东京举行第一次预备会谈。1974 年 12 月,在田中首相辞职后经"椎名裁定"继任首相职务的三木武夫口头上曾多次表示对中日缔结和平友好条约持积极态度,但又担心在缔结时写进反对霸权主义条款会影响日苏关系的改善,因而决心难下,犹豫不决。可以说这一阶段的特点就是进展迟缓,犹豫不决。那么,究竟为什么谈判进展这样迟缓呢? 主要有以下几点原因:

首先,日本在对待反对霸权条款上态度不坚决。

按照《中日联合声明》第七条的规定:"中日邦交正常化,不是针对第三国的。两国任何一方都不应在亚洲和太平洋地区谋求霸权,每一方都反对任何其他国家或国家集团建立这种霸权的努力。"但是在日本政府内部为什么这样犹豫不决呢? 原因有三。其一,尽管在联合声明中已经明确表示反对霸权,但日本在签订中日和平友好条约的过程中还是存在"三怕"心理:一怕苏联的军事威胁;二怕苏联在北方四岛问题上制造事端,使领土归还变得遥遥无期;三怕苏联控制对日资源出口和抵制日本货物进入苏联市场。其二,在田中内阁下台后,上台的三木武夫内阁采取以日美关系为基轴、"等距离"的外交方针。"等距离"的外

---

① 杨正光主编:《当代中日关系四十年》,时事出版社 1993 年版,第 350 页。
② [日]田中明彦:《日中关系》(1945—1990),东京大学出版社 1991 年版,第 90 页。

交方针所面临的最大课题就是如何与中国缔结和平友好条约,完成从建交到建立友好关系的全过程。在当时中苏对抗持续的情况下,其"等距离外交"不但没有取得优势地位,反而不断受到苏联的压力,缩小了自主外交回旋的余地,对缔结条约来说是增加了难度。其三,其外交政策受到来自自民党内的制约。三木派在自民党内属于小派系,组阁时过于注重派系利益的搭配,在需要作出决断的时候,往往力不从心。特别是起用亲台的滩尾弘吉、松野赖三等人,势必对中日关系产生消极影响。这样对日本政府内部政策的制定起了消极阻碍作用,不容易在缔结和平友好条约问题上达成一致意见。

其次,苏联的干涉。

苏联在 1974 年秋天就制定了抵制中日和平友好条约的对日政策。对日本提出:以《日苏联合声明》关于"在 1974 年适当的时候继续举行缔结和平条约的谈判"为由,企图阻挠日本和中国缔结和平友好条约。①1975 年 1 月 23 日日本《东京新闻》发表题为"反对第三国的霸权,不写进日中友好条约——政府意向,避免刺激苏联"的文章,认为:"政府在日中和平友好条约中,中国方面如果坚持把日中联合声明第七条后半部分'两国任何一方都不应在亚洲和太平洋地区谋求霸权,每一方都反对任何其他国家或国家集团建立这种霸权的努力'写进条约,政府应该采取针锋相对的方针。这里的'第三国'实际上指的是苏联,这在日中联合声明发表时就是非常明显的'常识'。如果把这个意思写进日中条约,那就会被苏联看成不折不扣的'反苏条约',给苏联以不必要的刺激。"②

这时,为了阻挠中日和平友好条约,苏联驻日本大使特罗扬诺夫斯基开始采取行动。1975 年 2 月 3 日,特罗扬诺夫斯基拜访自民党副总裁椎名悦三郎,明确指出苏联对中日签订和平友好条约很担心。4 日,莫斯科广播说,日中条约谈判是在反苏的空气中进行的。特罗扬诺夫斯基还来到日本外务省督促加速 1 月宫泽喜一外相访苏时承诺的有关

①　[日]永野信利:《日中建交谈判纪实》,顾汝钰译,时事出版社 1989 年版,第 96 页。
②　[日]田中明彦:《日中关系》(1945—1990),东京大学出版社 1991 年版,第 90—91 页。

缔结苏日睦邻合作条约的事宜。2月13日,特罗扬诺夫斯基拜会三木首相,递交了勃列日涅夫的亲笔信。信中提出一方面进行日苏和平友好条约的谈判,一方面缔结睦邻合作条约。苏联外交部部长葛罗米柯于6月17日召见日本驻苏大使重光,面交了一份苏联政府致日本政府的声明,主要内容是:"中国企图把霸权条款写进日中条约。这种'反苏行为'的目的,在于把日本纳入其反对缓和的对外政策轨道",并希望日本采取与苏联同样的态度,还警告日本不要同意其中的霸权条款。①

第三,中国国内的政局不稳造成不利影响。

在中日双方关于和平友好条约谈判的启动过程中,中国正处于"文化大革命"后期,在国家政治经济生活的各个方面受到了"左"的错误的干扰。动荡不定的形势,对中日条约的谈判和进展都产生了消极影响,也成为中日双方长时间不能解决"反霸条款"问题的障碍,阻碍了中日和平友好条约的缔结进程。

第二阶段:从1975年1月16日中国驻日本国大使陈楚和日本外务省次官东乡文彦就缔结和平友好条约在东京举行第二次预备会谈,至1975年9月日本外相宫泽喜一出席联合国大会时同中国外交部长乔冠华会谈,就反霸条款提出"宫泽四原则"。这一阶段谈判尽管出现进展,但又有所反复。

1975年1月16日,中国驻日本大使陈楚和日本外务省次官东乡文彦就缔结和平友好条约在东京举行了第二次预备会谈。经过一小时的谈判,主要由日方说明了条约的性质和主要内容。包括:(1)条约将表明未来长久的日中友好理念;(2)条文简明扼要,重申1972年9月《日中联合声明》的精神及"和平共处五项原则",确立两国间持久的和平友好关系;(3)不在条约中提出钓鱼岛等领土争端,特别是台湾问题。②中方代表未明确发表意见,表示将在向中国政府汇报之后,在下一轮谈判时说明中方态度。

2月14日双方再次进行预备性谈判,中方代表是陈楚大使和米国

---

① [日]永野信利:《日中建交谈判纪实》,顾汝钰译,时事出版社1989年版,第109页。

② 宋成有、李寒梅等:《战后日本外交史》,世界知识出版社1995年版,第420页。

钧参赞,日方代表是东乡文彦外务省次官和高岛益郎条约局长。中方认为:应该将《中日联合声明》第七条的"反霸条款"写入和平友好条约。日方对此提出了异议。在此后的 3 月 4 日、4 月 14 日、4 月 24 日、4 月 25 日、5 月 7 日的预备性谈判中同样由于双方在"反霸条款"上未能取得一致意见,使谈判搁浅。同年 9 月,日本外相宫泽喜一出席联合国大会时同中国外交部长乔冠华就友好条约进行会谈时提出四点原则意见:(1)反霸适用于世界任何一个地区而不只限于亚太地区;(2)反对霸权不是针对特定第三国;(3)反对霸权不意味着同中国采取共同行动;(4)不得与联合国宪章的精神相矛盾。①被称之为"宫泽四原则"。"宫泽四原则"的提出标志着中日缔结和平友好条约陷入僵局,因为以这四项原则来看日本政府已从《中日联合声明》第七条的立场后退。

第三阶段:从 1976 年底福田首相上台后,至 1978 年 8 月 12 日签订《中日和平友好条约》。

福田纠夫内阁上台后,1977 年 1 月,在其施政演说中,对签订中日和平友好条约表现了积极的姿态,表示要"进一步努力达到双方满意的目标"②。

1977 年 9 月 10 日,邓小平在会见日中友好议员联盟议长滨野清吾时就缔结中日和平友好条约的问题指出:如果福田首相作出决断的话,缔结条约"一秒钟就可以完成"。10 月 14 日,邓小平会见来访的日本前内阁官房长官二阶堂进议员时,二阶堂进提出了解决反霸条款争议的折中方案,即同意将反霸条款写进条约,但附加如下一条:"日中两国依据本条约发展和平友好关系,不针对任何第三国。"对此,中方表示予以"认真研究"③。

1978 年 2 月,在福田首相的积极影响下,中日双方关于和平友好条约的谈判在中国外交部副部长韩念龙与日本驻华大使佐藤正二之间恢复。为了牵制这一趋势,勃列日涅夫致信福田首相:一方面提出在和

---

① ［日］渡边昭夫:《战后日本的对外政策》,东京有斐阁 1985 年版,第 246—247 页。

② ［日］田中明彦:《日中关系》(1945—1990),东京大学出版社 1991 年版,第 96 页。

③ ［日］田中明彦:《日中关系》(1945—1990),东京大学出版社 1991 年版,第 97 页。

平友好条约之前缔结苏日睦邻合作条约;另一方面要注意妨碍日苏关系的势力。①

1978年6月,当苏联政府得到中日条约谈判即将恢复的消息后,19日,苏联驻日大使波利扬斯基拜会了日本外务次官有田圭辅,并递交了苏联政府关于日中条约的声明。声明指出:日本"如果同中国缔结的条约写了矛头针对苏联的条款,苏联方面将被迫采取必要措施,调整苏日关系",认为条约"不利于维护远东的和平和安全",希望日本政府"对日苏关系从长计议,不要采取那种给苏日关系的发展造成障碍"的做法。②

1978年5月,福田首相访问美国,进行日美首脑会谈。通过卡特总统与福田首相,万斯国务卿与园田外务相等人的会谈,日本政府接到了美国政府赞同中日缔结和平友好条约的信号,并催促福田首相早日作出决策。这样一来,福田内阁开始在缔结中日和平友好条约问题上变得积极起来。6月22日,福田首相召集园田外相、安倍官房长官、佐藤驻华大使等研究有关重开谈判事宜。会上,福田首相表示:"这是世代传下去的条约,必须慎重","既然重新开始谈判,就不要拖延。最好在波恩七国首脑会议之前解决"③。

7月20日,日本内阁官房长官安倍晋太郎在会见记者时宣布,从7月21日开始,日本国驻华大使佐藤正二将作为首席谈判代表在北京与中方首席代表中国外交部副部长韩念龙就缔结条约进行谈判。

7月21日,中日双方关于缔结和平友好条约的事务级谈判正式开始,这样终于恢复了中断三年之久的中日和平友好条约的谈判。但谈判进展得并不顺利,症结仍然是"反霸条款"。双方提出了各种方案,例如:日方提出"条约不针对特定第三国"的条款,未被中方接受;中方提出"条约不针对谋求霸权的第三国"的条款,也未被日方接受。8月1日,谈判进行到第八轮,双方才原则上达成了将《中日联合声明》的"反

---

① 〔日〕田中明彦:《日中关系》(1945—1990),东京大学出版社1991年版,第98页。

② 〔日〕永野信利:《日中建交谈判纪实》,顾汝钰译,时事出版社1989年版,第169—170页。

③ 吴学文、林连德、徐之先:《当代中日关系》,时事出版社1995年版,第221页。

霸条款"条约化的共同意见,谈判取得重大进展。8月3日第九轮谈判开始,进入实质性政治交涉阶段。8月6日,福田首相决定派园田直外相访问中国,与黄华外长举行外长级谈判。8月8日,园田直外相到达中国,经过两轮外长级会谈,双方接受了"不影响缔约各方同第三国关系的立场"这一原则。①双方终于就条约的草案达成协议。8月10日,作为结束条约谈判的总结,邓小平副总理会见了园田直外相。11日,中日和平友好条约草案在北京举行的事务级谈判起草小组委员会会议上最终拟订。12日下午7时,《中日和平友好条约》签字仪式在人民大会堂隆重举行。华国锋主席、邓小平副总理、廖承志副委员长出席签字仪式,黄华外长和园田直外相分别代表本国政府草签了条约。同日,中日两国领导人互相致电,祝贺《中日和平友好条约》的签订。

三、《中日和平友好条约》签订的原因

那么为什么《中日和平友好条约》能够最终签订呢? 其主要原因是:

首先,日本国内的形势发生了变化。福田赳夫首相组阁是以自民党内福田、大平、田中三派联合为骨干,不但有许多对华友好人士出任党政要员,而且得到参众两院和财界的支持,为福田首相实现其抱负创造了有利条件。另外,从福田首相本人来看,他善于观察形势、敢于作出决断的性格,也从主观上为其在对外政策和中日和平友好条约的缔结问题上进行调整起了积极的作用。

其次,这段时间中国也发生了变化,"文化大革命"结束。1977年7月16日,中国共产党第十届三中全会召开,邓小平恢复在党和国家中的领导职务,中国转入正常的现代化建设轨道。中国在内政、外交上都有了明显的变化。在签订中日和平友好条约方面,中国政府通过接待日本来访的各类代表团,将缔结条约的决心和原则传达给福田内阁。1978年3月14日,邓小平副总理会见日本公明党代表团时,对矢野绚团长表示:(1)根据联合声明尽早缔结和平友好条约和发展两国关系的

---

① ［日］田中明彦:《日中关系》(1945—1990),东京大学出版社1991年版,第104页。

想法没有变化；(2)两国的和平友好关系的基础不是针对第三国的，但是反对霸权无对象则不合道理；(3)双方均不干涉内政；(4)希望福田首相作出决断，欢迎园田直外相访华。①

第三，国际环境的影响。此时，苏联在全球范围内开始与美国争夺霸权。苏联的种种霸权主义行径，不仅构成了对世界和平的不稳定因素，而且也使美、中、日等国不得不作出反应。美国开始加快中美和解的步伐。1977 年 8 月，美国国务卿万斯访华，双方就实现中美两国邦交正常化交换了意见。1978 年 4 月末，福田首相访问美国。在 5 月 3 日的首脑会谈中，卡特总统问福田首相："日中和平条约怎么样了？希望能更积极地进行"，"作为美国来说，反对霸权不存在问题"。卡特总统还向福田首相表示，预祝中日两国能缔约成功。②这样面对苏联的霸权主义的威胁，美国也积极支持日本缔结日中和平友好条约，缔约的外部条件已经充分具备。

四、《中日和平友好条约》的主要内容

在条约的前言中指出："中华人民共和国政府满意地回顾了自 1972 年 9 月 29 日中华人民共和国政府和日本国政府在北京发表联合声明以来，两国政府和两国人民之间的友好关系在新的基础上获得很大的发展；确认上述联合声明是两国间和平友好关系的基础。联合声明所表明的各项原则应予以充分尊重；希望对亚洲和世界的和平与安定作出贡献；为了巩固和发展两国间的和平友好关系，决定缔结和平友好条约。"③

《中日和平友好条约》的主要内容：

第一条："缔约双方应在互相尊重主权和领土完整、互不侵犯、互不干涉内政、平等互利、和平共处各项原则的基础上，发展两国间持久的和平友好关系。""在相互关系中，用和平手段解决一切争端，而不诉诸

---

① 田桓主编：《战后中日关系史年表(1945—1993)》，中国社会科学出版社 1994 年版，第 426 页。

② 吴学文、林连德、徐之先：《当代中日关系》，时事出版社 1995 年版，第 218 页。

③ 韩念龙主编：《当代中国外交》，中国社会科学出版社 1987 年版，第 427 页。

武力和武力威胁。"

第二条："缔约双方表明,任何一方都不应在亚洲和太平洋地区或其他任何地区谋求霸权,并反对任何国家或国家集团建立这种霸权的努力。"

第三条："缔约双方将本着友好的精神,按照平等互利和互不干涉内政的原则,为进一步发展两国之间的经济关系和文化关系,促进两国人民的往来而努力。"

第四条："本条约不影响缔约各方同第三国关系的立场。"

第五条:《中日和平友好条约》必须经过批准和生效的日期,以及有效期为十年。如终止条约,需要在有效期满一年以前,以书面的形式预先通知,否则在十年之后将继续有效。

《中日和平友好条约》的缔结,使 1972 年《中日联合声明》所规定的两国间持久的和平友好关系,以条约的形式得到了体现和发展,具有法律效力。这一条约的缔结,为两国睦邻友好关系奠定了稳定的基础,为发展两国政治、经济、文化、科技等方面的交流,开辟了广阔的前景;是中日关系史上一座新的里程碑,使中日两国长期友好进入了新阶段,推动了中日关系的新发展;不仅有利于中日两国人民的睦邻友好,而且对维护亚洲和太平洋地区的和平与安全,具有重大的现实意义和深远的历史意义;是中日两国政府和两国人民共同合作、努力的结晶,是发展两国睦邻友好关系的新起点。

第三节　邓小平副总理访日

一、 互换《中日和平友好条约》批准书

《中日和平友好条约》签订之后,日本首相福田赳夫邀请邓小平副总理访问日本,互换批准书,使《中日和平友好条约》早日生效。

1978 年 10 月 22 日至 29 日,中国副总理邓小平应邀访问日本,陪同邓小平副总理访日的有人大常委会副委员长、中日友协会长廖承志、外交部长黄华、外交副部长韩念龙等人。

1978 年 10 月 23 日上午 10 时半,《中日和平友好条约》批准书互换仪式在东京日本首相官邸举行。邓小平副总理及其随行人员、中国驻日本大使符浩和日本首相福田赳夫及其内阁主要成员,日本驻中国大使佐藤正二出席了互换仪式。在两国外长互换批准书之后,《中日和平友好条约》正式生效。

随后,福田赳夫首相在贺词中说:"1972 年日中邦交正常化,为两千多年来不断进行紧密接触和交流的日中两国关系开辟了新的历史。这次缔结和平友好条约,给日中两国关系史增添了更加光辉灿烂的一页。这次缔约不仅对日中两国加强和发展日中两国的和平友好关系具有深远意义,而且还如条约的前言中写明的那样,反映了两国希望为亚洲及世界的和平与稳定作出贡献的共同愿望。""我在此衷心期待日中两国政府和两国国民,以尊重条约精神,忠实地信守该条约的各项条款,来再次表明我们为巩固和发展日中两国永恒的和平友好关系而努力的决心。"①

邓小平副总理接着发表讲话,他说:"中日和平友好条约是 1972 年中日联合声明和中日邦交正常化的继续和发展。它为两国的睦邻友好关系奠定了更加牢固的基础,为进一步发展两国政治、经济、文化、科技等各方面的交流开辟了更加广阔的前景,也将对维护亚洲和太平洋地区的和平与安全产生积极的影响。""中日两国人民要友好,要团结,中日两国要和睦,要合作,这是 10 亿人民的共同愿望,也是历史发展的潮流,中国政府将同日本政府一道坚定不移地信守和履行中日和平友好条约的各项规定。让我们为中日两国人民世世代代友好,为迎接中日关系更加光辉灿烂的前景,为亚洲和世界和平而共同努力吧。"②

二、 日本天皇和邓小平的历史性会见

在《中日和平友好条约》互换批准书的当天,10 月 23 日中午,日本天皇裕仁就和访问日本的第一位中华人民共和国领导人邓小平进行了历史性的会见。会见在皇宫正殿竹厅举行。

———————————

①② 引自《人民日报》1978 年 10 月 24 日。

在友好的气氛中,裕仁天皇对邓小平副总理在百忙之中特意抽空来日本互换日中条约的批准书表示感谢,他说:"我感到特别高兴。"并说:"在两国悠久的历史中,也有过不幸的事情。日中两国建立起这样友好关系,还是第一次,要永远继续下去。"①邓小平副总理表示:"我们也认为这项条约具有深远的意义。过去的事情就过去了,今后我们要以向前看的态度建立两国和平的关系。这项条约是迄今为止两国关系的政治总结,也是进一步发展两国关系的新起点。这项条约,不仅对我们两国子子孙孙友好下去有着重要意义,而且对亚洲及太平洋地区的和平和稳定具有重要意义,对世界和平也有重要意义。"

会见后,天皇设午宴欢迎邓小平副总理,福田总理、廖承志副委员长等陪同,宴会气氛友好。

三、 福田首相与邓小平副总理政治会谈

在邓小平副总理访问日本期间,福田首相与邓小平副总理共进行了两次会谈。10月23日下午在日本首相官邸举行了第一次会谈。会谈中双方就当前国际形势中所关心的主要问题和亚洲的形势问题交换了意见。福田首先代表日本政府和人民表示,日中两国要建立持久的名副其实的睦邻友好关系。他还从反省日本过去的侵略历史的立场上,对20世纪以来,连续发生不幸事情,表示遗憾,并进行反省,今后不应再重演。战后日本已经改变姿态,决心不再做军事国家。福田首相在涉及日本的"全方位和平外交"时,表示这是不敌视世界上任何国家,也就是要为同一切国家都友好而努力。但是,这并不意味着同所有国家都保持"全方位等距离外交"。他还强调,在和平宪法的原则下,在自卫力量上也有限制,因此,要坚持日美安全条约。并确信日中和平友好条约不仅贡献于亚洲、太平洋地区以和平,而且能贡献于世界和平。

邓小平副总理说:"我们两国有2 000多年友好交往的历史。在两国友好的长河中,不幸的历史只有几十年时间,这不过是很短的插曲。

---

① 类似的话天皇也对1984年访日的韩国总统全斗焕说过。参阅吴学文、徐之先、李信根:《日本外交轨迹》(1945—1989),时事出版社1990年版,第237页。

和平友好条约的签订,不仅在事实上,而且在法律上、政治上总结了我们过去的关系,更重要的是从政治上更进一步肯定了我们两国友好关系要取得不断的发展。中日要世世代代友好下去。""在现在这个动荡的局势中,中国需要同日本友好,日本也需要同中国友好。"①

10月25日上午在日本首相官邸举行了第二次会谈。邓小平在谈到台湾问题时说:"我们实现台湾归还祖国也要充分考虑到台湾的现实","什么时间、用什么方式解决台湾问题,是中国的内政,美国无权干涉"。他还说:"中日双方由于各自的环境不同,对一些问题有不同的看法是完全可以理解的",关于钓鱼岛问题"我们这一代人不够聪明,找不到解决的合理大办法,我们下一代会比较聪明,大局为重"。② 会谈中,双方还就朝鲜半岛的局势分别阐述了自己的立场,并希望朝鲜半岛问题根据和平同意的原则解决。两位领导人还强调,双方应该在中日和平友好条约的基础上,进一步加强往来,发展经济、文化、贸易等方面的合作。

邓小平访日期间,与日本各界人士进行了广泛的接触、交谈。10月25日下午4时,在东京日比谷的日本记者俱乐部,邓小平副总理出席了为他举办的记者招待会。参加记者招待会的有来自时事社、共同社、路透社、合众国际社、美联社、法新社、德新社等多家著名通讯社的400多名记者。这是中华人民共和国领导人在出访时第一次以"西方方式"与记者见面,回答记者的提问。

邓小平首先就中日友好及中日两国缔结和平友好条约发表了讲话,他说:"中国和日本都面临着霸权主义的现实威胁。中日和平友好条约明确规定,中日两国不谋求霸权,同时反对任何其他国家或国家集团谋求霸权,这是国际条约中的一个创举。反霸条款首先是中日两国自我约束,承担不谋求霸权的义务,同时也反对其他人谋求霸权,谁谋求霸权就反对谁。中日和平友好条约明确规定反霸原则,在当今的国际形势下具有重大的意义。"③

---

① ② 田桓主编:《战后中日关系史年表》(1945—1993),中国社会科学出版社 1994 年版,第 242、243 页。

③ 《中日友好关系的新阶段》,人民出版社 1978 年版,第 41—42 页。

然后,邓小平副总理就记者提出的中日两国的关系、反对霸权主义的立场、中日经济合作的前景、中国的四个现代化、亚洲紧张局势的根源及中美关系问题回答了记者的提问。

邓小平副总理出访日本,标志着中日两国关系进入了一个新时代,推动了两国关系的发展,使中日两国在政府和民间往来的发展上都跃上一个新台阶。

第四节 中日两国关系的全面发展

一、 中日民间交往的继续发展

1973 年 4 月 15 日至 5 月 18 日,应日本各界朋友的邀请,以廖承志为团长的中日友好协会代表团对日本进行了为期一个多月的访问。中日友好协会代表团有各界著名人士组成。中日双方都十分重视这次两国邦交正常化之后的首次大规模访问活动。邓小平、李先念等到机场送行。抵达东京后,受到以日本内阁官房长官二阶堂进为首的日本朝野各界人士及旅日华侨等 1 500 人的冒雨欢迎。当天下午,日本副首相三木武夫就拜会了廖承志团长。廖承志在随即举行的记者招待会上指出:代表团来日本是"为增进两国人民的友谊而来",要"探望老朋友,问候新朋友","通过这次访问,向勤劳、勇敢的日本人民学习"。①

在东京,廖承志拜会了田中首相、三木副首相、大平外相以及参议院议长河野谦三、自民党元老藤山爱一郎等朝野首脑人物。4 月 23 日,廖承志、陈楚等到外务省与大平外相等会谈,商讨缔结两国航空、贸易、海运、渔业协定的有关事宜,阐明各自立场。4 月 25 日至 5 月 10 日,代表团的足迹几乎遍及日本本土,从府道县知事到寻常百姓家,在朝野广交朋友,其深度和广度前所未。5 月 14 日,廖承志在盛大的答谢宴会上,强调指出:通过这次友好访问,深感"中日友好是人心所向的时代潮流",并将"永远铭记所有致力于中日友好的广大老朋友和新

---

① 引自《新华月报》1973 年第 4 期。

朋友"。①访问期间,日本国会议员还于 4 月 24 日召开日中友好议员联盟的成立大会,为促进中日友好关系的发展起了积极的推动作用。

这次访问之后,特别是两国一系列的实务协定的签署,对中日两国政府间、民间关系的发展起了积极的推动作用。中日双方各种形式的友好往来不断发展。

在友好城市方面,1973 年 6 月 24 日,从天津与神户正式结为中日两国的第一对友好城市开始,到 1979 年 12 月哈尔滨和新潟结成友好城市,已经达到 14 对。双方在贸易、文化教育、体育、新闻等各阶层、各方面的友好往来不断。在两国的许多地方以共同举办展览、报告会、演讲会等形式加深交流,促进理解。双方的大型代表团互访不断,从而使中日之间的交往达到高潮。

二、 中日长期贸易协定的签订

中日邦交正常化之际,日本经济界也出现了一股访华热潮。有关西经济界五大团体领导人组成的访华代表团,有 1972 年 8 月以日本三菱集团的田实涉、藤野忠次郎、古贺繁一(又称"三菱三长老")和以稻山嘉宽为团长的日本经济界访华团。周恩来同来访的各位经济界人士就发展两国之间的长期贸易及发展经济合作的前景进行了交谈。

1977 年 3 月,以土光敏夫为团长、9 位正副会长联袂组成的日本经济团体联合会访华团到达北京,中方领导人华国锋、李先念、廖承志等同来宾就中日之间的经济合作进行了会谈,双方一致同意签订一个长期协议,由中国出口石油、煤炭,日本出口技术设备、建筑器材。10 月,中日双方分别成立了长期贸易协议委员会。

1978 年 2 月,由稻山嘉宽、土光敏夫率领的日中长期贸易协议委员会访华代表团到达北京,就中日长期贸易协议问题与中方进行友好协商。2 月 16 日,中日民间第一个长期贸易协定签字。这项为发展两国长期稳定的经济贸易关系的协议是根据《中日联合声明》的精神,按照平等互助、互通有无、进出口平衡的原则,经过友好协商制定的。其

---

① 引自《新华月报》1973 年第 5 期。

主要内容是在各自取得本国政府的支持下,中国方面向日本方面出口原油和煤炭,日本向中国出口技术、成套设备和建设器材等。这个协议的有效期为 8 年,双方各自协议出口金额为 100 亿美元左右。

1978 年 9 月,日本通产大臣河本敏夫访华时建议将长期协议的期限从 1985 年再延长 5 年到 1990 年,同时将原订各方出口总额由 100 亿美元扩大到 300 亿美元。中方认为这是个积极的建议。邓小平访日时曾表示:长期协议的金额要增加一倍、两倍。1979 年 3 月在双方定期会谈中,商定将期限延长到 1990 年,金额达到 300 亿美元,并写进了会谈纪要。

中日长期贸易协定的签订对两国经济的持续发展具有重要意义。长期贸易协议的时间长、金额大、合作层面广,有力地推动了整个中日经济合作关系的顺利发展。日方为中方出口的能源资源的开发、运输、港口建设提供长期信贷,为中日两国的金融合作也奠定了基础。双方通过定期会晤的方式来调整供求,解决出现的问题,进行妥善的处理,为中日双方贸易的稳定发展提供了保证。

三、 大平正芳首相访华和政府开发援助实施

大平首相在 1979 年 11 月 20 日接见中国新闻代表团时,就亲手交给中国记者一封《给中国人民的信》。信中说:"作为对发展日中关系尽了微薄之力量的人士之一,感到无比高兴","希望不仅作为日本国总理,同时作为一个日本国民,与贵国各位人士坦率地对话"。[①]表达了大平首相来华访问时愉快的心情和务实的精神。

1979 年 12 月 5 日至 9 日,日本首相大平正芳应中国政府的邀请,对中国进行了为期五天的正式友好访问。这是继 1972 年 9 月日本首相田中角荣访华后,第二位日本内阁总理大臣访问中国。大平首相访华期间,和中国领导人进行了会谈。大平首相通过同中国领导人的两次会谈,就国际形势和中日两国关系等共同关心的问题,坦率地、建设

---

① 田桓主编:《战后中日关系史年表》(1945—1993),中国社会科学出版社 1994 年版,第 276—277 页。

性地交换了意见,并发表了联合新闻公报。

中日联合新闻公报指出:"两国领导人就国际形势特别是亚洲—太平洋地区形势坦率地、认真地交换了意见,确认了对维护这些地区的和平与稳定的深切关心,并且确认中日两国要从各自的立场出发,继续为维护亚洲和世界的和平与稳定做出努力。""两国领导人就中日两国关系全面地交换了意见。两国领导人对于两国和平友好关系自1972年秋邦交正常化以来,遵照中日联合声明的原则和精神得到顺利发展深表满意。两国领导人认为,去年两国缔结的和平友好条约不仅符合两国的共同利益,而且也有助于亚洲及世界的和平与稳定,并且确认两国将根据中日联合声明和中日和平友好条约,扎扎实实地巩固和发展长久的和平友好关系。"①

大平正芳首相这次访华,直接促成了日本政府对中国人民首次执行政府开发援助计划。日本政府执行政府开发援助计划包括在这次访华取得了以下特殊成果之中:(1)日本成为世界上第一个向中国提供政府贷款的国家。大平首相在记者招待会上介绍了日元贷款问题,日本政府对中国要求的6个大型项目进行资金合作,决定在1979年度向中国提供500亿日元贷款,年利3%,偿还期为30年,有10年的宽缓期。②(2)日本政府决定从1980年4月起向中国的产品提供"特惠关税"。(3)积极推进中日两国间技术合作。技术合作包括培养人才、医疗卫生、农林水利等方面,从1980年起开始为缔结科学技术合作协定进行谈判。

中日两国根据《中日和平友好条约》第三条的规定,双方认为发展两国间的文化、教育、学术和体育的交流,有助于进一步增进两国人民之间的相互了解和友谊。1979年12月6日,双方签订了《中日两国政府为促进文化交流的协定》。12月7日,两国政府发表了联合新闻公报。

大平首相的这次来访,积极推动并发展了两国在政治、经济和文化

---

① 引自《人民日报》1979年12月8日。
② 即政府开发援助,(Official Development Assistance,简称ODA)。大平首相任内开始的是第一批。

交流方面的友好关系。中日两国之间的经济合作从"民间级"发展为"政府级",开创了中日经济关系的新格局——政府和民间合为一体。

第五节　中日两国在这一时期
出现的问题及其原因

一、钓鱼岛问题

　　钓鱼岛位于中国台湾岛东北 180 公里处。钓鱼岛及其附属群岛包括钓鱼岛、黄尾屿、赤尾屿、南小岛、北小岛等 8 个小岛及其附近一些岛礁,总面积 6.3 平方公里,其中钓鱼岛最大,面积约为 4.3 平方公里。

　　早在中国的明朝永乐年间就有关于钓鱼岛的文字记载,并从 15 世纪开始正式划入中国的海防区域之中,派遣行政官员进行有效管辖。明朝时期,为抗击倭寇入侵,曾于 1556 年任命胡宗宪为讨伐倭寇总督,负责沿海各省的军事责任。根据中国明清两朝向琉球派遣的使者记录和地方志的史书记载,钓鱼岛、黄尾屿、赤尾屿等岛屿属于中国,中国与琉球的分界线在赤尾屿与吉米岛(现为久米岛)之间。

　　日本在中日甲午战争中窃取了钓鱼岛等岛屿,并于 1895 年 4 月强迫清政府签订了割让台湾岛及其附属岛屿和澎湖列岛的不平等条约——《马关条约》。此后不久日本将钓鱼岛等岛屿改名为"尖阁列岛"。

　　第二次世界大战之后,日本将其侵占 50 年的台湾归还给中国,却将钓鱼岛私自交给美国。美国宣布其对钓鱼岛等岛屿拥有所谓的"施政权"。1950 年 6 月 28 日,周恩来外长代表中国政府强烈谴责美帝国主义派遣第七舰队侵略台湾和台湾海峡,严正声明中国人民决心"收复台湾和一切属于中国的领土"[①]。

　　到了 20 世纪 70 年代,日本的右翼分子为霸占钓鱼岛,编造各种理由,日本政府也大肆宣传,妄图造成事实上的占领状态。1971 年 3 月,日本外务省发表"关于尖阁诸岛领土权问题的统一见解"。美国在

---

　　① 《周恩来外交文选》,中央文献出版社 1990 年版,第 19 页。

1971年6月17日签订的《美日归还冲绳协定》中,公然把钓鱼岛及其附属岛屿划入"归还区域"。1972年,日本外务省情报文化局又印制了名为"关于尖阁诸岛"的小册子,专门宣传日本政府的立场。并于当年3月和5月,先后发表了对中国领土钓鱼岛等岛屿有领有权的见解,明目张胆地侵犯中国固有领土。

对此,中国外交部于1971年12月30日发表声明指出:"钓鱼岛、黄尾屿、赤尾屿、南小岛、北小岛等岛屿是台湾的附属岛屿,它们和台湾一样,自古以来就是中国领土不可分割的一部分。美、日两国政府在《美日'归还'冲绳协定》中,把我国钓鱼岛等岛屿列入'归还区域',完全是非法的,这丝毫不能改变中华人民共和国对钓鱼岛等岛屿的领土主权。"

1972年3月,中国政府代表在世界海底委员会会议上重申:钓鱼岛等岛屿是中国台湾省的附属岛屿,并不属于琉球。这些岛屿周围的海域和邻近中国的海域的海底资源,都完全属于中国所有,决不允许任何外来侵略势力染指。

有关钓鱼岛问题的归属,在1972年9月下旬的中日复交谈判中,周恩来总理和田中首相没有谈,达成了"以后再说"的谅解。[①]

1978年10月25日,中国政府副总理邓小平访问日本,在回答日本记者提出的有关钓鱼岛问题时说:"'尖阁列岛'我们叫钓鱼岛,这个名字我们的叫法不同,双方有着不同的看法,实现中日邦交正常化的时候,我们双方约定不涉及这一问题。这次谈中日和平友好条约的时候,双方也约定不涉及这一问题。""两国政府把这个问题避开是比较明智的。这样的问题放一下不要紧,等10年也没有关系,将来总会找到一个大家都能接受的方式来解决这个问题。"[②]

但是,日本政府违背了双方政府达成的谅解,于1979年5月20日,派遣巡视船"宗谷号"运载人员和器械登上中国领土钓鱼岛修建临

---

① 王泰平主编:《中华人民共和国外交史1970—1978》,世界知识出版社1999年版,第25页。

② 引自《人民日报》1978年10月26日。

时直升机机场,并派出调查团进行资源调查活动。中国外交部亚洲司司长于 5 月 29 日约见日本驻华大使馆临时代办,指出日方的行为显然违背了双方关于钓鱼岛问题达成的谅解,并声明不承认这一行为具有任何法律效力。

1979 年 9 月,中国国务院副总理谷牧访问日本时,就钓鱼岛问题重申:"关于钓鱼岛的联合开发问题,中国已经多次表示过态度。钓鱼岛的主权问题,是清楚的,从来就是中国的领土。但考虑到联合开发石油,主权问题可以暂时挂起来。让我们的后代去解决。我们首先动起手来开发这一地区的石油资源,这对双方都有利。"①这些都表明了中国领导人在这个问题上的高瞻远瞩。

二、　东海大陆架问题

东海大陆架是中国领土在东海海底的自然延伸部分,与大陆形成一个完整的不可分割的整体,按照国际法原则,中国对东海大陆架拥有不容侵犯的主权权利。关于东海大陆架涉及与其他国家的争议问题,应该由中国政府同有关的国家按照公平原则,通过友好协商解决。

东海大陆架问题发生在 1974 年。日本、韩国两国政府背着中国政府于 1974 年 1 月 30 日在汉城签订了"日韩共同开发大陆架协定"。协定公然把中国主张管辖的东海海域大约 8 万多平方公里的大陆架划为"共同开发区",由日韩两国投资,共同进行勘察和开发。2 月 4 日,中国外交部新闻发言人指出:日韩两国政府背着中国,在东海大陆架划分"共同开发区"是严重侵犯中国主权的行为,中国政府坚决不能同意。并且多次重申这一立场。

1977 年四五月间,自民党在众议院会议上,在在野党议员缺席的情况下,强行通过了所谓的"日韩共同开发大陆架协定",并采用"自然生效"的办法,使之"合法"地自然生效。

1977 年 4 月 23 日,中国外交部就日本众议院强行通过"日韩共同开发大陆架协定"这一侵犯中国主权权利的行为,向日本政府提出抗

---

① 引自《人民日报》1979 年 9 月 7 日。

议。6 月 13 日,中国外交部新闻发言人进一步表明中国政府的立场,对日本政府强行通过这个协定提出严重抗议。并重申:背着中国政府片面签订的"日韩共同开发大陆架协定"是非法的、无效的。任何国家在未经中国政府同意的情况下不得在中国东海大陆架擅自进行开发活动。同时《人民日报》6 月 14 日发表评论员文章,指出"中国大陆架主权不容侵犯"。

1978 年 4 月 7 日,日本政府竟然又在众议院通过了所谓"关于实行日韩大陆架协定的特别措施法",并提交参议院进行审议。对日本政府执意侵犯中国主权权利的这一严重步骤,中国政府表示强烈抗议:"日本政府必须立即停止侵犯中国主权、损害中日关系的行为,否则,必须对由此产生的一切后果负完全责任。"①

1978 年 5 月 10 日,中国外交部副部长韩念龙约见日本驻华大使佐藤正二,就日本政府把所谓"关于实行日韩大陆架协定的特别措施法"提交国会通过,继续采取侵犯中国领土主权权利的步骤,表示强烈的抗议。韩念龙副部长指出:"中国政府对日本政府和南朝鲜当局背着中国在东海大陆架片面划定'共同开发区'的所谓'日韩共同开发大陆架协定',曾先后两次声明,指出这是侵犯中国主权的行为,所谓'日韩共同开发大陆架协定'完全是非法的、无效的,中国政府决不能同意。"

1978 年 6 月 26 日,中国外交部发表声明,就日本政府和南朝鲜当局互换所谓"日韩共同开发大陆架协定"的批准书一事,对日本政府侵犯中国主权的行为提出强烈抗议。1980 年 5 月 7 日,中国政府发表声明,指出日本政府决定同南朝鲜当局在东海大陆架片面划定的共同开发区两侧开始进行钻探试采,是无视中国主权,不以中日友好关系为重的行为。中国政府保留对钻探区域的一切应有权利。

三、 日台关系问题及反华势力制造事端

如何处理日本与台湾的关系问题是中日关系中的一个重要问题。在实现中日邦交正常化之时,双方已经达成了谅解,即日本与台湾之间

---

① 引自《人民日报》1978 年 5 月 11 日。

只能维持民间和地方性往来。为此日本政府与台湾之间互设了民间联络机构"交流协会"和"东亚关系协会"。双方可以互发签证。

但是在中日实务协定的签订过程中,1973 年 3 月,以滩尾弘吉为会长、岸信介等为顾问的"日台关系议员恳谈会"成立,决定继续维持日台航线,干扰中日航空协定的谈判。此外,像青岚会等亲台团体也公开阻挠贯彻《中日联合声明》的基本原则。滩尾弘吉认为:大平外相提出的处理日台航线的建议,"台湾是不会接受的。日本在国防、贸易等方面和台湾有很深的关系,今天和它一刀两断,要三思而后行"。①他激烈地反对田中内阁的方针,攻击大平外相,并以提出对外相的不信任案相威胁。一些日本右翼分子和国会中的"台湾帮"害怕中日通航会使日台关系变得更加淡漠,极力反对中日航空协定的谈判,声称:"这是事关中华民国尊严和权益的问题"②。当协定临近签署之际,青岚会的评论员藤尾正行将中日双方协定的电文泄露,使谈判细节完全暴露,妄图阻挠签署协定。但在田中首相和大平外相的努力下,这批反华分子的目的没有达到。

此后,1973 年 10 月,以滩尾弘吉为团长的"日台关系议员恳谈会"访问台湾,并发表了反对中日联合声明的讲话。1974 年 10 月,岸信介率领"日台关系议员恳谈会"的新老亲台议员 80 多名,访问台湾,与蒋经国商讨恢复日台关系问题。1975 年 4 月,岸信介作为自民党的代表出席了蒋介石的葬礼。这些活动都严重阻碍了中日两国关系的顺利发展,为此,《人民日报》发表评论员文章,告诫少数亲台分子不要背道而驰,阻碍中日关系的发展;同时提醒两国友好人士注意这一不良行动,以免造成更大的事端。并明确指出这些人的破坏和捣乱,必然遭到失败。

---

① 〔日〕永野信利:《日中建交谈判纪实》,顾汝钰译,时事出版社 1989 年版,第 85—86 页。
② 吴学文、林连德、徐之先:《当代中日关系》,时事出版社 1995 年版,第 207 页。

第八章

20 世纪 80 年代中日关系的迅速发展

第一节　国际形势和中日两国国内形势

一、国际形势的变化

世界进入 20 世纪 80 年代后,二战后形成的冷战格局出现了最后一个阶段的位移,即两极体制向多极化过渡,世界上各种力量演变速度加快,国际形势呈现如下特点:

一是两个超级大国对世界局势的影响力减弱。

美苏两个超级大国这时仍是世界上综合实力最强、最有能力发动世界大战的国家,这一基本态势未变。但经过几十年的扩张,进入 80 年代后,美国还是未能遏制住下降的趋势,苏联则出现了衰退的迹象。以经济发展为例,两国国民生产总值在世界经济中的比重,分别从 1970 年的 26.7%、13.2% 下降到 1980 年的 24.4%、9.8%。但两国经济危机程度不同,美国是起伏不定,苏联是直线下降。

美苏实力下降必然减弱它们对世界局势的控制,世界上许多地区冲突想控制也控制不了,例如“两伊战争”。许多中小国家手中也有了抵御超级大国的现代化武器,增强保卫自己的实力。

二是国际社会在对抗、竞争中趋向融合

进入 80 年代以来,世界政治、经济、社会尤其是经济贸易关系发生极为深刻和重大的变化,世界市场已融为一体。各国经济上的相互依存日趋紧密。比较突出的有:国际经济一体化,形成统一的世界市场。发达国家已很难分清国内市场和国际市场,发达国家市场和发展中国家市场进一步融合,就是社会主义国家和资本主义国家间的相互依存也加强。地区一体化势头很猛,出现了苏联东欧、欧盟、东盟、北美等地区经济中心。

第三,东西问题和南北关系成为当今世界最主要的矛盾焦点。

在世界一体化趋势中,仍然存在着各种各样的深刻矛盾,其中最主要的就是东西问题和南北关系问题。所谓东西问题就是战争与和平问题。当今世界对人类威胁最大的莫过于美苏两个超级大国激烈争夺,爆发世界大战。因为只有美苏两国有能力发动世界大战,而人类是决不允许第三次世界大战的悲剧发生,这就需要全世界爱好和平的人们团结起来制止战争因素的增长。从80年代实际看,和平力量的增长速度很快,远远超过战争力量,并导致东西方问题在90年代初期的迅速解决。

南北关系问题实际上就是发展问题,也是改革旧的不合理的国际经济关系问题。80年代以来,绝大多数发展中国家遇到了严重的经济困难,增长速度下降或长期停滞,同发达国家的距离再次扩大,这除了有内部经济结构和基础等原因外,不合理的旧的国际关系的束缚是最主要的原因。南方国家的债务问题、贸易不平衡、初级产品价格等问题相当突出,促使南北矛盾进一步加深。这些问题不解决,势必影响国际社会正常秩序的运转和发展,发展问题已成为全球最重要的问题之一。

二、 中日两国国内情况的变化

20世纪80年代,中日两国国内情况也有重要的变化。

1. 日本经济上有突出表现,有可能成为和美国争夺世界经济霸权的对手。

进入20世纪80年代以后,日本经济继续以高于其他资本主义大国的速度发展,终于成为在经济上能向美国挑战的国家。1981年日本超过苏联而成为世界第二经济大国。1979年至1983年经济增长在

3%—3.9%,为当时资本主义各国最高的。1984年达到5.8%,仅次于美国。1985年4.6%为当时各国之冠,1986年后略有下降,到1989年国民生产总值增长率4.9%,人均国民生产总值23 000美元。由于经济长期高速发展,使日本和美国的实力对比发生了明显的变化。从1985年起,日本除了国民生产总值一项外,几乎占有资本主义世界主要经济指标中的所有世界第一。

1985年日本成为世界上最大的债权国,到1987年底达到了2 000亿美元。1986日本再创外贸顺差897亿美元的世界记录(对美顺差高达580亿美元)。1986年日本每小时工资水平跃升世界首位。1987年日本人均国民生产总值由于日元大幅度升值,首次和美国并驾齐驱。(1984年仅列经合组织第九位)。1987年世界十大银行排名中,日本包揽前七名,其中第一家为日本东京的第一劝业银行。

由于日本经济的迅速膨胀,使容量有限的国际市场更加拥挤,特别是超限度的大规模经济出超,使别的发达国家和发展中国家深受其害。特别是和美国的经济矛盾越演越烈,终于发展到1987年3月,美国总统下令对从日本进口的电子产品征收100%的关税,这是战后美国第一次对重要贸易伙伴国家采取如此严重的报复措施。这个十年,日本经济增长,社会平稳,政局稳定,在国际上也比较注意形象。但巨大的繁荣使日本政界某些人认为有了走"政治大国"到"军事大国"的资本,对日本经济沾沾自喜,对经济结构问题没有察觉,直接导致了90年代的停滞。

2. 中国改革开放后国力迅速提高

1978年底,中国共产党第十一届三中全会确定了改革开放的正确路线。从此,在这一基本国策的指引下,国家经济建设发展速度很快。1981年至1985年工农业总产值年均增长14.2%,国民收入增长12%。1986年至1988年年均继续维持两位数的高增长,1989年有所回落,国民生产总值增长3.9%,但这是发展过程中的调整。中国广阔的发展前景和所具有的不可低估的实力为世界所瞩目。而中国这样一个大国以改革开放为国策,更是对世界政治潮流有深刻的引导作用。

中国外交有重大发展,到1987年底和137个国家建立了外交关系。1984年、1987年正式签署了《中英关于香港问题的协议》《中葡关于澳门问题的协议》，规定中国于1997年和1999年恢复对香港和澳门行使主权。这两个问题的和平解决，进一步提高了中国的国际地位。

中国在国际事务中坚定地维护世界人民的根本利益，坚持和平共处五项原则，维护世界和平，反对美苏争夺世界霸权。1985年中国首先宣布裁军100万，对世界军备竞赛起了遏制作用，对维护世界和平有巨大的影响，对国际局势的缓和起了良好的推动作用。

第二节　中日政治关系的不断发展

一、中日高层领导人互访增多

在这十年中，中日关系保持良好，特别是在政治上，中日两国领导人都对中日关系的发展给予了极高的重视。如邓小平在会见日本首相铃木善幸时说："发展同日本的关系是中国的长期国策"，"中日两国人民要世世代代友好下去"。从政治方面看，日本历届首相也都强调日中友好，认为"维持和发展与中国的良好而又长期稳定的关系是日本外交的重要支柱之一"。

这段时间中日关系的一个特点就是高层领导人互访增多。大致计有：日本方面访华的：铃木善幸首相（1982年9月）、中曾根康弘首相（1984年3月和1986年11月）、竹下登首相（1988年8月）；中国方面访日的：华国锋总理（1980年5月）、赵紫阳总理（1982年5月至6月）、李鹏总理（1989年4月）、中共中央总书记胡耀邦（1983年11月）、全国人大委员会委员长彭真（1985年4月）。这些访问都给中日关系以很大推动。

二、中日关系中的几次重要访问

1. 中国政府总理访日

1980年5月27日至31日，中国政府总理华国锋作为战后第一位中国政府首脑访问日本。在日本，华国锋总理说明了中国将根据平等互利、互通有无的原则,加强同日本和其他国家经济合作的方针。日本首相表达了日本将继续积极地与中国进行经济合作的愿望。

1982年5月31日至6月5日,当时的中国政府总理访问日本。这是中日关系恢复邦交后的第一个十年。中日双边关系发展很快,中日贸易从1972年的10亿多美元,增长到1982年的104亿美元;中国访日人数从1972年的500多人,增加到19 000人,增加了30倍;日本访华人数从该年的8 300人增加到138 000人,增加了15倍;中日友好城市或省、县发展到46对,两国间签订了贸易、航空、渔业、海运、科技、文化等十多项政府间协定和协议。如何保持中日友好的发展势头,确定长期而稳定的友好合作关系,便成为两国政治家和人民要解决的重要问题。

此次中国政府总理访日,开始了为发展新十年的中日友好合作关系的第一步。中方在访问时强调:不仅要珍视中日两国现存的良好关系,而且有责任巩固和发展这种友好关系。中日发展关系具有"天时、地利、人和"的条件。"天时",就是中日两国已经实现了邦交正常化,缔结了和平友好条约,建立起良好关系,有了很好的基础,而且由于国际形势的发展变化,也有了进一步加强中日合作的需要和可能。"地利"就是中日两国一衣带水、一水之隔,中国有资源,日本有技术,可以互通有无,互为补充,取长补短。中日两国发展友好合作,特别是在经济方面的合作,完全可以建筑在互相需要和互利的基础上。"人和",就是中日两国有历史悠久的传统友谊,两国人民也有着世世代代友好下去的强烈愿望,两国政府的领导人都愿意把进一步巩固和发展中日友好合作关系作为自己的使命。

为消除日本方面对中苏关系缓和的不必要疑虑,表示中国人民对发展中日关系的信心,中国政府总理提出"中日关系三项原则":(1)根据中日两国政府联合声明和中日和平友好条约,在两国之间存在的和平友好关系的基础上,积极发展两国的经济关系;(2)中日经济关系应遵循平等互利的原则,以各自的需要和可能出发,互通有无,取长补短,不断地向新的广度和深度发展;(3)发展这种经济关系符合两国人民的根本利益和世世代代友好下去的愿望,应该是长期的、稳定的、不受国际风浪的影响,概而言之,即为"和平友好、平等互利、相互信赖"。

日本政府和舆论高度评价"三项原则"。铃木首相认为日中关系的稳定,是日本亚洲外交的基础。对于中国的现代化,日本将"不惜提供一切合作",他还把发展中日关系与西方国家的战略考虑联系起来。日本各界对中国总理访日热烈欢迎,有三千多人出席了他的讲话会,"实属罕见"。

2. 胡耀邦总书记访问日本

1983 年 11 月 23 日至 31 日,中国共产党中央委员会总书记胡耀邦访问日本。这是胡耀邦作为党的总书记第一次出访资本主义国家,也是日本政府第一次邀请中国共产党的主要领导作为贵宾访问日本。

日本政府对胡耀邦总书记访日给予了极高规格的隆重接待。时间长达 8 天(一般不超过 5 天),城市共有 6 个(一般是东京外两三个城市),其中有外国首脑从未去过的北海道札幌,并破例包租了一架飞机,为保证安全,出动了 3 万多名警察,各方面的接待极其细致周到。

胡耀邦总书记和中曾根康弘首相进行了两次会谈,胡耀邦强调要进一步发展两国关系,不断增强相互信任,强调双方领导人应着眼未来,把中日友好推向 21 世纪。中曾根康弘听后便立即建议在发展中日关系的基础上,将"中日关系三原则"加上"长期稳定",改为"和平友好,平等互利,相互信赖,长期稳定"四原则。在会谈中,双方领导人商定由双方学者、经济界、政界的老、中、青代表组成"21 世纪委员会"。

胡耀邦总书记 25 日在日本国会众议院议事堂发表演说,受到中曾根康弘首相,田中、三木前首相及议员政界要人 450 多人,各界人士 900 多人的热烈欢迎。胡耀邦强调指出:中国实行对外开放政策,是经过审慎考虑的重大决策和战略方针,是长期不变的。中日睦邻友好关系的长期稳定发展,必将更大地造福于两国人民和子孙后代,为亚太地区和全世界的和平,为 21 世纪的世界文明和人类进步,作出更加光辉夺目的贡献。

为 21 世纪中日友好培育人才,胡耀邦总书记 26 日在东京举行的有 6 个日中友好团体和 35 个青年社团举行的 3 000 名群众欢迎大会上发表了演讲,使他的访日达到高潮。他说:发展中日友好,必须寄希望于两国青年,他代表中国邀请 3 000 名日本青年在 1984 年秋高气爽的季节访问中国,同中国青年交朋友,使得老一代开创的中日友好传下去,做到一代传一代,一代好于一代。这一邀请使日本青年欣喜异常。胡耀邦总书记的这一邀请反映了中国共产党第二代中央领导集体发展中日友好希望两国青年加强了解的战略眼光。①

胡耀邦这次访日,确定了中日关系的四项原则,再次确认中日不再战的精神,阐述中国的基本国策,培育下一代的友好交往,邀请 3 000 日本青年访华,成立"21 世纪委员会"深入地和日本经济界、科技界、社会各界交流,扩大了友好领域,取得了丰硕成果。

3. 竹下登首相访华

中曾根内阁后期,中曾根以首相身份参拜靖国神社,军费突破不超过国民生产总值的 1‰ 的限额,对日本司法当局在"光华寮"审判问题上制造"两个中国"的阴谋时,以国内法"三权分立"、"行政不得干预司法"为由,迟迟不进行处理,这些都使中日关系受到了严重损害。

1987 年 11 月竹下登出任首相。当时日本面临的国际环境是东西方关系缓和,日本在美国对苏联战略中地位下降。日美经济摩擦加剧,日美矛盾加深,美国国内反日情绪高涨,使日本受到了很大压力。日苏关系因领土问题短期内难以改善。由于中曾根内阁的态度而给发展日中关系造成了障碍。东南亚各国对所谓"战后政治总决算"抱有戒心。所以竹下登首相不得不采取相应的修复政策,以改善日本的国际地位。

1988 年 8 月 25 日至 30 日,竹下登首相对中国进行了担任首相后的首次访华,同邓小平主任、杨尚昆主席、李鹏总理等进行了会谈,并在西安发表了题为"寻求新的飞跃"的讲演。访问取得一些具体成果。关于政治关系,双方一致强调发展中日友好关系是两国围绕的重要组成部分。竹下登首相表示:日中友好是日本外交的重要支柱之一。日本政府以对过去历史的严肃反省为出发点,本着日中联合声明、日中和平友好条约和日中关系四项原则的精神,继续重视和发展日中关系的政策不变。对"光华寮"问题,他说:他充分认识到中国对"光华寮"问题的

---

① 张香山:《中日关系管窥与见证》,当代世界出版社 1998 年版,297 页。

主张,他本人也十分重视,要以"一个中国"的原则来对待,不能因为这个问题而给良好的整个日中关系带来影响。

关于经济合作,竹下登首相访华中宣布日本政府将在从 1990 年至 1995 年的 6 年时间,向中国提供第三批日元新贷款,总额 8 100 亿日元。①8 月 27 日,双方签订了《中华人民共和国和日本国关于鼓励和相互保护投资协定》。有关技术转让问题,两国政府同意召开中日科学技术交流会议。双方还表示促进中日两国的文化交流。竹下登首相这次访华,得到了中日舆论的好评。

4. 李鹏总理访日

访问前夕,日本政坛"利库路特"丑闻曝光,竹下登首相本人公开承认曾接受过 1.5 亿日元的捐款,在野党与执政党斗争激烈。在这种情况下,作为前一年竹下首相访华的回访,李鹏总理决定如约前往。表现了中方相信中日关系决不会因为日本国内一两件事所能干扰,也表示中国是守信义的。日方得知后决定国内政坛"临时休战",朝野双方一致欢迎李鹏总理访日,表现了对发展日中关系的共同愿望。

1989 年 4 月 12 至 16 日,李鹏总理访问了日本。在如何正确对待日台关系和正确认识过去的那段不幸历史这两大问题上取得了新的进展。竹下登在和李鹏总理会谈时表示:保持和发展日中友好关系,是日本的外交重点之一。日本的目标是使"日中关系要对世界作出贡献"。日中关系的基础是日中联合声明、日中和平友好条约和日中关系四原则。关于日台关系,竹下登首相表示,日台关系要以联合声明为基础来对待。不搞"一中一台","不同台湾发展政治关系","也无意支持'台独'"。

13 日,日本明仁天皇和皇后在皇宫会见并宴请了李鹏总理夫妇。在会见中,明仁天皇说:"对于近代发生的不幸历史表示遗憾。"第一次以"遗憾"的措辞对日中战争表示了反省之意,对中国进行道歉。在这个问题上和过去相比有进步。1974 年,昭和天皇在会见来访的美国总统福特时第一次表示:"曾一度有过的确是不幸的时代,令人遗憾。"

---

① 谢益显主编:《中国当代外交史》,中国青年出版社 2002 年版,第 419 页。

1975 年昭和天皇访美时也表示："我为过去那场不幸战争深感悲痛。"这样的话后来对韩国领导人也说过。对中国领导人首次使用"不幸"一词，是 1978 年 10 月邓小平副总理访日时，昭和天皇曾对他说："两国间有着非常悠久的历史，其间也曾一度发生过不幸事件。"

李鹏总理这次访问的重点是注重与日本发展经济合作。在 5 天的访问中，与日本首脑会谈的重点是经济合作，李鹏总理还会见了日本经济界朋友，大约与 310 位经济界人士谈了话，并重申了三点：(1)继续执行沿海地区经济发展路线，进一步发展对外贸易；(2)积极引进外国资本和先进技术；(3)要使对外开放政策与国内的经济调整同时顺利进行。双方互换了"中日投资保护协定"，决定设置"中日投资促进机构"和召开磋商技术转让问题的"中日技术交流会议"，还决定在北京兴建"环境中心"。双方还在香港回归中国、促进朝鲜南北对话、柬埔寨建立以西哈努克为首的临时政府等问题上达成积极合作的共识。

李鹏总理的这次访问，引起世界和日本舆论的重视和好评，对促进中日关系的发展、维护亚洲和平有积极的意义。

第三节　双边交往的增加

一、多层次双边制度交流建设

中日两国高层领导人频繁互访以外，政府和社会各界的双边交往大大增加。

这个十年中，中国政府副总理和包括外交部长在内的政府部级以上官员对日本的访问不下 14 次；还有全国人大常委会副委员长进行的访问。日本方面，外相、首相特使和其他政府部级官员不下 6 次。参众两院议长和议员的代表团以及执政党高级干部来访不下 9 起。

1979 年日本首相大平正芳访华时，曾经提出为了落实两国政府首脑达成的协议，有必要举行中日两国政府成员会议。1980 年华国锋总理访日时，双方就此问题达成了协议。1980 年 12 月，中日政府成员召开了第一次会议，双方各有六七名政府成员参加。以后形成惯例，每两年召开一次,在北京、东京交替举行,作为两国政府间的高级对话渠道。

中日双方当时还商定,除了"有必要进一步促进两国各种级别的交流"之外,还明确建立起外交当局定期协商制度,每年举行一次,在北京、东京轮流举行。

1984 年经双方首脑提议,建立起了成员广泛、代表性强的"21 世纪委员会"这一咨询、协商机构,定期交流,沟通双方对国际形势和双边关系的看法,成为中日关系的重要官方、民间交流机构之一。

二、　友好城市和民间交流的发展

民间往来不断扩大。到 1986 年,中国派往日本的公费留学生近 3 000 人,日本来华的留学生超过 1 000 人。

北京、上海、天津及大部分省会分别同东京、横滨、大阪、神户等日本城市结成友好城市,到 1986 年底,结成友好省市关系共 95 对。

对于二战遗留的在华孤儿问题,1984 年 3 月中日双方达成了《关于解决在华日本孤儿问题的协商结论》。到 1986 年底已有 14 批共 1 384 人去日本寻亲,其中 551 人找到了亲人,占总数的 37%。1986 年 5 月,又达成了《关于在华日本孤儿养父母等抚养对象抚养费的协商记录》。

两国之间工、青、妇以及科技、文化、教育、体育、卫生、宗教等各个领域的团体人员互访很多。

第四节　经济贸易等领域的发展与问题

一、　双边贸易的扩大

20 世纪 80 年代中日经贸关系发展迅速。

1980 年,中日贸易总额为 88 亿美元,比 1979 年的 67 亿美元增加了 31%,中日贸易总额约占中国对外贸易总额的 25%,在中国对外贸易中占首位,日中贸易总额在日本对外贸易总额中占 3.5%,居第 5

位。1985 年中日贸易总额为 164.4 亿美元。1986 年为 138.6 亿美元，占中国外贸总额的 23.2%。中日经济贸易方面的主要问题是贸易不平衡，中方存在着大量逆差。1985 年中方逆差 52.2 亿美元，1986 年为 51.35 美元。1987 年中日经济贸易总额有所增加，达 164.8 亿美元，中方逆差比前一年有了大幅度下降，但仍达 37 亿美元。

1988 年中日贸易总额在 190 亿美元左右，是历史最高水平，为 1980 年两国贸易额的 2.1 倍，占中国外贸总额 18%。1989 年略有下降，为 188.9 亿美元，占当年中国外贸总额的 16.9%。中方逆差继续下降，但还有约 21.72 亿美元的逆差。

二、 经济领域合作加强

1978 年中国实行改革开放政策后，日本政府表示要给予支持。1979 年，大平内阁决定从 1979 年至 1988 年分三次向中国许诺提供用于一个较长时期的利息和偿还期方面有优惠的日元贷款。第一次是在大平首相访华时宣布提供，从 1979 年至 1983 年，提供金额为 3 309 亿日元(约合 15 亿美元)，用于秦皇岛、石臼所两港口和京秦、兖石两铁路等项目的建设；第二次是中曾根首相访华时宣布提供，从 1984 年至 1990 年，提供资金 23.5 亿美元。用于衡广、郑宝铁路，秦皇岛、连云港等港口，津沪穗三市电话网等项目建设。第三次是 1990 年至 1995 年，提供 8 100 亿日元，约合 55 亿美元。这批长期项目贷款主要用于基础项目，包括上海宝山钢铁公司第一期工程等。

投资方面，从 1979 年至 1989 年的 10 年间，日本对华直接投资协议总额在 26.57 亿美元，居中国香港、美国之后的第三位，占外商来华投资总额的 7.88%。1983 年中日两国签订避免双重征税协定。这 10 年日本对华投资项目为 567 项，应该说不很多。

从 1981 年至 1991 年，日本政府向中国政府提供无偿资金援助约 630 亿日元(约合 5 亿美元)，一共有 50 多个项目，截至 1990 年底，共完成 40 个项目，其中比较著名的有中日友好医院、中日青年交流中心、中日友好环境保护中心等。

这期间，日本是中国吸收资金的主要途径之一。1979 年日本输出入银行向中国提供能源开发贷款 4 200 亿日元(约合 20 亿美元)。1984 年又决定向中国提供能源开发贷款 5 800 亿日元(约合 24 亿美元)。主要用于合作勘探,开发石油、煤炭等资源。从 1982 年到 1989 年 4 月,中国银行,中国国际信托投资公司等中国金融机构在日本市场上共发行债券 18 次,筹集资金合计 3 700 亿日元。

在中日经贸关系中,技术合作进展比较慢,日本在和中国进行技术交流与转让方面远远落后于欧洲一些国家。

三、 经贸关系中较大的事件

在这 10 年中,中日经贸关系中也曾出现过一些比较大的事件。比较引人注意的有:

1. 1981 年中国停建缓建进口成套设备

这一事件是中国国内经济计划调整引起的。1978 年 2 月,华国锋总理在全国人大做政府工作报告时,由于对当时国民经济比例失调的情况估计不足,提出了建设 120 个大项目的高指标,结果造成基本建设规模过大,比例更加失调。1979 年 4 月,中共中央召开会议,提出"调整、改革、整顿、提高"的方针,中国国民经济进入一个调整期。此时,基建规模要缩小,从国外引进的大型成套技术设备,由于中国财政困难,也需要有部分项目停建缓建。

1981 年 1 月,中国技术进口总公司根据国务院的指示,通知日方有关厂家:中国政府决定对部分化工项目和宝钢等工程停建或缓建,其中涉及 32 个设备和技术合同,合计金额 12.5 亿美元,希日方尚未安排生产的部分暂停投产,并将派人赴日商讨善后事宜。日本有关公司反应强烈。2 月,日本政府代表大来佐武郎一行访华,同邓小平、谷牧等领导人会谈。中方表示,如果能得到日本政府长期低息的贷款,将考虑续建一部分设备,如果日本提供贷款有困难,也不勉强,对于因停建或缓建而造成日方厂家的损失,中方将按国际惯例承担适当的经济责任。

3 月,中国技术进口总公司副经理刘兴华赴日,同日本有关厂商分别商洽善后事宜。双方在从停建缓建到筹措资金续建上渐趋一致。同年 4 月,中国国务院进出口管理委员会两位副主任周建南、甘子玉率团赴日,洽商利用日本政府资金问题。

同年 12 月,经自民党干事长二阶堂进的斡旋,第二次中日政府成员会议对成套设备续建资金问题作出了正式决定,主要内容是:日方提供 3 000 亿日元协助中国续建宝钢一期工程和大庆石化工程,资金来源有三个部分:一是转用大瑶山隧道、五强溪水电站项目下的资金为商品贷款,共 1 300 亿日元;二是利用日本输出入银行的卖方信贷 1 000 亿日元;三是利用日本商业银行团的日元贷款 700 亿日元(按规定,商业银行提供日元信贷需经政府批准,利率按伦敦拆放利率计算,贷款可自由使用)。

宝钢一期工程于 1985 年 9 月 15 日投产,大庆 30 万吨乙烯一期工程也于 1986 年 6 月 28 日建成。这次设备下马风波,其结果还是比较好的。

2. 1987 年发生"东芝机械公司事件"

这次事件起因是东芝公司向苏联出口大型计算机被"巴黎统筹委员会"制裁引起的。这次事件本来与中国无关,但日方对东芝机械公司的制裁,使该公司同中国签订的 25 项合同(合 24 亿日元)不能履行,因而影响到中国的经济贸易利益。由于日本政府强化出口审批和限制,中方同其他日商签订的应于 1987 年上半年执行的 9 亿美元的技术设备合同也不能按期履行,使中国无故成为这一事件的最大受害者,影响了中国的有关经济建设项目。事件发生后,中方曾多次向日方提出交涉,要求日方全部履行合同并赔偿损失。

日方则表示,因"东芝机械公司事件"而给中方造成损失不是日方制裁的本意,对此表示遗憾。12 月上旬,日本政府提出了对东芝机械公司同中国签订的 25 项合同的处理方案。

经过仔细研究,中国经贸部有关方面负责人表示,中方对这个方案是不满意的,但从中日友好的大局出发,从长远考虑,可与日方协商处理此事,并提出了五点要求:(1)对正在审批的合同积极抓紧全部批准放行,对日方已同意的顶替和延期交货合同尽快提供安排交货时间表;(2)确保已同意顶替交货的产品在技术、性能等条件上不低于原合同规定;(3)对撤约、延期和推迟交货的合同,日本政府应指导日方有关企业赔偿中方企业的直接和间接经济损失；(4)对东芝机械公司以外的合同中尚未批准生效和发放许可证的合同，应力争尽快审批完毕；对其他积压的对华出口合同也应抓紧审批；(5)切实实施已多次承诺的要在"禁运"方面对中国采取的放宽限制措施，特别要防止这类人为影响中日贸易正常发展的事件再次发生。

第五节 日本反华势力对中日关系的影响

一、两次教科书事件

战后，日本《教育基本法》规定，由民间出版社编写和出版教科书，以尊重学术自由为原则。但同时又公布《学校教育法》，规定对中小学使用的教科书实行审定制度，民间出版社编写的教科书须经文部省"审定"合格后才准予发行使用，审定大权操在文部省"调查官"手中。

在20世纪50年代中期，日本文部省对民间出版的教科书曾大加删改。在60年代后期，文部省通过审定想赖掉历史侵略的旧账。1980年后发展到进一步全面篡改侵略历史。以上三次大的篡改活动背后都是和日本右翼势力力图美化日本军国主义，推卸第二次世界大战中的历史责任有很大关系。

1982年1月，日本自民党大会通过"弹劾左翼偏向的教育的决议"，并作为该党的运动方针之一。同年3月，该党干部会决定开展"修改教科书运动"，并大肆活动，对文部省等政府部门影响很大。在该年文部省的例行审定中，提出要把"帝国主义的侵略"改写为"扩大殖民地的政策"，把"侵略"改写为"进攻"或"进入"，其理由为"侵略是历史中忌讳的字眼，其中包含着令人可恶这种价值判断"，"对要求客观表述事实的历史课本不适当"。对1937年日军的南京大屠杀，文部省竟把责任推到抵抗侵略的中国军队身上，说什么"事件的起因是由于中国军队的顽强抵抗，日军蒙受很大损失，才引起日军的激愤，杀害了很多中国军民"。文部省还把原教科书中"中国牺牲者达20万人之多"，"日军进行强奸、掠夺、放火……遭到国际上的谴责"等统统删去。类似的篡改还

出现在日本侵略东南亚等地史实的叙述之中。在此影响下,先后发生了两次教科书事件:

(1) 第一次教科书事件。日本人民对文部省所代表的美化侵略历史,掩盖战争罪行的倒退倾向,持积极的警惕和批判态度。对 1980 年下半年起出现的第三次篡改高潮进行了揭发和批判。拥有 66 万多会员的日本教育工会一贯抵制文部省的错误做法。1981 年 11 月,日本的几个反对修改教科书的群众组织开始征集 1 000 万人签名运动。1982 年文部省教科书审定稿出台后,日本几个进步团体负责人联名上书政府,要求铃木首相正确认识事态的严重性,"作出高度政治决断,迅速解决问题"。

1982 年 8 月 15 日,在日本内阁部分成员为战死的侵略者举行追悼会,并参拜靖国神社后,日本的进步组织和群众纷纷表示反对。8 月 19 日,日本各界在东京紧急集会,反对文部省篡改侵华史实的错误。21 日,8 个群众团体的 500 多名市民和学生举行集会和游行以示抗议。22 日,日中友协举行第二十四次全国大会,通过要求政府立即纠正教科书中的错误的决议。日本各在野党和国会议员也纷纷要求政府对过去的侵略战争进行认真反省。社会党、公明党、民社党、共产党、新自由俱乐部、社会民主联盟均持反对态度。除《产经新闻》外,日本各大报均提出,政府要敦促纠正教科书中的错误,不要重蹈军国主义覆辙。

国际上对日本文部省的篡改行径表示了强烈的抗议。韩国学生和民众上街游行,抵制日货,在日本驻韩国大使馆前焚烧写有"日本军国主义亡灵"的牌位。朝鲜报纸发表抗议文章。新加坡的《南洋商报》在 1982 年 7 月 30 日发表文章说:"在 20 世纪 80 年代,日本文部省还想通过美化它的侵略史,来误导年轻一代的日本人⋯⋯叫与日本有密切关系的国家心寒。"泰国报纸连日发表文章予以揭露。菲律宾总统马科斯指出:日本企图先通过经济实力,然后以政治或军事上统治亚洲。马来西亚总理马哈蒂尔认为歪曲事实就是美化侵略战争。大洋洲、欧洲、美洲一些国家的舆论和人士也不断地对日本修改教科书进行批判。

中国政府和人民对妄图复活日本军国主义的危险倾向不能不表示严重关切和警惕。1982 年 7 月 20 日《人民日报》发表短评《必须牢记这个教训》，对日本文部省篡改侵略史实提出批评。①但这一立场竟被日本某些人说成是"干涉日本内政"，修改教科书是日本内政，不容别国"说三道四"。对此，《人民日报》再次发表短评指出：日本文部省审定教科书是日本的内政。但是日本侵略中国和东南亚不是它的内政，篡改日本侵略的历史也不是什么内政，日本文部省在教科书中篡改这段历史是错误的，为这种错误行为辩解是错上加错。②

（2）第二次教科书事件。1986年5月，日本文部省又将为军国主义翻案的《新编日本史》审定为合格教科书，再次引起中国及其他国家的严重抗议。中国外交部对此进行严正交涉。此后，日本文部省敦促该书作者进行修改并重新审定后，中国外交部新闻发言人表示如下态度："我们注意到日本政府所做的努力，对书中明显错误记述已做了多次删改。但此书基调不好，有意掩盖日本军国主义向邻国发动侵略战争这一基本事实，对于一些历史事件的记述，回避了日本军国主义应负的责任。因此，难以令人满意。"③日本有关方面对中国等国的抗议敷衍了事，不认真对待，使这次事件从1986年5、6月间拖至1989年都未完全解决。

二、靖国神社问题的出现

靖国神社建于1869年，位于东京都千代田区，原名"招魂社"。1879年改称现名，"靖国"即"安国"、"护国"之意，是日本神道教专门祭祀明治维新以后在历次国内和侵略战争中阵亡将士的场所。"九一八"事变后，日本政府把这里当作侵略战争的打气筒，曾宣布"参拜神社不是宗教行动，而是表示忠心"。二战前，它是推行日本军国主义的精神支柱，由日本政府内的海军、陆军两省（部）共管。在这里进行发动侵略战争的国家祭祀活动。

日本战败后，美国占领军当局于1945年12月发布《关于废除国家

---

① 引自《人民日报》1982年7月20日。
② 引自《人民日报》1982年7月24日。
③ 《中国外交概览》，世界知识出版社1987年版，第52页。

对国家神道、神社神道之保证，支援，保全，监督及颁布的指令》，规定废止国家神道，实现国家和宗教、政治和宗教的分离。从此，神道教作为一种民间宗教而存在，靖国神社也由特殊待遇的国家机构变成了普通的宗教法人。现在，里面仍然供奉 250 万名官兵的灵牌。1978 年 10 月，东条英机等 14 名甲级战犯也被作为"昭和殉国者"奉祀在这里。

自 20 世纪 50 年代起，日本的某些势力不断地向政府施加压力，要求重新将靖国神社改由国家管理，并实现"正式参拜"。从 1969 年 6 月至 1974 年 5 月曾 5 次向国会提出《靖国神社法案》。在 1974 年 5 月 25 日，先在众议院强行通过，但未获得参议院审议，成了废案。日本历届首相(除了池田勇人)都在靖国神社春秋大祭时以"私人身份"前往参拜。进入 80 年代后，不仅首相还有阁员有在 8 月 15 日"终战纪念日"参拜靖国神社的。

1980 年 11 月 17 日，铃木首相发表了"尚不能否认正式参拜有违反宪法嫌疑"的"政府统一见解"。

1985 年 8 月 15 日，中曾根首相带领内阁成员集体"正式参拜"了靖国神社，战后第一次以国家公职人员即内阁总理大臣的身份，又是在日本军国主义投降 40 周年之际"正式参拜"。这一行动严重地伤害了中国人民和亚太国家人民的感情。中国外交部发言人在 8 月 14 日表示，中曾根首相等日本内阁大臣参拜靖国神社，会损害世界各国人民，特别是身受军国主义之害的包括中日两国人民在内的亚洲各国人民的感情。

9 月 19 日，中国外交部发言人表示：日本内阁成员正式参拜靖国神社，严重损害了中国人民的感情，希望日本政府领导人严格履行诺言，巩固和发展中日友好。

11 月，日本内阁会议通过政府声明说，中曾根首相参拜并无给罪犯恢复名誉的意图。

三、 光华寮产权归属

光华寮是日本京都市左京区占地面积 992.58 平方米的一座 5 层楼房。该楼房系京都大学在二战期间为中国留学生租用的学生宿舍。

1950年，前中国政府驻日代表团用变卖侵华日军在大陆掠夺的财产而取得的公款予以购置。1961年，台湾当局"驻日大使馆"以所谓"中华民国"名义办理了该房产的产权登记手续。

1967年8月，台湾当局以"驻日大使"陈之迈的名义，向京都地方法院对居住在光华寮的留学生于炳寰等8人提出诉讼，要求他们退出该寮。在诉讼期间，中日两国政府于1972年9月29日实现了邦交正常化。日本政府断绝了同台湾当局的外交关系。

1977年9月16日，京都地方法院作出判决，确认光华寮是中国国家财产，"既然承认中华人民共和国政府为中国的唯一合法政府，则属于中国之公有之本案财产的所有权和支配权已转移到中华人民共和国政府"，因此，驳回原诉。

原告不服，于1977年10月上诉大阪高等法院。该法院无视中日联合声明中一个中国的原则，竟接受了台湾当局以"中华民国"名义对中国国家财产提出的上诉，并制造各种论据为原告辩解。1982年4月14日，大阪高等法院撤销原判，将本案发回京都地方法院重审。

1986年2月，京都法院将光华寮改判台湾当局所有。被告不服，向大阪高等法院上诉。

1987年2月26日，大阪高等法院维持原审判决。从而严重损害了中华人民共和国的合法权益。

2月26日，中国驻日使馆在东京举行记者招待会，就大阪法院对光华寮的错误判决表示强烈不满。

当天下午，日本大阪高等法院再次对光华寮作出错误判决。中国驻日使馆、驻大阪总领事文迟分别在东京和大阪举行记者招待会指出：大阪高等法院的判决违反中日两国联合声明和中日和平友好条约，无视国际法和客观事实，不仅在政治上是错误的，在法理上也是站不住脚的。日本的法院受理台湾当局以"中华民国"名义对中国国家财产提出的诉讼，超出了民间关系的范围，实质上是搞"两个中国"。对于光华寮这一中国财产，日本政府在中日邦交正常化之后有义务办理变更产权登记手续，但自1974年以来，虽经中国政府向日本政府多次交涉，日本政府始终未采取有效措施，而是默认司法当局制造"两个中国"的错误行径,违背了中日联合声明和中日和平友好条约。日本政府对这一错误判决造成的严重政治后果有不可推卸的责任。

日本大阪高等法院判决后,光华寮的寮主王大明,林隆雄等人亦在大阪华侨总会举行记者招待会,表示完全不能接受大阪高等法院的判决,准备向日本最高法院上诉。旅日侨胞对这一判决表示了强烈反对。

1987年2月26日晚,外交部副部长刘述卿紧急约见日本驻华大使中江要介,对大阪法院的错误判决进行了严正交涉。并提交了外交部照会,照会指出:这是日本有关当局再次违反中日联合声明和中日和平友好条约,无视国际法原则的非法行为。中国政府对此深表遗憾……郑重提请日本政府认真严肃对待这一问题,尽快采取有效措施,加以合理妥善处理,不要因此影响两国友好关系。

对这一问题,自1974年以来,中国政府不断和日本政府进行交涉。在这段时间的两国首脑会谈中,中国方面也多次郑重要求日本方面尽早解决。但日本政府则以此案系"民事产权诉讼"、"日本三权分立,政府不能干涉司法"等借口推卸,默认司法当局制造"两个中国"的活动。这一问题拖延至今尚未彻底解决。①

第六节　1989年政治风波后日本政府的表现

一、1989年政治风波后日本参加西方对华制裁

1989年中国出现政治风波后,日本政府参加以美国为首的西方国家对中国实行的无理制裁,停止了两国之间部长级以上的高层往来,立即撤回了大批在华工作的工程技术人员,推迟了双方约定的技术交流会议的召开和促进对华投资机构的设立,停止了关于对华出口综合许

---

① 2007年1月25日,日本最高法院表示正在审理光华寮案件。据有关人士透露,围绕中国大陆和台湾对位于京都市左京区的留学生宿舍"光华寮"所有权的诉讼案已进入三审阶段。中国外交部发言人25日在记者会上表示,这不是一般的民事诉讼,而是关系到中国政府合法权益,涉及中日关系基本原则的政治案件。中国政府对此高度关注,希望日方按照中日联合声明的原则妥善处理这一问题。

可证的磋商。7月,在巴黎召开的西方七国首脑会议上,日本政府又宣布冻结已承诺的向中国提供的第三批日元贷款,限制日本人来华等。7月24日,中国对外经济贸易部部长郑拓彬在会见日本国际贸促会理事长森田尧时指出:日本政府一方面表示不赞成对中国的经济制裁,而实际上采取的措施比其他西方国家还要严厉。6月至9月,中日两国关系停滞,仅在第三国有些接触。

6月3日刚担任首相的宇野信佑,立即参加对中国进行制裁。但宇野首相本人却因桃色丑闻而下台,内阁改组。宇野信佑在位只有两个多月。

尽管中国遭受西方国家制裁,但中国并不惧怕,坚持走改革开放的道路不动摇,坚持和世界各国发展平等友好关系。

二、 海部俊树内阁采取改善对华关系的行动

8月10日,日本海部内阁成立。11日,海部俊树首相在首次记者招待会上表示,要深入发展日中友好关系。14—15日,15名内阁新成员参拜靖国神社,海部首相未去参加。18日,日本政府表示将逐步恢复对华合作计划。

9月起,陷于困境的中日关系出现松动。9月17日至19日,日中友好议员联盟会长伊东正义访华。李鹏总理、江泽民总书记、邓小平军委主席先后会见了他。邓小平在会见伊东正义时说:用和平共处五项原则解决国际政治和经济问题,无论发生什么情况,中日友好不能变也不会变。1990年7月12日,邓小平再次强调:同日本、欧洲国家也继续打交道,搞好关系。①

9月22日,日本外相中山太郎宣布政府25日起解除对日本人访问北京的限制。

11月起,日本经团联会会长斋藤英四郎、日本贸促会会长樱内一雄等经济界人士不断访华,受到中国领导人的友好接待。

11月21日,日本首相海部俊树和外相中山太郎在东京会见并宴

① 《邓小平文选》第3卷,人民出版社1994年版,第359页。

请中日友好协会会长孙平化和中国驻日大使杨振亚,希望两国友好关系继续发展。

12月5日,日本政府向中国政府提供近50亿日元的无偿援助协议在北京签署。

12月28日,日本政府正式决定邀请中国政府国务委员兼计委主任邹家华于1990年1月16日至25日访日,参加日本贸促会成立35周年的庆祝活动。

但是,日本政府虽然在发达国家中因为自己的经济利益,率先设法解除对华制裁。但在政治问题上,还是要顾忌美国的态度。在1989年的政治风波后至1990年底没有派一位部长级干部访华。然而,中日友好是历史趋势,是两国人民的共同心愿。海部俊树内阁还是在多种因素推动下逐渐恢复了两国关系。

第九章

冷战后中日关系的变化发展

第一节　中日关系的国际环境及
各自国内的变化

一、国际环境的变化

20世纪90年代初,战后形成的国际格局起了根本性的变化,影响世界和平的冷战结束,苏联超级大国土崩瓦解,美苏对立不再存在,国际局势进一步趋向和平。

第二次世界大战后,国际格局的特点是从两个阵营对立到美苏对立与争夺的两极对抗。经过长达四五十年的演变与斗争,终以苏联内外交困,国家结构发生断裂,国民经济被庞大的军事机器压垮而结束。1991年11月,苏联宣告解体,原15个加盟共和国成为独立的主权国家,放弃社会主义的国家政体,放弃和美国争夺的全球战略,冷战由此结束。世界上有能力发动世界大战的国家仅剩美国一家,并暂时没有了全球性的对手。国际格局进入从两极体制结束开始向下一个国际格局变化的过渡期。

冷战的结束对世界和平有积极的意义。世界大战的危险骤然减轻,国际和平力量得到加强,世界各国将有可能在一个较长的和平时期内求得发展,世界人民无不盼望从此将不再有世界大战及战争威胁。

冷战的结束对东亚地区的国际局势有重大影响。从第二次世界大战后,该地区一直是国际政治斗争的焦点。世界的主要矛盾、各大国之间的冲突和斗争在这里交织进行。从战后初期的两个阵营的冷战,到20世纪六七十年代逐渐形成的中、苏、美大三角政治关系,到20世纪80年代世界多极化趋势抬头都给中日关系以重大影响。可以说,战后四五十年的中日关系史也是东亚国际政治的集中反映。在中日关系史中可以折射出冷战的影子。

现在,作为很长时间里影响世界和东亚国际局势发展,作为美国长达近半个世纪竞争对手的苏联消失了。影响东亚国际格局的一大因素、一个方面减弱了,退出了,这就自然而然地会影响到东亚国际格局,也不可避免地给中日双边关系以影响。

那么,中日关系将如何发展,将有哪些因素对其加以影响,中日两国各自国内情况如何,都将影响今后中日关系的发展轨迹。

二、 日本国内情况的变化

进入20世纪90年代后,日本经济出现了空前的萎缩和混乱。从1990年股价暴跌开始,日本经济进入衰退期,1993年10月跌至谷底,此后虽有恢复,但起色不大。从1996年底开始,日本经济再次出现停滞局面。日本股市暴跌,从22 000多点跌至15 000点以下,日元汇率跌至145日元兑换一美元(1998年7月),许多金融机构和大小企业破产倒闭。1997年日本经济在战后首次创下-0.8%的增长率。1998年,日本经济危机重重,以至于桥本首相在6月说,日本经济将在年底面临崩溃的边缘。1999年日本经济略有起色,增长0.3%,失业率4.7%。

作为世界第二经济大国,日本陷入战后最严重的经济危机,自有深层的社会、历史原因。

泡沫经济的破灭。战后日本经济高速发展,被称为"奇迹",但实际上是在高速发展的表象下制造出来的泡沫经济。在20世纪80年代,日本经济膨胀时期,日本国的地价相当于世界各国地价的60%。对外贸易大量超出,最高年盈余达1 000多亿美元。日本人口占世界的3%不到,财富占世界的30%,达10万亿美元。但是,从1991年开始,泡沫经济破灭,首当其冲的是日本的地产业。1990 年时,日本地价为 2 365 万亿日元,1995 年跌到 1 767 万亿日元,1998 年 6 月跌到 900 多万亿日元,仅地价一项就有 1 000 多万亿日元流失。由于日本泡沫经济以地价为基础,是日本金融界哄抬的结果,因而难逃厄运。日本七家住宅金融专业公司总额 10 万亿日元的贷款中,不良资产竟高达 95 626 亿日元,直接损失 62 700 亿日元,日本银行也被拖下水,因此造成资金周转不灵,有几十家大金融机构倒闭而引起金融危机。据报道,日本金融机构积累的不良债权达 29.5 万亿日元,坏账 8 000 亿美元。

日本经济信誉下降。由于日本经济长期处于低迷期,国际投资者对日本市场缺乏信心,纷纷撤出日本市场,大量外资抽走,日元汇率一跌再跌,动荡不定,1998 年 8 月跌到 147 日元兑一美元的最低点。股市不断下跌,严重影响市场景气,造成日本经济难以重新启动。

日本内需萎缩,消费疲软,市场不振。由于泡沫经济破灭后,日本政治界、经济界在长达八九年的时间里拿不出良策,日本国民对经济前景普遍看淡,消费心态持续疲软,消费欲望不高,造成国内需求萎缩,商品生产能力过剩,经济形势进一步恶化。

这时日本的经济竞争力,根据设在瑞士洛桑的国际组织发表的《世界各国竞争力年报》,从 1993 年的世界第 2 位,跌到 1996 年的第 9 位,又跌到 1997 年的第 18 位。[①]但日本拥有 2 240 亿美元外汇储备、9 200 多亿美元海外净资产,家庭储蓄高达 10 万亿美元,个人金融资产1 200 亿美元,外贸盈余 1 000 多亿美元。1995 年以来日本中央银行贴现率处于 0.5% 的最低点。因此,日本想要抑制日元贬值,乃至振兴经济,是有能力做到的。关键是日本政府能否下决心真正进行彻底的改革。

但是在政治方面,近几年日本政局动荡,政权寿命越来越短。政治势力急剧分化,矛盾错综复杂。1993 年在日本执政长达 38 年的自民党政权倒台,出现了细川护熙社会党政权,而后自民党、社会党不断地分裂,现在日本政坛上活跃着十几个政党,国民对政党普遍存在冷漠和轻视。而各党之间为了取得政权,党、派、系之间进行着错综复杂的组

---

① 美联社 1998 年 4 月 21 日英文电讯,引自《参考消息》1998 年 4 月 23 日。

合,使日本一两年就要换一任总理,换一批人入阁。1996 年初上台的桥本龙太郎内阁曾被寄以相当的期望,但两年多的时间里拿不出像样的政策,不得不在 1998 年 7 月下台。自民党参议院选举仅获 44 个席位,遭到惨败。桥本之后,日本政界及自民党难以达成交替的共识,最后采取投票竞选的方式选举小渊惠三担任首相。但这个内阁由于找不到合适人选担任藏相,不得已请前首相宫泽喜一(时年 77 岁)出山。力图以他的能力和经验对日本经济有所推动。但宫泽出任藏相后,并没有拿出令人耳目一新的对策。共同社在小渊内阁上台后一个月做了一个民意测验,日本国民对该内阁支持率只有 35%。

日本的经济危机有深刻的政治社会体制原因。现在的日本社会中军国主义体制的残余仍然存在,封建等级制度森严,上下、劳资、男女、职业、资历之间有着明显的等级划分,社会民主化程度有限,市场机制远不如欧美国家发达。政治体制日益僵化和腐败,政经勾结,官商勾结形成某种程度的"官治经济"。虽然在冷战期间取得经济大国的地位,但民族心态没有走向开放,反而强化了自傲和封闭的心态,抹杀了个人的创造力和能动性,使社会丧失了应有的活力,民族利己主义成为日本执行国际政策的推动力,使日本的国际形象越来越差。

在经济衰退、政局混乱的情况下,日本社会出现不稳,天灾人祸也不断出现。1995 年元月,日本发生阪神大地震,死亡人数约 6 500 人,给日本国民经济和人民生命财产造成重大损失。而社会上极少数右翼势力,极端宗教团体乘机扩大势力,为害社会。1996 年 3 月,日本东京地铁沙林毒气案震惊世界,也使"日本社会稳定"的假象被揭穿。日本社会中绝望的人明显增加,1998 年,32 000 人以自杀方式结束了生命,比前一年上升了 35%,是交通事故死亡率的 3 倍。①

日本国内情况的变化对中日关系必然产生影响。

三、 中国的较快发展

20 世纪 90 年代,中国进入了一个较快的发展时期。

---

① 《告别终身就业制》,德国《商报》1999 年 12 月 22 日。

首先,中国政治稳定。自 90 年代以后,中国共产党领导全国各族人民,加强政权建设,按照党的改革开放的基本路线,上下一心,努力建设国家。政治稳定,政权建设加强,保证了中国各方面的事业顺利发展。

经济增长速度较快,宏观调控取得重大成果。从 1992 年起,在邓小平南方重要谈话精神的指引下,中国经济的发展速度加快。从 1992 年至 1994 年国民经济年平均增长率 12.5%。在这个过程中,由于出现通货膨胀过猛的现象,中央从 1993 年下半年实行宏观调控政策,加强信贷管理,抑制盲目投资,到 1996 年末,实现既取得通货膨胀大大回落,又没有太多影响经济发展速度的"软着陆"。1995 年和 1996 年国民经济增长率分别达到了 9.8% 和 9.7% 这样非常好的指标。到 1998 年底,中国的经济增长速度达到 7.8%,1999 年,经济增长速度达到 7.1%,在世界各大国中是最好的。钢产量突破一亿吨,居世界第一。粮食总产量达到创记录的 4 800 亿公斤以上,农业增长 4.5%,轻工业增长 13.8%,重工业增长 12.7%。财政状况大大改善,工商税收达 6 446 亿元;外汇储备达 1 450 亿美元,居世界第二位。实际引进外资达 1 772 亿美元,居发展中国家第一位。[①]

中国外交取得了令人瞩目的成绩。20 世纪 90 年代,中国外交突破了 1989 年政治风波之后西方资本主义国家对中国进行的封锁。许多国家的总统、总理访问了中国。中国领导人也遍访世界上的大多数国家。1997 年 7 月 1 日,香港顺利平稳地回到中国怀抱,结束了英国对该地 150 多年的统治,使中国的国际威望得到极大地提高。澳门也在 1999 年 12 月 20 日回归中国。这些都是中国外交取得的巨大胜利。

20 世纪 90 年代,中国所处的国际环境得到较大改善。1989 年 5 月苏联共产党戈尔巴乔夫总书记访华后完成的中苏关系正常化,并未因苏联解体而中断。1996 年 4 月 22 日,中国、俄罗斯、哈萨克斯坦、塔吉克斯坦、吉尔吉斯斯坦五国元首齐集上海,发表《上海宣言》,向世界宣告,中国和上述四国的边界将成为友好和平的边界,五国将发展战略

---

① 引自《经济日报》1997 年 2 月 5 日。

合作友好关系。中国和东南亚国家以及其他邻国的关系也在不断发展。

中国和世界上绝大多数国家建立经贸关系，截至 2000 年底和 161 个国家建立了正式外交关系。①并在联合国等重要的国际组织中发挥着越来越重要的作用。

第二节　中日关系的发展

一、中日政治关系的发展及重要的互访

1989 年政治风波之后，日本在工业发达国家中较早主张解除对华制裁。对日本在西方七国首脑会议中强调不要孤立中国，1989 年 9 月 19 日，邓小平会见伊东正义率领的日中友好议员联盟时说：中国方面注意到日本在会议上的态度与其他国家有所不同，中日友好十分重要，对中国十分重要，对日本也十分重要。友好对两国人民有利，也对世界和平和发展有利。

1991 年 1 月 8 日至 11 日，日本大藏大臣桥本龙太郎访华。成为政治风波后第一位访华的日本内阁大臣。3 月 21 日至 24 日，日本通产相中尾荣一访华。4 月 5 日至 7 日，日本外相中山太郎访华，钱其琛外长在会谈时指出，中山外相的访华标志着两国关系重新回到了正常发展的轨道。6 月 25 日至 27 日，钱其琛外长访日，为海部首相访华作准备，并就下一年中日邦交正常化 20 周年庆祝活动达成一些原则协议。8 月 10 日至 13 日，日本首相海部俊树应邀访华，标志着中日两国关系全面恢复。

1992 年 4 月 6 日至 10 日，江泽民总书记应邀访问日本。这是庆祝中日邦交正常化 20 周年双方国家高级领导人互访之一，也是他就任总书记以来首次访问西方经济发达国家，具有重要意义。

4 月 6 日江泽民总书记和宫泽首相举行了会谈，关于朝鲜半岛形

① 《中国外交》，世界知识出版社 2001 年版，第 5 页。

势,双方愿意继续努力推动朝鲜形势朝着缓和与稳定的方向发展,实现无核化。关于柬埔寨,双方表示全面支持贯彻巴黎和平协定。关于中日关系,双方确认在中日联合声明和中日和平友好条约以及中日关系四原则的基础上推进中日友好关系的发展。关于天皇访华,宫泽首相表示衷心感谢中方对天皇夫妇的邀请。

7日,江总书记在日本广播协会发表了《国际形势和中日关系》的讲演。

8日,举行记者招待会,其中对日本向海外派兵问题,江总书记说,日本向海外派兵是一个很敏感的问题,作为友好邻邦,我们希望日本对此谨慎行事。关于钓鱼岛问题,他说:钓鱼岛自古以来就是中国的领土,这是历史事实。我们主张通过谈判解决领土争端。邓小平曾就钓鱼岛问题全面阐述了中国政府的立场,这一立场没有改变。江总书记还参观了关西的大阪、福冈等地。江总书记作为中国最高领导人访日对推动两国关系向前发展起了非常重要的作用。

1992年10月27日至28日,日本明仁天皇和皇后,应中国国家主席杨尚昆的邀请,正式访华。这是两千年来中日关系史上的第一次,具有历史性的重大意义。天皇随行人员有60多人,包括副总理兼外相渡边美智雄,并有200多名记者陪同报道。①

天皇夫妇访华,受到中国人民隆重热烈的欢迎,表达了中国人民对日本人民的友好感情。访华时,关于日本侵华历史,杨尚昆主席表示,"令人遗憾的是,在近代历史上,中日关系有过一段不幸时期,使中国人民蒙受了巨大的灾难,'前事不忘,后事之师',牢记历史教训,符合两国人民的根本利益"。天皇在致辞中表示:在两国关系悠久的历史上,曾经有过一段给中国国民带来深重灾难的不幸,我对此深感痛心。天皇的这一表示和在美国的表态一字不差。江泽民总书记、李鹏总理会见了天皇并进行了友好会谈。除北京之外,天皇还访问了西安和上海,访问获得圆满成功。

---

① 吴学文、徐之先、李信根:《日本外交轨迹》(1945—1989),时事出版社1990年版,第260页。

1994年3月19日至21日,日本首相细川护熙访华,在谈到过去的那段历史时,细川表示:我们对过去由于我们的侵略行为和殖民统治给亚洲人民带来的难以忍受的苦难表示深刻的反省和道歉。并说:日本将严格遵守日中联合声明的原则,不同台湾发展任何官方关系,他还指示日本有关部门提出一个能够为今后的日中友好合作作出贡献的援助金额。

同年11月14日,江泽民主席在出席雅加达亚太组织领导人非正式会议期间会见了日本新任首相村山富市,对村山就任首相后多次谈到要重视中日关系表示赞赏。村山表示保持日中友好睦邻关系,不仅对两国,而且对亚太及全球的和平有重大影响。

1995年是世界反法西斯战争胜利50周年,也是日本投降50周年。日本政界右翼势力活动加剧,不仅破坏日本社会党关于以国会名义正式向亚洲人民道歉的提案,反对村山首相倡议的"不战决议",而且美化日本侵略的历史,使日本政治出现右倾化发展趋势。中日关系在政治问题上交锋增多。

1995年5月2日至6日,村山首相访华,其间参观了卢沟桥中国人民抗日战争纪念馆。这是日本首相第一次参观该纪念馆。

8月15日,村山首相发表讲话,承认日本二战时的殖民统治和侵略给亚洲人民造成极大损害,对此,他表示深刻的反省和由衷的歉意。这是日本首相首次公开对日本侵略历史道歉。但日本政界内部右翼势力活动猖獗,出现了9名内阁大臣和70名国会议员参拜靖国神社,美化第二次世界大战中日本军国主义的种种动向。在中日关系中也出现了日本企图提升日台实质关系的动向。例如1994年10月允许台湾"行政院"副院长徐立德出席广岛亚运会;借1995年11月在大阪召开亚太经合组织非正式会议之机,企图允许李登辉、徐立德与会。8月,日本宣布全面冻结对华无偿援助,把对华经济关系和中国核试验挂钩。

1996年1月11日,自民党总裁桥本龙太郎当选日本新首相,3月日本政界和新闻界连续对中国军队在东海演习发表干涉中国内政的言论。4月,美国总统克林顿访问日本,并于17日和桥本龙太郎首相签署了《日美安全保障联合宣言》。7月底,桥本参拜靖国神社,日本政界要人不断发表美化日本侵略历史的言论。这些都引起中国和亚太地区国家和人民的警惕和批评。

对中日关系的发展及其中的问题,中国领导人多次强调,发展中日友好的一个重要基础是日本要正确认识过去的历史,这也是两国面向未来发展世代友好关系的重要条件。中国希望日方真正反省那段对外侵略历史,走和平发展道路,以实际行动取信于亚洲各国人民。

从 1996 年下半年,桥本首相为稳定日中关系,连续派日本自民党代表团、前首相竹下登、新进党党首小泽一郎访华,意在加强对话。特别是 1996 年 11 月 24 日,江主席和桥本首相在马尼拉出席亚太经合组织非正式会议期间举行了一次极其重要的会谈。桥本首相向江主席表示:"日中关系和日美关系一样,在日本新内阁的外交政策中占有非常重要的位置"。"日本政府承认过去历史上的殖民统治和侵略给中国和亚洲各国带来的深重灾难,对此表示深刻的反省和诚恳的道歉"。"台湾问题应由海峡两岸之间协商和平解决,我们反对'两个中国',当然也不支持'台独',日本不与台湾发生官方关系。政府将在日中联合声明和日中友好条约的基础上妥善处理台湾问题"。这次成功的会晤后,中日关系趋于好转。

1997 年是中日邦交正常化 25 周年。双方都为改善两国关系采取了积极态度。两国外交部门为桥本龙太郎首相访华作了积极的准备。

1997 年 9 月 4 日至 7 日,桥本首相访问中国。9 月 4 日下午,李鹏总理和桥本首相举行会谈。

李鹏总理说:我们正处在世纪之交的重要时期,中日两国要面向 21 世纪,进一步发展睦邻友好合作关系,实现两国人民的世代友好。我们双方要为此共同努力,从长远利益和战略的高度对待两国关系,正确把握两国关系的方向,严格遵守《中日联合声明》和《中日和平友好条约》的原则,切实维护中日关系的政治基础,他强调:日本在历史问题上采取正确态度有利于维护中日关系的政治基础,也有利于增进日本与亚洲邻国之间的理解和信任。我们希望日本政府以对历史负责的态度,用正确的历史观加强对青少年的教育和引导。

桥本首相说:在遵循《日中联合声明》和《日中和平友好条约》的基

础上发展同中国的关系是日本政府的一贯立场。稳定的日中关系不仅对两国十分重要,也有利于亚太地区和世界的和平与繁荣。1995 年 8月 15 日,日本村山内阁就历史问题发展了正式谈话,即承认"由于日本的侵略和殖民统治给许多亚洲国家带来了损害和痛苦,对此表示深刻反省和由衷道歉",这是日本政府的正式立场。桥本首相表示:他作为当时的内阁成员参与了上述立场的决策,至今仍坚持这一立场。这次作为首相,将首次访问中国的东北地区,其目的就是为了显示他愿在正视历史的基础上面向未来。日本今后将会继续走和平道路,这是日本全体国民的共同意志。桥本首相表示:日本决不会走军国主义道路或成为军事大国。

同日,就中国加入世界贸易组织问题中日两国发表联合声明。

5 日下午,中国国家主席江泽民会见桥本首相时指出:以史为鉴,可以知兴衰;以铜为镜,可以正衣冠。但近代以来,日本军国主义对中国发动侵略战争给中国人民带来了深重的灾难,日本人民也深受其害。正确认识和对待这段历史是两国面向未来的重要前提。否认历史,干扰中日关系的正常发展的势力在日本国内虽然只是极少数,但他们的错误影响很坏。我们应该"见微知著"、"防微杜渐"。日本在历史问题上采取正确的态度,特别是用正确的历史观教育和引导年青一代十分重要,这有利于中日关系的长远发展,也有利于日本自身的发展。

桥本首相表示高度重视江泽民主席对历史的见解。他表示日本不支持"两个中国",也不支持"台独"。日本认为台湾作为中国的一个地区,根本没有资格进入联合国,日本政府对此持明确的立场。6 日至 7日,桥本首相访问沈阳,参观了九一八事变纪念馆、大连市等地后回国。

1997 年 11 月 11 日至 16 日,李鹏总理在时隔 8 年之后再次访问日本。李鹏总理的主要随行人员有国家科委主任宋健、国务院副秘书长何椿霖、电子工业部部长胡启立等。李鹏总理访日受到热烈欢迎,11日,桥本龙太郎首相举行盛大的欢迎仪式,双方进行了友好会谈。中日双方发表《关于中国加入世界贸易组织的联合声明》。12 日上午,李鹏总理和夫人拜会了日本天皇和皇后,天皇表示:1997 年是日中邦交正常化 25 周年,他对李鹏总理访日表示欢迎,并相信这次访问一定会增进日中两国的友好关系。

12 日下午,李鹏总理出席日中友好七团体联合招待会并发表讲话,其中提出指导中日关系的基本原则:

(1) 相互尊重,互不干涉内政。尊重对方根据本国国情选择的发展道路,超越社会制度、意识形态和价值观念的差异,在和平共处五项原则基础上友好相处,和睦为邻。

(2) 求同存异,妥善处理分歧。严格遵循中日联合声明和中日和平友好条约的原则,排除干扰,通过和平协商,妥善处理两国现今存在和今后可能出现的问题和分歧,维护两国关系的大局。彼此间的差异和分歧不应该成为发展双边关系的障碍。

(3) 加强对话,增进相互了解。加强各个层次和各个领域的对话与交流,就共同关心的问题及时沟通,交换意见,增加信任,扩大共识。

(4) 互利互惠,发展经济合作。以长远的观点,在平等互利的基础上不断拓展两国的经贸合作,相互借鉴,优势互补,进一步提高合作水平,实现共同发展。

(5) 面向未来,实现世代友好。一方面要继承和发扬两国的友好合作传统,同时,要用正确的历史观教育和引导年青一代,使中日友好世代相传。

李鹏总理还分别会见了日本社民党主席土井多贺子、新进党党首小泽一郎、民主党领导人菅直人、五位日本前首相以及为中日友好事业和两国邦交正常化作出重大贡献的日本老政治家及已故政治家的亲属。

13 日上午,李鹏总理接受了日本广播协会(NHK)专访,广泛地回答了记者的提问。在记者问到中方对日美安全防卫指针的看法时,李鹏说:桥本首相迄今向中方做了很多解释,强调《日美安保条约》不违背日本宪法的规定;条约是防御性的;条约不违反《日中联合声明》和《日中和平友好条约》的宗旨,日本政府坚持"一个中国"的立场,即中华人民共和国是代表中国的唯一合法政府。李鹏说:如果桥本首相再加上一句,指出日美安保合作范围不包括台湾,那就更圆满了。

在访问期间,李鹏总理用了大量时间参观了日本的高科技企业,如丰田、本田、松下等大公司,并和日本各界进行了大量的友好会见。16
日,从大阪回到北京。

李鹏总理访日非常成功,取得重要成果:(1)双方确认要努力构筑
面向 21 世纪的中日睦邻友好合作关系,提出了发展今后中日关系的五
项原则,受到重视欢迎;(2)双方一致认为,两国领导人之间经常相互往
来,有利于增进相互了解,加强信任。日方邀请江泽民主席第二年访
日。(3)双方签订了新的中日渔业协定,在中国加入世界贸易组织双边
谈判问题,继货物领域达成一致后,又确认服务领域中取得的进展,并
努力达成全面双边协议,就"面向 21 世界中日环保合作"达成重要协
议。(4)双方一致认为要进一步深化和加强经济科技合作。(5)李鹏总
理利用各种场合强调弘扬两国友好传统,以正确的历史观教育青年,培
养新一代中日友好事业接班人的必要性和重要性,赢得日本各界广泛
赞同。

1998 年 4 月 21 日至 26 日,中国国家副主席胡锦涛正式访问日
本。这是胡锦涛于 3 月九届人大当选中国国家副主席后首次出访,因
而受到日本和世界舆论的重视。

胡锦涛副主席一行访日,受到了日本社会各阶层的欢迎。胡锦涛
副主席受到日本天皇的接见,并和桥本首相举行会谈。他会见了日本
朝野各政党、各社会团体的领导人,出席了各种欢迎宴会和招待会,访
问了日本东京、大阪等城市,参观了工厂、科研机构。日本舆论认为,胡
锦涛访日"是日中互访人员年轻化的大好时机",认为"在日中之间培养
推进交流接班人已经成为当务之急。希望借年轻的副主席来访的机
会,使从事日中交流的人员实现年轻化"。

胡锦涛此行比较引人注目的一点是,中国共产党和日本共产党的
关系有所改善。4 月 22 日晚,日本共产党委员长不破哲三出席了为胡
锦涛访日举行的欢迎会,实现了日中两国共产党领导人时隔 31 年后的
首次交流。(此前中共中央对外联络部秘书长朱达成曾于 1 月 20 日和
21 日到日共中央本部访问,与不破哲三委员长举行了会谈,为这次交
流打下了基础。)胡副主席此次访问取得成功,中日关系被世界舆论认
为是东亚最具战略意义的关系之一。

　　1998 年是中日和平友好条约缔结 20 周年,中日两国都以各种形式纪念这一具有历史意义的盛事。10 月 22 日,中国国家主席江泽民会见了专程来华参加中日和平友好条约缔结 20 周年纪念活动的日本前首相桥本龙太郎、村山富市、前众议院议长樱内义雄以及日本友好七团体的负责人。江主席说:“今年是中日和平友好条约缔结 20 周年,这一条约确认了中日联合声明的各项原则,对中日关系全面发展奠定了稳固的政治基础,开辟了广阔的前景,体现了中日两国人民世世代代友好下去的愿望。中日两国应遵循中日和平友好的原则,从长远观点和战略高度出发把一个长期稳定的中日睦邻友好关系带入新世纪。”江主席的讲话得到日本客人的赞同。当晚,中国人民对外友好协会和中日友好协会举行盛大招待会,庆祝中日和平友好条约缔结 20 周年。此外,两国还组织了多种形式的庆祝活动。

　　1998 年 11 月 25 日至 30 日,中国国家主席江泽民对日本进行国事访问。这是 20 世纪末中国领导人对日本进行的一次重要访问。26 日下午,江主席和小渊惠三首相举行的政治会谈中最主要的议题是历史和台湾问题。

　　关于历史问题,江泽民说:纵观中日两国几千年的关系史,友好与合作是主流。但近代,日本军国主义发动了多次给中国人民带来深重灾难的侵略战争。坦率地讲,在多国列强中,日本是加害中国最重的国家。尽管如此,我们一直主张侵略战争的责任应由军国主义分子来负,广大的日本人民同样也是受害者,应同他们和睦相处,发展世代的友好。这一既定政策不会变化。但是,在历史问题采取向前看的态度,前提必须是正视和承认历史。这也是中日联合声明和中日和平友好条约之所以签订的重要政治基础之一。江泽民指出,回顾中日邦交正常化 26 年的历史,不能不遗憾地指出,日本国内不断有人在历史问题上制造事端,否认甚至歪曲历史事实。这些都极大地伤害了战争受害国人民的感情,干扰了中日关系的正常发展。中方从维护历史真相和中日关系政治基础的大局出发,不能不作出必要的反应。

　　江泽民强调指出:日本军国主义横行曾给中日两国人民带来了灾难,也使中日传统友好关系遭到严重损害。军国主义是中日两国人民的共同敌人,是完全违背人类和平与进步的历史逆流,两国人民应共同予以坚决反对。日本政府对此采取明确的态度,首先对日本继续坚持和平发展道路有利,也将赢得包括中国在内的周边邻国的谅解和信任,并且有助于日本在国际和地区事务中进一步发挥积极作用。

江泽民指出,要解决好历史问题的关键在日本自身。希望日本政府能够认真总结这方面的经验教训,真正遏制否认和歪曲历史的势力。

小渊首相表示:为发展面向未来的两国关系,首先有必要正视过去的历史,日中两国间在过去曾有过不幸的关系。1995 年发表的日本内阁总理大臣谈话,对日本过去的殖民统治和侵略表示了深切反省和由衷道歉。小渊强调,日本政府在此再次向中国表示反省和道歉。小渊还说,日本基于对过去的诚恳认识,第二次世界大战后一直坚持走和平发展道路,今后也不走军事大国道路。小渊说,作为政治家,认识到自身承担的责任,愿为日中两国的长远友好继续作出不懈努力。

关于台湾问题,江泽民说,维护国家统一和领土完整,是每一个主权国家的神圣权利。解决台湾问题,实现祖国的完全统一,是中华民族的夙愿。从历史上看,在台湾问题上日本是有负于中华民族的。日本曾经武力吞并台湾并进行了长达 50 年的殖民统治。江泽民指出,日本政府在中日联合声明中明确承认中华人民共和国是代表中国的唯一合法政府,充分尊重和理解中国政府关于台湾是中华人民共和国不可分割的一部分的立场。1978 年缔结的《中日和平友好条约》又确认了《中日联合声明》的各项原则。这不仅进一步从政治上和法律上解决了台湾地位问题,而且为了正确处理涉台问题确立了明确的指导原则。江泽民表示,日本国内在台湾问题上仍存在一些错误的认识,我们希望日方切实尊重中国政府关于台湾问题的立场,恪守在中日联合声明中就台湾问题作出的郑重承诺,妥善处理台湾问题。

小渊说,日本深刻地认识到台湾问题对中国的重要性。自中日邦交正常化以来,在台湾问题上,日本一直遵循《日中联合声明》确定的只有一个中国的原则,并在此基础上,全力以赴的发展日中关系。他强调,日本不支持"台湾独立",这一点已经表述过,今后也不会变。同时,日本对台湾也没有野心。日本在台湾问题上将恪守《日中联合声明》和《日中和平友好条约》所确定的各项原则。他希望海峡两岸之间的交流进一步取得进展，并希望台湾问题通过对话和平解决。

经过友好会谈，中日发表关于建立致力于和平与发展的友好合作伙伴关系的联合宣言，其中：

双方一致认为，在当前形势下，两国合作的重要性进一步增强，不断巩固和发展中日友好合作符合两国人民的根本利益，也将对亚太地区和世界的和平与发展作出积极贡献。双方宣布面向 21 世纪，建立致力于和平与发展的友好合作伙伴关系。

双方重申恪守 1972 年 9 月 29 日发表的《中日联合声明》和 1978 年 8 月 12 日缔结的《中日和平友好条约》所阐述的各项原则，确认上述文件今后仍将是两国关系最为重要的基础。

双方认为，正视过去以及正确认识历史，是发展中日关系的重要基础。日方表示，遵守 1972 年的中日联合声明和 1995 年 8 月 15 日内阁总理大臣的谈话，痛感由于过去对中国的侵略给中国人民带来重大灾难和损害的责任，对此表示深刻反省。中方希望日本汲取历史教训，坚持和平发展道路。在此基础上两国发展长久友好关系。

双方确认，两国领导人每年交替互访，在北京和东京建立中日政府间热线电话；加强两国各个层次和级别特别是肩负两国未来发展重任的青少年之间的交流。

双方认为，在平等互利基础上，建立长期稳定的经济贸易合作关系，进一步扩大在高新科技、信息、环保、农业基础设施等领域的合作。

日方表示继续遵守在《中日联合声明》中表明的关于台湾问题的立场，重申中国只有一个，日本将继续只同台湾保持民间和地区性往来。

双方同意根据《中日联合声明》及《中日和平友好条约》的各项原则，通过友好协商，妥善处理两国间现存的和今后可能出现的问题、分歧和争议，避免因此干扰和阻碍两国友好关系的发展。

双方认为，中日建立致力于和平与发展的友好合作伙伴关系，将使两国关系进入新的发展阶段。这不仅需要两国政府，而且需要两国人民的广泛参与和不懈努力。双方坚信，两国人民携起手来，共同贯彻和发扬本宣言的精神,不仅有助于两国人民实现世代友好,而且将对亚太地区和世界和平与发展作出贡献。

26 日,中日两国发表联合新闻公报,其中"日方将就第四批对华日元贷款后两年安排,向中方 28 个项目提供约 3 900 亿日元的贷款……双方一致同意从 1999 年至 2003 年争取实现 15 000 人规模的青少年互访交流"。

访日期间,明仁天皇举行仪式隆重欢迎江泽民主席。江泽民主席会见了日本各主要政党,日中友好七团体,日本经济界的领导人,并在东京早稻田大学发表《以史为鉴、开创未来》的重要演讲,提出"要百倍珍惜和维护中日两国人民历尽艰辛共同努力建立起来的睦邻友好关系,要正视中日关系史上出现的那段不幸的历史,从中真正吸取历史教训,要随着时代的前进推动中日两国不断向前发展"。江泽民主席所到之处,受到日本人民的热烈欢迎。江泽民主席的这次访问为中日关系在 21 世纪的健康发展起了巨大的推动作用,是一次成功的访问。

二、 中日经贸关系继续稳步发展

1995 年中日贸易额达到 579 亿美元。1996 年中国同日本的贸易总额比 1995 年增长 7.9%,首次突破 600 亿美元,达 624 亿美元,1997 年达到 635 亿美元。1998 年约 560 亿美元,规模之大仅次于日美贸易。[1]中日贸易是中国外贸对象国中的第一位,高于中美贸易。1996 年日本对华贸易入超 186 亿美元,1997 日本对华贸易赤字首次超过 203 亿美元。以单一国家和地区来说,对华贸易赤字已超过中东产油国的赤字,连续 3 年是最大幅度的入超。1999 年中日贸易额达到 662 亿美元,比上年增加 18%,创历史最高记录。[2]2000 年中日贸易额达 831.66 亿美元,同比增长 25.7%,均创历史新高。日本仍是中国最大的贸易伙伴,对日进出口额分别占中国对外贸易额的 18.4% 和 16.7%。[3]

---

① [日]古森义久:《日中关系发生了变化》,日本《呼声》2000 年 1 月号。引自《参考消息》2000 年 2 月 2 日。

② 日本《国际贸易》2000 年 2 月 15 日,引自《参考消息》2000 年 2 月 18 日。

③ 《中国外交》2001 年版,世界知识出版社 2001 年版,第 50 页。

日本企业对华投资也在增加,据日本贸易振兴会说,1994 年日本对中国的投资额约为 40 亿美元(合同额),比 1993 年增加了 50%。1995 年上半年与上一期相比,增加了 62%,约为 30 亿美元(合同额)。到 1997 年为止,日本的对华投资累计超过 16 400 件,签约额达 298 亿美元。2000 年,日本对华投资项目 1 602 个,同比增长 41.02%。日本对华直接投资项目累计 20 340 个,协议金额 386.34 亿美元,实际投入金额 281 亿美元。①

1991 年至 1995 年,中国同日本签订技术引进合同 927 个,合同金额达 64.08 亿美元,占同期中国引进技术总额的 22%。1996 年,中国自日本引进技术和设备共 925 项,总金额达 24.04 亿美元,比上一年增长 0.6%,达历史最高水平。

第四批日本政府对华日元贷款从 1996 年开始,1996 年至 1998 年共安排 5 800 亿日元,1998 年 11 月江泽民主席访日时,双方又商定后两年(1999—2000)再安排 3 900 亿日元贷款。

人民之间的往来取得飞跃性的进展。据日本方面统计,人员往来从 1972 年的大约 9 000 人,发展到 1996 年的 178 万人。友好城市从 1973 年天津和神户之间结成第一对友好城市合作关系以来,发展到 1998 年的 252 对。

第三节　中日关系中的各种问题

一、 日美加强同盟关系,日本政治出现右倾化趋向

冷战结束对亚太地区国际格局有重大影响。随着苏联这个超级大国的解体,美苏对抗的严重局面不存在了。亚太国际局势趋向缓和,这是符合亚太人民根本利益的。但是,和亚太地区紧张局势缓和极为不协调的是,美国和日本却逆和平潮流而动,不断强化美日军事同盟关系,引起亚太和世界舆论的极大关注。

---

① 《中国外交》2001 年版,世界知识出版社 2001 年版,第 50 页。

　　早在 1990 年,日本政府和执政的自民党就提出了旨在向海外派遣自卫队的"协助联合国维持和平法案"。1992 年 6 月,自民党在国会上强行通过这一法案。这项法案的通过,使日本政府向海湾地区派出自卫队扫雷舰成为"合法"的军事行动。这是日本政府战后首次"合法"地向海外派出了自卫队。从那以来,在协助联合国维持和平的口号下,日本政府接连向莫桑比克、柬埔寨、波黑等地派出自卫队。1994 年,日本政府通过修改自卫队法,使自卫队和军用飞机能"合法"地飞到发生紧急事态的外国。

　　1992 年起,日本国内政局有些变化,原先美国仍然是日本外交中的一个支配性力量的状况有些许修正的迹象。①1993 年"'55'体制"暂时名亡实存,自民党竞选失败,把组阁权让出。日本政坛出现细川扩熙和村山富市两届非自民党内阁。美日关系在冷战后如何维持与调整,引起美国克林顿政府高度关注。克林顿政府动作很快,从 1995 年起着手调整美日关系,在 1996 年 4 月基本完成。

　　1996 年 4 月 17 日,率领庞大代表团访日的美国总统克林顿和日本首相桥本龙太郎在东京签署了《日美安全保障联合宣言》,使美日近年来加强同盟关系的工作又登上了一个新台阶。

　　《日美安全保障联合宣言》的主要内容:

　　亚洲太平洋地区是当今世界最有活力的地区。但是,这个地区仍然存在着不稳定和捉摸不定的因素。朝鲜半岛仍然存在着紧张局势。包括核武器在内的军事力量仍然大量集中存在着。悬而未决的领土问题、潜在的地区争端、大规模杀伤性武器及其运载工具的扩散,是造成一些地区不安定的因素;

　　双方重申,以《日本国和美利坚合众国之间的相互合作及安全保障条约》为基础的两国之间的安全保障关系,将能保证实现共同安全保障方面的目标,也能继续成为 21 世纪亚洲太平洋地区维护安定和繁荣的基础;

----

　　① [美]傅高义等主编:《中美日关系的黄金时代(1972—1992)》,重庆出版社 2009 年版,第 45 页。

总理大臣重申了日本的基本防卫政策。这项政策明确地记载在
1995 年 11 月制定的、强调在冷战后的安全保障形势下日本防卫力量
应该发挥适当作用的新防卫大纲中……日本防卫的最有效的力量是与
美国安全保障体制的结合。两位首脑再次重申，美国根据日美安全条
约所拥有的遏制力量将继续成为日本安全保障的基础。

美国继续维持军事力量的存在是维护亚洲太平洋地区的和平与安
定所不可缺少的。……美国为了遵守根据对形势的全面分析在现在的
安全保障形势下作出的许诺，需要在日本保持现有的兵力，需要在这个
地区维持大约由 10 万名部署在前沿的军事人员组成的现有的兵力。

总理大臣对美国决心继续坚持稳定而毫不动摇地留在这一地区表
示欢迎。总理大臣重申，为了维持驻日本的美军，日本要根据日美安全
条约继续提供设施和区域，并通过接受国提供援助等方式作出适当贡
献。以上内容，美国总统克林顿和美国国防部长佩里在对记者发表的
谈话中不断加以重申，表明冷战后的美日同盟又增添了新的内容，更加
突出了进攻性。

1997 年 9 月 23 日上午，日美两国政府同时宣布，由日美两国负责
外交和防务的四位部长组成的日美安全保障协议委员会在美国纽约举
行会议，就新"日美防卫合作指针"达成了协议。

双方商定，在日本周边发生战事时，日本将向美军提供诸如物资运
输和补给等方面的后方地区支援，提供民间机场和港湾等 41 项协议。
新日美防卫合作指针是在"不变更"包括安全条约在内的"日美同盟关
系的基本框架"的前提下拟定的。但是，关于对美军的后方地区支援和
海上排雷作业等方面的内容却超出了原来规定的"框架"。

旧的日美防卫合作指针在谈到远东发生战事时，只是说要对追加
提供设施和"提供方便"进行研究。而新的日美防卫合作指针增加了
"周边事态"的说法，写上了提供设施，这种对美支援事项超出日美安保
条约的范围。

自卫队的活动范围也扩大了。日美同盟关系将超出安全条约规定
的为保卫日本而采取共同行动和支援驻日美军的范围。这次还就平时
建立负责协调作战和职责内容的"日美联合协调所"一事达成了协议。

日美军事一体化加强。①

　1998 年 4 月 27 日，日本《读卖新闻》发表报道《政府就周边事态表明基本见解》，其中说：对于迄今一直回避谈论的地理范围问题，基本见解首次明确表示，包括《日美安全保障条约》规定的"远东"及其周边地区。明确规定可能发生周边事态的地理范畴包括台湾海峡和整个朝鲜半岛……②

　值得注意的是，日本政府的这个见解此时发表，是为了对拟于 28 日提交国会的新防卫合作指针法案进行审议，消除执政党和在野党内许多人存在的对自卫队按照美军的活动范围提供的支援活动会无限制地扩大下去的担心。

　5 月 22 日，日本外务省北美局长高野红元在日本众议院外务委员会答询时表示，日美防卫合作指针设定的周边事态范围限定于日美安保条约确定的"远东"及"远东周边"。这实际上将中国台湾包括在内。

　5 月 26 日，中国外交部发言人回答记者提问时说：我们对日本外务省官员的发言表示严重关注，对日方这种公然干涉中国内政的行径表示强烈愤慨。中国政府就此问题向日方提出了严正交涉，要求日本政府对此作出明确澄清和解释。中方关于日美安全合作问题的立场是明确和一贯的。我们多次郑重、严肃地要求日方在处理日美安全合作时慎重行事，不要干涉中国的内政。我们注意到，日本政府和日方领导人曾多次向中方表示，日美安全合作的范围没有扩大，也不针对任何第三国，所谓周边事态不是地理概念，并一再重申日方愿继续遵循中日联合声明和中日和平友好条约的原则处理台湾问题。但此次日本外务省官员的发言不仅与日本政府迄今向中方所做的承诺和解释相矛盾，而且明显违背了中日联合声明的原则。中国政府关于台湾问题的立场是坚定不移的，任何企图干涉中国内政的行径，都是中方坚决反对的，也是中国政府和人民坚决不能接受的。

---

①　《日美就新防卫合作指针达成协议》，日本《朝日新闻》1997 年 9 月 24 日。引自《参考资料》1997 年 9 月 25 日。

②　日本《读卖新闻》1998 年 4 月 27 日，引自《参考资料》1998 年 4 月 28 日。

此外,日本舆论和部分政界人士对这一同日本政府迄今向国际社会作出的解释和说明自相矛盾的言论也提出异议。日本政府防卫厅长官久间章生对高野言论表示"不满",认为高野的说法"不准确"。高野本人 27 日在国会答辩时也对他 22 日的发言作了修正。

此后,日本首相桥本龙太郎在听取日本外务省事务次官柳井俊二汇报时指示,他去年(1997 年)访华就新日美防卫合作指针中所说"周边事态"不是地理概念,日本政府的这一立场不能改变,并在答记者问时批评外务省北美局长高野红元对"周边事态"作出了容易产生误解的解释。

5 月 28 日,外交部部长助理王毅奉命约见日本驻华大使谷野作太郎,就最近日本政府官员围绕日美安全合作发表侵害中国主权言论一事再次向日方进行严正交涉。

王毅重申了中国政府的原则立场,要求日本在处理日美安全合作时,应彻底摒弃冷战思维,恪守中日联合声明,严格将范围限定在日美双边范畴,不要把手伸向台湾,不要做任何侵犯中国主权的事情。王毅敦促日方立即就日本政府官员发表的错误言论公开作出澄清和说明,并采取措施防止再次发生类似事情。

谷野作太郎表示十分重视中方的交涉,并奉桥本首相之命代表日本政府正式向中方作出如下说明和解释:(1)日本领导人迄今就日美新防卫合作指针向中方作出的说明和解释没有任何变化。日美修订防卫合作指针并不针对包括中国在内的任何第三国。(2)所谓"周边事态"是指在日本周边发生的可能对日本安全构成重大影响的事态,不是地理上的概念。(3)日本政府将继续严格按照日中联合声明和日中和平友好条约及日本领导人迄今在台湾问题上作出的承诺处理台湾问题。[①]

日美强化同盟关系及安全体制的主要着眼点在于:

(1)美日结盟意在控制亚太地区今后政治安全格局的演变

这次日美再造同盟框架,着重于今后两国对亚太国际格局演变的

---

① 引自《北京日报》1998 年 5 月 30 日。

控制，想保持目前在亚太地区不容侵犯的地位，并且不允许将来亚太国际格局演变造成失控。日美认为这两个力量最强大的国家团结在一起，并比过去更紧密地进行合作，对亚太地区新的政治安全格局变化将会有强制力。这从克林顿在《日美安全保障联合宣言》签字后的记者招待会上所说："我们两国是世界上最强大的民主主义国家和经济大国，担负着领导（世界的）责任。安全保障联合宣言是旨在加强面向 21 世纪的两国同盟关系的宣言。"等等讲话中可以很清楚地观察到。

（2）确定潜在的对手

1960 年日美签订安全保障条约，当时主要着眼于对付社会主义国家中的苏联，并以保卫日本免受威胁为理由。1991 年末苏联解体后，美苏在远东的对抗不存在了。日本的国际安全大为改善，日美安全保障条约的必要性就受到根本的怀疑。为了继续日美同盟，为了继续日美之间的不正常的军事合作，需要为这一同盟定一个新的对手。这是 90 年代后几年美日等国舆论一直在做的工作，而这次尽管在宣言中没有点名，但实际已经确定了日美同盟新的潜在对手——中国，这也为国际上曾流行的"中国威胁论"找到了最好的注解。日美两国认为：最近十几年实行改革开放政策后国力迅速增强的中国将来肯定是他们控制亚太地区的障碍，他们的逻辑是"你强大了就会威胁我，我就不舒服"。因此，日美要用日美安全体制牵制中国，要采取联合行动对付中国。这是日美两国安全战略的一次重大调整，对今后亚太国际格局将会产生深远影响。

（3）美国把日本纳入其全球战略，日本谋求发挥更大的军事影响

美国为了维持它全球唯一超级大国的地位，加强在亚太地区的军事影响，通过这个宣言，达到了维持驻日美军兵力，争取让日本负担更多军费，在远东发生突发事件时取得日本更多的军事支援，进而取得日本全球性军事合作的目的。而日本利用这个宣言为它进一步发挥军事影响，加快日军的建设，并在打开制约它走向军事大国的瓶颈上（如修改宪法第九条，行使集团自卫权）得到帮助。这一宣言的实施将使日本在亚太乃至全球真正发挥军事作用。

根据 1996 年 4 月日美首脑会谈时签署的《安全保障联合宣言》，日美两国政府将日美安全保障体制作为"面向 21 世纪，使亚太地区保持

稳定与繁荣局面的基础"。并将日美安全保障体制的使用范围扩大到亚太地区以及全世界。此后,日美迅速贯彻《安全保障联合宣言》,并在几个方面采取了一系列具体措施:

(1)强化和重新改编驻日美军基地

在《日美安全保障联合宣言》方针的指导下,驻日美军基地作为美国全球战略网的重要一环,作为向亚太地区和世界进军的基地,正在被重新改编和进一步强化。目前,驻日美军基地(包括使用公共设施和日本自卫队的设施在内)在日本全国有133处,占地10万公顷(美国防部90年代提出裁减628座海外基地,但日本不仅未减,还有增加),共有43 149名美军士兵驻守。其中包括以下几个最重要的海空军基地:横须贺:面向西太平洋和中东进军的基地。它保持着可向全球范围出击的状态,既为以西太平洋至印度洋为势力范围的美国第七舰队服务,又为在中东活动的美国第五舰队服务,并逐步加强职能。冲绳嘉手纳:可对世界各地作出快速反应的大型空军基地功能得到加强。1996年3月,中国在台湾近海进行导弹发射演习时,遥测情报收集RC-135S型飞机进驻。6月,能够携带核武器的B-1远程轰炸机进驻。9月3日,得到嘉手纳基地的第909部队8架KC-135空中加油机帮助的B-52(从关岛起飞,单程11 000公里,不间断飞行17个小时)对伊拉克发射了13枚巡航导弹。并计划将普天间机场的部分功能移入。①

此外,美国在日本协助下,大力建设佐世保的两栖舰队攻击基地,这是可常年部署两栖舰艇部队的唯一海外基地,三座容纳50艘小型登陆艇的浮动码头,可加强在冲绳的第三海外远征部队(其他两支均在美国本土),它自称是一支可"从夏威夷到非洲好望角的范围内作出快速反应的部队"。美国在该部队驻扎的岩国填海造地建设新的飞机跑道,把面积扩大14倍。专门破坏敌人防空体系的三泽基地的F16战斗机部队,正在变成一支"打击对方防空体系"的部队,其任务是不仅在亚太地区,而且在世界所有发生纠纷的地区,都首先攻击敌人的防空体系。

---

① [美]迈克尔·格林、帕特里克·克罗宁主编:《美日联盟:过去,现在与将来》,新华出版社2000年版,第377页。

东京地区的横田基地,既是西太平洋地区最大的空运枢纽,又是驻日美军司令部和第五空军司令部,起着指挥中心的作用。

(2) 继续从法律上加强日美军事合作体系

继4月签订《日美安全保障联合声明》后,日美双方又签订《日美物资和劳务交流协定》,以支持《日美安全保障联合声明》的执行。这一协定是为使美军和自卫队在以下方面进行军事合作而签署的。具体合作范围包括:日本将为美国的军队和军事行为提供粮食、燃料、水;运输、通讯及修理服务。该协定1996年10月22日生效后,马上就被用于日美11月举行的联合军事演习之中,日本自卫队不仅为飞到千岁基地(位于北海道)的美军飞机和进入日出生台(位于大分县)演习场的美陆军车辆加油,而且还进行了为美军运输部队提供给养和治疗方面的训练。

(3) 举行联合军事演习检验日美军队实战能力

为全面推行日美《安全保障联合宣言》中提出的军事合作路线,日美军事机构马上进行磨合,为达到实战检验的要求,1996年连续进行了两次军事演习。一次是日美联合军事演习(11月4日至17日),日本陆海空自卫队出动1万人,美军出动13 000万人,地点在日本海;第二次是美韩"96秃鹫"联合军事演习,是在10月28日至11月10日举行,美军约有34 000万人,韩国约有7万人参加,地点在韩国境内。

以横须贺(位于神奈川县)为基地的美国航空母舰"独立号"参加了这两次演习。这是美国航空母舰首次参加以日本海为舞台的日美联合军事演习。值得注意的是,这两次演习均是以东北亚为假想作战地区。

从1992年起,日本就派遣自卫队观察美军每年一度的这种军事演习。1996年,日本首次派出两架C130自卫队运输机和导弹部队参加了演习。1997年6月9日至20日,日本自卫队又以同样的规模参加。1997年7月,日本借口柬埔寨危机,派出军用运输机飞到泰国。同月起,美国航空母舰不断停靠日本民用港口,并向民众开放参观。

日本防卫厅决定派遣6架F15战斗机参加1998年在阿拉斯加进行的多国联合军事演习,并在途中进行空中加油训练。这是日本战后首次向海外派遣战斗机参加军事演习。由于空中加油会使日本自卫队拥有攻击别国的能力，日本过去从"专守防卫"的国策出发，从未训练过。这次表明，日本自卫队在走向更远的目标。

日本加强军事力量引人注意。冷战结束后，全球安全形势趋向缓和，世界大战的危险进一步降低，国际和平得到维护。在这一世界和平潮流之下，世界各国大多裁减军备，减少军事开支，以进一步加强经济建设。但是，与世界和平潮流背道而驰的是日本加强军事力量的举措。从 20 世纪 90 年代初期起，日本连年增加军费开支。1996 年军费预算已达到 550 亿美元。居世界第二位，仅次于美国。在高额军费的支持下，日本维持着一支近 30 万人的自卫队。这支自卫队人数不算多，但都是以军官和士官为主，一旦需要，可以在很短时间扩充到一百万以上。日本自卫队的武器装备精良。长期以来，在冷战的体制下，日本自卫队和美国军事力量的发展相匹配，美军的最新装备日本几乎都有，甚至日本还为美军研制最先进的武器装备。如两国合作研制 FSX 飞机、宙斯盾导弹巡洋舰等。

日本海军拥有舰艇 160 多艘，并建造 4 艘护卫舰，大中型潜艇 18 艘，以及水面反潜、扫雷舰艇几十艘。它的战斗实力被认为是东亚最强的。日本空军拥有战斗机 510 架，其中有最新的 FSX 战斗机、早期预警飞机，有 P3C 侦察机 100 架，配备了最新型的地对空爱国者导弹，如果发现国籍不明的飞机可以同时从 7 个机场在 5 分钟内起飞迎击。日本陆军有 15 万人，武器装备和美军相当。计有 12 个师，2 个混成旅，一个装甲师，一个炮兵团，一个空降团，部队有较高的机动性和训练水平。

日本实际上已经放弃了非核三原则。美军核舰艇、核武器不断进出日本。1996 年 1 月，驻日美军在冲绳鸟岛进行核弹射击练习，共发射了 1 300 多枚贫铀子弹，并且隐瞒达一年之久。在一年后通知日本政府，日本政府又拖延了两个月才通知冲绳县政府，激起冲绳县政府和人民的强烈抗议。从这件事也可以看出，日本政府有试图染指核武器的企图。

二、 日本右翼在中日关系中制造事端

由于近几年来日本对其亚太战略进行了一定的调整，越来越多地

把中国视为它最大的安全威胁和潜在对手。冷战结束后,苏联超级大国瓦解,俄罗斯内部纷争不已,日本不再把俄罗斯看成是最大的威胁,防卫的重点也从"北"逐渐移向"东"。随着中国综合国力不断提高,日本把中国视为"地区的不稳定因素"。日本从1992年开始到1994年,在它一年一度的《防卫白皮书》里都把中国作为其重点防卫对象。1995年11月日本内阁会议通过新的《防卫计划大纲》,在列举可能威胁日本安全的因素时说:"日本周边地区存在包括核武器在内的强大军事力量,许多国家以发展经济为背景致力于军力扩充和现代化建设。"这一大纲发表后,日本及西方各国舆论都纷纷指出:这实际上是不指名地强调了中国的军事威胁,把中国视为"潜在敌手"。

由于冷战后日本对亚太战略的转变以及日本国内政治右倾化现象的发展,日本的对华政策也有所改变,在很多问题上有改变《中日联合声明》原则的迹象,并不断地在中日关系中制造事端,企图干涉中国的内政。

1. 用所谓"核试验"来压中国

众所周知,中国进行有限的核试验,发展一定限度内的核武器完全是为了自卫。中国早在1964年第一颗原子弹试验成功后,就不断向世界宣布:中国决不首先使用核武器,决不向无核国家使用核武器。在几十年的时间里,中国一直遵守着和平外交政策,从未对任何国家进行过核威胁或核讹诈。

但是,日本国内有极少一部分人对中国掌握一定的核武器,进行次数有限的核试验感觉不舒服。每当中国进行核试验后,就不断地对中国提抗议。90年代中期,西方舆论大肆宣传中国增加军费扩充军备,借中国进行核试验渲染中国威胁论。而在这当中,可以说日本是最积极的。日本舆论界更是推波助澜,兴风作浪,其背后自有其战略考虑。这主要是借中国核试验为加强日美安全体制制造根据,为干涉中国内政找到借口。为达此目的,日本方面主要表现有:

1995年6月,8月中国进行了两次核试验后,日本参众两院通过了抗议中国进行核试验的决议,并使日本政府冻结无偿资金援助(约7500万美元),给中日关系造成损害。

1996 年 6 月 8 日中国又进行了一次核试验,日方又用停止援助来压中国。日本借口它是世界上唯一遭受过核武器损害的国家,日本国民的心里对核武器很反感,除 1995 年 8 月借口中国进行核试验,而停止对华无偿援助后,又要求重新研究对华日元贷款,除非中国停止核试验。很明显就是企图把核试验和对华日元贷款挂钩,拿日元贷款来压中国,干涉中国的内政。对日本的这种态度,中国方面当然予以反驳,中国进行有限的核试验是为了自卫,并不对其他拥有核武器国家或非核国家构成威胁,而有核国家中只有中国一家表示"不首先使用核武器"。

日本舆论不断地借核试验向中国提抗议,日本政府也是如此,如 1996 年 3 月 31 日日本外相池田就要求中国停止核试验,并且要中国为在日内瓦缔结全面禁止核试验条约提供合作。在日本舆论的宣传中,只对进行过 40 多次核试验的中国揪住不放,而对进行过 1 032 次核试验的美国却不闻不问。连有的日本报纸也说,这种大相径庭的做法太过明显。从中看出,日本方面的主要目的是企图破坏中国的国际形象,把中国塑造成一个有战争威胁的国家,来为日本实行政策转变进行铺垫。1996 年 6 月 14 日和 17 日日本参众两院分别通过强烈抗议中国进行核试验的决议,使这种攻击达到高潮。

1996 年 7 月 29 日中国进行了第 45 次核试验后,宣布自 7 月 30 日暂时停止进行核试验。日本外务省方面的表示先是认为"令人极为遗憾",此后在这一问题上的宣传才不得不减弱。但是,对把本国的核武器部署在外国的唯一国家的美国,对热衷于发展宇宙武器系统并有能力发展这种系统的唯一国家美国,对东南亚无核区中"不使用核武器"这一项表示为难、不愿赞同的美国,日本舆论不进行积极的批评,而对在核武器质和量两方面都处于劣势的中国,在技术方面最落后的中国大加指责,似乎犯下了比在广岛长崎投掷原子弹更大的罪行。①日本政府及舆论的倾向性非常明显。

2. 日本邀请李登辉访日,插手台湾问题

1994 年以后,随着对华政策的某些变化,日本在台湾问题上逐渐

---

① 引自《参考资料》1996 年 8 月 1 日。

改变过去中日联合声明中规定的不与台湾发生官方关系的立场,提升和台湾进行往来的档次,企图插手中国的台湾问题。

1994年秋季,借亚洲运动会在日本广岛举行之机,日本政府邀请台湾所谓的"行政院"副院长徐立德出席亚运会开幕式。对这个问题,中国政府多次提出交涉。指出这是违背中日邦交正常化的原则问题,和日本政府在中日联合声明中的承诺以及和中日建交后二十多年的外交实践相违背。但日本政府找出种种借口为之辩护,最后还是发出了对徐立德的邀请及签证。事后,日本政府虽多次表示,今后将坚守中日联合声明的原则,杜绝此类问题的发生,但从以后的历史发展看,日本政府并未放弃插手台湾问题的企图,只是手法有所改变。

1995年6月,台湾的李登辉在少数美国反华分子的策划下,到美国访问。这件事也使日本的极少数反华分子认为有机可乘,便在日本策划邀请李登辉访日。他们用的申请理由是请李登辉访问他曾读过书的京都大学。而台湾方面当然想利用这次访问破坏中日关系的基础,更是想方设法要办成。对于这样一件想破坏中日关系政治基础的图谋,中国方面当然表示强烈反对。但日本政府态度暧昧,不是积极阻止,而是借口这是民间活动,邀请京都大学校友访日不是政府行为,政府不便干涉。中国方面指出,中日建交的原则就是日本承认中华人民共和国为唯一合法政府,不同台湾发生官方关系。而李登辉是台湾的所谓"总统",和他往来怎么能说是民间关系。日本的社会各界人士也是主张中日友好的占绝大多数,所以李登辉以在职身份访日的企图没有得逞。

1996年3月,为反对台湾岛内分裂祖国的"台独"势力进一步发展,捍卫祖国的统一,中国人民解放军在台湾海峡举行了大规模军事演习。中国军队在台湾海峡的军事演习沉重打击了"台独"分子的嚣张气焰,向世界宣告中国的统一事业是神圣不可侵犯的,在国际产生上了强大的震撼。美国为了阻挠台湾回归中国的发展进程,匆匆忙忙派了两个航空母舰编队通过台湾海峡,意在进行武力恫吓。在美国的带头下,一些西方国家也纷纷表示所谓的舆论关切,要消除莫须有的地区紧张局势。而日本在这股反华舆论中表现突出,不断地表示:中国举行军事演习,就是加剧了台湾海峡的紧张局势,对亚太和平有重大影响,甚至有些舆论还说,演习威胁到日本的安全,要求日本政府作出反应,不能再给中国政府提供日元贷款等等。

1996年3月31日,日本外相池田信彦对访日的中国副总理兼外交部长钱其琛当面表示:最近就中国在台湾近海进行的一系列军事演习,日本国内的反应强烈,不能不使人对这次的做法提出疑问,日本国内对中国的亲近感在减少。他还表明台湾问题是国际性的问题的看法,说:在台湾问题上过去一直没有大的动荡,这种形势对亚洲和太平洋地区的稳定作出了贡献,从整个国际形势来说,也不能不对台湾形势寄予很大关心。在台湾问题上形势不稳,恐怕也会给东南亚各国带来困惑。

钱其琛副总理当即指出:台湾是中国不可分割的一部分,台湾问题是中国的内政问题。它关系到维护中国的主权和领土完整以及祖国的统一大业,这是重大的原则问题。他强调中国历来执行的用"一国两制"实行和平统一的方针。由于存在着"台独"和外国势力进行干预的可能性,中国的演习是为了反对"台湾独立",作出不行使武力的许诺是不可能的。针对日本国内对这次中国人民解放军在台湾海峡进行正常军事演习所作出的不寻常反应,钱其琛说:"美国作出了强烈的反应,但除了美国之外,作出强烈反应的就是日本。"①表明了中国对近几年来在亚洲国际局势不断缓和的情况下,日美却逆向而动不断加强日美安全条约体制的警惕,希望日美安全条约同中日关系发展不产生矛盾。

针对近年来日本插手台湾问题的种种迹象,钱其琛副总理强调"反对进行任何政府间的往来"。中国政府强烈希望中日关系能健康顺利地不断发展下去,但对任何企图干涉中国内政、损害中国主权、破坏中国和平统一的行为都会予以坚决的斗争。

1997年4月14日,日本首相助理冈本行夫说得很直接,他说:"美国对中国的警惕非常强烈。美国认识到,从夏威夷到特拉维夫,唯一的民主国家就是日本,只有日本才是美国的真正朋友。日美关系是非常特殊而宝贵的,日本应该珍视,应该同美国绝对搞好关系。台湾海峡就

---

① 引自《参考资料》1996年4月2日。

在日本附近,日本是(台湾海峡)纷争的准当事国。因此,台湾海峡的安全是日美安全条约的对象。在宪法所允许的范围内支援美国……我们对于中国的军事动向,无论如何也不能放松警惕。"①

日本广播协会 4 月 19 日报道,桥本首相表示,修改日美防务合作方针也要考虑到南沙群岛和台湾发生不测事件。②

3. 在钓鱼岛侵犯中国主权

1996 年日本在钓鱼岛问题上再次侵犯中国的领土主权。7 月 14 日,日本东京都的政治团体"日本青年社"的 7 个成员在白天乘船登上钓鱼岛的北小岛设立了灯塔。灯塔为铝合金制品,高约 5 米,重约 210 公斤,为太阳能电池式。

"日本青年社"在日本右翼势力的支持下,长期从事侵犯中国钓鱼岛主权的行为。1988 年该团体曾对设置在钓鱼岛西海岸的灯塔进行过大幅度修缮。他们的目的是:如果灯塔被承认,并载入海图和灯塔表上的话,那么钓鱼岛作为日本国有的领土就会被国际上承认,从而确定日本的实际管辖权。当时,日本海上保安厅认为"日本青年社"不是渔业方面的人士,而没有受理他们的灯塔注册申请。于是该团体就和冲绳地方的渔船主协会协商,把灯塔产权表面上转让给该会会长,并由渔船主协会会长于 1989 年再次提出申请。日本政府认为该灯塔申报的必备条件完整,决定在 1990 年予以批准。但由于中国政府提出抗议,台湾方面也提出反对,日本政府就把批准问题搁置起来。这次"日本青年社"再次上岛设置灯塔,并计划在 8 月 1 日之前办理正式批准的申请手续。而日本海上保安厅也在接受申请后的 30 天内进行实际调查,在 8 月份决定对申请是否受理。

对这一系列侵犯中国主权的行动,日本政府表示没有权利干涉在钓鱼岛设立灯塔。7 月 17 日晚,日本内阁官房长官梶山静六举行记者招待会表示:"(日中两国)在拥有主权问题上都很敏感。在这个时候设立灯塔,将避免不了会发展成为外交问题。(在主权问题上)也许有人会说政府是软弱的。我个人认为,尖阁群岛的所有权俨然属于日本,不

①② 引自《参考资料》1996 年 4 月 21 日。

应该对合法地设立灯塔说三道四。如果得到土地拥有者的许可,那么政府是没有干涉并令其停建的权力。"①7月20日又宣布即日起执行1982年联合国海洋法公约有关200海里专属经济区的规定。

日本方面对中国钓鱼岛主权的再次侵犯激起了中国人民及海外华人的强烈愤慨。

1996年8月30日,《人民日报》头版发表评论员文章《日本别干蠢事》。其中指出:该群岛同台湾一样,也是中国固有的领土,它是在日清战争中被日本夺取的。中国绝对不会在领土问题上模棱两可。此外,新华社、《光明日报》《解放军报》、中央电视台发表文章、评论指出:"日本政府追认右翼的活动,这同桥本首相参拜靖国神社等右倾化有关。""日本故意宣传中国的威胁,把中国视为日本扩张主义的障碍。"

9月2日至4日,中国3 000吨的海洋考察船在钓鱼岛海域进行了考察。《产经新闻》宣传是首次侵犯"日本领海"。(由于该报的错误宣传,中国方面此后拒绝该报派记者随日本新闻代表团访华,日方无理抗议,取消了该团访华。)并说中国海军潜艇在该岛周围进行巡逻。

9月4日,江泽民总书记、钱其琛副总理对来访的日本前首相羽田孜说:"中日关系主流总的是好的,但也存在日方如何正确认识日本侵华战争等问题。"暗示了对日本参拜靖国神社和侵犯钓鱼岛等问题的不满。

中国香港、台湾、澳门等地的中国人民更是采取各种实际行动抗议日本侵占中国钓鱼岛主权。9月初,台湾有艘渔船前往钓鱼岛,但被日本海军用喷水、喷漆的方法赶了回来。消息传出,台湾民间人士发起"万船齐赴钓鱼岛"行动。9月6日,香港大专学生及工联会等组织前往日本驻港领事馆抗议,烧毁日本国旗,并打算通宵静坐。同日,在港成立的"全球华人保钓大联盟"致函江泽民主席、乔石委员长要求两岸合作,包括可能的军事行动,让日本政府知难而退。并在10日至13日派访京的民协通过国务院港澳办约见外交部官员,把市民签名一并递交给国家领导人。在日本外相池田信彦访问香港期间,几百名示威者向他抗议。9月8日,台湾成立了"保钓联盟筹委会",并部署实施进一

---

① 引自《参考资料》1996年7月19日。

步抗议活动。9 月 10 日,"香港各界保钓联合委员会"成立,上百名市民报名去钓鱼岛拆除灯塔。

从 9 月 8 日起,澳门各界的反日情绪急剧上升,几乎所有的报纸都撰文谴责日本扩张行径,并从书面谴责发展为请愿示威,还有的组织到新华社澳门分社递交给中国政府和江泽民主席的请愿书。

9 月 10 日,中国外交部发言人明确表示钓鱼岛是中国的领土,认为日本右翼势力在北小岛重建灯塔,日本政府逃避不了责任。对外主权交涉应该由中央政府进行,台湾和香港人民的立场当然和中央政府一致。11 日,中国驻日大使徐敦信拜访日本外务省次官,提出抗议,指出日本"严重侵犯了中国领土主权,激起中国人民的强烈愤慨"。9 月 12 日,中国方面以"政务繁忙"为由终止李岚清副总理 10 月下旬的访日计划。9 月 18 日,《人民日报》发表评论员文章,强烈批评日本右倾化,要求日本政府应当切实地负起责任,对右翼势力不能再听之任之,不要再干对不起中国,有愧于中国的事。但是,这次日本侵占中国钓鱼岛问题是处心积虑,早有预谋的,而且比过去数次更加明目张胆。

1996 年 9 月 6 日下午,日本外务省外务报道官桥本宏在记者招待会上说:"外务省已就中国海洋考察船 2 日进入尖阁群岛周边领海一事向中国方面表示,中国在日本领海和专属经济区内开展调查活动,有必要征得日本的同意。尖阁群岛是日本的'固有领土'。"①

9 月 9 日,"日本青年社"再度派人登上钓鱼岛,竖起另一支太阳能灯塔,同时把 7 月 14 日竖起后遭台风吹歪的旧灯塔加以拆除。这是 1996 年 7 月以来,日本极右团体的第四次登上钓鱼岛,除了建造灯塔,竖立木制太阳旗,也包括"某某曾到此一游"之类,以为将来永久占据留些所谓的证据。9 月 13 日上午,日本内阁官房长官梶山静六在记者招待会上就日本政治团体在钓鱼岛上设置灯塔的问题表示:"政府无权阻止民间团体在自己所拥有的地方进行适当活动。关于是否赞成设灯塔的问题,我不好表态。"②

---

① 日本《产经新闻》1996 年 9 月 7 日报道,引自《参考资料》1996 年 9 月 8 日。
② 日本《产经新闻》1996 年 9 月 13 日晚版报道,引自《参考资料》1996 年 9 月 15 日。

在中日交涉过程中,日本驻华大使馆官员曾说:"日本政府纵容,完全不是事实。"日本外务次官对中国驻日大使说:"尖阁群岛是日本固有领土,所谓(主权问题)搁置,(日中双方)并未同意。"①表明日本图谋占据中国领土的野心。

在这里,值得研究美国的态度。战后冷战时期,日美是盟友。在和中国外交关系没有正常化以前,两国共同反华。在和中国逐步实现正常化时期和实现以后,在对华重大问题上,日美基本保持一致对付中国。在钓鱼岛问题上也是如此。1971年日美关于冲绳问题交接时,私相授受让日本接管了钓鱼岛,使其处于实际占领的较为有利的地步。此后,日本对1972年9月和中国达成的"搁置主权争议"的协议,逐步否定,摆出全面占据钓鱼岛的姿态。在该岛水域布置强大的海空武装力量,既可轻易驱逐前来捕鱼的大陆台湾渔民,又把前来示威的港台人士排除在外,而日本的右翼分子三番五次地登上钓鱼岛。这一过程都是当年日美共同反华时打下的基础造成的。

中日关于钓鱼岛主权之争再次发生后,美国的态度朝三暮四,有时表示美不支持任何一方对钓鱼岛的主权要求。②有时又表示日美安全保障条约适用于钓鱼岛。美国的表态引得日本驻美大使急忙出面声称"日美安全保障条约不适用于钓鱼岛"。③这是为了避免使日本国内很多人对日美同盟提出问题。但据日本报纸透露:"9月20日获悉,驻日美军为了把日本实际控制的东海钓鱼岛的一部分岛屿用做射击训练场,已通过日本政府同土地所有者签订了租赁合同。"这一事实证实美国政府已间接承认钓鱼岛的主权属于日本。所以有人指出:"这同美国政府就尖阁群岛领有权事宜所表明的'不承认任何国家的主权'这一见解是相矛盾的……"④从中可以看出美国在钓鱼岛主权问题上的政策是挑起事端,偏袒日本和抑制中国。

---

① 《日本在钓鱼岛问题上得寸进尺》,新加坡《联合早报》1996年9月15日,引自《参考资料》1996年9月17日。

② 法新社华盛顿1996年9月11日电,引自《参考资料》1996年9月13日。

③ 日本《产经新闻》1996年10月4日报道,引自《参考资料》1996年10月5日。

④ 日本《产经新闻》1996年9月20日报道,引自《参考资料》1996年9月22日。

1996年9月中旬以后,中国大陆和港、澳、台地区人民的抗议浪潮逐渐升高。中国政府和舆论的批评措辞愈加严厉。中国人民解放军在辽宁黄海外岛、江苏沿海和广东南海分别举行了三场登陆作战的海陆空协同作战演习,外电报道"是接近实战的演习"。

台港澳爱国人士在9月26日组织了第二次登钓行动,但在离岛3公里处,遭到日本海上自卫队的拦截,香港保钓联盟领导人陈毓祥等人为抗议日本侵犯我主权跳海抗议,不幸身亡。消息传出,激起中国人民更大的愤怒。10月6日,30艘港台保钓船抵达钓鱼岛,面对60艘日本船只的重重阻拦,派出6名成员登上钓鱼岛,插上中国国旗等旗帜,并顺利返航。

经过全中国人民的坚决斗争,日本政府不得不考虑问题的严重性,开始有所收敛。9月8日,日本政府不批准右翼团体在钓鱼岛设立的灯塔为航标。20日,日本外相池田又表示要通过24日在纽约日中外长对话使问题平静下来,但他同时又表示"一部分青年等设立的灯塔,成为了问题。但是,尖阁群岛无论在历史上还是法律上都是日本领有的。"①

9月26日,日本政府向中国政府转告:桥本首相将停止预定10月举行的靖国神社秋季例行大祭前后的参拜。10月3日,日本警方搜查在钓鱼岛设置灯塔的"日本青年社"总部,并以违反"刀枪管理法"逮捕了该社顾问。10月29日,中日两国副外长在东京举行了副外长定期磋商,在钓鱼岛问题上,中国方面强调"双方就搁置已达成默契","而日本方面却表示没有那回事",在这个问题上对立起来。10月30日,中国副外长唐家璇在和日本首相桥本龙太郎会谈时,要求日本方面拆除其政治团体在岛上设置的灯塔并防止再次发生类似事件。桥本回答:将继续(为解决这一问题)努力,但是作为法治国家,在法令框架中有能做的事和不能做的事之分,希望中国方面能够理解这一点。②

11月1日,美国国务院正式通知日本在钓鱼岛问题上"不支持任何一方",似和以前立场有变动的迹象。同时,日本政府面对中国人民

---

① 日本《产经新闻》1996年9月20日报道,引自《参考资料》1996年9月23日。
② 日本《读卖新闻》1996年10月30日晚刊报道,引自《参考资料》1996年11月1日。

多方面的强烈抗议,也感到不改善中日关系将降低日本在亚太地区的影响力,对它的国际发展环境不利。决定趁亚太经合组织会议举行之机,改善对华关系。

11月23日,中日两国外长在马尼拉举行了会谈,达成了月内向中国派遣关于提供第四次对华日元贷款的日本政府调查团(贷款额58 000亿日元,约合52亿美元)。24日江泽民总书记和桥本首相举行会谈,关于钓鱼岛,双方认为不应该因这个问题的分歧而影响整个中日关系的正常发展。日方表示:为防止类似事件再次发生,我们将继续努力。①

1997年3月29日,中日外长在北京会谈,一致同意借中日邦交正常化25周年的机会推动首脑互访。在这次会谈中,钱外长对日本重新提供无偿资金援助表示欢迎,对日本领导人承认侵略并进行反省给予评价。在钓鱼岛问题上,他表示:"留待今后解决是现实的,也是切实可行的。"池田外相表示,"尽管日中的立场不同,但不能让尖阁群岛问题妨碍日中关系的发展。今后也将冷静地对待这个问题。"②日本表明了事实上搁置钓鱼岛主权问题的政治态度。

但是,日本右翼势力并没有放弃霸占钓鱼岛的主权。1997年5月6日,日本新进党国会议员西村真悟等四人登上钓鱼岛,并进行所谓拜祭仪式,再次引起中国政府抗议。

1997年5月26日,从香港、台湾出发的保钓人士,有两人在登上钓鱼岛以后被日本方面以所谓非法入侵土地罪逮捕。

1997年6月11日,日本一右翼团体的三名成员,再次侵犯了中国的领土与主权。这三人无视日本第十一管区海上保安本部巡逻船的"警告",乘渔船登上钓鱼岛群岛中的北小岛,在岛上逗留了一小时左右。

6月16日,外交部发言人在记者招待会上表示:钓鱼岛及其附属岛屿自古以来就是中国的固有领土,中方在此问题上的立场是明确的

---

① 日本《朝日新闻》1996年11月25日发自马尼拉的报道,引自《参考资料》1996年11月26日。

② 日本《读卖新闻》1997年3月29日报道,引自《参考资料》1997年3月31日。

和一贯的。我们对日本右翼分子无视中方立场,再次登上钓鱼岛,严重侵犯中国主权的非法行径表示愤慨。中国外交部已向日本政府提出严正交涉。

8 月 17 日,日本官房长官梶山静六在朝日电视台发表讲话时认为,台湾海峡属于日美共同防御的"周边有事"地区。日美安全条约中的"远东"条款涵盖了菲律宾以北区域,其中包括台湾在内。其后,还有日本外相等声称支持该讲话。

19 日,中国外交部发言人表示:对梶山静六官房长官的上述发言表示严重关切,要求日本政府对此作出明确澄清。

8 月 28 日,李鹏总理在中南海会见日本舆论界人士时指出:梶山静六发表关于日美防卫合作范围包括台湾海峡的讲话将动摇中日关系的基础,这个问题不是"小事",而是"大事",要求日本方面坚持"一个中国"的基本立场。

同日,日本首相桥本在东京读卖国际研讨会上发表《以新的对华外交为目标》的演讲,首次提出日本对华四原则:"相互理解、加强对话、扩大合作、形成共同秩序",并表示:台湾是中华人民共和国领土不可分割的一部分,日本政府充分理解并尊重中华人民共和国的立场。日本不支持"台湾独立"。从日中邦交正常化,日本政府在这个问题上的立场是一贯的,将来也将坚持这一立场。在谈到历史问题时,桥本说,1995 年 8 月 15 日,日本首相村山富市曾发表过谈话,桥本表示他与村山的想法相同。他说,日本将来也不走军事大国的道路,而是作为和平的国家继续发展。在谈到日美修改防卫合作方针问题时,他说,通过对话解除中国的担心是必要的,但日本也将确保修改的"透明性"。他表示:中国加入世界贸易组织不仅有利于中国,也有利于世界经济的发展。①

在此以后,日方在钓鱼岛问题有所克制,但并未放弃侵犯中国主权的意图。1999 年 9 月初,日本右翼团体又登上钓鱼岛更换灯塔电池,遭到中国外交部的严正抗议。

值得注意的是台湾当局在钓鱼岛问题可谓用心复杂。1996 年 9 月

---

① 引自《人民日报》1997 年 8 月 29 日。

6 日,台"外交部"发表声明,表示钓鱼岛列屿(台湾称呼的钓鱼岛)是中国领土的一部分,"此一立场不容置疑",而台湾当局"保卫国土的决心,决不改变",对日本的行为表示"严重遗憾"。17 日,台"外交部"政务次长程建人表示"钓鱼岛的纷争不是一天两天可以解决的,最好的处理方式仍是和平解决"。而李登辉在 5 日与日本议员佐藤信二会见时只针对钓鱼岛的渔业权问题发言,并未提及主权归属问题。实际上希望将主权和渔业权分开,搁置主权,谈渔业权。

9 月 12 日,台湾"行政院"发表四项处理原则,对台港澳保钓人士的行动,台方面不护航,不鼓励,不拦阻,认为最好以和平方式解决,诉诸武力并非上策。特别是决定"排除与中共联手谈钓鱼岛问题,不需要与中共合作,台当局有能力处理钓鱼岛主权争议,并想通过这件事和日本早日谈判,建立沟通渠道"。而对于保钓人士的行动实际上密切监视,生怕被中国政府利用,还秘密调查有无大陆方面的资金介入保钓运动。

10 月 7 日晚,保钓人士经台返港在台北停留一晚时,两百多名"台独"分子突然到旅馆门口高喊"台独"口号,要把中共统战分子驱逐出去等等。10 日,日台间第二次磋商达成协议,对日台渔民在钓鱼岛 12 海里外维持原先捕鱼状况,不予干涉,达成默契。10 月 24 日,台湾"副总统"兼"行政院长"连战批示:民间保钓团体申请直升机飞航空中保钓不予核准,令台湾保钓人士认为该决定"丧权辱国",要求调查、弹劾相关官员。

4. 东京地方法院对花冈事件判决不公

1945 年在日本东北地区秋田县花冈町(现大馆市),被日军抓去的 700 多名中国劳工由于不堪忍受工头的残酷剥削和压迫发动起义,遭到日本军警镇压,130 余名劳工被害。仅 1944 年 8 月至 1945 年 11 月期间,在该地为鹿岛建筑公司从事河道改造工程的 986 名中国劳工中,包括花冈事件死难者在内共有 418 人丧生。中国人民要求讨回公道,得到赔偿是完全正义的。

1997 年 12 月 10 日,东京地方法院在下午 3 时开庭宣布,"驳回原告的请求,诉讼由有原告一方承担",作出不公正判决,驳回了花冈事件幸存者及死难者家属代表要求当年直接参与迫害中国劳工的鹿岛建设公司谢罪并给予经济赔偿的要求。以耿淳为首的 11 名原告当场表示："这一判决有失公道,拒绝接受判决,并将继续斗争,直到讨回公道为止。"2000 年 11 月,在正义力量的促进下,鹿岛建设公司同意为救济受害人而设立 5 亿日元的基金,双方在东京高等法院达成了和解。①

5. 在历史认识问题上翻案

随着日本政治右倾化越来越严重,日本右翼势力在如何对待日本军国主义过去对亚洲人民犯下的战争罪行这一重要历史认识问题上大做翻案文章,企图为日本军国主义洗刷罪名,为侵略战争招魂,为日本加强军事力量制造舆论基础。近两年来,在几乎所有具体的历史问题上都出现右倾翻案的事例。

(1) 关于桥本首相参拜靖国神社

1985 年日本首相中曾根康弘公开参拜靖国神社受到国内外的强烈批评以后,历届日本首相都没有参拜过靖国神社。在日本历届官房长官中,1985 年官房长官藤波孝生公开参拜了靖国神社。1987 年官房长官后藤田正晴在 8 月 14 日以私人身份进行了参拜,此后一段时期就没有其他高级官员参拜靖国神社了。

桥本在未当首相之前,每年都是尽其所能地参拜靖国神社。1995 年 8 月,任日本内阁通产相时也以"日本遗族会会长"的身份参拜了靖国神社。1996 年 7 月,对是否参拜靖国神社,桥本也有多种考虑,他并非没有认识到参拜靖国神社对亚洲各国人民的伤害,所以先有 7 月 18 日传出他决定不去参拜靖国神社的消息,同时他身边的人士也传出这样的话:这次桥本不去参拜靖国神社,"我想首相内心是感到惭愧"。②

7 月 29 日,桥本以参拜带有私人性质,而且避开"终战纪念日"为由,以神道形式参拜靖国神社。他在签名簿上写的是"内阁总理大臣",使用的是公车,但未出香火费,秘书官未陪同。桥本的结论是:这一天

---

① 《迟到半个世纪的赔偿》,日本《读卖新闻》2002 年 4 月 26 日(晚刊)。

② 《桥本首相有限考虑亚洲国家,决定不去参拜靖国神社》,日本《每日新闻》1996 年 7 月 18 日,引自《参考资料》1996 年 7 月 19 日。

是自己的生日,在亲戚和朋友当中,有人同靖国神社有关系,以私人的角度参拜的成分很多。不过,他也说:"总理大臣有私人吗?"他拒绝说明所谓"公职身份"同"私人身份"的区别。日本舆论界指出:很早以前就提出了实现正式参拜要求的神社和日本遗族会等曾要求桥本首相恢复参拜。毫无疑问,身为自民党强有力的支持团体——日本遗族会会长和自民党的"大家都来参拜靖国神社国会议员会"会长的桥本首相,有心满足神社和日本遗族会的上述要求。①

桥本参拜靖国神社的行为立即引起许多亚洲国家政府和舆论的强烈抗议。29日晚,中国外交部就此事向日本外务省提出抗议。此后,中国新华社发表文章指出:作为长期从政的政治家,桥本怎么能不知道日本的这场侵略战争?作为日本首相,桥本怎么能不知道与其他国家的关系和个人的感情两者哪个重要?日本虚伪地假装对他们的二战罪行表示痛心,却在同时无视它的侵略历史以及其他国家人民的感情。

新加坡、朝鲜和韩国等国也都向日本政府提出了抗议。世界各地的进步舆论对此进行了严厉的谴责。

(2)关于修改教科书

1984年后,日本政界要人频频挑起要修改日本中小学生使用的教科书问题。战后几十年来,在日本教育界、学术界广大进步知识分子的努力下,日本教科书中对日本军国主义的历史,对日本在二战中对亚洲各国犯下的战争罪行进行了一定程度的揭露。尽管这种揭露还远远不够,还并未完全反映历史真实情况,但已令日本政界中的右翼势力大为不满,他们和日本社会上的右派,主张恢复日本军国主义的势力相呼应,不断地在教科书问题上向日本主持正义,尊重历史事实的人士发起进攻。而其中的中坚势力是自民党和日本政界的一些人。

1984年和1986年日本文部省相藤梶正行曾因为日本军国主义翻案,说"教科书不要老写日本不好,不好的不只是日本一个"等等,而受

---

① 《首相参拜靖国神社孕育着危险》,日本《朝日新闻》1996年7月30日,引自《参考资料》1996年7月31日。

到亚洲各国的强烈谴责而被迫下台。而后右翼势力在以下几个重要问题上更是不遗余力地想加以修改。

例如：宣传南京大屠杀是虚构的，人数没有宣传的那么多。1996年7月16日，日本自民党内为修改教科书，由总务委员会专门约请日本政府文部省负责人开座谈会。会上，自民党的各总务委员对南京大屠杀在教科书中的表述不断发表意见，说："难道不是专门写因为是日本人才令人讨厌这样的事情吗？""说南京大屠杀死了20万人，其根据确凿吗？""在发生南京事件的当时，南京只有10万市民，怎么会有20万人被屠杀呢？""20万具尸体究竟埋在南京城的什么地方了呢？这不符合历史事实。应该纠正。有关南京事件的报道数字都是虚构的"。①

（3）关于"随军慰安妇"

"随军慰安妇"的真相是：20世纪90年代初日本进步记者偶然从一张20世纪30年代日军在中国徐州附近渡河的照片上发现线索，经过艰苦细致的工作，才发现二战期间，日军中有几万从韩国、中国、菲律宾等国家抓来的妇女随军供日本士兵蹂躏这一震惊世界的罪行。慰安妇问题随即成为国际问题，韩国、中国台湾、菲律宾等地的受害妇女站出来揭露事实，要求日本政府道歉并予以赔偿。

这一历史事实曝光后，一直对侵略历史耿耿于怀的日本政界大为难堪，也使日本还没有正确认识过去的历史和真正反省的态度再次曝光。日本政府一直羞羞答答地不肯道歉，不情愿由官方出面赔偿，而指使一些民间团体出面想花钱了事。

对于在教科书写进随军慰安妇这样的事给孩子们看，日本政界右翼分子觉得太难堪了。他们说：教科书将殖民地的妇女称为"随军慰安妇"，但其中也有日本人和韩国人。这些妇女都是自愿的，并没有对她们进行绑架或强行拉走。从某种意义上说是一种公开的娼妓制度，一个并不明确的事件为什么要写入教科书？所以，日本右翼认为现行的教科书不利于日本的政治体制及统治。如说什么"教科书的审定制度

---

① 《南京事件是虚构的数字——自民党总务会成员谈教科书问题》，日本《产经新闻》1996年8月23日，引自《参考资料》1996年8月25日。

本身也存在着问题。日本历史教科书中近现代史部分占 40％,比例失调。不教授日本的优良传统,就会使受教育者感到日本在近代尽做坏事。如果这样下去,经过 50 年或 100 年之后,就不会有人认为日本是一个好国家了。……教科书中记述的尽是帝国主义侵略等反日内容。如果把这些只能让孩子们心情阴郁的教科书无偿地发给他们,而且要使用 4 年,那么日本就将走向灭亡”。①在这些观点的作用下,日本政府要员不断地在中日关系以及和其他国家的关系中制造事端。

1997 年 1 月 24 日,日本官房长官梶山静六对日本记者说:在教育日本学生有关慰安妇的问题时,不提当时存在的公娼制度这一社会背景是很不恰当的。那些在“慰安妇”问题上大惊小怪的人并不了解二战期间官方允许妓女存在这一制度,在成千上万慰安妇当中“只有一部分是被迫充当军妓的”。

梶山如此明目张胆地为日军的罪行进行粉饰,激起了各国政府和舆论的强烈批评。1 月 25 日,日韩首脑会谈中,韩国总统金泳三强调:梶山的谈话“对韩国国民造成了冲击。日本一些政治家经常就历史问题发表让韩国国民非常难以理解的谈话,令人遗憾。发生了的事情既不能隐瞒,也不能抹杀,必须正视真实的过去”。为此,日本首相桥本不得不为梶山的谈话向金泳三道歉。

1 月 26 日,日本民主党代表鸠山由纪夫②发表谈话,批评了梶山关于慰安妇问题的谈话,他指出,梶山身为官房长官,是政府的发言人,他 24 日的谈话“问题极其严重”,如果这样的谈话不断发生,日韩关系、日中关系没有“真正意义上的坦诚交往”。

在各个方面的压力下,梶山不得不在 1 月 27 日公开道歉:“我的谈话对日韩首脑会谈造成了不愉快,使韩国国民产生了误解,这是我无德所致,衷心道歉。”他还表示:慰安妇问题当然应该写进日本的中学教科书。

---

①　《南京事件是虚构的数字……自民党总务会成员谈教科书问题》,日本《产经新闻》1996 年 8 月 23 日,引自《参考资料》1996 年 8 月 25 日。

②　鸠山由纪夫后于 2009 年 9 月至 2010 年 6 月首任民主党执政后的日本内阁首相。

但梶山是日本政界右翼核心人物之一,他不会轻易放弃右倾的顽固立场。1998年二三月间,他秘密访问中国台湾,和李登辉密商如何加强日台关系。

(4) 关于吞并朝鲜

1995年前外相渡边美治雄说:韩日合并条约是圆满签订而不是依靠武力签订的。对当时的日本首相村山富市对该事件所作出的道歉,日本内阁总务长官江藤隆美却说"村山首相有关韩日合并是强制的发言,是错误的"。这些日本高级官员的讲话表明他们根本不承认这是一段侵略历史,完全颠倒是非正义,从骨子里并未放弃轻视亚洲各国的观点。因此,除了在朝鲜问题上持有"日本对朝鲜的统治也有给朝鲜人带来好处的一面"论点外,在对二战期间日军占领东南亚各国的历史,日本右翼的政客、学者也不断宣传,那是为了把东南亚从英法等国殖民者统治下解放出来,有助于东南亚各民族摆脱殖民统治有进步意义等等。对日本在二战中的各种暴行,如发动细菌战、屠杀外国劳工,都进行美化掩盖。而对桥本首相参拜靖国神社这样重要的事件,日本内阁的大多数阁僚认为可以理解,不是什么特别的问题。这些都说明,日本政坛上的右倾化趋势并不是偶然的,而是和战后几十年来日本并未认真清算日本军国主义的侵略根源,未正确教育日本国民对待历史有密切关系。

第四节　把一个充满希望的
中日关系带入 21 世纪

一、 和日本右翼势力坚决斗争

进入1999年以后,由于美国极力推行"单极世界"的独霸战略,对中日关系也产生了一些微妙影响,日本国内的极右翼势力及政界某些人,极力干扰和破坏中日关系的正常发展,屡屡给中日关系制造事端。

1月14日,与日本自民党联合执政的自由党党首小泽一郎声称:日美防卫合作新指针有关法案中提到的"周边事态"的范围包括俄罗斯、朝鲜半岛、中国及中国台湾,"周边事态"是地理概念。小泽此论一出,立即遭到中国等有关国家的强烈反对。18 日,日本政府急忙出来澄清:"周边事态"不是地理概念。但是 3 月上旬,日本防卫厅长官野吕田芳成表示可"先发制人"地攻击"企图"袭击日本的敌国基地,并称在宪法上为此作出解释是可能的。

科索沃危机爆发以后,日本政府支持北约采取空袭行动,国内右翼势力为之呼应,予以配合。1999 年 4 月,日本国会开始审议为实行1997 年 9 月日美两国签署的新日美防卫合作指针而制定的"周边事态法案"、"自卫队法修政法案"、"日美相互提供物品劳务协定修政法案"等三个法案。

这三个法案与新日美防卫指针和日美安保条约相比,在范围、内容上都有扩大化的趋势,势必引起周边邻国的担心。特别是,美国借口朝鲜和中国的所谓导弹威胁,要在日本、韩国、中国台湾建立战区导弹防御系统(TMD)。

对于美国企图将台湾也纳入战区导弹防御系统的动向,中国外交部长唐家璇严正指出,"如果有人想把台湾也拉入这个系统,那就是对中国主权和领土完整的侵犯,将会阻挠中国实现和平统一祖国的大业,必将遭到包括台湾人民在内的全体中国人民的强烈反对。"

对日本国会正在审议的这三个相关法案,日本进步人士表示坚决反对。1999 年 4 月 16 日,来自日本各地几十个工会组织的约 2 800 人在东京举行大规模示威游行,反对新日美防卫合作指针及其相关法案,并谴责政府及执政党方面极力要在国会通过的企图,呼吁日本国民不要成为美国的战争帮凶,要依靠和平的力量解决国际纷争。但是,日本众议院不顾日本人民和亚洲各国人民的强烈反对,于 4 月 27 日强行通过了与新日美防卫合作指针相关的《周边事态法案》《自卫队法修改法案》以及《日美相互提供物品劳务协定修改法案》。这些法案在国会通过,标志着日美防卫合作从防御走上进攻的危险道路的趋向,日本有可能成为美国在亚太地区进行军事侵略的战争工具。

因为,日美防卫合作的范围扩大,从"日本本土"扩大到"日本周边地区事态",而且不确切说明"周边地区"有无地理范围的限制,只要日美自认为事态对他们产生"重要影响",随时都可以把亚太地区任何一个地方纳入其防卫合作的范围,进行军事干涉。

另外,日美防卫合作的内容大大增加日本自卫队的作用:从保卫国土的"专守防卫",扩展到参与美军在海外的军事干涉行动。旧日美防卫合作指针规定自卫队"当日本遭受对方武力攻击时方可行使防卫力量",而新指针相关法案则大大超出了"专守防卫"的范围。

再就是日美防卫合作将突破日本现行宪法的禁区,从加紧扩充军备发展到实行海外派兵和行使集体自卫权。日本早就突破《宪法》第9条中"日本不保持陆、海、空及其他战争力量"的限制,打着自卫队的旗号不断扩充陆、海、空三军的军事力量,其装备日益现代化。日本还突破宪法关于"不得向海外派兵和行使集体自卫权"的限制,以"协助联合国维护和平"为名,先后派出多批自卫队去海外执行任务。根据新指针及相关法案,日本自卫队还能以"营救本国国民"为由,可以向国外发生冲突地区派遣自卫队飞机、舰艇等。

该法案通过后,1999年4月30日,日本首相小渊惠三就赴美访问。日本舆论评论,这是为美国在亚太地区加强军事控制献上的一份厚礼。5月24日,日本参议院又通过了这三个法案,完成了立法程序。

此外,日本国内右倾势力的进一步抬头还突出表现在对待历史问题和修改宪法上。1998年底以后,从日本政府在江主席访日期间,不肯在中日联合宣言中写入"道歉"一词;其后日本东京高等法院就东史郎诉讼案作出终审判决,判披露南京大屠杀真实情况的二战老兵东史郎败诉;日本国内舆论对中国要求日本正确认识历史的言论进行指责、攻击,泛起一股所谓"逆反心理"。其中的某些右翼代表人物借机大翻历史铁案。

1999年3月,大阪国际和平中心放映反华影片《自尊——命运的瞬间》,粉饰日本战争罪犯。4月12日,刚当选的日本东京都知事石原慎太郎公然声称南京大屠杀是"捏造"的。他毫无根据地断言,日军不可能屠杀30万中国人。日本发动侵略战争的结果是"从白人的殖民统治中拯救了亚洲各国,不然这些国家恐怕至今仍处在殖民统治之下"。他对中国政府进行攻击,诬蔑中国政府关于西藏的政策,还在台湾问题上对中国进行挑衅,并称中国为"支那"。①

4月18日,中国外交部发言人发表评论对石原慎太郎的言论表示愤慨。中国舆论对他进行了严肃的批驳,19日日本政府作出反应,由内阁官房长官出面表示对华政策不变,并且说,石原这样的发言或成为政治争斗的工具,或在两国间造成某种影响,都是非常遗憾的。

但日本国内确实不断出现破坏中日关系的事例。如4月22日日本《产经新闻》报道,前不久日本有两家出版社在政府的同意下,将中小学教科书中反映当年侵华日军暴行的照片换掉。该报说,日本一部分人以后还将要求修改对"强征慰安妇"和"南京大屠杀事件"的表述。被换掉的照片摄自中国华北地区居民家的墙壁宣传画,画的内容是一个日本兵手持尖刀正在残害一名被绑在柱子上的中国妇女,日本兵脚下的地上扔着一个胎儿。画面上写着:"日本鬼的残酷!"刊登这幅照片的是从1996年春开始使用的由大阪书籍出版社出版的《小学六年级用社会上册》,从1997年春天开始使用的教科书中,这幅照片换上了战争期间摄自中国广东的一面墙上的标语,内容是"如果爱日本就停止战争"。《产经新闻》称,今后,各家出版社出版的历史教科书中还有"日本强征慰安妇"、"南京事件20万人被屠杀之说"、"三光政策",以及将日本的行为写作"侵略"等有关战争的问题的表述均"有欠周到"。这次教科书更换照片一事表面看起来是不让青少年看到残酷的画面,实际上是为了掩盖日本侵略者的历史罪行。

1999年5月13日,石原慎太郎又在日本全国性报纸上发表文章,除对中国媒体对他的批判予以狡辩之外,又对南京大屠杀有了新说,宣称什么日本民族不具有"有计划地大规模杀人的素质"。这期间,日本政府在东京都建立了一个"昭和馆",馆中所展示的第二次世界大战时期的历史资料和文物,闭口不提日本侵略中国的种种战争罪行。

6月24日,日本众议院运营委员会决定在国会设立宪法调查会。

----

① "支那"一词是日本军国主义侵华时期对中国的侮辱、蔑视的称呼,并非如石原慎太郎所认为的"并非蔑称"。关于这个问题日本东京大学博士生周程在他的论文《"支那"一词在日本的使用情况考察》中有科学、求实的解说。详见《日本学》第10辑,国际文化出版公司2000年版,第65—90页。

日本分析家认为,日本执政党极力主张在国会设立宪法调查会的真实目的是要对日本现行的和平宪法进行修改。日本执政党的这一企图已引起热爱和平的广大日本人民的密切关注。

这一决定被公布之后,日本自民党、自由党、民主党和公明党及改革俱乐部等党派表示赞成,而日本共产党和社民党则表示反对。根据决定,议会运营委员会将在 7 月 1 日通过国会法修改案,然后递交众议院审议,最后将由本届国会审定。据悉,国会法修改案明确规定,成立宪法调查会的目的是为了对日本现在实行的宪法"进行广泛和综合调查"。调查时间为 5 年左右。宪法调查会将由 50 名委员组成,委员将根据各政党在议会的席位按比例分配,会长将在委员中选举产生。调查结束后,调查会将提出有关调查报告,作为是否修改宪法的依据。

在中日关系和日本政治中出现的"改史、修宪、强兵"的动向,反映了日本经济遭到战后前所未遇的重大挫折后,在日本国民对现状日益不满时,日本右翼企图通过煽动民族主义情绪,通过突破和平宪法的禁锢,走上所谓"政治大国"、"军事大国"的道路,以强大的战争军需来刺激经济,从萧条中解脱出来,重走第二次世界大战前日本以战争刺激需求的老路。

1999 年 8 月 9 日,日本参议院全体会议通过了把"日之丸"定为国旗、《君之代》定为国歌的《国旗国歌法》。自民党、自由党、公明党及民主党一半左右的议员投了赞成票,超过了共产党、社民党投的反对票。共产党和社民党强烈反对该法,认为:强制国民挂国旗、唱国歌,侵害了宪法关于思想、言论自由及主权在民的基本原理。同时指出:"日之丸"和《君之代》曾是日本军国主义对亚太邻国发动侵略战争的象征,将之作为国旗国歌是不适当的。该法案通过后,不仅日本国内举行了大规模的游行示威,亚洲各邻国也纷纷表示忧虑,担心日本右倾化愈演愈烈。

而此后不久,日防卫厅次官西村真悟称日本有拥有核武器的权利。7 月 12 日,他这样回答记者的提问:问:你已经当上了防卫厅政务次官,你还有没有再次登"尖阁群岛"的打算?(注,他 1997 年 5 月登岛)。答:如果必要的话还要回去。问:中国可能要提出抗议。答:不管提不提抗议,那里是日本的领土。如果外交不能解决问题,那么我们防卫厅就要去解决。……问:印巴间危机四伏。答:双方都有核武器,所以核战争打不起来。没有核武器的地方是最危险的。日本也许应该进行核武器试验,必须在国会上讨论这个问题。①……西村真悟的狂言,引起了日本舆论的强烈抨击。7月13日,西村在在野党一致要求罢免的谴责声中辞职。

与此同时,日美正式开始战区导弹防御系统的共同研究。日美两国1999年10月22时在日防卫厅举行关于战区导弹防御系统的事务级磋商,双方通报了技术研究的进展情况。这是自从8月两国在有关文件上签字后日本着手研究以来的首次磋商,标志着日美战区导弹防御系统的共同研究正式开始。

1999年11月13日至14日,东京都知事石原慎太郎"访问"台湾,就是一起和"台独"分子相勾结的政治事件。在台湾,石原否认日本侵略战争罪行,说南京大屠杀是"纯属虚构"。这些反华言行受到台湾当局的重视,李登辉会见了他。而石原在会谈时公然宣称"'中华民国'是日本周边的国家",更让"台独"分子李登辉感到鼓舞。他表示谋求日本提高对台关系层次,希望日本仿效美国也制定一个《与台湾关系法》。由于石原这次是以东京都知事的身份第一次"访台",使台湾当局对提升"日台关系"、破坏中日正常友好关系增加了希望。12月6日,李登辉在台北接见"亚洲展望会议"与会学者时表示要争取出席2000年10月在日本举行的"亚洲议长会议"。这些迹象表明,由于日本国内少数右翼分子的破坏,台湾问题在中日关系中有日益突出的趋势。

2000年新年伊始,1月23日日本右翼势力在大阪国际和平中心上演一幕否认南京大屠杀惨案的反华闹剧。他们在该中心举办所谓"20世纪最大的谎言——南京大屠杀彻底验证聚会",再次企图彻底否定侵华日军南京大屠杀的罪恶历史,并且还反过来诬蔑遭受了人类历史上罕见屠杀的中国人民制造了什么"20世纪最大的谎言"。

南京大屠杀自发生之日起,日本军国主义就企图掩盖、消弭这一历

---

① 引自《参考资料》1999年12月21日。

史暴行,从当时的封锁信息,迫害国际、国内正义人士对外揭露日本军队的暴行,到事后毁灭罪证,混淆视听。为什么当时的日本军国主义和后来的日本右翼分子都要否定侵华日军大屠杀的事实呢? 因为南京大屠杀是侵华日军对中国人民犯下的滔天罪行,集体体现日本军国主义反人类、反正义、为害邻国和亚洲及世界人民的本质。所以日本右翼势力在战后要极力否认,推翻由中美苏英法等 11 个国家组成的远东国际军事法庭对日本军国主义和战犯进行的正义审判。

从 20 世纪 80 年代起,日本国土厅长官奥野诚亮就跳出来否认南京大屠杀,被日本和国际舆论严厉批驳,迫于压力而辞职。但此后他还多次发表谈话,否认发生过"南京大屠杀",硬说"日军 1937 年在南京屠杀了 30 万中国人是'中国人制造出来的谎言'"。20 世纪 90 年代初,日本运输相石原慎太郎又说:"中国方面怎么竟说日军在南京屠杀了 30 万中国人,这是'中国人捏造出来的谎言',日本人应该肃清'战后意识'。"1994 年,刚上任的日本法务大臣永野茂门也说过"南京大屠杀是捏造出来的"。

因此,日本右翼分子在大阪国际和平中心上演的否认南京大屠杀的闹剧,只是日本右翼势力破坏中日人民友好关系,妄图否认日本对外侵略历史,幻想重走老路,再危害日本邻国和亚洲及世界人民的大暴露。自然受到日本和世界人民的坚决抵制。会议当天,大阪十几个团体和华侨中国留学生 200 多人冒雨在会场外抗议集会。在中日进步人民的努力下,日本的司法系统对过去的审判决定有所改变。2002 年 5 月 10 日,东京地方法院判决南京大屠杀受害者李秀英胜诉。①6 月 28 日东京地方法院认定前日军 1932 年在平顶山事件中的屠杀事实。②这些都说明日本侵华是不容翻案否认的。

二、 中日政治关系的不断发展

日本右翼分子的这些动向,更需要中日两国政治家和人民以诚相

---

① 中央社东京 2002 年 5 月 10 日电讯稿,引自《参考消息》2002 年 5 月 11 日。
② 日本《东京新闻》2002 年 6 月 28 日报道,引自《参考消息》2002 年 6 月 30 日。

见,加强对话,冷静地正确地面对中日间存在的各种问题并加以积极解决,中日两国政治领导人在世纪之交加强了对话。

1999年7月8日,日本首相小渊惠三抵达北京对中国进行友好访问。9日上午,朱镕基总理在人民大会堂东门外广场举行仪式,欢迎小渊首相后即在人民大会堂进行会谈。双方着重就全面落实上年江主席访日时达成的一系列重要共识和务实合作协议深入交换了意见。会谈中,关于历史认识问题,小渊再次确认上年江泽民主席访日期间日方对此的表态和就此表明的诚恳态度。小渊表示,鉴于对过去历史的反省,日本坚持在和平宪法下走和平建国道路,坚持专守防卫政策,坚持无核三原则,不做军事大国,这些基本立场今后也不会有丝毫改变。日美安全体制完全是防御性的,不针对任何特定国家和地区,日本就此通过的有关法律不会超过日美安保条约的目的和范围。日本的自卫队不允许对外使用武力和以武力相威胁。自卫队的活动必须事先得到日本国会的批准。日本充分意识到,和中国的友好关系是日本的重要国家利益。

小渊再次重申了日本关于台湾问题的立场,表示日本将坚持日中联合声明所确定的原则,不会改变只有一个中国的立场,绝不参与和支持"台湾独立"。日本认为,台湾海峡两岸的问题,应由中国人自己通过对话实现和平解决。

朱镕基指出,历史问题是中日关系中一个重大和敏感的政治问题。江泽民主席去年访日时全面、深入地阐述了中方在这一问题上的立场和看法,日本政府首次承认对中国的侵略,并表示了反省和道歉。双方在联合宣言中确认,正确认识和对待历史是发展中日关系的重要基础。他说,中方一向认为,大多数日本人民是能够正确认识和对待历史的,但也必须看到,日本国内仍不时有人以各种形式公然否认和美化侵略历史,伤害中国人民的感情。这些现实表明,如何正确认识和对待历史,在日本国内仍是一个严肃的课题,希望日方从长远角度出发,高度重视这一问题,采取切实有效的措施,约束极少数右翼势力的错误言行。同时让正确的历史观在日本社会得到更为广泛的认同。只有这样才有助于从过去的历史中汲取应有的教训,保证两国关系的健康、稳定发展。

关于日美安全合作问题,朱镕基说,这一问题涉及中国领土台湾,也事关日本未来走向,是当前中国政府和人民极为关注的问题。朱镕基重申了中国关于台湾问题上的原则立场。他强调,日方在中日联合声明、中日和平友好条约和去年发表的中日联合宣言中,就台湾问题向中方作出了一系列郑重承诺,构成了中日关系的重要政治基础,任何直接或间接地把中国台湾纳入日美安全合作范围的做法,都是中国政府和人民坚决反对和不能接受的。他希望日方在这一重大原则问题上不要含糊其辞,而应将中国台湾明确排除在日美安全合作的范围之外。朱镕基表示注意到小渊首相的郑重表态,希望日方言必信、行必果,以实际行动予以体现。双方就两国经贸领域的合作交换了意见,并取得积极的建设性成果。

中午,江泽民主席会见小渊首相,江主席表示中日双方应立足长远战略高度,准确把握两国关系发展大方向,把一个充满希望的中日关系带入 21 世纪。下午,全国人大常委会委员长李鹏会见了小渊首相,小渊首相还向人民英雄纪念碑敬献花圈,向在战争中牺牲的中国先烈表达他深深的敬意。当天发表了中日关于中国加入世贸组织双边谈判的联合公报,宣布中日间双边谈判全部结束,日方支持中国加入世贸组织。

小渊首相还在北京举行记者招待会,他说两国致力于和平与发展的友好合作伙伴关系将坚定不移地发展下去。他说,在会谈中还就去年江主席访日时确定的 33 项合作项目广泛交换了意见,这次两国就中国加入世贸组织的谈判达成了协议;为了加强两国间的环保合作,支援中国的绿化事业,日本提议设立总额约 100 亿日元的"绿化基金"。

小渊首相表示,日中关系是日本最重要的双边关系之一,两国作为亚洲及世界上负责任的大国,能够在环境、人口、粮食等全球问题上为世界作出重大贡献。在谈到中日经济合作时,他认为经贸合作是发展日中关系的基础,日本支持中国改革开放的政策不会改变,要恢复两国经贸合作的势头,实行官民并举,扩大包括对中国的内陆地区开发、农业、环保等合作领域。小渊首相这次访问取得积极成果。

1999年7月9日,台湾的李登辉在接受"德国之声"采访时公然宣称,台湾当局已将两岸关系定位在"国家与国家,至少是特殊的国与国的关系"上。台湾当局有关方面的某些负责人也随声附和,表示两岸关系已从"两个对等政治实体"走向"两个国家",两岸会谈就是"国与国会谈"。

7月12日,中国外交部发言人严正指出,李登辉分裂国家的言论是在玩火,是其在分裂国家的道路上迈出的极为危险的一步,是对国际社会公认的一个中国原则的彻底否定和严重挑衅。我们正告李登辉和台湾当局,中国的主权和领土完整不容分割,不要低估中国政府维护国家主权、尊严和领土完整的坚定决心,不要低估中国人民反分裂、反"台独"的勇气和力量。

李登辉的分裂言论遭到中国各界和世界各地华人的严加痛斥,也遭到国际社会的批驳和抵制。7月13日,美国国务院发言人鲁宾在回答记者提问时,重申了克林顿总统1997年访华时作出的对台"三不"承诺。鲁宾说:"美国不支持'台湾独立',不支持台湾参加由主权国家组成的国际组织,不支持两个中国或一中一台政策。"鲁宾说,美国政府对台湾未来的立场是"清楚而且不变的"。"我们认为,这一问题将由台湾海峡两岸的中国人来解决",而和平解决两岸关系符合美国的"长久利益",受到美国的关注。他呼吁两岸进行"有意义的、实质性的"对话。

同日,日本外务省发言人诏田贞昭在回答记者如何评论李登辉说中国大陆与台湾的会谈是"国与国的会谈"的提问时说:"正如小渊首相在访问中国时谈到的那样,日本在涉台问题的政策上没有变化。首先,日本坚持1972年签订的日中联合声明中的立场,即日本充分理解和尊重中华人民共和国关于台湾是中华人民共和国领土不可分割的一部分的立场。第二,日本将继续只同台湾维持民间和地区性往来,这个立场没有改变。第三,日本政府希望台湾海峡两岸通过和平对话,解决两岸关系问题。"表明日本政府坚持一个中国的立场。

9月11日,中国国家主席江泽民在新西兰出席亚太经合组织非正式首脑会议时,会见了日本小渊惠三首相。双方一致表示将按照《中日联合声明》和《中日和平友好条约》规定的原则,把一个充满希望的中日关系带入21世纪。

为不断丰富和充实中日友好合作关系,12月8日至16日,中国全国政协主席李瑞环对日本进行正式友好访问,这是中国全国政协主席首次访日。李主席在一千多公里的行程中,同日本天皇、首相、参众两院院长,各政党、团体、社会各界人士进行广泛的接触,阐述了中国政府和人民真心实意、坚持不懈发展中日友好合作关系的愿望。他说:"中日两国和平、友好、合作,有利于两国集中力量从事建设,有利于共同繁荣发展,符合两国人民的根本利益和共同愿望,符合时代潮流,中国和日本都是亚太地区的大国,两国关系如何,不仅对两国经济政治形势和国家安全有着重要意义,也对亚洲与世界的和平、稳定与繁荣产生重大影响。"

如何进一步发展中日关系?李瑞环强调:我们不能忘记历史,要着眼于未来,要十分警惕少数人不利于两国友好合作言行的危害,更要清楚地看到中日友好的积极因素和光明前途。我们希望一切负责任、有远见的政治家,都能以史为鉴,着眼大局,顺从民意,顺应潮流;都能身体力行,坚持不懈,排除干扰,多做实事;都能切实遵守《中日联合声明》、《中日和平友好条约》和《中日联合宣言》,促进中日和平、友好、合作关系不断向前发展。在接受 NHK 记者来访时,他说,回顾中日友好历史,我们决不能忘记老朋友;开拓中日友好事业,我们需要广交新朋友;中日两国团结合作,我们一定永远做好朋友。

为进一步发展两国经贸关系,李瑞环指出,人类社会发展到今天,互利互惠、共同发展已成为时代的潮流和国际交往的共识。无论是发达国家还是发展中国家,在经贸合作中,都应该既考虑自身利益,也考虑他人利益,既善于以人之长补己之短,也肯于以己之长补人之短,这样才能优势互补,长期合作。他希望日本经济界人士在未来与中国的经贸合作中着眼大局,研究发展,发挥优势。在参观松下公司时,他进一步指出,中日友好合作关系不断深入发展,不能仅仅停留在礼仪、口头和宣传上,而应该深入实际,不断加强双方在经济、技术方面的合作。李瑞环还对"中国威胁论"进行了有力的批驳。他强调,爱好和平的中国人民憎恶侵略,决不会把这种苦难强加给别人。中国的稳定与发展,有利于世界各国,本身就是对世界和平与发展的重大贡献。他说:"这些年中国经济迅速发展增强了国际经济合作能力,和中国交往的国家包括日本在内,不是都从中获得巨大利益吗?"

李瑞环主席的访问,进一步增进了中日双方的相互理解,扩大了共识,加深了友谊。日本天皇表示,李瑞环的访问使两国人民充分了解了两国历史,对于发展两国友好关系有着重要意义。日本政府领导人和政治家表示赞同李瑞环关于两国关系的看法,表示愿同中方共同努力,进一步扩大双方在经济、贸易、投资、科技和环保等领域的交流与合作。日本媒介对于李瑞环主席的来访给予了高度重视,认为李瑞环主席的访问将进一步推动中日两国关系发展的深度与广度。

尽管受到日本右翼和国际上某些反华势力的干扰,但 2000 年中日两国的关系继续保持发展势头。双方积极落实近年来两国领导人达成的一系列重要共识,不断丰富和充实两国致力于和平发展友好合作的关系内涵,各领域的友好交流与互利合作取得新的进展。双方在政治上进一步加深了相互了解和信任,经济上拓展和深化了互利合作,在地区事务中加强协调与合作。双方政治领导人的互访不断,双边国家关系不断加强,友好合作协定一个接一个。其中比较重要的活动有:

(1)唐家璇外长访日

5 月 11 日至 13 日,应日本外务大臣河野洋平的邀请,中国外交部长唐家璇对日本进行正式访问。其间,唐家璇拜会森喜朗首相,同河野外相举行会谈。

在两国外长会谈中,唐家璇说,近年来中日关系总体保持了发展势头,1998 年江主席访日,双方共同确立了中日致力于和平与发展的友好合作关系,并为两国友好合作作出了长远展望和全面规划。1999 年小渊首相访华,双方进一步明确了深化两国务实合作的重点和方向。关于历史问题,唐家璇指出,必须重视日本国内极少数右翼势力不时发出的杂音给两国关系带来的干扰,要求日方对右翼势力严加约束,防止其损害中日关系大局。唐家璇重申了中方在台湾问题上的有关立场,希望日本政府遵守《中日联合声明》和《中日联合宣言》的精神,切实履行迄今向中方作出的表态和承诺,慎重妥善处理日台关系。唐家璇还就日本右翼组织"青年社"再次非法登上中国领土钓鱼岛要求日方对右翼团体及其成员严加管束,杜绝类似事件的发生。

河野表示,日中关系之所以取得今天的成就,是因为两国老一代领导人不懈努力的结果,双方应共同珍惜,并在《日中联合声明》和《日中联合宣言》的基础上进一步推动中日关系向前发展。关于历史问题,河野说,日方坚持 1995 年村山谈话精神,这是现内阁的一致认识,也是大多数日本国民的观点。关于台湾问题,河野表示,台湾是中国不可分割的一部分,日方充分理解和尊重中方的这一立场,将根据《日中联合声明》中的原则精神,慎重妥善处理有关问题。

森喜朗首相在会见唐家璇时表示,日中关系对双方来讲是最重要的双边关系之一,当前的发展势头是好的。日本政府将在日中三个政治文件的基础上继续致力于发展两国友好合作关系,这一点不会改变。

(2) 2000 年 5 月,江泽民主席发表关于中日关系的重要讲话

2000 年 5 月 20 日至 21 日,以日本运输大臣二阶俊博为特别顾问,日中友好会长平山郁夫为团长,由日本各界 5 000 多人组成的"2000 中日文化观光交流大会使节团"访华。5 月 20 日,国家主席江泽民在北京人民大会堂会见代表团主要成员,就中日关系发表重要讲话。江泽民指出,从地理上说,中日两国是一衣带水的近邻。从历史上看,两国人民有着 2 000 多年的友好交往。从文化传统上说,两国的文化源远流长。尽管两国关系也经历了一段不幸时期,但是两国人民之间的睦邻友好是主流。新中国成立以来,毛泽东主席、周恩来总理、邓小平同志和现在的中国领导人始终高度重视维护和发展中日友好合作关系,不断推动中日的民间交往。相信在两国政府和人民的共同努力下,21 世纪的中日关系一定会发展得更好。

2000 年 5 月 29 日至 30 日,应中国政府邀请,日本联合执政的自民、公明和保守三党干事长野中广务、冬柴铁三和野田毅代表日本首相森喜朗,对中国进行友好访问。国家主席江泽民、国务院总理朱镕基等分别会见。

江泽民在会见中说,中日两国互为重要近邻,也是亚太地区和当今世界具有重要影响的国家。中日双方应以更为开阔的视野和更加长远

的战略眼光来审视和看待中日关系,应本着对我们子孙后代和人类的和平与发展高度负责的态度,把两国关系推向一个新的高度。中日友好有着相当深厚的群众基础,推动中日关系健康稳定发展符合两国人民的共同愿望,概括成一句话就是,以史为鉴,世世代代友好下去。朱镕基总理在会见中说,中日关系总的来说保持着发展势头,江泽民主席和小渊首相互访达成的一系列重要共识正在得到落实,部分领域已经取得阶段性进展。

野中干事长分别向江泽民主席和朱镕基总理转交了森喜朗首相的亲笔信,表示森内阁重视发展同中国的睦邻友好合作关系。在台湾问题上,日本政府将严格遵循《日中联合声明》的原则,这一立场是坚定不移的,决不会改变。日方希望海峡两岸能够通过直接谈判使台湾问题作为中国的国内问题得到解决。日方愿本着以史为鉴的精神,切实加强与中国的睦邻友好。

(3)钱其琛副总理访日

2000 年 6 月 7 日至 9 日,国务院副总理钱其琛作为中国政府特使赴日本出席日本政府为小渊惠三前首相举行的葬礼。访日期间钱副总理在拜会森喜朗首相时表示,此次受江泽民主席和朱镕基总理的委托,代表中国政府前来参加小渊前首相葬礼,谨向日本政府、自民党、小渊夫人等表示诚挚的哀悼。小渊前首相生前长期致力于发展日中友好,实现了接待江泽民主席访日和他本人访华这两次重要访问,为两国关系的跨世纪发展作出了重要贡献。相信森喜朗首相将继承小渊内阁的对华友好政策,继续本着以史为鉴、面向未来的精神,为把两国友好合作关系全面推向 21 世纪作出新的贡献。森喜朗首相感谢钱其琛专程来日参加小渊前首相葬礼,并说,他将继承小渊内阁的对华政策,恪守《日中联合声明》、《日中和平友好条约》及《日中联合宣言》的原则,为推进两国关系,发展两国人民的世代友好作出努力。

(4)河野洋平外相访华

2000 年 8 月 28 日至 31 日,日本外务大臣河野洋平应外交部长唐家璇的邀请对中国进行正式访问。

两国外长会谈中,唐家璇说,当前中日关系总体上保持着良好的发展势头。两国各领域合作取得不少成果,进一步丰富和充实了两国致力于和平与发展的友好合作伙伴关系的内涵。面向 21 世纪,我们应调动一切积极因素,克服和抑制消极因素,推动两国关系稳定发展。2000年 10 月,朱镕基总理将对日本进行正式访问,这是世纪之交两国关系中的一件大事。双方应密切配合,加紧做好准备工作。河野洋平表示同意唐家璇对两国关系的评价。他说,日中友好是两国关系的主流和大局。《日中联合声明》构成两国关系的基础,日本政府对此是坚定不移的。日本方面高度重视朱镕基总理即将对日本进行的正式访问,正在进行认真准备,相信这次访问将进一步推动两国关系的发展。

两国外长认为,近年来中日经贸合作总体上发展顺利,成绩值得充分肯定。唐家璇强调,双方须进一步挖掘新思路,开拓新的途径,推动中日经贸合作上一个新台阶。两国外长还就加强双方在信息技术产业、环保、中国西部开发、打击跨国有组织犯罪等方面的合作交换了意见,达成广泛一致。关于中国科学考察船在东海中日争议水域科考活动事,唐家璇阐述了中方的原则立场,指出,中日两国尚未就东海划界问题达成共识,这是目前问题的核心所在。根据国际法及国际惯例,中方在有关水域进行科学考察活动完全是正常的。两国外长认为中日之间维护友好,增进信任十分重要。为此,双方原则同意今后可就各自在东海争议水域进行的科学考察活动相互通报。唐家璇强调,相互通报是各方的自主行为,不影响中方在东海划界问题上的立场。双方同意通过外交渠道就通报的具体原则和内容进行磋商。

江泽民主席、朱镕基总理等分别会见了河野外相。江泽民在会见河野外相时指出,重视加强互利合作将对下个世纪亚洲的发展与繁荣起到重要推动作用。河野外相在中央党校发表了讲演,呼吁日中两国增进信任,加强合作,并为中日两国三位友好人士颁发了"日本外务大臣表彰奖"。

(5) 朱镕基总理访日

2000 年 10 月 12 日至 17 日,应日本政府邀请,国务院总理朱镕基对日本进行了为期六天的正式访问。访问期间,朱总理会见了日本天皇,同日本内阁总理大臣森喜朗举行了正式会谈,朱总理在会谈时表示,中日两国是一衣带水的近邻,两国交往有着悠久的传统。但在近代,日本军国主义发动的侵华战争使中国人民遭受了深重灾难。尽管如此从中国老一辈领导人毛泽东主席、周恩来总理开始,我们就认为侵略战争的责任应由日本军国主义来负,日本人民也是受害者。江泽民主席多次讲过,对待这段历史,我们的态度是"以史为鉴、面向未来",重要的是,从中汲取有益的教训,继续坚持和平发展道路,决不让历史悲剧重演。而《中日联合声明》、《中日和平友好条约》和《中日联合宣言》这三个重要文件是指导两国关系发展的基础,双方应继续严格遵守。随着形势的变化,中日之间的一些新老问题年年不时出现,影响两国关系的正常发展。日本国内在历史、台湾和安全领域的一些言论和动向,损害了中国人民对日本的信任。同时,日本国内对中国也出现了一些疑虑和担心,甚至认为中国对日本构成威胁。对此两国政治家应高度重视,及时妥善处理,避免因此影响两国友好关系的大局。

森喜朗首相表示,《日中联合声明》是发展日中友好关系的根基,日本遵循联合声明的立场是一贯的、没有任何变化。关于对历史的认识,日本政府在《日中联合声明》、《日中联合宣言》和1995年村山首相就历史问题发表的正式谈话中明确阐述了日本政府愿正式反省历史的态度,这也是日本大多数国民的共识。日方赞同本着"以史为鉴、面向未来"的精神进一步发展日中合作。

为拓展两国经贸领域的互利合作,朱总理指出,当前中日经贸合作正面临着新的发展机遇,双方可以将中国西部开发、高新科技和环保这三个领域作为合作的重点,推动两国经贸合作迈上新的台阶。森喜朗首相表示,日方充分了解西部开发对中国今后发展的重大意义,愿继续推动日本企业参与,2001年将组织一个官民并举的代表团赴中国考察。

关于区域合作,朱总理表示,我们欢迎日方在促进地区经济均衡发展、提高亚洲整体经济实力方面发挥积极作用,我们可以在"10＋3"框架内积极探讨中日两国、中日韩三国之间以及三国同东盟的合作。森喜朗首相表示,面向21世纪,日中两国不仅要加强双边友好合作,而且还要为促进地区和全球的发展加强相互协调。日方愿全面加强同中国在广泛领域里的友好合作,共同为整个亚洲的繁荣与发展作贡献。为此日方愿继续就在"10＋3"框架内推动东亚区域合作,加强同中方的协调与配合。

双方一致同意加强和扩大双边安全对话机制,增加两国军方交流,尽快落实两国军舰互访。双方商定于2002年在中国举办中日经济合作成果展,并分别在两国举办中国文化年和日本文化年等活动,共同庆祝中日邦交正常化30周年。双方还确认两国政府热线正式开通。

朱总理访日期间,中日两国有关部门还签署了《关于风送沙尘的形成、输送机制及其对气候与环境影响的研究的实施协议》和《在等离子体和核聚变领域开展交流与合作的实施大纲》两项合作协议。此外,他还同日本众参两院议长,各主要政党负责人,日中友好七团体和经济界领导人等各界新、老朋友进行了广泛接触。朱总理还在东京电视台与日本民众进行了直接对话,在日本记者俱乐部举行了记者招待会。除东京外,朱总理还访问了山梨和神户两地,参观了日本法纳克公司的产业机器人工厂和磁悬浮高速铁路试验线。

2000年双方还达成一系列重要的政府间协定。

2月1日,外经贸部首席谈判代表龙永图和日本驻华大使谷野作太郎分别代表本国政府在北京签署了日本国向中国提供"1999年度粮食增产援助项目"无偿资金合作的政府间换文。

3月27日,1999年度日元贷款政府换文在北京签署,外交部副部长杨文昌和日本驻华大使谷野作太郎分别代表本国政府签字。贷款协议金额为1 926.37亿日元,共安排建设19个项目,其中有海南、河南、重庆高速公路,哈尔滨城市电网改造,昆明、成都城市供水工程等,这些项目都属于国家或地方的重点项目,中西部地区项目约占80％。

有关中日渔业协定2月27日在北京签订,①日本农水相玉泽德一郎和中国农业部部长陈耀邦签字。协定决定:1997年11月签署的新协定于6月1日生效。中日之间的渔业问题在时隔2年零3个月后终于得到了政治解决。根据协定,中日水域划定折中了两国主张的形式,

① 引自《参考资料》2000年2月29日。

因与钓鱼岛的主权有关而暂定水域北侧的东经 124 度 45 分到 127 度 30 分之间。另外,关于可以在日本方面专署经济水域内捕鱼的中国渔船的数量,规定为 900 艘,不过,可以同时捕鱼的渔船最高为 1 000 艘。可以在中国一方的专署经济水域内捕鱼的日本渔船为 317 艘,(中国在日本专属经济水域的捕鱼船数目每年达 1 200 艘左右)。

3 月 29 日,外经贸部首席谈判代表龙永图和日本驻华大使谷野作太郎分别代表本国政府签署了日本向中国提供"环境信息网络建设项目"无偿资金合作的政府换文。

7 月、11 月、12 月,日本在华利民工程无偿援助项目(分别在山西、陕西、新疆实施)在北京签字。

中日两国文化交流项目频繁,教育合作进展良好。截至 2000 年底,日本在华留学生有 13 806 名,中国在日本的留学生要远远超过此数。

双方军事交流层次提高,2000 年 4 月 1 日至 6 日中国人民解放军总参谋长傅全有访日,6 月 19 日至 25 日日本防卫厅长官藤绳佑尔访华。

三、 中日经贸、民间关系的不断发展

20 世纪的最后两年,中日经济、贸易、民间往来不断发展,势头迅猛。

随着中国经济的不断发展,中日两国之间的贸易额在 20 世纪的最后几年屡创新高。1999 年,中日双边贸易总额为 661. 67 亿美元,比上年增长 14.3%,创造历史最高水平。其中,中方出口额为 323.99 亿美元,进口额为 337.68 亿美元,中方略有逆差。①2000 年中日贸易继续上升,中日贸易额达到 831. 66 亿美元,同比增长 25.7%,其中,中国对日出口额为 416.54 亿美元,增长 28.5%,进口额 415.12 亿美元,增长 22.9%,均创历史最高记录。②

---

① 《世界知识年鉴》2000—2001,世界知识出版社 2001 年版,第 164 页。

② 《中国外交》2001 年,世界知识出版社 2001 年版,第 50 页。

20 世纪的最后 20 多年时间中,日本一直是中国最大的贸易伙伴,而中国作为日本贸易伙伴排名则不断上升。到 20 世纪末,已成为日本的第二大贸易伙伴,(美国是日本的第一大贸易伙伴)。特别是在 1997 年亚洲金融危机打击下,亚洲各国经济普遍不景气,而与之相对比的中国经济则连续保持了较高速度的增长。1999 年增长了 7.1%,2000 年增长了 8%。对外贸易基本摆脱了 1997 年亚洲金融危机的不利影响,外贸出口转降为升,其中 1999 年出口总额为 3 607 亿美元,同比增长 11.3%。2000 年,为了促进中国对外贸易的增长,中国政府加大政策调控的力度,分别采取了提高出口退税率、放宽加工贸易保证金制度有关限制和采取积极财政政策扩大内需等宏观政策,使中国对外贸易额增长到 4 743 亿美元,同比增长 31.5%。在这一系列的宏观政策推动下,中日贸易得到巨大推动,特别是促进了纺织品和集成电路等方面加工贸易和一般贸易的增长。

从中日贸易具体商品看,电气设备、一般机械和化工制品为日本主要对华出口商品,分别增长 32.8%、13.5% 和 25.8%,而电动机、矿山用机械、装卸机械等出口有所下降;自中国进口的大宗商品中,纺织品、机械设备分别增加 20.7%、32.1%,食品进口仅增 6.2%,其中饲料用玉米、蔬菜和大豆等则有不同程度下降。

日本对华出口占日本出口总额的 6.34%,居第三位;自中国进口占 14.53%,居美国之后,占第二位。

中日经济合作关系密切。自 1979 年日本向中国提供政府开发援助以来,到 1995 年已提供了三批总计 16 109 亿日元贷款。从 1996 年起向中国提供第四批日元贷款,但在执行年限上和以前的以五年为批次不同,改为前三年为第一批次,后两年为第二批次。前三年(1996—1998)金额为 5 800 亿日元,项目是 40 个,后两年(1999—2000)第二批次,金额为 3 900 亿日元,项目为 28 个。到 1999 年底总额达 24 535 亿日元,按当时汇率达 180 亿美元,占中国接受外国政府贷款的 50%。到 2000 年为止,日本分四批向中国方面提供了 17 000 亿日元贷款。

据日本政府人士 2000 年 6 月 17 日透露,日本政府决定从 2001 年度起逐渐减少对华政府开发援助中的日元贷款,幅度暂定为比上一年度减少 10％—20％。①与此同时，日本政府打算从下一年度起逐渐增加对华无偿援助。日本政府从 1979 年起向中国方面提供一般无偿援助，到 2000 年 3 月为止，总计约 1 157.56 亿日元。据估计，2000 年对华无偿援助一年大约是 50 亿日元，即使增加无偿援助，日元贷款和无偿援助加起来，对华援助的总规模也将从下一年度起减少。

日本政府之所以决定逐渐减少对华日元贷款，是因为作出了这样的判断："对华日元贷款的对象——中国公路、港口和铁路等社会基础设施建设已经告一段落。"日本政府认为，今后的社会基础设施建设应该利用中国的自筹资金和外国的民间资金来进行。关于对华无偿援助，日本政府认为，"应该以教育和医疗等领域为主扩大援助"②。

日本对华投资开始较早，从 20 世纪 70 年代末到 1999 年 12 月，日本对华投资累计 18 738 项，协议金额 350.32 亿美元，实际到位资金 249.15 亿美元。2000 年，日本企业界看好中国经济发展，加大了在中国的投资，全年在华投资项目 1 602 个，同比增长 41％，协议金额 36 亿美元，增长 44.71％，实际到位资金 32.46 亿美元，增长 8.07％。截至 2000 年底，日本对华直接投资项目累计 20 340 个，协议金额 386.34 亿美元，实际投入金额 281.61 亿美元。

中日经贸合作已形成相当的规模，对中日两国国民经济和社会发展有深刻的影响。特别是最近几年，中国对日出口商品呈现出质优价高的发展趋势，中国大量高质量的农产品已成为日本人民日常生活中的必需品。冷战结束后十年，日本经济持续低迷，但日本人的日常生活并未受到影响，和中国大量农产品的输入有很大的关系。日本舆论戏称：中国人食在广州，日本人食在山东。

中日之间地方政府之间的友好关系也不断发展。到 1999 年底，中日之间缔结的友好城市已达 201 对。

到 20 世纪末的这几年，有一个引人注意的现象就是中日间人民交往增加。到 2000 年 7 月，仅中国国际航空公司一家每周就有飞往东

---

① 《日本政府决定逐渐减少对华日元贷款》，日本《东京新闻》2000 年 6 月 28 日。

② 引自《参考消息》2000 年 10 月 29 日。

京、大阪、名古屋、福冈、仙台、广岛等城市共 60 个航班。1998 年双方人员来往为 207 万人,到了 2000 年上半年,日本来华人数达 100.4 万人次,数量居世界各国和地区来华人数之首。

中国人 1999 年持商务签证访日的人数达到了 29 万人,占到日本从事商务活动国家和地区人数中的第五位。9 月,中国政府把日本列入中国人出境旅游的目的地之后,大大激发了中国人去日本旅游的热情。据日本运输省估计,到 2010 年中国到海外旅游的人数将达到一亿人次,其中的 5% 将到日本访问,因而其数量将超过 2000 年国外访日游客数量的总和。中国人去日本旅游的人数大大增加,改变了过去中日间人民往来中主要的是日本访华的情况,这对加深中日两国人民的友好交往,促进人民之间的了解及中日友好关系的深入发展,极为有利。

展望 21 世纪,中日关系将会更加充满希望,发展前景会更加广阔。

第十章

21世纪初期十年中日关系的变化发展

第一节 国际形势的变化

一、国际矛盾的变化

人类进入2001年,跨入21世纪和人类纪元的第三个千年。这是在冷战格局结束后的过渡期中来到的,种种迹象表明,人类正在进入的是一个大转折、大调整、大变革的新世纪。

进入新世纪、新千年之后,每个国家、每个民族都希望在起点上能占到先机,抢占社会经济发展的制高点,处在高速发展的领跑线上。这可能使21世纪,国家之间、地区之间的竞争愈发激烈、残酷、紧张。在这个进程中,某个国家如果决策错误,就有可能被甩在后边,甚至进入边缘化状态。这些都表明,人类社会可能进入了一个新的大转折时期。这一大转折时期,往往也有着许多新的机遇,尽管当前发达国家和发展中国家的起点并不一样,但毫无疑问,新的机遇将青睐那些奋勇拼搏的国家和民族。

由于21世纪将是一个竞争极为激烈的世纪,为了保持竞争力,抢占领先地位,世界各国纷纷调整自己的国家发展总战略,包括对内对外政策,力争加大科技投入,加快经济发展步伐。这一大调整带来的影响将是深刻长远的。

21 世纪的时代主题仍然是和平与发展。尽管国际上不断出现以局部战争为手段的竞争方式,尽管有的国家仍未摆脱"冷战"思维,还在加大军事投入,甚至挥舞军事大棒包括各种威胁,但世界和平的大趋势不会改变。不管这一历史趋势会遇到什么反复,但总趋势是世界继续向和平方向发展,军事手段的作用会逐渐下降。因此,今后世界各国政府的发展战略调整也更多地体现在科技、教育、经济层面上,表现为综合国力之间的竞争。

大转折、大调整给世界带来的不仅仅是新的发展机遇,也意味着要面临着各种各样的、过去潜伏着没有暴露的、现在新出现的不确定因素的强烈冲击。新的冲击、新的挑战不论是对发达国家还是发展中国家都是一样的。

世界各国面临着前所未有的新形势、新困难、新问题。面对大转折时期的大挑战,谁应对得当,谁改革深入,谁就能较好地引领世界潮流的发展。世界各国包括许多发展中国家在应对新的挑战时,有着强烈的紧迫感和危机感。它们一方面积极参与各种形式的国际竞争,努力推动国际政治经济新秩序的尽早建立;另一方面深化国内各方面的改革,加快经济结构的调整。改革引起变化的不仅仅在生产方式方面,而是对整个社会,如社会结构、人与人之间的关系、政府管理的模式、人类的生活方式、国家的形态、国际格局的深层变化带来影响。

21 世纪初期 10 年呈现的这三大特点源于世界根本矛盾的变化。当今世界的根本矛盾已经难用一对基本矛盾就能概括了。根本矛盾表现出交织作用,在这一表现下可看到有三对影响世界的主要矛盾交织在一起,共同影响着世界向前发展。

1. 单极化与多极化的矛盾

21 世纪初期 10 年,单极化与多极化的矛盾一直在起伏发展。21 世纪初期,单极化出现强烈的扩张势头,美国的战略牵动全局,突出地表现为五大扩张:"资本的扩张",从国内的高度垄断发展为国际的高度垄断,跨国公司之间的国际国内兼并十分引人注目;"军事的扩张",不允许世界上存在能向美国发起挑战的国家和国家集团;"高科技的扩张",以网络技术为代表影响世界按照美国人设立的科技模式发展;"文化、价值观的扩张"，美国极力推行自己的文化价值体系，也就是西方以人权为核心理论的思想体系，并且表现出强烈的排他性，不允许不同的文化体系存在和竞争，并以自己的价值观作为国际社会评判的唯一标准，不惜辅以政治、经济、军事手段加以推行。尤其"新闻传媒的扩张"以强大的综合实力为基础，对新闻传媒的扩张不遗余力，企图造成以美国为首的传媒影响和垄断世界之势。

相对之下，21世纪初期的头几年，多极化进程有受挫之感。主要原因是多极化推动力量发展不快。俄罗斯政治混乱，地区分裂势力制造的麻烦不断，国际环境日趋严峻。欧洲尚未形成一个集中的政治、经济核心，军事力量上处于二流水平。连欧洲事务尚须美国牵头才能完成。欧元启动即遭重创，能否起到向美元挑战的作用还有待观察。日本经济长期低迷，并无良策解救，日益显出难以成为独立一极的迹象。日本的政治大国难以实现。印度仅靠核试验增强了部分国力，其他方面并无起色。巴西、南非、印尼、埃及等国是地区性大国。只有中国仍然是政治稳定，经济平稳发展，但总体规模和美国相比差距较大，在全球全面影响上和美国还难以抗衡。

但在过了三四年之后，多极化发展势头出现持续不断的提升。中国、印度、巴西、俄罗斯等地区大国的综合国力发展快、势头猛、前景好，在国际舞台上越来越活跃。

相比之下，唯一的超级大国美国这十年的大多数时间里发展缓慢，国际影响力逐步下降，特别是经济、政治影响力下降明显。现在主要依靠强大的军事实力来支撑美国超级大国的地位。2001年11月发动的"阿富汗战争"至今已近10年时间，仍然没有获胜的希望。2003年3月发动的"伊拉克战争"虽然近期有所起色，可还是拖住了美国十几万作战部队。迄今已花费了美国6 000亿美元的军费，成为美国军事史上花费军费第二多的战争。（超过1965年至1975年打了10年的越南战争）但21世纪初期10年的历史实践表明，军事力量的作用在下降，军事力量解决实际政治社会问题的能力有限。

单极化与多极化这对矛盾并不能影响整个世界的根本发展。从历史角度分析，这是大国政治传统的延续，是几百年诸强争雄的翻版。多极化进程将是一个漫长、曲折的过程。

2. 发达国家和发展中国家的矛盾

发达国家和发展中国家的矛盾变成影响世界的主要矛盾之一,这对矛盾从 20 世纪 80 年代开始显现。进入 21 世纪后,发达国家和发展中国家的矛盾更是遍及全球。从这十年整体状况发展分析,发展中国家在国际政治、经济秩序中仍然处于受压制、受剥削的地位。发展中国家占世界经济总的份额在上升,在国际政治特别是结构制度安排上还处于被压制地位。当前,发展中国家内部分化情况比较明显,有相当部分的发展中国家社会发展情况较好,处于高增长经济周期中,国际政治经济地位不断上升。

有相当部分的发展中国家(数量达到六七十个)经济衰退,社会结构混乱,内部民族矛盾不断爆发。许多接受西方社会制度、价值体系的发展中国家不仅未能发展,反而社会内部结构失衡,无所适从,更加混乱。而西方国家不仅未能肩负援助的责任和义务,反而在加剧或旁观发展中国家遇到的严重困难,激起发展中国家的强烈不满。占世界人口 70% 以上的发展中国家如果不能在 21 世纪得到健康、正常、持续的发展,整个人类社会的发展是不可想象的,势必使整个国际社会陷入瘫痪、倒退之中。所以发达国家和发展中国家的矛盾将长期存在。

3. 人类存在和地球之间的矛盾

人类是地球上的生命物体之一,从地球存在的历史来看,只是匆匆过客之一。但 20 世纪以来,人类的存在已经给地球这个生存载体带来恶劣的影响,它破坏了地球的自然变化过程,打乱了地球的进化秩序,污染了地球上的自然环境,由于人类的喧闹,地球已不堪重负。进入 21 世纪,人类和地球这个生存载体之间的矛盾开始突出。这一矛盾突出表现为破坏地球谁都有责任。但其中最重大的责任在发达国家,在于他们的生活生存方式。

从当前来看,这三对矛盾互相交织在一起,很难看出谁起主要作用,谁处次要地位。三大矛盾都在起作用,而且从发展趋势和广阔程度看,后两种矛盾影响面更广、更深,但引人注目的程度不如第一对矛盾。世界进程将在多种矛盾综合作用的推动下发展。

二、 国际局势演变的特点

人类进入 21 世纪的历史标志是 2001 年的 9·11 事件。这一事件之所以能成为影响世界的重大标志性事件，就是因为它恰当地表现了21 世纪将会出现一个比 20 世纪联系空前紧密、对抗冲突加剧这样一个新前景。而这十年中发生的第二件大事是 2008 年 9 月华尔街金融危机的爆发。在这次危机打击下，美国经济泡沫被挤破。这次危机沉重打击了西方发达国家几百年在世界上占据的优势甚至统治地位，给国际局势的发展以深刻影响。

综观这十年最具宏观性的特点有：

（1）发展中国家的崛起。这个世纪有可能是一个"发展中国家的世纪"。而发展中国家崛起的代表是发展中地区大国的崛起。多极化不可阻挡的趋势助推发展中地区大国国际地位上升。

（2）国际政治经济秩序的重建开始提速。"华尔街金融危机"发生后，旧的国际政治经济秩序已不能适合当今国际政治经济的发展状况。以发展中国家为代表的新兴力量要求改革的声音越来越强烈，并且在现有的国际政治经济制度上已经有所体现。

（3）东西方发展趋势出现逆转。世界经济格局转变明显：从三驾马车到双引擎，到"金砖四国"、"石油经济体"、"新钻 11 国"。

西方工业发达国家经济增长率多是低增长甚至负增长，而许多发展中国家则处在高增长周期中。美国高盛投资公司是世界上较早注意到发展中国家处在高增长周期的大跨国公司。该公司在 2004 年率先提出"金砖四国"（指中国、印度、巴西、俄罗斯）的概念之后，又于 2005年至 2006 年提出"新钻 11 国"（指墨西哥、印尼、尼日利亚、韩国、越南、土耳其、菲律宾、埃及、巴基斯坦、伊朗、孟加拉）。高盛投资公司预计"新钻 11 国"到 2050 年的总值将比 2005 年猛增 11 倍，相当于一个美国或 4 个日本。2008 年 5 月 30 日，在莫斯科举行的第二届"集团管理和世界经济全球化国际研讨会"上，世界银行前行长沃尔芬森预测说："到 2050 年，第一位是中国，第二位是印度，第三位是美国，第四位是印度尼西亚，第五位是日本，此后依次是德国、英国、法国、俄罗斯和越南。"因此，21 世纪世界经济高地之争空前激烈，新兴市场国家提出增加话语、议事、定价权的正当要求。

（4）世界权力中心显现东移。东亚国家在世界经济、政治中地位上升，未来作用逐步增大。"这个世纪会是一个世界经济、政治多种样式发展的世纪。"而不是在前三四个世纪中资本主义占主要位置的世纪。过去半个世纪主要由 G7 决定国际事务的状况已被替代。

华尔街金融危机之后，为应对危机，G20 应运而生。G20 的出现，表明资本主义大国已不能对世界经济有决定影响了，一批发展中大国成为国际舞台上的活跃角色。从世界财富的积累分析，新兴市场经济国家已掌握全球财富的四成多。从经济发展速度分析，新兴市场经济国家远远高于发达国家。[1]联合国预估 2010 年世界经济增长率为 3% 左右；美国为 2.9%；中国为 9.2%；日本为 1.3%；印度为 7.9%；欧元区为 0.9%。

经济全球化面临减速调整。经济区域化发展迅速，信息数字化迅速扩大，技术引领特征越来越明显，但正负方面的影响都有。和平与发展仍是当今世界的两大主题，但受到严重干扰。经济相互依存改变不了对利益的争夺。国际形势正在发生广泛深刻的变化。世界进入了群雄竞争、强国并立，从"多极化"向"泛极化"过渡的格局。国际关系和秩序发生重大变化，世界各国和各方围绕发展制高点的相关竞争加剧。

国际间的斗争相当复杂，形势变化频率加快，新问题层出不穷，新冲击接踵而至。

第二节　中日两国国力对比的变化

一、中国处在一个较长的发展时期

21 世纪初期，中国将处于一个难得的战略机遇期，要抓住这个时机增强国力。"一心一意谋发展，聚精会神搞建设。"

---

[1]　［墨西哥］安赫尔·比利亚里诺：《新兴国家征服世界财富》，《改革报》，2010 年 7 月 18 日，引自《参考消息》2010 年 7 月 20 日。

中国将处在一个较长期的发展时期中。1949年至1978年中国30年的平均发展速度是5%；1979年至2004年中国15年的平均发展速度近10%；[①]2005年至2020年15年间中国的发展速度将不会低于7%—8%。至少今后5年至10年中国经济将继续保持8%—9%的高速增长。[②]

21世纪初期10年来，在中共中央第三代领导集体和新领导集体的正确领导下，在全面实现小康社会的战略目标下，全国人民贯彻"一心一意搞建设，聚精会神谋发展"的精神，中国社会、政治稳定，经济持续发展。中国正处于一个历史上前所未有的增长期：2001年增长7.5%，2002年增长8%，2003年增长10%，2004年增长10.1%，2005年增长10.4%，2006年增长10.7%，2007年增长13%，2008年增长9%，2009年增长8.7%，2010年上半年增长11%以上。

图10-1 中国国内生产总值(1985—2009)[③]

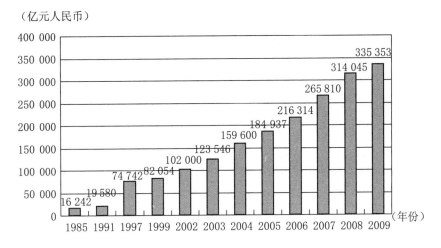

（亿元人民币）

在对外发展上表现之一就是中国外贸的突飞猛进。

---

① ［俄］弗拉基米尔·波波夫：《在通往巅峰的途中》，《政治杂志》2004年10月11日出版。

② 《新京报》2005年3月20日。

③ 该表为作者自制，数字是国家统计局发布的。

图 10-2　中国进出口贸易总额及世界排位(1950—2009 年)①

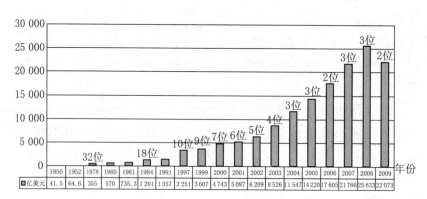

从表 10-1 和表 10-2 可以看到中国的这种发展速度在世界经济和贸易史上是绝无仅有的。由于中国经济和贸易的迅速发展,中国的外汇储备急速增加,2006 年迈过 10 000 亿美元大关,到 2010 年 6 月底已接近 25 000 亿美元。这表明,中国改革开放方针是正确的,发展路线是正确的。

2009 年底中国成为世界第一大汽车消费市场和第一大汽车生产国。在今后 15 年,预计会出现一个几亿人口的中产阶级,这些人将和世界市场接轨。2003 年中国因私出国 2 000 万人,同比增长 47%;2009 年底因私出国 4 300 万人。2020 年预计达到 1 亿人,成为亚洲第一大旅游国。中国公民在海外利益的保护成为外交工作的重要内容。

中国总体经济规模在 2010 年达到世界第二位。中国的社会体制相对稳定,中国的全球影响力将会大大增加,对全球经济拉动明显。中国将在 21 世纪中叶基本实现国家的现代化。

二、中日国力对比发生了变化

由于改革开放以来,中国综合国力的持续发展,21 世纪初期的中日两国之间的实力对比发生了重大变化。从中国方面看和平发展的趋

①　该表是根据国家统计局发布的数字及排位,作者自己编制的。

势不可阻挡,国际影响日益扩大。

从日本方面来讲,在21世纪初期的头三年,经济状况依然因循20世纪90年代的颓势,情况不好。日本经济的增长率在2001年为－0.9％,2002年为－0.3％,2003年增长0.2％。[1]但从2003年第四季度开始,由于受到世界经济整体恢复的影响,特别是受到中国经济增长的拉动,日本经济走出衰退,趋向增长。2004年日本国民经济的增长率达到2.9％。但2008年"华尔街金融危机"给日本经济沉重打击,当年日本国民增长率为负增长。到2009年日本国民经济增长率为－5.2％。2010年上半年由于中国经济的强劲增长,日本经济受到拉动,国民经济增长率转为正增长。

其实,日本经济和中国经济的关联作用在21世纪初就显现。日本从2003年下半年开始的经济增长中,海外市场贡献的比重最大,而其中经济利润增长最多最快的是中国市场。2004年在中国设有企业的日本投资者,80/的企业的销售收入同比呈现增长态势,远远高于2003年的44％,同时盈利增长的企业比例达63％,亦高于2003年的50％。在中国市场日益发展的同时,由于中日两国经济增长速度和方式的不同,两国经济实力的对比发生了明显的变化。2010年中国经济总量将会超过日本成为亚洲第一经济大国及世界第二经济大国。

2004年,中国对外贸易伙伴的排名发生戏剧性变化,欧盟跃升为中国的第一大贸易伙伴。从20世纪90年代以来,日本一直是中国的第一大贸易伙伴。进入21世纪初期,日本虽然仍是中国的第一大贸易伙伴,但在中国外贸中的比重却逐年下降,2003年仅以微弱优势压倒美国。原有预计,2004年美国有可能反超日本,成为中国的第一大贸易伙伴。但最新的中国外贸统计数字却使这一排名出现戏剧性变化。2004年5月欧盟东扩,当年欧盟从2003年中国第三大贸易伙伴一举跃升为中国第一大贸易伙伴。据海关统计,2004年中欧双边贸易总额

---

① 日本大和研究所的评估,引自《参考消息》2004年3月22日。

达 1 773 亿美元。美国为中国第二大贸易伙伴,中美双边贸易总额 1 696 亿美元。日本列第三位,双边贸易总额 1 679 亿美元。①而日本在中国贸易伙伴中排名下降的同时,中国在日本贸易伙伴中的排名却出现了跃升,成为日本第一大贸易伙伴。

在 2004 财政年度中日本和中国(包括香港地区)之间的贸易总额达到了 22.71 万亿日元(约 2 000 亿美元),超过日美两国之间的 20.63 万亿日元。中国已经成为日本最大的贸易伙伴。而且从发展趋势看,日本对中国的出口比 2003 年度增长 16.1%(日本总出口增长 10.1%);进口比 2003 年度增长 17.9%(日本总进口增长 12.3%);此后五六年,中日经贸关系持续发展。2007 年 1 月 16 日中国商务部公布,上年中日贸易额首次达 2 073.6 亿美元。日本成为中国第三大贸易伙伴。截至 2006 年 11 月底,日本对华投资累计实际到位金额 574.5 亿美元,是中国第二大外资来源地。2006 年 1 月至 10 月,中国企业对日投资协议金额 1 218.95 万美元,累计投资金额 1.8 亿美元。2009 年受华尔街金融危机的影响,中日贸易总额在这 10 年中首次下降,但中日贸易总额在日本对外贸易总额中的比例却提高了。

所以,日本新任驻华大使丹羽宇一郎撰文认为:日本东山再起关键在于中国。②

中日经贸关系的变化从一个侧面反映出,中国和平发展的国际影响也对日本社会有一定的冲击。有些日本人认为,自 19 世纪末期以来的一百多年时间里,在日本周边第一次出现了一个不断发展的大国,作为亚洲第一的日本有可能被赶超,从而丧失领先地位。针对 21 世纪初期,东亚、亚太国际形势中这样一种巨变,日本政府和政界上层都在考虑战略调整,日本的对华政策也必然进行一定程度的改变。日本政府和政界上层的这一战略调整,直接导致 21 世纪初期的 10 年时间里,中日关系有了一定程度的曲折改变。

---

① 共同社北京 2005 年 1 月 11 日,引自《参考消息》2005 年 1 月 16 日。

② [日]丹羽宇一郎:《2015 年中国经济泡沫将为日本发展提供良机》,《文艺春秋》2010 年 7 月,引自《参考消息》2010 年 6 月 23 日。

第三节　小泉政府对华政策调整和中日关系的变化

一、小泉上台和日本右翼力量的扩大

21世纪初期,日本政府2001年4月上台的是小泉内阁。小泉纯一郎接替2000年6月至2001年4月执政近一年的森喜朗首相出任首相。小泉首相和森喜朗首相都属于2000年6月因病去世的小渊惠三首相的派别。森喜朗派并不是日本自民党中的大派,森喜朗能当上首相和小渊惠三首相为自民党在日本大选中摇旗呐喊、竭尽全力而猝然去世有关。实际上是自民党中各派为感念小渊惠三而对他的派别的一次酬谢。无奈森喜朗首相因个人素质的关系,干得很不顺利,只好灰溜溜地下台。那么何以小泉能崛起呢?

小泉的崛起和日本右翼的支持密不可分。小泉原来在自民党内并不是首相的有力竞争者。但为何能在2001年4月异军突起,刮起"小泉旋风"而当上首相(自民党内一派连出三位首相,战后日本政治史所未见)。日本众多媒体强调的是,由于自民党基层支部的"危机感"、"刷新政治"的要求和主张推进改革的小泉相结合而产生的"革新政权"。但从小泉上台后的一系列政治表现来看,这并不全面,实际上,小泉政权还是在日本右翼势力的支持下上台并行事的。

从小泉的政治倾向来看,他是迎合右翼主张的。从20世纪90年代起,日本社会中右倾化的色彩就越来越重,主张修改宪法,在海外发挥更大的军事作用,争当"普通国家"等。对这些,小泉都是极力支持的。而在当今右倾化已成势力的情况下,没有右翼的支持,小泉怎能获得80%—90%的支持率? 所以有分析家认为:"(小泉)内心深处在思想上、观念上隐藏着国家主义、皇道主义,他试图在全国范围内进一步推进右倾化。"①

从具体做法上来讲,小泉以参拜靖国神社来换取日本主要右翼势

---

① [日]铃木英司:《2001年日中关系的回顾》,《中日关系史研究》2001年第4期。

力"日本遗族会"的支持,而这种交换是在小泉准备竞选党的总裁及首相前就达成了,所以他在日本自民党总裁选举前就多次公开表示要以公职身份参拜,上台后更变本加厉地多次提出。如 2001 年 5 月 30 日他就表示要在 8 月 15 日这天以首相身份正式参拜靖国神社;7 月 28 日他又在日本东京街头演讲中再次公然表示要去参拜。

小泉在正式参拜之前大造声势的做法和前几位曾参拜过靖国神社的日本首相的做法形成了鲜明的对比。1985 年参拜靖国神社的中曾根康弘首相在参拜前保持低调;1996 年参拜靖国神社的桥本龙太郎首相在事前大打烟幕弹,事后也是极力掩盖,百般解释。小泉的前任森喜朗在 2000 年 8 月上旬表示不参拜靖国神社,原因是考虑到亚洲各国的反对。和以上几位相对照,小泉却是一而再、再而三地公开表示要去正式参拜靖国神社,表明和日本社会气氛的转变,这就是日本右翼势力的上升和右倾化思潮的扩大。日本社会对日本政治活动中右倾化的抵制已经大大减弱。

小泉参拜前的公开表态在日本国内也遭到了进步力量的批评。如:6 月 19 日,日中友好协会通过决议,反对小泉以首相身份正式参拜。国际上,中、韩等国通过各种途径均表达了明确的反对态度,并做了相当细致的工作,希望小泉首相能够取消参拜。2001 年六七月,日本执政三党试图为小泉参拜作解释,曾派出三党干事长访问韩国和中国。韩国总统金大中就拒绝会见日本代表团。在中国,江泽民主席尽管接见了三党干事长,但明确表示不希望日本领导人以任何借口去参拜靖国神社,希望能以中日关系友好大局为重。进入 8 月,关于这个问题的争论更加激烈。8 月 7 日,小泉内阁外相田中真纪子、官房长官福田康夫等 9 名阁员表示不去参拜,也不赞成小泉去参拜。日本四大在野党约 150 名议员举行集会,要求首相慎重,各界有识之士也纷纷反对首相参拜。但小泉在自民党取得 6 月东京都议会和 7 月参议院两场选举胜利,并于 8 月 10 日再次当选自民党总裁后,感到地位稳固,置日本国内外反对之声于不顾,在 8 月 13 日正式参拜了靖国神社。但他也不能完全无视国内和国际上的反对意见,在参拜当天发表了承认日本殖民侵略历史的声明。在 8 月 15 日,到日本武道馆出席全国战殁者追悼仪式。

但是从他的两面派的做法中可以清楚地看出,日本国内的和平进步力量和国际上的影响对小泉以及日本政治右倾化的牵制作用是减弱了。现在的日本首相是依靠右倾势力的影响当选的,他重点考虑的是日本政治势力的支持,在判断事件的影响时,首先考虑的是日本国内的反映,以对他的政治前途影响的强烈与否来决定取舍。所以在右倾化扩大的社会环境中,在和平力量影响减小的情况下,对首相的牵制就少之又少。至于国际上的影响,也出现了减少的趋势。从对日本政治影响力来看,国际上影响最大的美国对此问题采取了默不作声、置身事外的政策,实际上是一种放纵。而中韩两国的外交影响力还是有限的,日本政治领导人虽不至于完全不考虑,但这种考虑在其决策中的分量还是不够重,并不占主要部分。所以在中日关系中,特别是参拜靖国神社问题上就出现了这样一种定式,日本首相公开参拜,遭到中、韩等国的强烈抗议后,日本首相表示今后不再参拜,发表一些对历史认识问题规范性的声明,再做一些修复性的外交活动,逐渐平息这一事件。小泉2001年的参拜也是按照这一套来的。

2001年10月8日,小泉首相抵达北京进行工作访问,并作为现任首相参观了卢沟桥抗日战争纪念馆。10月20日至22日,小泉首相赴上海参加APEC会议,12月20日,中日间三种农产品争端在东京谈判解决。26日,日本外相田中真纪子表示愿为中国和平统一而努力,当日小泉首相表示这是日本政府的一贯立场。到此,应该说受小泉8月13日参拜靖国神社影响的中日关系得到了相当程度上的修复。按照惯例,小泉在他的任期内不会再去参拜了,尤其是2002年又是中日邦交正常化30周年,从常理来看,日本方面也不应该再做破坏中日关系的事情了。

但是,2002年在中日关系史上,在如何对待参拜靖国神社问题上,发生了以前未有的事件。4月12日,日本首相小泉出席中国海南博鳌论坛并发表讲话称:互补关系是日中交流的关键,并否定了中国经济发展将会对日本带来威胁的观点。但他归国之后,就于4月21日,在春季大祭仪式开始前,突然再次参拜了靖国神社,引起了舆论的广泛关注。

小泉首相的这次参拜打破了过去在任首相参拜靖国神社的惯例，是其在任的第二次参拜，也是一年内的第二次参拜，对于这样一个重大的政治行动，小泉首相身边的人宣传说是首相个人的突然决定，但实际上小泉是精心策划、周密安排的。

第一，小泉的参拜选择在春季而不是 8 月 15 日日本战败日，看来对中、韩等国的反应他是有所顾及的。之所以选择这一时间，小泉，主要是为了把不利的影响减小到最低。以突然参拜的形式来完成这一政治活动，在他看来这样就可以把中、韩等国的反感情绪控制到最低。①

第二，试探中国等亚洲邻国的反应。参拜前小泉来中国参加海南博鳌论坛，他曾经对身边的人表示：参拜"这不是多么严重的事情"，②"中国是着眼于未来的国家，不会介意参拜靖国神社这样的小事"。他认为即便参拜，中国也不会强烈地反对。对这一点，他自认为判断正确。

第三，迎合日本右翼，争取强有力的支持。小泉在 8 月 13 日参拜后，赢得日本右翼的喝彩，但对小泉未能在 8 月 15 日这天参拜还是有些不满，不断希望来年能在 8 月 15 日这一天再去参拜。在国内外反对的压力下，小泉也是左右为难，便想出以春季参拜顶替秋季参拜这一招，并企图得到极力主张首相参拜的"日本遗族会"这个自民党强有力支持团体的谅解。4 月 17 日晚，在东京都的一家餐厅内，前首相森喜朗与森派干部前官房长官中川秀直以及前自民党干事长古贺诚碰面密商。③古贺诚是"日本遗族会"会长，这个会长职务是个为自民党重要人物看重的要职，桥本龙太郎也曾担任过这个职务。这次会议后，小泉下了参拜的决心，并在参拜前通知了自民党干事长山崎拓和公明党代表神崎武法等人，并不是像日本内阁官房长官福田康夫等人说的那样，小泉在出发前才通知他们的。

---

① 日本《赤旗报》2002 年 4 月 22 日，引自《参考消息》2002 年 4 月 23 日。
②③ 《准备周密到闪电参拜》，日本《读卖新闻》2002 年 4 月 22 日，引自《参考消息》2002 年 4 月 23 日。

　　从以上分析来看,小泉在充分考虑到 2002 年是中日建交 30 周年,许多亚洲国家及国内进步力量都明确反对他参拜靖国神社的诸多要素之后,还要坚持参拜,根本目的还是在于迎合日本右翼势力,巩固自己的政治地位。并在推动日本社会向右转的过程中加一把力。

　　小泉两次到靖国神社的举动刺激了日本右翼势力在这个问题上挑衅日本和亚洲人民的信心。靖国神社和"日本遗族会"都在大张旗鼓地煽动造势,借 2002 年是靖国神社建成 130 周年,投巨资进行全面扩建和装修,不仅使神社面积扩大了一倍多,还增加了二战中日军使用的零式战斗机等大型武器展览馆,在新建的电影放映厅里放映美化侵略战争的电影和图片,在神社内搭建舞台,上演歌颂侵略战争的话剧等等。

　　在这种气氛下,日本政要的表现更加露骨。8 月 14 日,日本官房长官福田康夫发表讲话,公然要求日本国民在 8 月 15 日这一天为1937 年至 1945 年在侵略战争中的战死者默哀。15 日,小泉内阁 5 名阁员,日本议会的 130 名议员的代表,前首相森喜朗、桥本龙太郎,日本东京都知事石原慎太郎等公开参拜了靖国神社。

　　日本政坛要人的美化侵略战争,为侵略分子招魂、歌功颂德的行为理所当然地遭到了日本国内进步力量和亚洲邻国的声讨,各国人民给予了严厉谴责和批判。

二、 小泉首相参拜靖国神社成为中日关系发展的症结

　　小泉两次到靖国神社的举动受到日本右翼势力的鼓掌欢迎和强烈支持。为继续取得日本右翼势力的强烈支持,2003 年 1 月 14 日、2004年元旦又两次参拜靖国神社,严重阻碍了中日关系向前发展。小泉首相参拜靖国神社已成为中日关系发展的症结性问题。

　　1. 日本政要参拜靖国神社已成为历史认识问题中的标志性事件,成为影响中日关系发展的重大问题

　　最近十几年里,历史认识问题逐渐突出,并成为影响中日关系正常发展的两大问题之一。

　　所谓历史认识问题就是指日本政界和社会人士如何认识日本在二战期间对亚太各国发动的侵略战争历史的正确认识问题,是个政治态

度问题,是个关系到日本现在和将来采取什么样的国家战略的问题,是大是大非的问题。历史认识问题可以说是个对日本明治维新以后整个国家历史怎么评价的重大问题,因而也是包含很多方面的大问题。

而靖国神社在二战结束前是日本军国主义对外发动战争、进行反动宣传和精神灌输的重要场所,和日本的对外侵略战争有着密切的关系,可以说是军国主义国家体系中的重要一环。而军国主义的发展史又是由一个又一个战争狂人、战争罪犯来代表的,这些战犯的历史罪责已经被由反法西斯国家联合组成的远东军事法庭明确判定了。而现在这些战犯在前军国主义的宣传鼓动机构中被供奉着,让现在的日本人来祭拜、歌颂、肯定,这怎么能让受日本侵略过的亚太各国人民不感到怀疑:日本现在社会中有相当大的力量要翻历史的铁案,要重新肯定日本二战期间发动的侵略战争,对外侵略的方针有可能被今后的日本政府重新采用。如果出现这样的结果,必然给亚洲各国带来沉重的灾难,而曾遭受日本军国主义长期侵略的中国人民当然表示关注。所以,参拜靖国神社就成为影响中日关系正常发展的重大事件。

2. 参拜靖国神社事件给中日政治关系造成严重的破坏,造成间歇性阵痛

从1972年中日邦交正常化以来,历史认识问题影响中日政治关系有一个逐渐变化的过程。如果以1982年第一次教科书问题算起至2002年,其间发生过四次教科书事件。而在这个发展过程中可以看出靖国神社逐渐地显露出在历史认识问题上要起作用的迹象。其中的导火索就是1978年把二战后被远东军事法庭判为甲级战犯并被处以绞刑的东条英机等14人的牌位公然安放在靖国神社。之后,靖国神社、日本遗族会等右翼势力不断鼓动日本政治家包括首相去参拜。但直到1985年才有中曾根康弘以首相身份进行了第一次参拜。中曾根的这一举动引起了亚洲邻国的强烈谴责和抗议,导致这些国家和日本的外交关系出现了倒退,日本政府事后多次表示首相不会再去参拜靖国神社,并为修复和亚洲各国特别是和中国、韩国的关系做了不少的工作,以图消除由此引发的政治伤害。这样在此后11年的时间里几任首相均未去参拜。到1996年桥本龙太郎再次以首相身份参拜,结果又给中

日两国关系造成了严重的损害。桥本龙太郎经过较长时间努力并在访华时参观沈阳九一八事变纪念馆,表明自己的历史认识,才逐渐把参拜造成的损害消除。而小泉的四次参拜,使中日关系再次受到严重损害,2002 年为纪念中日邦交正常化 30 周年的活动也受到了相当大的影响。从这一过程可以看出,日本政要参拜靖国神社必然会给中日关系造成破坏,而六次参拜所引起的政治关系波动就是明证。

3. 日本政要参拜靖国神社有愈演愈烈的趋向,并有可能成为中日关系中的一个痼疾,有定期化、扩大化的可能

从这次事件的历史渊源和以前两次参拜的对比来看,出现了日本首相前去参拜时间缩短,次数增加,并不顾及邻国反对的迹象。从其背后的政治社会原因看,日本政治右倾化、右翼势力上升的现象恐怕会持续相当一段时间,而作为日本政治右倾化的一个标志性事件——参拜靖国神社就会常常被讨好右翼的政治家们采用。这样可能会经常出现类似现象,可能经常影响中日政治关系,破坏中日两国及日本和其他国家的友好关系的发展,而且有定期化、扩大化的可能。日本政要今后参拜可能会定期去,参拜的人数还会扩大,靖国神社、日本遗族会对日本政治社会的影响也有可能加大。

4. 这一事件成为中日外交关系中的一个难点,成为双方角力的症结

对事关历史认识问题这一中日关系中的大是大非问题,中国政府领导人和外交部门都高度重视,立场坚定,旗帜鲜明,也对日本方面做了很多工作,晓以利害,希望他们以中日友好关系的大局为重。从过去的历史看,起了相当的作用。但从小泉四次参拜来看,日本政府和自民党内的决策人物在清楚地知道中、韩等亚太国家的明确态度的情况下,采取了罕见的强硬对抗的姿态,他们叫"正面突破",就是不顾反对,不顾给日本对外关系造成损害也要去,他们认为"连续参拜两三次以后中韩就不得不默认"①,用"不管抗议连连、我参拜依旧"的方法来正面对抗。在这个问题上形成了角力的局面,也成为中日外交关系的一个症

---

① 日本《产经新闻》2002 年 8 月 15 日,引自《参考消息》2002 年 8 月 16 日。

结,并且还会影响中日关系其他方面的发展。

三、 小泉政府对华政策对中日关系的损害

除了在参拜靖国神社问题以外,小泉政府在许多方面对中日关系也造成严重的损害:

1. 在战略层面上

在这一时期日本在战略层面上的改变是非常明显的,其中有这样一些现象:

加速修改 20 世纪 40 年代制定的作为对日本军国主义阶段结束成果的《和平宪法》。在小泉政府执政期间修改和平宪法的努力最明显,无论从对宪法实际上的改变,如向海外派兵直接进入了国际上的作战地区,还是通过对修宪有影响的具体法案,以及为达到修宪目的,长期持续地争取国内舆论的支持,都是如此。由于日本过去对亚太地区国家的侵略历史及今天日本的国际影响力,修宪举动势必造成对中日关系的波及。

日本在强化美日同盟上动作很大。日美同盟在冷战结束后的 1996 年 4 月经过日美安全保障联合宣言已经得到了调整和加强。但东亚地区的局势总的来说比较稳定,经济发展和合作引人注目。然而日美之间强化军事关系的活动不断,对改善东亚地区和平并无助益。不到 10 年时间,日美两国又要进行对日美安保联合宣言的调整,进一步加强双方的军事合作力度。特别是日美联合未来对东业地区进行军事干涉,甚至把对中国台湾海峡的军事干涉明确列入即将修改的新日美安保宣言中,此举严重干涉中国内政,定会影响中日关系的发展。

日本自 2004 年以来对华的军事防范已进入了实施阶段。某些日本右翼分子和日本政府内部某些制华势力也大肆鼓噪,明里暗里加快了支持"台独"势力的行动,并企图阻挠、破坏中国政府打击"台独"势力,加强统一的努力;特别是在台海地区出现紧急事态变化,当我国依据《反分裂国家法》用非和平方式强力解决"台独"势力时,日本有干涉介入的危险企图。这种危险企图表现的动向有:大肆鼓吹台湾是日本最后的生命线,日本要为"美中新冷战"准备。

2004年4月以后,日本舆论连续发表包含上述说法的宣传"中国威胁论"的文章,推动日本政府和防卫厅考虑如何应对中国综合国力的持续增长所带来的统一压力;公开宣传"台湾和中国合为一体,钓鱼岛周边海域将完全成为中国海,日本舰船飞机将被赶出,日本的出入口将被北京堵死,日本只能对北京唯命是从,日美安全条约也将有名无实"。并提出"保卫台湾"(东京都知事石原慎太郎语),为日本介入台湾问题作理论准备。

日军开始将重兵部署到距台湾最近的冲绳群岛最南端。2004年5月中旬,日本共同社报道:从防卫厅获得的机密文件表明,防卫厅已拟定一项计划,在日本最南端的一些岛屿布置7 200人(日军正式兵力只有20多万人),以防止台海冲突时中国对日本的这些岛屿发动攻击。这是首次在政府文件中假定中国攻击日本,日军加强具体针对中国的军事准备。2005年初,日本防卫厅又决定在距离中国台湾地区最近的冲绳群岛成立西南军区,驻兵4.5万人。

2. 在历史问题上

有关历史认识、历史教育等方面的问题几十年来一直都断断续续地出现,但到了小泉政府就变成了严重影响中日关系的实际政治问题。从2002年7月到2006年8月15日,日本首相小泉先后6次参拜靖国神社。2004年3月9日,在日本内阁通过了"有事法则"的七条法案的当天,小泉在国会会议上公开表示,参拜"为了向战争阵亡者表示真诚的哀悼,作为日本国民的一员,我认为这是一件极为自然的情感表现"[1]。小泉首相的行为使中日关系的改善不断受到冲击和破坏,两国最高政治领导人的高层互访自1972年以来罕见的中断。

历史认识问题有如此的重要性,而且其涵盖的范围很广,现在在事关日本自明治维新以后到第二次世界大战战败投降这段长达七八十年历史上,凡涉及日本对外侵略的各方面问题都被日本右翼分子或明或暗、或大或小地予以歪曲,不是承认侵略罪责,而是美化侵略诬蔑被侵略国家和人民。所以像日本修改教科书问题、参拜靖国神社问题、慰安

---

① 引自《新京报》2004年3月14日。

妇问题、战争赔偿问题、光华寮案件、东史郎案件等等,都属于历史认识问题的范畴。在这些问题中,日本政要公开参拜靖国神社因为具有极大的舆论冲击力,成为标识性问题,并成为影响和破坏当前中日关系发展的症结性问题。日本首相先后 6 次公开参拜靖国神社,并多次公开发表美化认同日本军国主义甲级战犯的言论,还将影响到中日经贸、文化等关系的发展。

3. 在中日双边的具体问题上

小泉政府执政 4 年多时间里,中日两国之间在具体问题这个层面上的冲突是 1972 年中日邦交正常化以来最多的及有不良发展趋向。比较突出的有:

关于海洋权益上的矛盾。21 世纪是海洋世纪,对海洋权益给予高度重视可以理解。但日本方面对中国在中国大陆架上中方一侧已开采多年的春明油气田等建设活动,近年来频频施加各种压力,摆出以前罕见的强硬姿态,又是抗议,又是要求中方提供资料,还武断地认定春明油气田抽走了属于日本方面的资源等,故意制造对抗气氛,而不是心平气和地通过外交协商谈判来解决。

关于领土纠纷——钓鱼岛问题的处理,小泉政府采取了无视和强占的激化措施。这几年小泉政府一直在强化实际控制措施。除派出大量军舰、飞机日常巡逻外,还不断彰显所谓的日本主权标识,并阻止中国民众的合法抗议行为,甚至在 2004 年 5 月逮捕了中国登上钓鱼岛的公民。最近日本政府又推出严重挑衅举动,2005 年 2 月 9 日日本政府宣布接管原由日本民间组织设立在钓鱼岛的灯塔为日本的国家财产,并予以保护。日本的这一非法举动引起中国政府和人民的强烈抗议。

关于钓鱼岛的主权,从 20 世纪 70 年代初中期中日双方同意搁置,到 70 年代末期日本政府企图在实际控制上搞小动作,但一直有所顾忌。再到 20 世纪 90 年代中期,日本政府试探提升控制,多次有右翼分子登岛立灯塔,并派舰阻拦中国香港、澳门、台湾保钓人士登岛,并造成保钓人士死亡。这期间的中日交涉中,已有日本外务省内下级官员表示在钓鱼岛问题上,中日没有达成搁置主权争议、留待以后解决的谅解,但日本高层官员没有公开否认。到小泉内阁时就不同了。

2005 年 2 月 9 日小泉在首相官邸回答记者提问此事会否引起中国的反对时,他很不愉快地反问道:为什么？这是日本自己的事。[①] 2 月 10 日在中国提出抗议之后,日本外相轻描淡写地说:"关于尖阁群岛(即中国的钓鱼岛—作者注),日中双方不存在领土争议。"[②] 2 月 14 日日本政府又决定从 4 月起在中国东海的两个岛屿附近捕鱼,以便在与中国就这一地区自然资源的所有权争端中采取更有力的措施。[③]日本政府在 2005 年 1 月就决定要在钓鱼岛勘探石油。东京都知事石原慎太郎在 31 日和首相小泉的会谈中提出要在冲之鸟礁石上建电站进行开发,并说:我们将不让中国有说话的余地。[④]这些动态说明小泉政府在中日有关的领土、资源问题上将采取强硬的对抗性政策。

关于石油供应问题。中日两国都是石油进口国,过去在石油供应问题上一直友好合作,中方长期向日方供应优质原油。但在小泉政府期间发生了很大变化,日方转而采取排斥性竞争政策,典型事例是中俄输油管线的建立。日方的介入使泰大线计划难以落实,徒增中国的困难,日方也未见得利。类似事例还发生在中亚、东南亚等地。之所以出现这方面新的问题,还是由于日本政府的政策。

在中日关系之外和第三方的关系上出现了以前没有的问题。中国和欧盟之间存在着冷战末期产生的对华武器禁售问题。这本来是中国和另一方的问题,和日本无关。罕见的是日本政府的高级领导人,如首相助理川口顺子、外相町村信孝都发表过要求欧盟不要向中国出售武器这样干涉中国和第三方关系的讲话。这样明显干涉中国对外关系行为的出现只能说明小泉政府在对华政策方面的对抗性加强。

关于日本和中国台湾地区的关系。日本政府在屡次进行突破中日联合声明确定的非官方民间关系原则的试探。小泉政府期间日台关系得到加强,特别是在军事防卫合作上有明显的动作,如搞所谓新安保联合宣言的拟订,要把台湾地区纳入。鼓吹建立美日台三方反潜联盟,并

---

① 路透社东京 2005 年 2 月 9 日电讯,引自《参考消息》2005 年 2 月 11 日。
② 德新社东京 2005 年 2 月 10 日电讯,引自《参考消息》2005 年 2 月 11 日。
③ 美联社东京 2005 年 2 月 14 日电讯,引自《参考消息》2005 年 2 月 15 日。
④ 引自英国《金融时报》2005 年 2 月 2 日。

进行一些准备。日本防卫厅加强了和台湾地区军队的暗中联系。

2004年4月上旬,台海军例行的代号"康平"水雷作战操演,首度邀请担任过日本海军扫雷舰舰队长的退役少将随舰观察。这次演习中,日方顾问还建议增大水雷施放量到近40枚,以增加台扫雷舰的充分训练(原台舰演习施放量为十几枚)。从这次行动看,尽管台日两方刻意保密,但选择扫雷舰舰只进行合作,其针对大陆未来对台作战中的布雷封锁战术预做扫雷演习的战术准备目的凸显。值得注意的是,这是日台海军第一次实行联合登舰演习,并为配合日军,从台军习惯的3至5天时间延长到日军习惯的两周时间。日台海军为进行联合行动作前期准备。

在政治关系上日本不顾中国政府的抗议,坚持邀请"台独"总头子李登辉访日。日本东京都知事石原慎太郎也多次访台。从对"台独"势力的国际支持上,来自日本政府和民间右翼势力的支持被"台独"分子视为最直接的支持。

小泉政府对华政策对中日关系造成的阻碍与变化,激起了中国民众的强烈不满。2005年5月23日,联合国秘书长的政策咨询小组"名人小组"提出关于联合国安全理事会改革的初步报告,日本等四国借机提出成为联合国安全理事会拥有否决权的常任理事国方案后,立即引起中国民众的强烈不满。3月25日起,在互联网上就有人发起反对日本成为联合国安全理事会拥有否决权的常任理事国的签名活动。

对小泉政府上台后中日关系出现的政治关系冷淡、停滞的状况,中国政府和领导人从中日关系的大局出发,强调发展稳定,做了大量的促进工作。2005年5月20日,国务院副总理吴仪访问日本。在日期间,吴仪副总理会见了很多日本友人,在多个场合强调中日两国关系发展对中日人民友好的重要性,对东亚和世界和平的重要性。但是,日本政府和右翼反华势力就在吴仪副总理访日期间,多次发表反华言论,破坏中日关系的政治基础。到5月23日下午,国务院副总理吴仪以有"紧急公务"为由取消同小泉首相的会谈,提前回国。此后5月26日,中国外交部就日本政府向日本民间企业颁发在东海开采油气许可,提出抗议。

2005年5月26日,日本自民党众议员森冈正宏说:不必为战争罪道歉,第二次世界大战的战犯是美国等国贴上的标签。对此,中国外交部对森冈正宏的谬论提出严正谴责。中国政府对小泉首相参拜靖国神社的严正立场得到越来越多日本有识之士的理解和赞同。6月1日,日本8名前首相集体指责小泉首相参拜靖国神社,劝告他认真考虑周边国家人民的感受。

关于联合国改革问题,中国政府认为强行表决,提前设限,不是稳妥地求得最大限度的共识,而是争当联合国安全理事会常任理事国,只会使联合国分裂。因此,6月1日,中国驻联合国大使王光亚表示:中国将对德国、日本、印度、巴西四国加入联合国安全理事会常任理事国的提案投否决票。

2006年8月底之前,中日政治关系处于"冷淡"之中。

四、 中日经济贸易、教育、文化、民间关系

和"冷淡"的中日政治关系相比,21世纪初,中日经济贸易、教育、文化、民间关系的发展稳定正常。

日本是中国最重要的贸易伙伴之一。1972年至2004年贸易额增长了160倍。21世纪初期的4年时间,中日贸易高速增长。2001年中日贸易额就创新高,达到868亿美元;2002年在此基础上增长16%,达到1 019亿美元,其中日本对华出口贸易增长26%。两国贸易在中国对外贸易中占16%,在日本对外贸易中占13%。①中国在第二次世界大战后首次超过美国成为对日本出口最多的国家。②2003年中日贸易1 336亿美元,比2002年增长31%。日本仍是中国的第一大贸易伙伴,中国是日本的第二大贸易伙伴。中日经济相互依赖加深,日本大型企业一改以往的谨慎做法,纷纷向中国转移生产和研发基地,并成为利润主要来源地和增长最快的地区。③2004年中日贸易额达1 669亿美

---

① 《日本与中国》2003年1月25日。
② 日本《读卖新闻》2003年1月28日。
③ 引自《北京青年报》2004年1月18日。

元。2004 年中国大陆、香港和日本的贸易额超过美国,是日本第一大贸易伙伴。日本是中国大陆第三大贸易伙伴。

20 世纪 90 年代以后,两国人员交往大幅度提高。这些都表明两国关系发展有共同的国家利益。中国大陆有数万人在日本留学。东京大学、早稻田大学在北京已设了联络处。日本来中国大陆的留学生也有几千人。

中国文化在日本的影响扩大。中国的演员、歌手、文艺作品在日本受到欢迎。中日文化交流规模扩大、内容加深。

中日间这几年旅游业大发展。2004 年大陆赴日旅游 102 万人,日本来华 320 万人。两国人民之间的交流、往来比 20 世纪简便、频繁、容易多了。

第四节　中日关系重回发展轨道

一、 安倍首相访华,中日关系恢复

2006 年 9 月下旬安倍晋三接替导致中日关系下降的小泉纯一郎任首相,组成新一届日本政府。安倍首相上台后面临的最大外交难题就是如何处理在政治上因小泉六次参拜靖国神社而导致关系紧张的日中、日韩关系。而日本社会中的大多数是主张和周边国家搞好关系的,这种压力在小泉执政的后期越来越大,对此安倍上台后,马上通过日本外交机构和中国和韩国方面联系能否有转寰的契机,恢复日本和中、韩的高层政治互访。

对安倍首相上台后释放的政策改变的信号,中国政府表现出为改善中日僵局积极努力的真诚善意。但对小泉政府以参拜靖国神社为标志造成中日政治基础受损的现状,中国政府的原则立场并没有改变,而安倍新内阁须有明确的表示。经过中日外交机构紧张的磋商,双方在 10 月初达成一致,并对外宣布:安倍首相将于 10 月 8 日至 9 日对中国进行工作访问。这是战后历史上首位日本首相选择访问中国为对外首次访问国,而且是在当选首相 12 天之后。

10月8日至9日安倍首相访问中国，8日下午国家主席胡锦涛在人民大会堂会见了日本首相安倍晋三。

胡锦涛回顾了中日关系的发展历程，积极评价中日邦交正常化以来两国关系发展取得的成果，同时指出，进入新世纪，就在中日关系向新的深度和广度迈进的时候，由于日本个别领导人坚持参拜供奉有二战甲级战犯的靖国神社，使中日关系面临困难局面，这是我们不愿看到的。安倍先生就任首相后，中日双方就克服影响两国关系的政治障碍和促进两国友好合作关系的健康发展达成一致，为中日关系的改善和发展创造了条件。

胡锦涛说，中日友好和互利合作不仅关系到两国的发展和利益，也关系到亚洲乃至世界的和平稳定与发展繁荣。中日双方必须从战略高度和长远角度来审视和把握两国关系，坚持和平共处、世代友好、互利合作、共同发展的大目标，坚定不移地推动中日关系长期健康稳定向前发展。胡锦涛说，实现中日关系长期健康稳定发展，首先，要加强政治互信。要恪守中日联合声明等三个政治文件的原则。本着"以史为鉴、面向未来"的精神，正确认识和对待历史问题。不再发生伤害战争受害国人民感情的事。坚持一个中国原则，妥善处理台湾问题。不断巩固和加强两国关系的政治基础。胡锦涛最后表示，中日世代友好是两国人民的共同意愿和期盼，符合两国和两国人民的根本利益。中方愿与日方一道，为共同开创新世纪中日关系的美好未来而不懈努力。

安倍表示高度重视日中关系，就任首相后首次出访即来到中国。他说，把日中关系推向新的高度，为两国国民和子孙后代开辟美好的未来，对日中两国，对本地区都很重要，也是双方共同的责任。日方高度重视胡锦涛主席就发展日中关系提出的十六字方针，愿按照日中间三个政治文件的精神和原则，从战略高度为日中关系改善和发展作出贡献。

安倍表示，日本历史上曾经给亚洲人民造成了巨大的损害和痛苦。在深刻反省历史的基础上，坚持走和平发展道路是日本的既定政策，不会改变。日方和我本人将按照两国就克服影响两国关系的政治困难、促进两国关系健康稳定发展的共识妥善处理历史问题。

安倍表示,日中经济相互依存,中国经济的快速发展也推动了日本经济的复苏和增长,两国其他领域合作也不断向深度广度发展,希望双方加强各层次的接触,增进互信,扩大在经济、文化、教育和人员等领域交流以及在地区和国际事务中的沟通与合作,推动日中关系向更高层次发展。

安倍重申日本将按照日中联合声明坚持一个中国政策,不搞"两个中国"、"一中一台",不支持"台独",反对单方面改变台海现状。①

全国人大常委会委员长吴邦国会见了日本首相安倍晋三。

8日,国务院总理温家宝在人民大会堂与日本首相安倍晋三举行会谈。温家宝首先对安倍晋三首相的来访表示欢迎,对他在对华关系上所显示的积极姿态表示赞赏。他说,中日邦交正常化以后,双边关系总体是好的。这一良好局面凝聚了两国政府和各界有识之士的智慧与心血,来之不易,理应倍加珍惜。但在过去五年中,日本个别领导人坚持参拜供奉有二战甲级战犯的靖国神社,极大地伤害了中国人民的感情,损害了中日关系的政治基础,使两国关系陷入困境。我们提出"以史为鉴、面向未来",就是要正视那段历史,在汲取历史教训的基础上开辟未来。

安倍说,日中关系是日本最重要的双边关系之一。日本将继续遵循日中三个政治文件的原则和精神发展两国关系。将按照双方关于克服影响两国关系的政治困难、促进日中关系健康稳定发展的共识来妥善处理历史的问题。②

8日,双方发表联合新闻公报。双方继续遵守中日联合声明、中日和平友好条约和中日联合宣言的各项原则,正视历史,面向未来,妥善处理影响两国关系发展的问题,让政治和经济两个车轮强力运转,把中日关系推向更高层次。双方同意,努力构筑基于共同战略利益的互惠关系,实现中日两国和平共处、世代友好、互利合作、共同发展的崇高目标。双方确认,使东海成为和平、合作、友好之海。

安倍首相访问得到了国际社会的高度评价,在国内也受到各界的

---

① ②　引自《人民日报》2006 年 10 月 9 日。

广泛好评。这次访问使中日关系出现转机,双方高层互访中断的局面改变。安倍本人则认为这次访问使中日关系"雨过天晴"。

安倍首相访华后中日政治关系"回暖",2006 年 11 月 19 日,中、日、韩三国发表建立共同自由贸易区的声明。11 月 29 日中日之间恢复防卫安全磋商。

2006 年中日贸易额达到 2 073.6 亿美元,较上年同期增长 13%,日本对华贸易赤字超过 286 亿美元,截至 2006 年 11 月底日本对华投资到位金额 574.5 亿美元为我国第二大外资来源地。

中国政府的对日政策非常明确:中国政府一贯重视中日关系,始终坚持友好方针,强调两国人民世代友好。当前的困难局面不仅不利于中日两国,还会影响亚洲地区的稳定和发展。以史为鉴,面向未来。日本要把对侵略战争的反省落实到行动上。

为促进中日关系向前发展,中国国务院总理温家宝访问日本。2007 年 4 月 11 日至 13 日中国总理时隔 7 年后访日,也是进入 21 世纪后中国总理的第一次访日。在两国政府首脑政治会谈中,温家宝指出:希望日方认识到台湾问题的高度敏感性。强调中国主张以史为鉴并非要延续仇恨。中方理解日本拟在国际事务中发挥更大作用的愿望,愿与包括联合国改革在内的重大国际和地区事务同日方加强沟通与对话。安倍晋三首相表示:不采取"两个中国"立场,"一中一台",不支持"台湾独立"。①

二、 福田任内的友好关系

2006 年 9 月初,任期未满一年的安倍晋三首相因病宣布辞职。日本自民党推选政坛老将福田康夫继任首相。福田首相比较稳妥,不像前两任首相那样相对激进。福田内阁的对华政策延续安倍内阁的对华政策,并表示,日本与周边国家的关系将会以稳定和发展为主流。参拜靖国问题的影响会下降,日方不会主动地再去挑起争端。但历史问题也不会消失,影响还会存在。

---

① 刘江永:《中日关系二十讲》,中国人民大学出版社 2007 年版,第 326 页。

福田对中日经济贸易合作寄予比较大的期望,中日关系重点还在经济上。福田内阁的出现对中日关系发展有利。福田内阁成立后,中日关系发展比以前更有改善。

2007年12月27日至30日,福田首相访华。福田首相受到中国政府和民众的热情接待。福田首相访华接待规格之高为十年罕见。他在北京大学发表演讲,引用鲁迅、《论语》《易经》名言,受到师生们的欢迎。他还访问了天津、山东曲阜孔子故里。中国国家主席胡锦涛等领导人会见了福田首相。中国国务院总理温家宝和福田首相进行了会谈。

福田首相访华取得了三大成果:其中之一是福田明确表示,日方在台湾问题上坚持日中联合声明中表达的立场,不搞"两个中国"或"一中一台",不支持"台独",不支持台湾"加入"联合国,也不支持台湾当局搞"入联公投",中方对日方的这种正确立场表示赞赏。①

2008年5月6日至10日的五天时间里,胡锦涛主席一行对日本进行了正式国事友好访问。胡锦涛主席访日期间,和福田首相举行了政治会谈,取得了一系列重要成果。两国政府共同发表《中日关于全面推进战略互惠关系的联合声明》。这对于巩固中日关系的政治基础,增进中日两国的战略互信,构筑两国关系长期健康稳定发展的总体框架,全面深化中日战略互惠关系,具有重大的现实意义和深远的历史意义。

两国政府共同发表了《中日两国政府关于加强交流与合作的联合新闻公报》,涵盖两国70项具体合作项目。

三、 麻生任内中日关系继续友好

1. 麻生内阁成立

2008年9月24日,麻生内阁宣布成立。麻生内阁的出现实际上在2008年8月就露出端倪。福田首相在8月1日改组内阁,17名阁员换了13名,力图用面貌一新的内阁来拉高国民支持率,做最后的打拼。但这次改组中有两项人事安排引人注目。一是外务相高村正彦留

---

① 引自《北京晚报》2007年12月29日。

任,这表明福田首相认为日本的对外关系应保持稳定,不需要调整。二是将自民党干事长委任给麻生太郎。众所周知,自民党作为执政党,干事长作为党务最高负责人,实际政治地位可看成首相后备人选。这一安排表明福田首相在7月末已考虑自己的后继人选。此后政坛发展也是如此,只不过发展之快出人预料。

所以9月1日,福田首相宣布辞职后,麻生太郎干事长就成为最有力的首相候选人。虽然这一次,自民党出现了五位候选人(1972年佐藤荣佐首相辞职后曾有五位候选人竞选首相,这是36年后的第一次。)但其他四人无法和麻生相抗衡。因为麻生自2001年起和小泉纯一郎争夺首相失败后,屡败屡战,这是第四次参选。他拥有较高的人气、显赫的身世和强大的财力,长期以来以敢言的强硬派面目出现,在日本政界中资历较老。特别是自民党连续两位首相任期未满一年提前弃职,国民支持率下降到最低点。日本参议院已经在在野党掌控之中,自民党在众议院要依靠和公明党的联盟才能控制。所以自民党在朝的地位岌岌可危,面临着背水一战的境地。

在这种形势下,福田首相提前辞职,由党内推出"强人"来力挽狂澜是自民党的迫切需要。但形势如此困难,自民党几大派系也有利益盘算:如果本派推出的首相在10月可能进行的众议院大选中失利,那么由此造成的历史责任将十分巨大。因此几大派系在本次总裁选举中有所保留,而是达成妥协推出一个小派系的派首麻生出任首相。实际上,麻生首相是头上悬着"达摩克利斯剑"来组阁的。他必须在众议院大选中争取选举胜利,麻生内阁才将继续下去,达到自民党推出他的目的,如果失败就什么也谈不上了。

因此麻生内阁就是一个选举内阁,全力争取获得选民支持,赢得国会选举胜利。在这个执政权存续的关口,麻生内阁的重点全都放在国内政策特别是经济政策上。自民党执政这么多年,从冷战后日本陷入停滞期后,为振兴经济可谓是使出了"混身解数",能使出的政策、能推出的人才早已出台了。这次留任二阶俊博担任经济产业相,起用中川昭一担任财务相,任用与麻生竞选的与谢野馨担任经济相,就是为了给国民一个强势经济内阁的印象。但这几位也都是政界的熟面孔,政策新意不多,并无令人耳目一新的感觉,麻生内阁被法新社评为一届"保守派"新内阁。

但麻生在外务省和防卫省各用了一位新人。前首相中曾根康弘之子中曾根弘文任外务省大臣,他是位没有外交事务经验的人。原防卫省副大臣滨口靖一擢升为大臣,两位的任职看起来有些出人预料。实际上麻生首相考虑的人事安排重点是内政,又由于他本人长时间担任过外相等职,对外务省和防卫省可发挥领导能力,施加直接影响。如内阁成立当天,麻生首相在第一场记者招待会上就承诺:将恢复日本海上自卫队在印度洋的任务,为以美国为首的"防恐战"提供支持。而这一任务之前在日本国内很不受欢迎。25 日他又针对日本和周边国家的关系说:日本将和中国、韩国保持互惠的关系。

此时麻生内阁的中心任务是打赢选举战。自民党的计划是想乘麻生内阁刚成立会产生的较高支持率,在 10 月解散国会提前举行大选,一举赢得选举。但麻生内阁成立之后最新的民意调查却浇了他一盆冷水:25 日共同社的民意调查显示刚成立的麻生内阁支持率为 48.6%,一上任民意支持率就不过半实在罕见(福田首相刚成立的民意调查支持率为近 60%)。而且麻生内阁的麻烦接踵而至,刚上任三天的国土交通大臣中山成彬因多次言论不当而被迫辞职。所以如果麻生内阁在 10 月解散国会提前举行大选,并无胜选的把握,如果失败麻生内阁将成为日本战后政治史上执政时间最短的内阁。

2. 中日关系延续友好发展态势

2008 年 9 月 24 日成立的麻生太郎内阁执政至 2009 年 9 月 16 日鸠山民主党上台执政,任期约一年时间。他过去的从政史被认为是一位"右翼的政治家",其执政风格会对中日关系带来什么影响? 这在他上台之初就引起观察家的兴趣。

麻生内阁执政时期延续着安倍和福田内阁的对华友好合作政策,中日关系总体上平稳发展,态势良好。人们担心的麻生首相过去站在右翼立场,爱说惊人之语的"大嘴巴"冲击并未出现。实际上麻生首相在中日关系和对外关系上较前任首相谨言慎行:未去参拜靖国神社、在历史认识问题上也没有出现"失言"。中日之间政治、经贸、科教文化及民间关系都在正常发展。因此,麻生内阁成立后在中日关系上的总体表现令人满意。

(1)政治上高层互访不断,各级政府交流频繁

麻生政府执政后的这段时间,频繁密切的高层互访、会谈、接触是一个显著的特点。从高层互访机制来分析又有创新。在国际层面,因"华尔街金融危机"的爆发,需要世界上经济金融强国共同合作协商,G20应运而生,而且会议频度较密,约半年一次,为中日两国领导人增加了会谈、接触机会。(在2008年11月的纽约峰会和2009年4月的伦敦峰会上均有会见)从地区层面看,有历史上首创的中日韩三国领导人会议(2008年12月在日本福冈举行)。从中日两国领导人互访来看,有麻生首相两次来访(2008年10月出席北京第七届亚欧首脑会议后的首次工作访问和2009年4月的国事访问)。

2009年4月29日至30日麻生首相访华,这是他首次正式访华,是一次国事访问。这次访华的主要议题是金融经济方面的合作,为建立战略互惠关系助推。29日下午温家宝总理和麻生首相进行了政治会谈。温家宝总理说:中日友好是大势所趋,人心所向。在双方共同努力下,一段时间以来,历史问题十分敏感,牵动国民感情,希望日方恪守承诺,妥善处理。两国关系保持了积极的发展势头,这一良好局面来之不易,应当得到珍惜和维护。面对国际金融危机的严重冲击,中日加强合作有助于共同克服困难,带动地区经济增长。当前要努力稳定双边贸易和相互投资,积极拓展在节能环保、信息通讯、绿色经济、高科技等领域的合作并培育新的经济增长点;要扩大同东盟国家的务实合作,充实中日韩三国合作。

麻生表示,日中两国对亚洲和世界的和平稳定与发展具有重要责任和影响。日本愿与中方共同努力,进一步扩大互利合作,拓展在节能环保、气候变化等领域的合作。在当前国际金融危机背景下,日中应加强协调,携手合作,共同为亚洲和世界经济的恢复发展作出贡献,进一步充实日中战略互惠关系。日本政府在历史问题上的立场,完整体现在1995年和2005年日本首相发表的正式谈话中,主要精神就是正视历史,面向未来,日方这一立场没有任何变化。日本愿从大局出发,妥

善处理两国关系中存在的问题,进一步增进双方的政治互信。

30日,中国国家主席胡锦涛会见了麻生首相。胡锦涛表示,全面推进中日战略互惠关系是中国政府的既定方针。中方愿与日方共同努力,遵循中日四个政治文件的原则和精神,妥善处理两国间存在的问题或分歧,尤其要妥善处理历史问题,不断夯实中日关系的政治基础,确保中日战略互惠关系健康稳定发展。麻生表示日中两国地理上是永恒的邻居,政治、经济等各领域合作良好,日中战略互惠关系不断发展,为两国关系的未来打下好的基础。这次访问富有成果。衷心希望双方从两国关系的大局出发,保持高层密切沟通,加强广泛领域的合作,就应对国际金融和经济危机加强协调,增进两国青年之间的交流,推动两国关系向前发展。关于历史问题,日本政府在1995年和2005年日本首相发表的正式谈话中表明了立场,即正视历史,面向未来,日方这一立场没有改变,今后也不会改变。

麻生在出席30日中日青年企业家交流午餐会发表演讲时表示:"中国近年来发展迅猛,我认为中国的经济发展给国际社会带来了机会,当然也给日本带来了良机。但确实也有一种声音,担忧中国经济发展后,是否会走上军事大国之路。我们了解近年来中国恪守和平发展战略,致力于构筑永久和平、共同繁荣世界的决心,并期待中国采取与此相符的行动,打消这样的不安和担忧。今后,日中两国都不会成为军事大国、不会成为彼此的威胁,应为和平发展而携手努力。我坚信,这才是国际社会对日中两国的期待。"麻生还重申,日本将继续走和平国家的道路,希望与中国永做好邻居。2008年10月24日在北京举行了纪念《中日和平友好条约》缔结30周年招待会。中国国家主席胡锦涛和日本麻生首相出席招待会并致辞。

这期间,中日各级部门、各政府之间的交流十分频繁。例如:2009年3月中共中央政治局常委李长春访日;2008年10月24日在北京举行了《中华人民共和国和日本国领事协定》和"互换《中华人民共和国和日本国关于刑事司法协助的条约》批准书的证书"的签署仪式。10月28日起中国海军司令员吴胜利应日本海上幕僚长赤星庆治上将邀请访日,这是中国海军司令首次访日。

（2）经济互惠关系继续发展，众多领域合作加强

中日互为重要的经贸合作伙伴，2008 年中国继续保持日本第一大贸易伙伴，日本继续保持中国第三大贸易伙伴和最大进口来源地地位。据中国海关统计，2008 年，中日双边贸易总额达 2 667.9 亿美元，比2007 年(下同)增长 13%，占同期中国外贸总值的 10.4%。其中，中国对日出口 1 161.4 亿美元，增长 13.8%，增速提高 2.4 个百分点；自日进口 1 506.5 亿美元，增长 12.5%，增速回落 3.3 个百分点；累计对日贸易逆差 345.1 亿美元，增长 8.3%。

日本是亚洲地区遭受金融危机打击最为严重的国家之一，受此拖累，日本经济自 2008 年第二季度起步入衰退，日本政府在该年底的经济报告中，7 年来首次使用"正在恶化"描述当前经济状况。受金融危机影响，2009 年前三个季度中日贸易总额同比下降约两成。

日本企业对华投资热情依旧，截至 2008 年 9 月，日本对华投资累计项目数超过 40 000 个，实际投入金额达到 646 亿美元，成为中国引进外资的第二大来源地。

（3）社会各界联系增多，国民相互了解加深

中日两国政府根据日本福田首相 2007 年 12 月访华时签署的《关于"中日青少年友好交流年"活动的备忘录》将 2008 年定为"中日青少年友好交流年"。该项活动丰富多彩，在麻生政府执政后的 3 个月里达到高潮。多批中国高中生代表团和中国青年代表团 1 000 多人访日。全年实现 4 000 人规模青少年互访，实施百余项活动，涉及进出境团组人数达 12 000 多人次。11 月 12 日，"中日青少年友好交流年"日方闭幕式在东京举行，麻生首相、前首相福田出席。12 月，以日本前首相福田为总顾问，以前外务大臣高村正彦为总团长的第二批日本青少年友好使者代表团一行 1 000 人访华，并在北京举行了中方闭幕式，中国政府总理温家宝、日本前首相福田出席。

中日之间友好城市的交流持续不断。孔子学院在日本增加到十几所。两国之间旅游关系密切，特别是中国赴日游客增加较快。

3. 中日关系延续发展的原因

中日关系发展对中日两国的重要性超出人们的想象。

中日两国作为亚洲重要国家,同时又是对世界有影响的国家,双方关系经过几十年的发展,达到一个相当高的紧密程度。中日关系的现实对日本政治领导人的言行及政策有决定性影响。

重视中国市场成为日本朝野各界的共识。自小泉内阁采取对华挑衅政策造成中日政治关系严重受损之后,日本朝野各界对日本右翼强硬政策的破坏性认识比以前更加清楚。执行日本右翼的强硬政策,既损害中国的利益,但损害更多的是日本的利益。日本最近十几年一直处于经济停滞期,但对华经贸关系却年年取得超过 10% 的增长。中国的发展趋势、巨大实力、市场前景日本方面很清楚。中日经济有很强的互补性,例如,日本在污水处理、可再生能源等领域积累了丰富的管理经验,拥有在世界上具有明显优势的先进技术,对中国有重要的借鉴意义;中国节能环保市场的巨大潜力则为两国开展合作提供了广阔空间。今后在实施节能减排过程中,中国将大量采购相关技术和设备,仅建筑节能一项就有 2 000 多亿美元的投资潜力。到 2010 年,中国环保产业总产值将达到 8 800 亿元人民币;"十一五"期间的环保投资需要14 000亿元人民币。

抵御 70 年来最严重的金融危机需要中日加强合作。2008 年 9 月的华尔街金融危机对中国和日本经济造成严重的冲击,但对日本的影响更大。在国际金融危机给世界各国经济发展带来严重影响的形势下,中日两国的经济运行都面临着新的挑战。2008 年日本的贸易逆差达 7 253 亿日元,是日本自 20 世纪 80 年代以来首次出现全年度贸易逆差。这使得依赖出口的日本面临的挑战更加突出。如果中日两国想更好地抵御华尔街金融危机,需要进一步携手合作。同时中国市场由于其巨大的内生力量,今后还将持续高速增长。2008 年世界经济中发达国家增长 1.3%;新兴市场国家增长 6.6%;中国增长 9%。在华尔街金融危机发生后,中国政府应对措施及时强烈,2009 年中国市场成为世界第一大汽车销售市场。日本和中国合作将继续带来巨大商机和丰厚回报。

4. 麻生内阁时期中日关系存在的问题

麻生首相组阁之初就留下疑问:日本自民党为争取选举胜利推出

的"选举内阁"能否赢得众议院选举？但事实是"选举内阁"并未引导自民党走向胜利，反而在2009年8月31日日本众议院选举中惨败。根本原因是自民党久无建树、自身腐败，被日本选民抛弃。

麻生内阁成立之初，就创下一项纪录：内阁一成立，国内民意调查率就低于50％。表明日本国民对麻生内阁的执政能力和前景不看好。麻生首相对此自然清楚，更不敢贸然进入众议院大选。所以便借9月华尔街金融危机对日本经济造成的冲击，以需要紧急应对处置为借口采取拖延策略。但在这段时间中，麻生内阁并未展现强有力的应对能力，日本经济继续恶化并进入衰退期，这些导致国民更加不满。所以在新一届众议院大选前，自民党面临保住执政权的"大考"。从日本国内选民的倾向看，右翼方面的选票巨大，自民党不会放弃。而右翼选民对自民党的政策倾向历来影响较大，麻生内阁执政期内对华合作的态度和举措受此牵制，和福田内阁等相比有一定的距离，态度不够积极。

在麻生内阁执政期内，中日关系中的问题或不良事态有：

（1）钓鱼岛问题

2008年12月8日，日本《朝日新闻》、《读卖新闻》、共同社等各大媒体、网站均在显著位置刊登了所谓"中国海洋调查船入侵日本领海"的消息。据共同社报道，当地时间8时10分左右，日本那霸第十一管区海上保安总部的巡逻船在钓鱼岛东南约6公里发现两艘中国海洋调查船。8日晚，针对此事，中国外交部发言人刘建超表示，中国有关船只在中国管辖海域进行正常的巡航活动是无可非议的。刘建超9日表示，中方不认为在中国管辖海域进行正常的巡航活动有何"挑衅"可言，至于中方何时再派有关海监船去巡航，应由中方决定。12月13日，日本首相麻生太郎在会晤中国总理温家宝时就此事提出抗议。温家宝总理阐述了中方对钓鱼岛主权归属问题的一贯立场，强调双方应冷静妥善处理有关问题，防止影响两国关系大局。19日，就此事日本冲绳县议会和石垣市议会分别通过了针对中国政府的抗议决议。日本媒体称，这是冲绳县议会首次通过抗议中国"侵犯领海"的决议。

2009年2月5日，日本决定在钓鱼岛海区常驻巡逻舰艇。26日，麻生首相在国会答辩时称：钓鱼岛是日本"固有领土"，当然是日美安保条约适用的对象。同日,中国外交部发言人对日本麻生首相的讲话坚决反对。27 日,日本外相中曾根弘文又重复了麻生首相的讲话。

(2) 历史认识问题上又有反复

2008 年 10 月 31 日晚,日本防卫大臣滨田靖一正式宣布罢免田母神俊雄的日本航空自卫队航空幕僚长之职。田母神俊雄此前不久发表了一篇题为"日本是侵略国家吗"的文章,其中美化日本侵略战争和殖民地统治的言论,被认为严重违反了以对过去的侵略和殖民统治表示深刻反省为主旨的 1995 年村山讲话,受到国内外各方的严厉批评。2009 年 4 月 9 日,日本文部科学省将歪曲历史的初中历史教科书审定为合格。22 日,87 名议员和 108 名议员代理参拜靖国神社。2009 年 4 月 21 日,日本首相麻生太郎以"总理大臣"的名义向靖国神社献一件称为"真榊"的杨桐制品。23 日中国外交部发言人对此表示"严重关切和不满"。

(3) 抹黑中国食品

日本某些媒体利用 2008 年初在日本发生的"毒饺子"事件、秋季中国牛奶业的三聚氢胺事件,肆意抹黑中国食品,造成日本民众对华负面印象增多,进一步加剧了日本市场对中国食品安全的信任危机。另外近年来日本不断对蔬菜、禽肉、水海产品等农产品进口设置"肯定列表制度"等技术壁垒,这直接导致中国输日农产品由增转降,增加了中国优势产品的出口难度。据日方统计,2008 年前 11 个月,中国肉、鱼及其制品在日本进口市场的占有率由上年同期的 57.4% 大幅下降至45.2%,而泰国和越南同类产品市场占有率分别上升 8.9 个百分点和一个百分点。

(4) 在东海油气田开发上做文章

日本政府在东海油气田开发问题上的态度和福田内阁相比有反复,甚至倒退。2009 年 1 月 5 日,日本内阁官房长官河村建夫抗议中国开发东海"天外天"油气田。日本《产经新闻》等媒体对"天外天"油气田的开发大做文章。4 月 29 日至 30 日麻生首相访华期间,东海油气田开发问题在温家宝总理和麻生首相的政治会谈中成为议题。温家宝总理重申了中方在东海问题上的立场和主张。

（5）指责中国核力量

2009 年 4 月 27 日，日本外相中曾根弘文对中国核力量提出指责：
"中国继续使其核武库现代化，没有采取任何行动削减核武器。中国也
没有透露任何有关其核武库的信息。"5 月初日本首相麻生太郎在捷
克、德国发表演讲时，几次提到"中国核军备现代化"，并称中国和朝鲜
的有关活动使东北亚安全环境更加严峻。中国外交部发言人对此回
答：中国的核战略和核政策非常透明，中国的核裁军主张也有目共睹。
我不知道日本领导人在当前形势下拿中国核问题说事，究竟想要达到
什么目的。

第五节　日本民主党执政后的中日关系

一、日本民主党上台执政

2009 年 7 月 21 日，日本首相麻生太郎宣布解散众议院举行全国
大选。8 月 18 日，众议院大选正式开始。8 月 30 日，日本民主党获得
大选胜利（民主党获得众议院 308 席，自由民主党仅获得 119 席）。8 月
31 日，麻生太郎宣布辞去日本首相职务，自 1955 年以来基本执掌日本
政府大权的自民党丢失了政权。

2009 年 9 月 16 日，民主党为主组成了日本新政府，鸠山由纪夫出
任首相。日本开始了由民主党执掌日本政府大权的新时期。日本民主
党能够获得执政权的主要原因有两点：

其一，日本国民求变之势形成，民主党乘势而上。

日本社会是个偏重于保守的社会，选民的政治选择相对持重稳
妥。冷战结束前，自民党一党独掌日本政府大权。日本选民对其政
绩予以肯定。冷战结束后，日本各方面遇到严重困难，选民希望自民
党还能发挥领导能力带领日本走出困境。因此，选民给了自民党多
次机会，在近二十年的时间（除 1993 年至 1995 年的细川护熙和村山
富市两届非自民党政府外），希望能带领国民走出困境，引导经济有
所起色。但自民党政权难以拿出有针对性的政策，政绩平平，且多年

来自民党推出的高官丑闻频出。自民党的执政能力让日本国民倍感失望。

所以在日本社会中逐渐产生变革愿望,希望换一个政党、换一批人来执政。这种求变之势在2008年7月日本参议院选举中就得到应验,在2009年8月众议院选举中再次应验。民主党正是借国民求变之势乘势而上,取得选举胜利。

其二,民主党选战策略得当、获胜心强。

从民主党获得日本参议院选举胜利之后,民主党就决心从自民党手中赢得众议院多数席位,掌握组阁权。因此,民主党上层为打赢选战周密准备,为击败自民党不断努力,甚至为最后胜利不惜壮士断腕。2009年4月,民主党党首小泽一郎的秘书因涉嫌犯罪被日本警视厅逮捕。此事令民主党的选举前景蒙上阴影,也使民主党高层左右为难。为了民主党获得选举胜利,民主党高层不惜牺牲小泽一郎,令小泽一郎辞去党首职务。从众议院选举准备初期起,民主党的目标就是"获胜",全党信心强烈。反观自民党获胜信心不强,选战初期党内高层已露出怯意。

日本民主党新政府上台是日本政治中的大事。由于日本的国际影响,民主党新政府上台后日本对外政策如何改变,对华对美关系会有何种影响?引起国际舆论广泛关注。

从日本2008年至2009年参议院和众议院两次选举可以看出,日本选民不仅希望政权形式变化还希望有实质的政策路线变化。如果民主党新政府内外政策不改变,日本选民的希望将会落空,这也不利于民主党今后的政治发展。

2009年9月16日,民主党鸠山新政府上台后,虽因忙于组阁,没有马上出台带有该党特点的对外政策。但很快民主党新政府的对外关系上有了一定的变化,主要表现在对美关系上,特别是在冲绳美军基地(集中在普天间机场)的调整上变化较大。因为从民主党的竞选纲领承诺,要对冲绳美军基地作出不同于自民党政府的调整。所以民主党鸠山新政府对华对美政策和自民党政权有一定的变化。从鸠山新政府执政初的变化幅度看:民主党对美政策的调整大一些。这主要是民主党对日美基轴关系的认识和实务处理上和自民党不同。和自民党相比,在把日美关系定位于日本外交的基轴的同时,民主党更多的想拉开一些距离,腾出更多空间,减少更多束缚和负面影响。这种变化反映了日本社会相当部分民众的想法,也是对二战后日美关系的一种"微调"。

然而,日本鸠山新政府要改变日美关系的现状相当困难。民主党没有执政经验,在竞选初期提出的对美政策纲领受到国内其他党派不同程度的批评,导致竞选过程就调门降低、幅度回调。基于日本和国际形势的变化,鸠山新政府要遵守竞选承诺,上台后还是在对日美关系中冲绳美军基地(集中在普天间机场)的调整上提出一定的修正。然而美国奥巴马政府对日本鸠山政府改变原自民党政府在冲绳美军基地上和美国达成的协议的要求不予置理,采取强硬的维持原协议的对策。

鸠山新政府上台后维持前三届政府的对华友好政策。对华友好政策在 2008 年至 2009 年参议院和众议院两次大选中,民主党着力宣传。民主党在选举中承诺的对华政策中,关于不参拜靖国神社、正确认识侵略历史等内容受到日本选民好评。在大选中,中日关系并未引起日本各党激烈辩论。中日关系受关注的程度要低于日美关系。另外,民主党重视中国、重视亚洲的态度也远比自民党积极。所以鸠山新政府上台后表现得更加关注中日关系、关注中国和亚洲。鸠山首相上任后多次讲话,表示要不断推动中日关系向前发展。

这届民主党内阁起航后的表现,还难以得出日本将出现明治维新后的"脱亚入欧"到 21 世纪初期改变为"脱欧入亚"的重大转折。但反映了日本正面应对国际格局中东亚国家整体实力上升,中日关系愈加紧密的现实。

二、 鸠山内阁执政后中日合作进入新阶段

2009 年 10 月 10 日,第二次中日韩领导人会议在北京举行。中国国务院总理温家宝主持会议。韩国总统李明博、日本首相鸠山由纪夫出席了会议。会议虽举行了一天,但取得了出人意料的成果。会议发表了两个联合声明:《中日韩可持续发展联合声明》和《中日韩合作十周年联合声明》。在这两个联合声明中分别提出了在八个领域里的合作

及在六个方面的高度共识。除了中日韩三国多边合作之外,中韩之间和中日之间还分别签订了多项合作协定。

第二次中日韩领导人会议取得了引人注目的合作成果,延续近年来中日韩三国地区合作的良好趋势。中日韩地区合作能有良好的发展趋势有多方面的深刻原因。

(1) 中国经济发展的影响巨大

中国是世界上最大的发展中国家,改革开放30年成就巨大,年均国民经济增长率接近10%。在2008年9月华尔街金融危机沉重打击世界各国经济之后,中国经济表现了较强的抗风险能力。不仅在世界各大经济体中最早走出阴影,而且取得很高的经济增长率。中国的发展效应首先作用于近邻韩国、日本。"搭上中国发展快车"成为日、韩经济界的基本共识。中日韩地区合作首先是经济为中心的合作,即以最具活力的中国经济为中心的合作。

(2) 世界权力的东移已成显态

几百年来世界权力中心盘亘在西欧、美国的情况,到21世纪初期开始有明显的外移迹象。其中世界权力向东亚地区移动表现得最明显。东亚地区的经济实力无需详述,但在政治、金融、经济等全球性制度安排及权力分配上,位置和影响与实力远远不相符。如不能在东亚地区层面深入合作,势必影响东亚各国在全球性制度安排及权力分配上的利益。东亚各国只有深入合作才能在全球层面维护自身利益。

(3) 东亚各国深入合作符合本地区人民的根本利益

东亚各国自近代以来走了不同的国家发展道路。该地区也是目前世界上冷战遗存影响最多的地区。但该地区各国人民都渴望和平、希冀发展,在全球化和地区化相伴随行的21世纪,不能实现地区化就无法站上全球化的潮头。东亚的中日韩三国在10年前就开始探讨国家间密切合作,2008年10月福冈三国总理第一次会晤给予推动,到2009年第二次中日韩领导人会议,经过十年发展终于进入实质阶段。这一次达成的协议都是有实际效果的。

(4) 东亚共同体任重道远

这次会议发表的《中日韩合作十周年联合声明》表示:三国致力于

在开放、透明、包容原则基础上建设东亚共同体的长远目标,致力于区域合作,在地区和国际事务上的沟通与协调日益加强。但真正要建立东亚共同体是任重道远,非短时间可以实现。本地区各国还是应该脚踏实地先从加强政治互信,最易取得实效处入手一步一步往前进。

鸠山首相是个重视亚洲、对华友好的首相。他上任后中日关系向好发展,中日各方面的合作扎实进行。特别是在任期的最后三天接待的最后一位国家领导人是中国政府总理温家宝。温总理此次访日取得多项积极成果。在近期有些突出的东海及油气田开发问题上有较好的共识和协议。这也是鸠山首相任内取得外交成绩和好评的领域

三、 日本政局和民主党现状

2010 年 6 月 2 日,日本民主党内阁首相鸠山由纪夫宣布辞职。鸠山首相执政仅 8 个半月,上台时间之短、下台速度之快创最近日本四届内阁之最。

对日本政局和民主党的现状初步分析,可看到民主党面临"三困":

一困,选民对民主党的执政能力不认可。民主党初上台时,华丽登场,选民的支持率高达 70％。但没有多久,选民就发现民主党的执政能力很差,面对日本经济束手无策,拿不出有效手段力挽狂澜。民意支持率下滑到 20％的政权崩溃线,鸠山首相得不到选民支持只能下台。

二困,鸠山首相遭到民主党内的倒戈内讧。民主党内部派系林立,夺取政权时为入阁拜相,矛盾还小些。一旦遇到严峻形势,特别是马上就要开始参议院选举。党内为保证选举胜利,就抛弃难以领导本党获胜的鸠山首相。鸠山政权的最后三天,民主党内的"逼宫"是导致鸠山首相下台的最后一击。

三困,美国对日强硬外交使鸠山政权无计可施。鸠山在竞选时承诺要将冲绳普天间美军基地迁出,但美国对该问题极其强硬毫不让步。这导致鸠山政权毫无办法,只得在 5 月 28 日宣布维持原议。鸠山竞选承诺食言,日本民众舆论大哗。美国外交使鸠山政权严重受困。

鸠山下台对日本政局的走向有三点影响:

(1)日本社会焦躁情绪上升,选民压力空前加大

2009年8月底,民主党在日本众议院选举中获选民支持取得大胜(民主党以308席对自民党119席),从而一举扭转了从1955年以来自民党长达50多年的执政局面。9月17日鸠山首相上任后,宣布要进行"平成维新",开创日本历史新时代。然而仅仅过了8个多月,日本民主党就处于内外交困的境地,鸠山首相黯然下台,民主党联合内阁开始解体。这是为什么?关键是民主党上台后,拿不出让人耳目一新行之有效的政策。日本经济依然低迷,2009年日本经济是负增长,国内生产总值下降了约5.2%。平心而论,这和以前自民党长期执政有关,和华尔街金融危机的打击有关。但日本选民希望自己力捧的民主党内阁能立竿见影,拿出行之有效的"灵丹妙药"。选民不久就发现民主党内阁表现不尽如人意,和自民党政权差不多,因而表现出很大的失望,他们的耐心很快失去,鸠山的民意支持率急速下滑至17%这一令人心悸的水平。给处在7月参议院选举前的民主党高层极大压力,如不采取断然措施,败选可能很大。民主党高层只能阵前换帅以求博回。这实际上是日本社会焦躁情绪上升的反映,选民对长达20年经济低迷、社会发展停滞的不满,对执政党的执政压力空前加大。

(2)日本政治领导人的培养出现严重问题

最近十几年,日本政坛的代表人物都是"富二代"、"官二代",甚至"官三代"。这些人都是依靠家族几十年的经济、政治实力的积累和在地方及国内政坛的广泛人脉,通过选举上升到日本政治结构的上层。他们受过良好的教育,在媒体层层包装下,形象不错,知名度也高,对选民的要求有所了解。但他们最缺乏的是战胜困难的竖忍不拔的意志品质,缺乏对解决困难的真正能力,这类人物一遇棘手烦人的困难就打退堂鼓。最近四届年度首相的更替大多这样。而且不论自民党和民主党上层人物都差不多。另外,日本政治领导人物中有一个很不好的传统,就是从政的最高目的是当上首相,一旦当上首相就认为自己已达到了个人事业的顶峰。他们当上首相后一有"风吹草动"就想着下台来推托,甚至不再参加议会选举,60余岁就离开政界退休,而不是考虑为民众服务的责任、为社会发展贡献力量。最近多届首相都是如此,让日本民众倍感失望,对政治人物信任丧失。而在现行日本政治结构下,平民子弟、"草根阶层"又很难有上升机会,影响到社会对优秀人才的选拔和使用。日本政治结构中的"世袭权力"问题和社会制度联系不是短时间可以改变的。

(3)日美关系急需调整

鸠山首相下台的直接显因是美军普天间机场搬迁问题,深层则是日美关系如何调整问题。二战后存在的日美同盟关系 60 年没有什么变化。日美军事关系在冷战结束后还得到了加强。日美同盟关系中不变成了绝对的,变化成了相对的。但日本社会中对日美关系进行调整的要求早已有之,只是未反映到日本外交政策上。鸠山在选举中提出美军普天间机场搬迁问题实际上是看到了社会相当部分民众的呼声,也是有别于自民党的清新的竞选纲领。鸠山首相能获胜和此竞选纲领也有一定的关系。鸠山任首相后也是想落实竞选承诺的。鸠山首相执政后使日美矛盾首次公开,引起美国的不悦。他的问题是无法突破美国在这个关键问题上的强硬立场,自己又立场不坚定,出尔反尔。日本选民和民主党执政盟友对鸠山首相食言极其不满。他们不能直接影响日美关系,但可以退出执政联盟和改变投票方向来影响日本领导人的政治生命和政治取向,从而间接影响日美关系。所以日美在普天间机场搬迁问题上的较量还会继续下去。

四、菅直人任首相对中日关系的影响

2010 年 6 月至 7 月,日本政坛进入空前激烈的选举期。各党围绕参议院选举使出浑身解数,政坛的风云变幻、选举结果将对日本政局发展产生较大作用。2010 年 6 月 4 日上午,日本参众两院议员大会上,前副首相菅直人以压倒性多数票当选日本第九十四任首相。至此,因 6 月 2 日鸠山首相突然辞职引起的民主党内和日本政坛风波开始趋于稳定。

菅直人新首相接棒执掌日本政府,他的施政方针受到日本国内外的广泛关注。作为日本近邻的中国媒体和民众,关心菅直人任首相对中日关系的影响是非常正常的。

现年 63 岁的菅直人从政 30 多年,一直和中国保持良好关系。据说他 1977 年在 30 岁的时候,作为社会民主联盟代表党的一员首次访华。当时中日邦交正常化刚刚五年,中国也才结束了"文化大革命",那时中日联系渠道少和交通通讯条件比较差,能到中国访问在当时的日本也是一件不容易的事情。可以想见,首次中国之行给年轻的菅直人留下深刻印象。七年后,中日交流史上发生了一件大事。由中国第二代中央领导集体讨论决定,由中共中央总书记胡耀邦亲自邀请三千日本青年访华,并参加了中华人民共和国成立 35 周年国庆阅兵和庆祝活动,三千日本青年全部上观礼台观看了场面震撼的国庆阅兵式和庆祝活动。时年 37 岁的菅直人作为三千日本青年之一访华 10 天。改革开放的中国表现出的勃勃生机,加强了菅直人对华友好感情。据说此后20 多年,他一直和他的母校东京工业大学的中国留学生会保持联系,以参加中国留学生年度聚会的形式表示对华友好。

20 世纪 90 年代,菅直人在日本政坛渐露头角,同时和中国一直保持良好联系。他在任鸠山内阁副首相兼财务相期间,支持鸠山首相的重视亚洲、对华友好政策。在他主管的财政金融贸易领域,时间虽短,中日经济金融方面的合作还是有实质进展,2010 年将签订两国间的投资协定。多年进展不明显的中日自由贸易区的准备工作也将开始。2010 年 5 月已启动中日韩自贸区联合研究,努力在 2012 年之前完成。在他 4 日当选新首相后发表的首次讲话中说:我们将重视发展日中关系,对日本未来来说,这是正确的选择。

(1)民主党主流对华友好政策会持续

民主党作为日本政坛第一大党和执政党,党内有派且派系众多是日本国情和政党历史所致。民主党内的较大派系有小泽派、鸠山派、菅直人派、冈田克也派、前原诚司派、野田佳彦派等。这些派系以对小泽一郎的态势分成小泽阵营(有小泽派、鸠山派共约 200 名议员);反小泽阵营(冈田克也派、前原诚司派、野田佳彦派约 70—80 名议员);及中间派——菅直人派(40 名议员)。这次选举中,菅直人得到党内 291 票的支持,实际上是得到党内两大阵营的支持。在民主党各大派首中,大多数派首公开主张对华友好。

民主党主流在执政前后都主张对华友好。鸠山首相执政期间中日高层互访接触频繁。2009年末小泽干事长率120多名民主党议员访华,代表团总人数约600人。他们在北京人民大会堂受到中国国家主席胡锦涛长时间热情友好的接见,充分表明中国政府和人民和日本方面共同发展中日友好关系的愿望。这次鸠山首相下台的直接诱因是日美关系处理失当。他的对华政策日本在朝在野各政党是给予好评和支持的。菅直人新首相当选,民主党内有声音提出:他需要和小泽拉开距离。这主要是着眼于修改民主党内二元权力结构,改变鸠山政府受执政党——民主党干扰的情况。

(2)中日两国友好关系总体会持续

中华人民共和国成立后,在两国关系不正常时期,两国民间友好关系先行,并推动政府关系改善。自1972年中日邦交正常化实现至今已快40年。中日建交后,两国关系就由两国中央政府主导进行,并使中日关系发生了巨大的变化。中日两国政府之间的联系全面、深入、紧密、制度化。

中日两国地方政府之间也建立了广泛的联系。自1973年6月,天津市和神户市建立中日间第一对友好城市以来,中日之间已经建立了几百对友好城市。两国人民之间的友好交往发展很快。目前中日两国国民之间的交往极其便捷。到2009年底为止,共有100多万中国游客访日,在日本长期居住、工作的中国人近百万,在日本留学的中国学生近10万。到2009年底有400多万日本游客访华,在华日本留学生也有四五万人。

特别突出的是最近10年中日经济贸易联系的深入发展。中国大陆几年前已成为日本最大的贸易伙伴。2009年因华尔街金融危机的打击,中日贸易额在进入21世纪后的约10年时间里首次下降。但在日本对外各贸易伙伴中,中日贸易额下降的比例最低。中日贸易额在日本对外贸易总额中所占的比重在上升。中国市场对日本发展的重要性愈发显现。在日本对外投资地中,从对中国投资地得到的利润最多。另外,中国资本已开始试水日本国内经济,并可能对拉动日本经济向上发展起作用。

目前中国正在进行经济增长模式和结构的大转变,如内需型模式转型成功,中国经济对世界经济的拉动作用会更大。中国经济在 2010 年将超过日本成为世界第二大经济体,如发展顺利将在 20 年后成为世界第一大经济体,谁搭上中国经济这趟快车就可能更有益于本国经济。明智的政治家从自身、本国利益出发都会作出正确选择。

(3) 国际潮流和发展环境基本有利于中日两国友好

进入 21 世纪后,经济全球化和地区合作化成为国际潮流。和平与发展仍是时代主题。在综合国力竞争中,经济、科技、教育、制度创新等领域的地位、作用上升明显。社会政治制度、意识形态对国际关系的影响下降。国家的具体利益对国际关系的影响上升。冷战结束后,长期保持世界和平成为可能,世界性战争的危险越来越小。华尔街金融危机发生后,全世界的国家共同合作,共度时艰。国际关系中的和平性、合作性上升。合作比单干好,开放比闭关好。

进入 21 世纪后,经济全球化进入调整期,地区合作化势头迅猛。在经济全球化浪潮中,同一地区的国家通过各种形式加强合作成为伴生现象,成了另一国际潮流。这种国际潮流推动着中日关系和东亚共同体的发展,也十分有利于中日关系特别是经贸为主的合作关系向前发展。

当然在各个层次都有利于中日关系向好的同时,也要看到中日关系的特殊性、复杂性。两国之间由于历史、地缘、资源等原因存在着各种各样的具体的矛盾,甚至潜在冲突的可能。中日这样两个综合国力在前几位、经济在世界经济排前三位的大国,相互之间有矛盾有分歧是正常的。关键是进入 21 世纪的第二个 10 年后,国家间处理矛盾、分歧的方式方法有了很大的改变。用对抗、碰撞、冲突等强硬方式处理国家关系已不利于自身利益和国家关系发展。而采用和平、协商、交涉的温和方式处理矛盾、分歧,反而更有利于维护自身和对方国家的利益。普遍的国际关系是这样,具体的中日关系也是这样。

五、 民主党执政后中日关系的发展

民主党执政后中日关系总体向好,稳步发展。这和日本政局动荡不定,日美关系出现纠葛形成了较大的反差。在不到一年时间中,中日两国关系表现出以下一些特点。

首先,建设中日战略互惠关系成为共识。

中日两国领导人均高度重视双方之间的关系发展。这半年中日高层接触频繁,保持着密切联系。例如,2010年4月13日,中国国家主席胡锦涛在华盛顿出席全球核安全峰会时会见鸠山首相。5月29日至30日第三届中日韩三国总理会议在韩国济洲岛举行,中日两国总理会面。紧接着,温家宝总理从5月30日至6月1日对日本进行正式友好访问。6月初,日本政局突变,上任仅8个半月的鸠山首相突然辞职。4日民主党推出的菅直人当选日本第九十四任首相。6月下旬在菅直人任首相后的首次出访(出席加拿大多伦多G20会议)时,他和中国国家主席胡锦涛举行了他上任后的首次正式会谈,双方强调建设中日战略互惠关系。这说明尽管日本政局动荡不定,高层领导人时有更换,但两国领导人高度重视双方关系发展的战略共识不变。

其次,中日两国的总体利益趋于接近,各方面的关系日益密切。

随着中国经济的迅速发展,对日本经济社会的影响也日益提高。中国作为日本最大的贸易伙伴,2010年中日贸易总额完全有可能突破3 000亿美元,再上一个新台阶。中国还是日本最大的资本投资地之一。中日城市之间的联系密切,现有友好城市252对。中日民间交往发展迅速。截至2009年底,中日人民之间的往来达到487万人。2010年由于有上海世界博览会召开及日本拟从7月1日起大幅放宽中国赴日个人旅游签证等原因,民间交往总人数还会提高。

第三,影响中日关系发展的重大政治问题控制较好。

日本政府对影响中日关系发展的重大政治问题,如历史认识问题、台湾问题处理得较好。2010年4月的"春季大祭",日本民主党政府无一位内阁大臣参拜靖国神社,为多年罕见。菅直人新首相上任伊始,6月15日明确表示他不会去参拜靖国神社。日方在台湾问题上也基本遵照中日间四个基本文件来处理。

但中日间也还存在着一些问题和争端,不论是在以前鸠山内阁还是刚成立的菅直人内阁执政期都会出现。如东海油气田问题,日美同盟防范、对付中国发展的问题,两国民间交流中有隔阂、不信任的问题等。这些问题不很好地解决,会干扰中日关系的发展,并已引起两国领导人的关注。如温家宝总理 6 月初访问日本期间曾提出,中日应减少渲染两国青年之间相互不信任的民意调查。温总理为什么专门提出这个问题呢?

这是因为中日两国间历史、地缘、政治制度、社会风俗和文化心理不同,民众之间对对方的认识会有差异。这种情况在不同民族国家间都存在。随着社会不断发展,新闻媒体的舆论覆盖面越来越广泛,对民众的心理引导作用不断增强,这一点在中日两国民间的交流中表现尤为明显。中日民间之间的交往多是小团体、窄范围、短时间、断续进行的,而新闻媒体介入的报道却具有广泛、持久、强烈、放大等作用,新闻媒体如果歪曲误导甚至会起有害的作用。从过去中日媒体(主要是日本媒体)发表的对两国青年之间相互不信任的民意调查分析,很容易让人感觉中日青年之间存在着对立的现象。而实际上这并不全是中日青年之间的真实状况。温总理提出这个问题是希望中日媒体多做促进两国民众特别是青年互相了解的工作。

中日民众特别是青年间的了解,关乎中日关系的未来发展。因为两国关系的基础是民众及认识,两国青年间的了解影响未来的关系发展。所以在胡锦涛主席和菅直人首相的首次会谈中,胡锦涛强调"中日应扩大人文交流,巩固中日关系民意基础。持之以恒开展两国青少年、媒体、文化、友城、民间团体交流,不断增进两国人民尤其是年青一代相互了解和友好感情",是正确的选择。

但日本右翼势力对中日关系的发展会继续干扰,不排除在某一时期某一重要问题上影响中日关系的可能。

第六节 21 世纪初期中日关系中的"台湾问题"

一、 中日关系中"台湾问题"的界定

中日关系指中国和日本两国之间的全面关系,以两国中央政府之间的外交关系为标志,以两国之间的政治关系影响最大。中日关系中

存在各种问题,其中"台湾问题"是最重要的政治问题之一。台湾自古以来就是中国领土不可分割的一部分。由于台湾是地处中国东海的一座岛屿,和日本的地理位置较近。日本自 19 世纪下半叶对外扩张之初,台湾因其独特的地理位置就成为日本首先的侵华目标。自 1895 年甲午战争中国失败后,台湾被日本强占 50 年。1945 年日本投降后,台湾回到中国的版图。由于冷战的原因,随后几年间,在中国内战中失败被推翻和赶出中国大陆的中华民国残余势力占据着台湾,并在美国的支持下长期在国际上代表中国。在美国的制约下,1952 年日本无视中华人民共和国是代表中国的唯一合法政府的现实,和台湾地区政府建立了所谓的"外交关系"。这种违背历史潮流和中国政治现实的不正常状况到 1972 年得到了纠正。

　　1972 年 9 月 29 日,中日两国政府在北京发表《中日联合声明》,其中宣布:中华人民共和国和日本国之间迄今为止的不正常状态宣告结束;日本方面痛感日本国过去由于战争给中国人民造成的重大损失的责任,表示深刻的反省;日本国承认中华人民共和国政府是中国的唯一合法政府(第二条);"中华人民共和国政府重申:台湾是中华人民共和国领土不可分割的一部分,日本国政府充分理解和尊重中国政府的这一立场,并坚持遵循波茨坦公告第八条的立场"(第三条);关于"日台条约"的处理,采取的是联合声明签字后,由日本外相大平正芳在北京民族文化宫大厅举行记者招待会,宣布日本政府的见解是,作为日中邦交正常化的结果,"日台条约"已失去存在的意义,并宣告结束。

　　在"中日建立正式外交关系"之后,日本和中国台湾地区之间只能保持经济、文化、民间方面的关系,而不能提升政治关系。由于中日关系中的台湾问题由来已久,由于日本国内的反华势力并未放弃染指中国台湾的企图,自 1972 年实现中日邦交正常化以来,"台湾问题"在中日关系中一直不同程度的存在着,又以"日台关系"为表现形式,由此引起的中日两国政府外交上的交涉又被称为"涉台问题"。"台湾问题"实质是指日本政府干涉中国内政,插手台湾内部事务,干扰中国完全统一,违背中日建交基本政治原则的问题。但不同的时期,中日关系中的"台湾问题"有不同的表现。

二、21 世纪初中日关系中"台湾问题"的阶段划分和表现

关于 21 世纪初"台湾问题"大致可分成三个阶段。划分的标准以日本政府的对华对台政策的变化为主,以台湾地区领导人执行的对日政策变化为辅。

1. 2001 年 4 月至 2006 年 9 月间的"台湾问题"

2001 年 4 月至 2006 年 9 月,是日本首相小泉纯一郎执政时期。这一阶段中日关系的发展趋势有所逆转,由于小泉纯一郎首相顽固坚持参拜靖国神社,向中国及亚洲被侵略国家人民挑衅的政策,使中日关系降到中日邦交正常化以来的最低点。中日关系处于一个相当复杂的阶段。而在台湾地区方面,2000 年 5 月民进党推出的候选人陈水扁在当选台湾地区领导人之后,"台独"趋向逐渐发展。陈水扁为了实现他的所谓"台独"、"一边一国论"的政治理念,除了在台湾地区搞一系列的去中国化之外,在国际上也积极地和干涉中国内政的势力相联络,争取对他的"台独"政治理念的支持,图谋扩大"台独"的国际空间。而传统上一直是"台独"势力重要支持力量的日本右翼势力,借小泉政府的对华挑衅、遏制政策的推行,借陈水扁为推行"台独"政治理念所带来的机会,加强了对台湾内部事务的渗入。

这一阶段日本和中国台湾地区的关系是 1972 年 9 月实现中日邦交正常化以来冲撞中日联合声明基本原则、干涉中国内政最突出的一个阶段。

日本政府干涉中国内政,提升日本和中国台湾地区的政治关系的主要表现有:

日本政府屡次进行突破中日联合声明确定的日台间只能保持非官方民间关系原则的试探。在政治关系上,日本不顾中国政府的抗议,坚持邀请"台独"分子李登辉访日。日本东京都知事石原慎太郎也多次访台。从对"台独"势力的国际支持上,来自日本政府和民间右翼势力的支持被"台独"分子视为最直接的支持。

小泉政府期间,日台政治关系得到加强,特别是在军事防卫合作上有明显的动作,如搞所谓新安保联合宣言的拟订,要把台湾地区纳入。鼓吹建立美日台三方反潜联盟。日本防卫厅加强了和台湾地区军队的

暗中联系。①

2. 2006年9月至2008年5月期间的"台湾问题"

这一阶段是2006年9月下旬安倍晋三、福田两任首相期间至2008年5月19日台湾地区领导人陈水扁下台。中日关系发生了积极变化,并对"台湾问题"有所影响。

但是,在安倍执政时期,中日之间的台湾问题并没有得到解决或"消失"。对我国台湾地区,日本右翼不断予以干涉,2006年10月27日,中国香港同胞开出的保钓船在我国领土钓鱼岛附近遭到日本海军军舰的阻拦而受伤。2006年11月22日,日本前首相森喜朗到台湾访问时,接受了陈水扁颁发的勋章。

由于福田对华政策友好,这期间台湾问题受到抑制。"日台关系"上未出现冲撞中日联合声明基本原则的事件。但"日台关系"上也有需要关注的:2008年5月5日签订日台航空安全合作协议。日本方面表示将派仅次于美国的第二大代表团(76人)出席5月20日台湾地区领导人的"就职典礼"。

3. 2008年5月至今"台湾问题"的表现

这一阶段的特点是中国台湾地区领导人发生了重大变更。掌握台湾地区领导权长达8年之久的陈水扁灰头土脸地下台了。他任内8年时间给台湾地区政治、经济、社会带来严重恶果,给祖国和平统一带来严重干扰,成为民族的罪人。在这种形势下,国民党候选人马英九获得选举胜利。他的执政路线势必有一定的改变。

2008年5月20日,台湾地区新领导人马英九上台就职。马英九上台后,由于海峡两岸要求祖国和平统一的历史趋势不断加强,两岸之间的社会经济联系也得到不断加强,两岸之间基本实现了通信、通邮、通航的"大三通"。

对马英九政府上台及两岸之间的社会经济联系不断加强,美国和日本政府出于本国战略利益的考虑均予以高度关注。

2008年9月1日,日本政府也发生了变故,福田康夫首相辞职。

---

① 具体事件如2004年4月台湾军"康平"水雷作战操演,详细见本章第三节。

经过日本自民党内的选举后，9 月 24 日，麻生太郎接任首相(小泉内阁时的外相)宣布组成新一届日本政府。麻生内阁成立后在中日关系上的表现令人满意。但麻生内阁对华合作的态度和举措和福田内阁等相比似有距离，不够积极。从对台政策看，虽无什么明显的违反中日政治原则的表现，对双方的互动还是比较密集。对马英九上台，日本方面认为他是亲美派，担心日本对台湾的影响力减弱。

马英九上台不久，6 月 10 日，日本巡逻船在中国东海钓鱼岛海域撞沉中国台湾地区的联合号海钓船，激起台湾民众的强烈抗议。马英九也发表了支持台湾民众的强烈抗议的讲话，并下令台湾海巡舰艇对台湾民众的保卫钓鱼岛的船只予以保护。6 月 28 日，台湾民众的保卫钓鱼岛的船只与日本海军舰船在钓鱼岛海域发生对峙。30 日，日本国会多名议员飞临钓鱼岛海域上空进行所谓"视察"。11 月 17 日，日本巡逻船在钓鱼岛海域追逐撞击台湾渔船，并扣押台湾渔民 9 人。12 月 10 日，中国国民党主席吴伯雄在东京发表讲话：钓鱼岛不属于日本。明显不同于此前台湾陈水扁当局的表态。在钓鱼岛问题上，"日台"之间的关系较前有些紧张。

在马英九当局运行几个月之后，他在 9 月提出了对日新政策，公开提出"台日特别伙伴关系"论述。台负责对外关系的部门特别将 2009 年定为"台日特别伙伴关系促进年"。①2009 年 1 月 20 日，台湾"外交部部长"欧鸿链宣布这一政策。当天日本外务省副报道官川村泰久表示肯定，认为这象征了马政府极为重视台日关系，日本愿意积极加强双边的实务交流。

但日台关系逐渐下降还是比较明显的。5 月 1 日，日本交流协会台北事务代表斋藤正树发表"台湾地位未定论"，引起台湾高层愤怒。12 月 5 日日本共同社报道：日本方面将由今井正替换斋藤正树任日本交流协会协会台北事务代表。②

---

① 《联合报》2009 年 1 月 23 日，引自《参考消息》2009 年 1 月 24 日。
② "中央社"2010 年 1 月 14 日电，引自《参考消息》2010 年 1 月 15 日。

当然,日台关系还在运行。7月10日,马英九接见日本政论团体"霞会"表示:台日双方已有多项合作成果,未来将更强化。9月13日,台湾地区的"酋长2号"在钓鱼岛附近海域被日本巡防舰拖走。14日,日本放回9名船员,但船长被扣在石垣岛,船也未还。①中日之间关于这个海域的主权冲突将如何升级?

另外特别值得注意的是,主张"台独"的民进党和日本方面的联系。12月13日至16日,民进党主席蔡英文访问日本,她特意选在中国国家副主席习近平访日期间到日活动,和日方各政党多层次接触。②中国外交部表态:中方一贯坚决反对蔡英文这样的"台独"分子到中国的建交国活动。

三、 21世纪初中日关系中"台湾问题"的变化

"台湾问题"的实质是中国政府要求日本政府恪守中日联合声明的基本原则,遵守1972年《中日联合声明》、1978年《中日和平友好条约》、1998年《中日联合宣言》、2008年《中日关于全面推进战略互惠关系的联合声明》四个历史性文件的精神,反对日本政府和右翼势力插手台湾内部事务、干涉中国内政。

中日关系不断向前发展拥有深厚的发展基础,符合中日两国人民包括中国台湾地区人民的根本利益,符合东亚和世界和平发展的历史潮流。

中日关系发展顺畅的时期也是"台湾问题"受到抑制的时期,反之亦然。因此,保证中日关系的顺利发展是解决和缩小"台湾问题"的关键因素。如果中日关系受到干扰,"台湾问题"就会加大负面干扰影响。

日本国内的右翼反华分子不会消失,他们对中国内政的干涉和台湾内部事务的插手就不会停止。另一方面台湾内部的"台独"分子也不会很快放弃他们的政治主张。日本国内的右翼反华分子和"台独"分子

---

① 《钓鱼台海域渔事纠纷日舰一度押我渔船》,《联合报》2009年9月14日,引自《参考消息》2009年9月15日。

② 《中国时报》2009年12月17日,引自《参考消息》2009年12月22日。

勾结也出现了加大和迷惑社会认知的迹象。在日本国内和台湾地区的各种复杂关系正在不断发展。日本大学中取得奖学金的台湾留学生数量增加很快。宣扬日本对台殖民政策的各种文艺作品数量增加,甚至在台湾还有一定的市场。

关于"台湾问题"今后的发展趋势,随着中日关系不断发展,随着中国的国力不断增强,以及两岸关系的不断发展,"台湾问题"的影响将不断缩小。

中日关系是中国对外关系中最复杂的关系,也是中国最重要的对外关系之一。当前的中日关系处在一个非常复杂、敏感、易变的阶段。国际上和日本国内干扰中日关系正常发展的因素还有不少。中国政府将坚持发展中日友好关系不动摇的基本对日政策,并和日本各界一起挫败国际上和日本国内极少数右翼势力对中日关系的破坏,坚定地推动中日关系未来不断向前发展,使 21 世纪的中日关系充满希望。

第十一章

中日关系处在复杂多变的阶段

从 2010 年 8 月到 2015 年 6 月期间,受各种因素影响,中日关系进入了一个复杂多变的阶段。

第一节　中日两国国力及东亚国际形势的变化

进入 2010 年之后,国际形势和日本国内情况变化复杂。中日两国的国力对比发生重大变化,干扰中日关系正常发展的各种因素很多。这一阶段的中日关系处在一个非常复杂、敏感和易变的阶段。

中日两国综合国力发展速度和势头,呈现出截然不同的特点。东亚地区各国力量对比产生重大变化。

一、　中国综合国力持续增强

中国综合国力持续增强。2010 年,中国的国内经济生产总值首次超过日本,超过了 5 万亿美元,成为世界第二经济大国,亚洲第一经济大国。2013 年中国的国内经济生产总值达到 56 884 亿元人民币(超过 9 万亿美元)。①2014 年中国的国内经济生产总值超过 10 万亿美元,成为世界上第二个国内经济生产总值超过 10 万亿美元的国家。②中国的

---

① 中国国家统计局:《2013 年国民经济和社会发展统计公报》,国家统计局网站。
② 2014 年,世界第一经济大国美国的国内经济生产总值约为 17 万亿美元。

外汇储备从 2006 年起就高居世界第一,2009 年达到 2 万亿美元大关,2014 年达到 4 万亿美元的总量。中国的金融影响力持续增强。中国进出口贸易速度发展很快,2009 年成为世界货物出口第一贸易大国。2013 年以 4.16 万亿美元的规模成为世界第一贸易大国。

在综合国力持续增强的背景下,中国的军事实力特别是海军实力发展迅速,在世界上的影响增加,中国的教育、文化等方面的影响也在扩大。在这五年,中国不仅是世界上留学生的输出大国,也成为世界上留学生的输入大国之一。

中国综合国力的迅速发展引起东亚及世界各国的广泛关注,并且带来国际格局和各方力量对比的深刻变化。这种深刻变化在中国所处的东亚地区带来的影响最大。

二、 日本综合国力提高艰难

日本在 21 世纪初期,再次经历"失去的十年"。2009 年日本国内经济生产总值比 1999 年下降 5%。2009 年日本的国内经济生产总值比 2008 年下降 5%左右。日本经济产业中并未出现新的增长点。2010 年初,日本工业的最后一块招牌"丰田公司"爆出大规模汽车召回危机。2011—2012 年受东日本大地震冲击,经济处于负增长状态。2013 年后受"安倍经济学"强烈刺激下,日本经济有所起色。可是从2014 年第四季度起,日本经济增长又处于停滞状态。今后十年如何走出"通货紧缩"和经济低迷危局的难题沉重地压在日本社会面前,人们的信心下降到低点。

同一阶段,中国的综合国力迅速发展,这在日本社会各界中引起强烈及相当混乱的反应。2010 年中国超过日本成为世界第二经济大国时,按当时的汇率计算,中国的国内经济生产总值为 5.1 万亿美元,日本的国内经济生产总值约为 4.9 万亿美元。中国的国内经济生产总值刚刚超过日本的国内经济生产总值。经过不到 5 年时间,到 2014 年底中国的国内经济生产总值超过 10 万亿美元,而日本的国内经济生产总值,因为采取了"安倍经济学"中让日元贬值的政策,反而仅为 4.7 万亿美元。尽管如此,从日本社会本身分析,还是很难适应丢失一百多年亚洲最先进国地位的国际形势变化。

三、 美国力推"亚太再平衡"战略

　　美国奥巴马政府上任后,重新审视世界在 21 世纪初期的迅速变化和客观实际。美国奥巴马政府认为亚太地区是当今世界最具活力发展最快的地区。同时认为以中国为代表的一批新兴国家成为 21 世纪改变力量对比的重要潮流。美国要维护二战后形成的全球霸权,不愿坐视中国发展导致东亚国际格局大改变。2010 年美国的全球军事战略进行重大调整,开始推行所谓"亚太再平衡"战略,军事战略重点开始向东亚地区转移。在"亚太再平衡"战略中,日美同盟处于中坚地位。美国需要借助日本的支持来实现阻滞中国综合国力迅速发展,保持自己在亚太地区的控制力。

　　美国全球战略进行重大调整,为日本国内右翼想借此发展军事力量,寻求自身政治地位上升,成为操控社会的主流带来契机。

第二节　中日政治关系的曲折变化

一、 日方制造钓鱼岛"撞船扣人事件"

　　2009 年 9 月民主党上台执政之后,重视亚洲和中国的首任首相鸠山由纪夫就处在美国及日本国内右翼、包括民主党右翼的夹击下,上任不久被迫下台。继任的菅直人首相也不成功。他未能领导民主党赢得 2010 年 7 月参议院选举胜利,时隔 3 年就丢掉了民主党在参议院的多数党席位。此次选举使民主党内高层内讧不止,各派矛盾加深,权力架构倾斜。民主党高层内部对各派的控制减弱。民主党内右派和日本政府内的某些遏华势力借机窜起,在钓鱼岛海域策划制造一起破坏中日关系的突发事件。

　　日本在"东海问题"上一直不断制造事端,中日之间围绕该问题持续角力。从 2010 年开始,日方在"东海问题"上的态度逐渐强硬。例如,曾有日方政府高官放话威胁要将"东海问题"提交到国际法庭去仲

裁。日本政府为防范中国海军力量的发展,开始考虑在冲绳群岛之南的西南群岛上驻军。同时,日本政府不断在钓鱼岛问题上摆出强硬对抗态势,居心叵测。果然,9 月 7 日,日本交通运输省海上保安厅在中国钓鱼岛海域制造了撞击中国渔船扣留船员的严重事件。

9 月 7 日上午 10 时起,在中国东海钓鱼岛海域进行正常捕鱼作业的中国"闽晋渔 5179 号"渔船先后遭日本海保巡逻船"与那国号"、"水波号"等三艘巡逻船的围堵,并与其中两艘海保巡逻船发生碰撞。下午 1 时许,20 多名日本保安官强行登上中国"闽晋渔 5179 号"渔船,控制了船长、船员,扣押该船带往日本冲绳石垣岛八重山港进行调查。

日本扣留中国渔船事件发生后,中国政府立即作出外交反应。7 日当晚,外交部副部长宋涛奉命召见日本驻华大使丹羽宇一郎,就日本海上保安厅巡逻船在钓鱼岛海域拦截扣押中国渔船一事提出严正交涉,要求日方停止非法拦截行动。然而 7 日夜间,日本海上保安厅决定,计划以涉嫌妨碍执行公务为由,逮捕中国渔船船长,同时还以涉嫌违反日本《渔业法》(逃避登船检查)为由展开调查。对此,8 日,中国外交部部长助理胡正跃奉命召见日本驻华大使丹羽宇一郎,对日方在钓鱼岛海域抓扣中国渔船事提出强烈抗议,要求日方立即放人放船,并确保我方人船安全。同日,中国驻日本大使程永华也向日方提出严正交涉。中国驻日本使馆迅速派员赶赴冲绳县石垣岛探视被扣中国渔民。10 日,中国外交部部长杨洁篪,12 日,国务委员戴秉国前后两次召见日本驻华大使丹羽宇一郎,要求日本政府立即放人放船。

13 日,日本政府同意放人放船,但坚持扣留中国渔船的船长。中国政府派专机赴冲绳接回了 14 名中国船员。"闽晋渔 5179 号"渔船也于当日启程返回福建的港口。14 日,外交部部长助理胡正跃奉命再次召见日本驻华大使,要求放回中国船长。16 日"闽晋渔 5179 号"渔船船长仍被日本海上保安厅扣押。

日本在中国东海领土主权之内的钓鱼岛海域强行拦截、冲撞、扣留中国渔船的这一突发事件对中日关系造成恶劣影响。这一事件使自 2006 年 10 月上旬,日本安倍首相访华以后不断回暖的中日关系的发展势头受阻。事件发生后,日本外务省不是马上采取停止措施,而是支持日本海上保安厅在 9 日下令逮捕中国船长,并要用日本国内法来进行所谓"审判"。这些荒唐举动遭到中国外交部发言人的多次严词驳斥。为表示中国政府严正抗议的立场,9 月 10 日,中国政府宣布暂停中日间关于落实东海问题原则共识的磋商。13 日又通知日本政府,原定 15 日启程的中国全国人民代表大会代表团因故推迟访问日本。(原计划访问日本的中国全国人民代表大会常委会副委员长要和日本众议院议长和参议院议长会谈。)这些行动是最近四年中日关系中所没有见到的。日本扣留中国渔船事件已经对中日关系造成恶劣影响。

这一事件在中国大陆、香港、澳门、台湾各地区激起了民众的强烈不满。钓鱼岛自古以来就是中国领土。几百年前中国政府就对钓鱼岛进行了有效的行政管辖。中国渔民一直就在这一海域进行渔业生产。日本政府在中国拥有领海主权的海域采取野蛮行动,是极其错误的。这一事件对中国民众造成了心理伤害。事件发生后,中国各地民众纷纷采取多种形式对日本政府表示抗议。9 月 14 日,中国台湾地区的多艘"保卫钓鱼岛船只"(简称"保钓船")到达钓鱼岛海域,与日本的海巡船对峙 5 个多小时。此后还有中国的"保钓船"到达钓鱼岛海域表达中国民众的愤怒心情。

中国政府在事件发生当天即向日本政府提出强烈抗议,要求立即放人放船。但日本方面反而采取强硬应对措施,不仅不放人,还在 9 月 9 日宣布扣留船长 10 天。日方的态度使中国方面的抗议逐渐强硬,迫使日方在 13 日先放了渔船和船员。但日方拒放船长,扣留船长 10 天后在到期日 19 日宣布再扣留船长 10 天。引起中方强烈抗议并加大抗议压力。22 日,中国政府总理温家宝在纽约敦促日方立即释放中国船长。23 日,日方被迫放还中国船长。但是,24 日,中、日双方都要求对方就该事件赔偿道歉。

菅直人内阁制造的这一事件给中日关系造成严重损害,其严重程度甚至超过了小泉内阁对中日关系造成的损害。菅直人内阁阻碍中日关系发展的行径,受到民主党内部及日本国内右翼的支持。让菅直人在 2010 年 9 月 14 日的民主党党首选举中击败小泽一郎前干事长得以连任。菅直人虽然在民主党党首选举中涉险过关,但他在中日关系中制造撞船扣人事件及处理方式却激起强烈反响。

中日关系陷于低谷并不符合日本的国家利益,因此日本国内有相当一部分力量对菅直人的批评不断。日方被迫谋求做些和解姿态。日方连续几次在国际会议上企图实现两国首脑会谈,都没有实现。直到2010年11月13日,在日本横滨举行的亚太经合组织非正式领导人会议上,实现中国国家主席胡锦涛和日本首相菅直人的会谈。胡锦涛主席在会谈中强调:中日两国应该继续走和平友好之路。①虽然这是在9月初钓鱼岛撞船扣人事件后实现的两国首脑会见,但中日之间信任关系被日方破坏,政治关系并未真正回暖。

菅直人内阁以挑起外交问题来树立领导形象的作法引起严重国际后果。钓鱼岛等被日本侵占的中国领土归还中国是第二次世界大战反法西斯阵营胜利的正义结果。挑战这一结果将引起国际关系的连锁反映。2010年11月,俄罗斯总统梅德韦杰夫首次视察南千岛群岛,其后俄方多位高官也视察该群岛,这给日本政坛造成强烈冲击。(南千岛群岛日本称为北方四岛,日方认为是有争议的应归还的日本领土。)日本政府要人不断放话抗议。2011年2月中旬,日本外相前原诚司专门访问莫斯科进行交涉。但俄罗斯认为本国总统访问视察本国领土天经地义,俄将大规模加速开发南千岛群岛,并引进国际合作开发企业;同时增派机动导弹旅进驻该地区增强防卫。在俄罗斯坚定立场面前,菅直人内阁显得异常被动,举足无措,原想借外交事件来提升国民支持率,结果适得其反。2月11日,日本共同社的民意调查显示菅内阁的民意支持率首次跌至19.9%。(鸠山由纪夫下台前的民意支持率跌至19.1%;森喜朗因民意支持率低于20%而下台。)

菅直人内阁在外交上和中、俄、韩三邻国都存在领土纠纷。存在领土纠纷并不可怕,只要妥善处理不会影响和邻国国家关系的发展。但菅直人内阁上台后几个月内就在领土问题上和中、俄等国弄得不可开交,使日本的周边国际环境恶化。菅直人外交不行,内政上同样不得分。2010年前3个季度,日本经济都是正增长,且势头不错。但菅直

---

① 《人民日报》2010年11月14日。

人上台后,2010 年第四季度日本经济结束了持续十多个月的正增长而下滑,按年化率计算下降了 1.1%。菅直人经济管理不得分,对民主党内的管理也出问题,党内矛盾多次公开。自由民主党等日本在野党决心乘菅直人内阁虚弱之际将菅直人赶下台,重夺执政权。

2011 年 3 月 11 日发生了东日本大地震,这是 1925 年关东大地震之后日本遭受的最大的自然灾害。此次灾害对日本各方面的打击甚大,反映了日本社会众多深层次问题。这一大地震使处于风雨飘摇之中的菅直人内阁因为救灾得以暂时维持。

东日本大地震发生后,中国政府和人民对日本受灾表现出极大的同情和支援。18 日中国国家主席胡锦涛亲去日本驻华大使馆吊唁。中方在第一时间提出派救援队前去东日本大地震灾区救援,几经周折,几天后日方才允许一支只有 15 人的中国救援队登陆。中国政府在最短时间内派出多架包机为日本大地震灾区送去大量救灾物资。然而在接洽过程中,日本政府表现出的应对态度十分复杂。

2011 年中日政治关系缓慢恢复。2 月 28 日,中日外交部副部长级战略对话在东京举行。5 月 21 日,中国政府温家宝去日本参加第四次中日韩三国领导人会议,当天下午就前往东日本大地震灾区中心福岛县慰问。

中日经济关系上的发展比较正常。中日之间在教育、文化关系上的提升不快。中日旅游、民间交往远未正常。中日军事方面问题增多,日方炒作中国海军力量快速发展,称为“海上威胁增加”,表明日本在战略安全上对华猜疑依旧。7 月 3 日,中日两国防卫部门副部长级安全磋商在日本东京举行。磋商中,中国人民解放军副总参谋长马晓天直言:日军动向走向危险方面。

2011 年 8 月 30 日,在位 14 个月的菅直人辞去首相职位。9 月 2 日,在日本政界知名度不高的“黑马”野田佳彦当选首相。此人在当选首相之前曾就“南京大屠杀”发表过右翼言论。他上任后一再表示要推动中日关系发展。2011 年 12 月 25 日至 26 日野田首相正式访华。这次访华中日间的欢迎气氛较好,然而具体成果并不多。野田内阁表示将延续之前民主党政府的对华政策,然而口头上主张发展中日关系,但实际对中日关系推动力不强。相反中日关系的复杂因素在增加。野田内阁和之前日本历届内阁相比更加积极介入南海问题,参与美国以遏华为目的的"亚太再平衡"战略。

进入 2012 年之后,干扰中日关系的因素更加复杂。2 月 20 日,日本名古屋市市长发表否认南京大屠杀讲话。4 月 17 日,东京都知事石原慎太郎在美国纽约妄言要出面"购买钓鱼岛"。表明日本右翼政客公开介入中日国家间关系。5 月 11 日,日本政府给中国"疆独"分子热比娅发放了入境签证,让她在东京召开"疆独"分子会议。对日本这些干涉中国主权、内政的言行,中国政府表示强烈抗议,中国舆论予以严厉谴责。

中日经济合作还在进行。2012 年 5 月 12 日至 13 日中日韩三国领导人第五次会议在北京举行,温家宝总理出席会议并讲话。会议决定开始启动三国自由贸易区谈判。

二、 2012 年中日在钓鱼岛问题上的大较量

日本东京都知事石原提出"购买钓鱼岛"后,还在东京都市政府设立购岛幕款账号、机构等一系列后续动作,不断对日本政府施压。日本政府在石原的破坏活动之后跟进,宣布要将钓鱼岛"国有化"。日本朝野的这些反华活动激起中国人民的愤慨。2012 年 8 月 15 日中国民间"保钓"人士乘船登上中国领土钓鱼岛。结果遭到日本海上保安厅所谓"驱逐"。8 月 19 日,东京都政府派人到钓鱼岛海域进行测量,为所谓"购岛"做准备。

对此,中国政府采取一系列外交抗议,坚决捍卫中国钓鱼岛领土主权。2012 年 9 月 9 日,中国国家主席胡锦涛在俄罗斯海参崴参加亚太经合组织领导人非正式会议期间,正告日本野田首相立即停止侵犯中国钓鱼岛领土主权。可是野田首相回国后,不仅没有停止侵犯中国钓鱼岛领土主权的行动,反而采取进一步挑衅行动。10 日,日本政府宣布将钓鱼岛"国有化"。11 日,日本政府又签订所谓钓鱼岛"购岛合同"。

为捍卫中国钓鱼岛的领土主权,中国政府采取一系列强有力的反制措施,其中包括:9 月 10 日,中国政府公布钓鱼岛及附属岛屿领海基

点及基线；9月13日起，6艘中国海监船、渔政船抵达钓鱼岛海域巡航，此后至今一直有多艘中国政府公务船在该海域巡航；9月16日起，大批中国渔船赴钓鱼岛渔场生产作业；中国中央电视台开始发布钓鱼岛海区天气预报；中国出版了有关钓鱼岛地区的各种地图册；9月18日起，中国海军在钓鱼岛海域航道活动，从9月中下旬起，中国海监船、渔政船、海监飞机不断在钓鱼岛海域、上空巡航。中国海监飞机经常在钓鱼岛海域巡航，上空巡视。如12月23日，中国海监飞机再次到中国钓鱼岛海域上空巡航。

全国上百个城市爆发各种规模的抗议游行。中国多位领导人在多场合外交活动中抗议日本侵犯中国钓鱼岛领土主权。中国驻联合国代表李保东向联合国递交了钓鱼岛及其附属岛屿领海基点基线坐标表和海图。世界各国的华人采取种种方法声援中国政府和人民的对日抗议行动和反制措施。世界上许多国家政府和舆论支持中国政府和人民维护国家领土主权的正义行动。

面对中国政府和人民的正义行动，野田政府不思悔改，在日本国内右翼势力支持下继续采取强硬对策。野田号称：要举全国之力保卫在钓鱼岛行使警察权，并威胁若危机升级时不排除引入日本自卫队介入。9月中下旬，福冈等地出现袭击中国领事馆、中资企业的行为。9月21日、东京出现右翼团体组织的反华游行。自民党反华调子更高，该党党首安倍称：日本领土一厘米也不会退让。

对于野田政府的对华强硬对策，日本国内的批评意见在增加。国际上也不乐见钓鱼岛危机升级。国内外的强烈批评让野田政府非常被动，一方面承认对中国政府反制措施估计不足，表示要和中方全面沟通；另一方面采取实际强化控制钓鱼岛的政策不变。9月21日，野田连任民主党党首后扬言要去联合国讲钓鱼岛岛争。9月22日，日本警察登上钓鱼岛，日本海上保安船阻止中国台湾地区的保钓船接近钓鱼岛。12月13日，中国海监飞机在钓鱼岛上空巡航，日本出动F-15战机8架侵入中国钓鱼岛海域。

在这场维护中国钓鱼岛领土主权斗争中，中国政府在钓鱼岛海域打破了日本所谓的单方面控制局面，取得主动权。在外交上，中国政府打退了日本的外交攻势,使其无功而返。在经济上,日本也感到了损失。在国际舆论中对华支持的舆论占上风。日本国内舆论表现比较复杂,有支持野田政府的,也有不少支持中国的声音。

中日在钓鱼岛问题较量时,民主党上台已满3年,日本国内对该党执政能力评价不高。10月1日,野田首相宣布改组内阁,但国内对这一举措反映不佳,自民党加大政治压力。11月14日,野田首相宣布举行国会众议院大选。11月16日,众议院大选举行,结果民主党遭遇惨败,自民党时隔3年3个月重新夺回政权。2012年12月28日,安倍内阁成立,安倍晋三任首相第二次上台执政。

三、 中日关系暂时严重倒退

安倍内阁成立后马上执行对华强硬政策,并摆出一副气势汹汹的架势。在中日关系上,日方采用制造谣言、恶人先告状等手法来破坏两国政治关系。如制造所谓"火控雷达照射事件"。在钓鱼岛问题上日方坚持中日间无争议立场。在国内采取增加军费,增购飞机、军舰等针对中国海军的措施。在日本军事部署上重点加强在西南诸岛的军事建设、增加驻岛的军事部队。在国会里企图解禁集体自卫权,修改《和平宪法》。在国际上,安倍内阁加强日美军事同盟,主要加强日本和美国、澳大利亚、菲律宾、越南的军事联系。安倍内阁企图在国际上组织潜在遏华联盟,重点拉拢美国、印度、菲律宾、越南等国家来支持其对华强硬政策。2013年2月下旬,安倍首相首次出访选择了访问美国。

由于安倍内阁的对华强硬政策,2013年的中日政治关系一直处于冷冻状态。3月12日,安倍内阁通过政府决议决定将4月28日设立为所谓"主权恢复日"。3月28日,日本外务省发布《外交蓝皮书》渲染中国威胁,炫耀日美同盟。

安倍内阁利用历史认识问题多次对华挑衅。2013年4月21日,他送祭品给靖国神社。22日,安倍内阁副首相麻生等参拜靖国神社;23日,日本国会168名国会议员集体参拜靖国神社。那几天还有80名日本右翼分子进入中国钓鱼岛海域活动。6月底,30名日本右翼分子进入中国钓鱼岛海域活动,遭到中国海警船驱逐。

7月21日,自民党赢得了参议院选举,成为国会参众两院中均过半数的最大政党,在国会里几无制约。安倍内阁花费很大精力整军备战,美国为实现对东亚的控制权采取放松对日本右翼控制的政策,国际上对日本右翼的制约力相对减弱。由于日本右翼控制的舆论极力渲染,日本社会内部厌华气氛有所上升。这一年中日本媒体进行的多次民意测验显示日本社会中支持安倍政府对华政策的占比过半。当然,日本社会中重视中国的力量占比也很大,主张慎重处理对华关系的声音犹在。

10月17日,安倍又送祭品给靖国神社,那几日又有大批国会议员参拜。10月23日,日本外务省网站挂上了自己制作的恶意宣传钓鱼岛等岛屿归属日本的视频。

对于日本安倍内阁利用历史认识问题不断挑衅的行为,中国、韩国等国给予严厉批判。中国国务院总理李克强在5月访问德国波茨坦时,阐述了中国政府在钓鱼岛问题上的严正立场。由于中日政治关系处于低点,除9月初在俄罗斯彼得堡G20会议上中日两国领导人简单寒暄外,2013年全年双方中断了所有高层接触。

2013年12月26日,安倍晋三以首相身份悍然参拜靖国神社,这一对中国和所有被侵略国家的严重挑衅行为,使中日关系降到邦交正常化以来的最低点。

2014年伊始,日方在国际上继续采取抹黑孤立中国的对华政策。1月底,文部省颁布的历史教科书说明中写入:钓鱼岛、独岛是"日本固有领土"。2月,克里米亚问题出现后,安倍称:钓鱼岛问题与克里米亚问题有类似之处。4月1日,安倍政府更改执行了几十年的武器出口三原则,日本军工企业从此可以大规模出口各种武器。7月1日,安倍内阁通过解禁集体自卫权决议案。

对于安倍内阁的对华强硬政策,中国给予严正回击。安倍参拜靖国神社后,中国政府严厉谴责他,表示"中国人民不欢迎他"。2014年1月,朝鲜抗日义士安重根纪念馆在哈尔滨火车站开馆。2月27日,中国全国人大常委会通过决定,将每年9月3日定为"中国人民抗日战争胜利纪念日",每年12月13日设立为"南京大屠杀死难者国家公祭日"。3 月 28 日,中国国家主席习近平在德国首都柏林发表演讲中代表中国政府就中日关系、历史认识问题表达严正立场。他表示,日本当年发动的侵华战争,给中国人留下了"刻骨铭心的记忆"。6 月 10 日,中国有关方面拟将第二次世界大战时日本制造的"南京大屠杀"和强征"慰安妇"的历史史料申请进入世界记忆遗产名录。

　2014 年 7 月 7 日,是中国全民族抗战爆发 77 周年纪念日。上午 10时,习近平、俞正声等来到中国人民抗日战争纪念馆,同 1 000 多名各界代表一起参加纪念仪式。习近平发表重要讲话。他指出:伟大的中国人民抗日战争,使中华民族的觉醒和团结达到了前所未有的高度。正如毛泽东同志所指出的,这是"战争史上的奇观,中华民族的壮举,惊天动地的伟业"。伟大的中国人民抗日战争,开辟了世界反法西斯战争的东方主战场,为挽救民族危亡、实现民族独立和人民解放,为争取世界和平的伟大事业,作出了彪炳史册的贡献。历史是最好的教科书,也是最好的清醒剂。中国人民对战争带来的苦难有着刻骨铭心的记忆,对和平有着孜孜不倦的追求。纵观世界历史,依靠武力对外侵略扩张最终都是要失败的。这是历史规律。中国将坚定不移走和平发展道路,并且希望世界各国共同走和平发展道路,让和平的阳光永远普照人类生活的星球。历史就是历史,事实就是事实,任何人都不可能改变历史和事实。付出了巨大牺牲的中国人民,将坚定不移捍卫用鲜血和生命写下的历史。任何人想要否定、歪曲甚至美化侵略历史,中国人民和各国人民绝不答应![①]

　中国政府和人民坚决反对日本安倍政府涉华消极动向的斗争在继续。中日之间只在政府部门级别有所接触。在这些接触中,中国政府代表和官员均表示了对安倍政府涉华消极动向的批判。例如 8 月 29日中国国防部长常万全在北京会见日本防卫相小野时称:"到了日本纠正错误的时候了"。

四、 中日关系有所改善

　中国政府和人民对日本安倍政府涉华消极动向的斗争在继续的同

---

① 《人民日报》2014 年 7 月 8 日。

时,日本国内很多有识之士对安倍政府涉华消极动向也很不满意并给予批判。2014年新年开始之后,日本各个政党、社会团体派出众多代表团相继访华,要求和中国改善关系。

安倍政府在国内外巨大压力下也感到对这两年执行的对华强硬政策需要有所调整。3月21日,日本民主党干事长中川正春访华。4月24日,日本东京都知事舛添要一访华。5月5日,中国全国人大常委会委员长张德江会见了访华的日中议员联盟访华团团长高村正彦。高村团长说:我们会以积极的姿态解决日中关系中的问题。9日,中国全国政治协商会议主席俞正声会见访华的日本自由民主党议员团时提出改善中日关系两项条件:安倍首相停止参拜靖国神社,承认东海岛屿控制权存在争议。7月16日,日本民主党党首海江田万里访华。8月1日,中国外交部部长王毅和日本外务相岸田文雄在缅甸首都内比都在出席东盟中日韩外长会议期间进行了会见。(这是2012年12月安倍内阁成立之后中日外长第一次会见。)

经过几个月的不断沟通,11月7日,中国国务委员杨洁篪在钓鱼台国宾馆同来访的日本国家安全保障局长谷内正太郎举行会谈。

杨洁篪指出,由于众所周知的原因,中日关系持续面临严重困难局面,中方要求日方正视和妥善处理历史、钓鱼岛等重大敏感问题,同中方共同努力推动两国关系改善发展。

谷内表示,日方愿意着眼大局,同中方通过对话磋商,增进共识和互信,妥善处理分歧和敏感问题,推进日中关系改善进程。

双方就处理和改善中日关系达成以下四点原则共识:

(1)双方确认将遵守中日四个政治文件的各项原则和精神,继续发展中日战略互惠关系。

(2)双方本着"正视历史、面向未来"的精神,就克服影响两国关系政治障碍达成一些共识。

(3)双方认识到围绕钓鱼岛等东海海域近年来出现的紧张局势存在不同主张,同意通过对话磋商防止局势恶化,建立危机管控机制,避免发生不测事态。

(4)双方同意利用各种多双边渠道逐步重启政治、外交和安全对话,努力构建政治互信。

在四点原则共识达成之后,安倍首相来华参加了在北京怀柔举行的亚太经合组织非正式领导人会议。10日,国家主席习近平在人民大会堂应约会见了日本首相安倍晋三。

习近平表示,中日互为近邻,两国关系稳定健康发展,符合两国人民根本利益,符合国际社会普遍期待。中国政府一贯重视对日关系,主张在中日四个政治文件基础上,本着以史为鉴、面向未来的精神,推动中日关系向前发展。

习近平指出,这两年,中日关系出现严重困难的是非曲直是清楚的。双方已就处理和改善中日关系发表四点原则共识,希望日方切实按照共识精神妥善处理好有关问题。习近平强调,历史问题事关13亿多中国人民感情,关系到本地区和平、稳定、发展大局,日本只有信守中日双边政治文件和"村山谈话"等历届政府作出的承诺,才能同亚洲邻国发展面向未来的友好关系。

安倍晋三表示,中国的和平发展对日本、对世界是重要机遇。日方愿意落实双方达成的四点原则共识,妥善处理有关问题,以此为新的起点,推进日中战略互惠关系改善和发展。习近平主席会见安倍首相之后,中日关系开始有所改善。

2015年1月22日,第三轮中日海洋事务高级别磋商在日本横滨举行,达成6点共识。双方商定中国海警局和日本海上保安厅开设正式对话渠道。①3月21日,中日韩三国外长会谈在首尔举行,会议发表联合新闻稿表示:正视历史,面向未来,推进三国合作。23日,中国全国政治协商会议主席俞正声会见日本自民党党首谷垣桢一和公明党党首井上义久。中日之间重启执政党交流。

2015年4月22日,在印度尼西亚首都雅加达举行的纪念万隆会议举行60周年会议期间,习近平主席会见了日本首相安倍。习近平指出,和平、发展、合作、共赢已是不可逆转的时代潮流。希望日本同中国一道沿着和平发展的道路走下去。②

---

① 共同社东京2015年1月23日电,引自《参考消息》2015年1月24日。

② 《人民日报》2015年4月23日。

5月20日,日本自民党总务会长二阶俊博率3 000人交流团访问中国。这是近年来规模最大的日本访华代表团。23日,习近平主席出席在北京人民大会堂举行的中日友好交流大会。他会见了二阶俊博团长并发表重要讲话。习近平主席强调:中国高度重视发展中日关系。中日友好的根基在民间,中日关系的前途掌握在两国人民手里。

6月7日,推迟两年的第五次中日财长对话在北京举行。中国政府副总理张高丽会见来访的日本政府副首相兼财务相麻生太郎。中国财政部长楼继伟和日本副首相兼财务相麻生太郎举行了会谈。第五次中日财长对话被视为两国关系保持回暖势头的又一标志。

但是,日本右翼势力不甘心中日关系保持回暖势头,蓄意破坏。例如,6月4日,日本执政的自民党发布消息称,已向中国驻日本大使馆提交文书,指责中国公务船进入钓鱼岛12海里巡航"违反国际法",是安全方面的"严重威胁"。自民党还印发了100万张传单,以中国海警船频繁进入钓鱼岛及其周边海域巡航、中国不断增强军备为由,呼吁日本国民支持安倍政府修订安保相关法案,支持自卫队向海外派兵。7日,西方七国集团峰会在德国开幕,安倍首相利用会谈多次攻击中国。①这也充分反映了安倍政府对华政策的实质和两面性。

所以,中日关系要改善,需要日本政府改变对华错误政策,需要克服各种复杂因素的挑战,推动两国关系真正回暖。在中日四个政治文件基础上,双方共促和平发展,共谋世代友好,共创两国发展的美好未来,为亚洲和世界和平作出重要贡献。

第三节　十八大之后中国对日政策的发展

十八大之后,以习近平为总书记的党中央领导集体在继承我国外

---

① 日本《产经新闻》2015年6月8日,引自《参考消息》2015年6月9日。

交战略与基本原则,继承我国对日政策的基本原则的同时,又有了新的强调与发展。

一、 四个政治文件是中日关系的基石

2013 年 1 月 25 日,习近平在北京人民大会堂会见日本公明党党首山口那津男首次发表针对中日关系的重要讲话。习近平说:中日互为重要近邻,邦交正常化 40 年来,各领域合作深度和广度达到前所未有的水平,有力促进了两国各自的发展。中国政府重视发展中日关系的方针没有变化。事实证明,两国间四个政治文件是中日关系的压舱石,应坚持遵守。新形势下,中日要像两国老一辈领导人那样,体现出国家责任、政治智慧和历史担当,推动中日关系克服困难,继续向前发展。

习近平强调,要保持中日关系长期健康稳定发展,必须着眼大局,把握方向,及时妥善处理好两国间存在的敏感问题。中方在钓鱼岛问题上的立场是一贯和明确的,日方应正视历史和现实,以实际行动,同中方共同努力,通过对话磋商找到妥善管控和解决问题的有效办法。以史为鉴,才能面向未来。日方应尊重中国人民的民族感情,正确处理历史问题。中方重视山口在两国关系面临特殊形势之际访华,希望公明党继续为推动中日关系发展发挥建设性作用。

二、 日本应正确处理钓鱼岛、历史等敏感问题。中国人民绝不允许 歪曲美化日本军国主义侵略历史的言行

2013 年 9 月 5 日,二十国集团领导人第八次峰会在俄罗斯圣彼得堡举行。会议开始前,国家主席习近平同日本首相安倍晋三在各国领导人等候的贵宾室相遇,双方进行了简短交谈。习近平阐明了中方原则立场,指出近来中日关系面临严重困难,这是我们不愿看到的。中方愿在中日四个政治文件基础上,继续推进中日战略互惠关系。习近平强调,日方应本着正视历史、面向未来的精神,正确处理钓鱼岛、历史等敏感问题,寻求妥善管控分歧和解决问题的办法。

三、 希望日本走和平发展道路

2014 年 11 月 10 日,北京亚太经合会议期间,习近平应约会见了参加会议的安倍首相。习近平指出,中日互为近邻,两国关系稳定健康发展,符合两国人民根本利益,符合国际社会普遍期待。中国政府一贯重视对日关系,主张在中日四个政治文件基础上,本着以史为鉴、面向未来的精神,推动中日关系向前发展。这两年,中日关系出现严重困难的是非曲直是清楚的。双方已就处理和改善中日关系发表四点原则共识,希望日方切实按照共识精神妥善处理好有关问题。习近平强调,历史问题事关 13 亿多中国人民感情,关系到本地区和平、稳定、发展大局,日本只有信守中日双边政治文件和"村山谈话"等历届政府作出的承诺,才能同亚洲邻国发展面向未来的友好关系。

习近平指出,构建稳定健康的中日关系,必须顺应时代进步潮流。希望日本继续走和平发展道路,采取审慎的军事安全政策,多做有利于增进同邻国互信的事,为维护地区和平稳定发挥建设性作用。

四、 希望日方发出正视历史的积极信息

2015 年 4 月 22 日,在印度尼西亚首都雅加达举行的纪念万隆会议举行 60 周年会议期间,习近平主席应约会见了日本首相安倍。习近平指出,处理中日关系的大原则,就是要严格遵循中日四个政治文件的精神,确保两国关系沿着正确方向发展。历史问题是事关中日关系政治基础的重大原则问题。希望日方认真对待亚洲邻国的关切,对外发出正视历史的积极信息。

习近平强调,我们愿同日方加强对话沟通,增信释疑,努力将中日第四个政治文件中关于"中日互为合作伙伴、互不构成威胁"的共识转化为广泛的共识。双方要继续开展各领域交流。

习近平指出,和平、发展、合作、共赢已是不可逆转的时代潮流。希望日本同中国一道沿着和平发展的道路走下去。

五、 中国高度重视发展中日关系。中日友好的根基在民间,前途掌握在两国人民手里

2015 年 5 月 23 日,国家主席习近平在人民大会堂出席中日民间

友好交流大会并发表重要讲话,强调中日双方应该本着以史为鉴、面向未来的精神,在中日四个政治文件基础上,共促和平发展,共谋世代友好,共创两国发展的美好未来,为亚洲和世界和平作出贡献。

习近平强调,中日一衣带水,2 000多年来,和平友好是两国人民心中的主旋律,两国人民互学互鉴,促进了各自发展,也为人类文明进步作出了重要贡献。近代以后,由于日本走上对外侵略扩张道路,中日两国经历了一段惨痛历史,给中国人民带来了深重灾难。两国老一代领导人以高度的政治智慧,作出重要政治决断,克服重重困难,实现了中日邦交正常化,并缔结了和平友好条约,开启了两国关系新纪元。中日两国一批有识之士曾为此积极奔走,做了大量工作。历史证明,中日友好事业对两国和两国人民有利,对亚洲和世界有利,值得我们倍加珍惜和精心维护,继续付出不懈努力。

习近平指出,"德不孤,必有邻。"只要中日两国人民真诚友好、以德为邻,就一定能实现世代友好。中国高度重视发展中日关系。我们愿同日方一道,在中日四个政治文件基础上,推进两国睦邻友好合作。

习近平强调,今年是中国人民抗日战争暨世界反法西斯战争胜利70周年。当年,日本军国主义犯下的侵略罪行不容掩盖,历史真相不容歪曲。对任何企图歪曲美化日本军国主义侵略历史的言行,中国人民和亚洲受害国人民不答应,相信有正义和良知的日本人民也不会答应。前事不忘,后事之师。牢记历史,是为了开创未来;不忘战争,是为了维护和平。日本人民也是那场战争的受害者。中日双方应该本着以史为鉴、面向未来的精神,共促和平发展,共谋世代友好,共创两国发展的美好未来,为亚洲和世界和平作出贡献。

习近平指出,中日友好的根基在民间,中日关系前途掌握在两国人民手里。中国政府支持两国民间交流,鼓励两国各界人士特别是年轻一代踊跃投身中日友好事业,期待两国青年坚定友好信念,积极采取行动,不断播撒友谊的种子,让中日友好长成大树、长成茂密的森林,让中日两国人民友好世世代代延续下去。

第四节　中日经济、教育、文化、旅游、民间等关系的变化

一、经济关系的变化

2008 年 9 月美国华尔街金融危机爆发后,中国经济保持着高增长率,日本经济则继续低迷。2009 年 11 月 20 日,日本政府宣布经济陷入"通货紧缩"。2011—2012 财年日本国家贸易逆差 534 亿美元,经济增长是负增长。2013 年受"安倍经济学"刺激,日本经济稍有好转。但 2014 年上半年起日本经济增长又开始放慢。

中日经济贸易关系受国际经济政治多种因素影响,变化曲折。2009 年中日双边贸易额为 2 320.9 亿美元,比 2008 年下降 13.6%。2010 年中日贸易额首次突破 3 000 亿美元大关,达 3 018.554 亿美元,同比增长 30%,创历史新高。2011 年中日贸易总额 3 449 亿美元,同比增长 14%,再创历史新高。2012 年中日贸易额下降,总额 3 336 亿美元、同比下降 3.3%。2013 年中日贸易额继续下降,总额 3 125 亿美元、下降 5.1%。中日贸易额连续两年下降,日本在中国贸易伙伴中的排名落到第 5 位。在这之前,中日贸易额曾经有 11 年时间排在中国贸易伙伴的第一位。(2013 年中美贸易额达 5 210 亿美元,两国双向投资额超过 1 000 亿美元。中美贸易额远远超过中日贸易额。)2014 年中国与日本双边贸易额为 1.92 万亿元人民币,同比下降 1%。与 2013 年相比,两国贸易额降幅缩小了 4.1 个百分点。中日贸易额连续三年下降。

这几年日本对华经济依存关系比重在增加。2011 年日本对华出口占总出口的 19.7%(2001 年为 7.7%),2011 年中国对日出口占总出口的 7.8%(2001 年为 7.7%)。

受中日政治关系影响,中日经济合作放缓,自贸区谈判进展缓慢。例如日本品牌汽车系列在华占有率也是逐年下降:2011 年为 19.4%,2012 年为 16.4%,2013 年为 12.54%。

日本对华投资 2011 年同比 2010 年增加 60％，2012 年上半年还有增加。此后受日本"购岛闹剧"影响，中日政治关系转坏，对华投资额逐年下降。日资企业撤出中国大陆的迹象日见明显。当然也有日本重要企业看好中国经济前景。2015 年日本伊藤忠商社向中国合作企业注资 6 000 亿日元（约合 322 亿人民币），这一笔就超过了 2014 年日本所有公司对华投资总额 5 040 亿日元。

日本经济界受中日政治关系转坏影响较大，损失比较多。财界中关于中日经济合作的构想难以实现，对中日关系现状感到担忧，屡次派出大型代表团访华。例如，2013 年 1 月 18 日由 178 名日本经济界人士组成的日中经济协会访华团开始了为期一周的中国之行。本次访华团也是中日关系因钓鱼岛问题陷于低谷后，日中经济协会时隔两年，向中国派出的规模超过百人的大型访问团。2014 年 9 月 22 日起，日中经济协会代表团对中国展开为期 6 天的访问，200 多人的规模被认定为日中经济协会"史上最大规模访华团"。日本媒体认为，日本经济界"超级访华团"将为改善中日关系，尤其是两国首脑会晤起到探路的作用。

二、 教育、文化关系发展

这一时期，中日之间教育、文化等关系有所发展。中日教育关系发展较快。这几年中国赴日本大学留学人数增长迅速。现在日本大学接收的外国留学生中约有 60％是中国大陆留学生。日本来中国留学的人数有所减少，其中主要原因是日本经济情况不好带来的家庭收入下降，当然中日政治关系方面的原因也不能忽视。

在文化交流方面，中日双方的交流在文学、艺术、宗教、体育、科技、音乐、电影等领域都在展开，相互交往比较频繁。

中国文化在日本影响扩大，学习中文、中医的日本人不断增加。在日本开办的孔子学院、孔子学堂的数目增加。中国出品的电视剧、小说、文艺演出等文化作品的影响扩大。与之相比，日本对华文化出口有些逊色，但日本几位著名作家的作品还是很受中国读者欢迎。

三、　旅游、民间等关系发展

中日旅游关系变化比较复杂。近几年日本来华旅游人数减少明显。主要原因有多种，其中中日政治关系波动变化，日本媒体涉华负面报道过多，内容不实是主要原因之一。反观中国赴日旅游人数连续几年增长较快。其中日元贬值，再加之日本政府放宽对中国游客的签证限制起了很大作用，在一定程度上促进了赴日游客的增多。2014年全年约有220万中国游客赴日旅游，再创历史新高。中国现已成为日本最重要的旅游来源国之一。

在非政府交流方面，日本各主要政党都与中国共产党正式建立了党际交流关系。两国间青少年的友好往来比重上升。

中日之间的体育交流正常开展，未受中日政治关系波动变化的影响。

附　　录

一、中华人民共和国与日本关系大事记（截至 2015 年 6 月）

1949 年

10 月 1 日　中华人民共和国成立。

1950 年

5 月 15 日　中华人民共和国外交部长周恩来就麦克阿瑟擅自决定释放日本战犯一事发表声明：中国政府绝不承认。

夏天　中国红十字会会长李德全在摩纳哥会见日本赤十字社社长。

9 月 6 日　日本与逃到台湾的国民党当局签订所谓"通商协定"。

10 月 1 日　日本中国友好协会成立。

12 月 4 日　中华人民共和国外交部长周恩来就对日和约问题发表八点声明。

12 月 9 日　日本通产相横尾龙发布命令，不经通产相许可，日本货船不准到中国大陆，以配合美国对中国的贸易封锁。

1951 年

8 月 15 日　周恩来外交部长就美、英公布的对日和约草案并决定召开旧金山会议签订对日单独和约一事发表声明，指出：对日和约草案是一个破坏国际协定、基本上不能被接受的草案，旧金山会议是一个背弃国际义务、基本上不能被承认的会议。

8 月 24 日　日本促进日中贸易工会协议会成立。

9 月 8 日　美、英等 49 国和地区在排除中华人民共和国参加的情况下，单独签订"旧金山对日和约"。

9 月 18 日　周恩来外交部长就"旧金山对日和约"发表声明指出：

"单独对日和约"是非法、无效的,中华人民共和国绝不承认。

12 月 15 日　美国国务卿杜勒斯到东京和日本首相吉田茂会谈。

12 月 24 日　日本首相吉田茂致函美国国务卿杜勒斯,表示"日本政府准备一俟法律允许就与'中国国民政府'缔结条约"。并表示"日本政府无意与中国共产党政权缔结一个双边条约"。

1952 年

1 月 16 日　美日同时公布"吉田书简"。

2 月 16 日　日本政府代表河田烈率团到台北商谈日台关系。

4 月 28 日　日台签订"日台条约"。

5 月 5 日　周恩来外交部长就美国宣布"旧金山对日和约"生效发表声明指出:美国这种片面措施是完全非法、无效的,完全没有道理的。中国人民绝不承认"单独对日和约",坚决反对日蒋和约。

5 月 14 日　日本国会强行通过"日台条约",并在 8 月 5 日生效。

5 月 14 日　中国国际贸易促进会成立。

5 月 15 日　日本三位议员从莫斯科到达北京,进行友好访问。

6 月 1 日　中日签订第一个民间贸易协议。

10 月 2 日　亚洲及太平洋区域和平会议在北京召开。

10 月 28 日　中日间的第一个民间贸易协议的第一个贸易具体合同在北京签订。

1953 年

3 月 5 日　中日两国红十字会在北京签署共同声明,中国政府协助在华日侨回国。

3 月 23 日　第一批在华日侨到达日本舞鹤港。

7 月 27 日　日本外相冈崎在众议院称:"尽管朝鲜停战,日本仍将遵循对中国的禁运政策。"

9 月 28 日　周恩来总理接见日本拥护和平委员会主席大山郁夫并发表讲话。

10 月 29 日　第二次中日民间贸易协议在北京签订。

1954 年

8 月 19 日　中国政府宣布,特赦 417 名日本战犯。

9 月下旬　日本国会两个议员代表团来华访问,受到毛泽东主席、刘少奇委员长接见,周恩来总理两次接见。

10 月 12 日　中苏两国政府发表对日关系的联合宣言。

10 月 30 日至 11 月 12 日　以李德全为团长、廖承志为副团长的中国红十字会代表团访日。这是新中国成立后的第一个访日代表团。

1955 年

1 月 13 日起　中日渔业部门的代表团开始就东海和黄海捕鱼问题谈判。

3 月 29 日　以雷任民为团长的中国贸易代表团应邀访问日本。这是新中国成立后的第一个访日经济代表团。

5 月 4 日　中日签订第三次民间贸易协议。

9 月 28 日　日本国会议员代表团到达北京。

10 月 15 日　发表《关于中日渔业会谈的公报》。

11 月 9 日　日本前首相片山哲率团访华。

10 月和 12 月　中国商品展览会先后在日本东京和大阪举行。

12 月 1 日至 24 日　全国人大常委会副委员长、中国科学院院长郭沫若率领中国科学院代表团访问了日本。

1956 年

1 月 30 日　周恩来总理在全国政治协商会议第二届第二次会议上,再次呼吁中日两国政府商谈邦交正常化问题。

2 月 11 日　中国外交部发表《关于中国政府建议中日两国政府就促进中日关系正常化问题进行谈判的公报》,公布了中日双方驻日内瓦总领事的来往信件,建议中日两国政府就促进中日关系正常化问题进行谈判。

3 月 23 日　日中文化交流协会在东京成立。

5 月 27 日　中国京剧大师梅兰芳率团到日本进行访问演出。

9 月 4 日　毛泽东主席接见日本前陆军中将远藤三郎率旧军人访华团,远藤三郎军人访华团对过去侵略战争表示深刻悔罪,受到毛泽东主席鼓励。

10 月和 12 月　日本商品展览会在北京和上海举行。

1957 年

4 月 22 日　中国人民外交学会会长张奚若和日本社会党首次访华亲善使节团团长浅沼稻次郎发表共同声明,"日本社会党关于日中邦交正常化的基本方针是:不承认存在两个中国,台湾是中国的内政问题。"

6 月 2 日至 6 日　岸信介首相到中国台湾活动。

7 月 16 日　日本政府宣布放宽对华贸易"禁运"。

7 月 25 日　周恩来总理谴责岸信介内阁敌视中国的政策。

7 月 27 日　日本恢复日中邦交国民会议成立。

9 月 14 日　日本第四次贸易协定代表团访华,21 日开始谈判。

9 月 19 日　周恩来总理在北京会见日本前首相片山哲。

10 月　中国农垦部长王震率代表团访日。

1958 年

2 月 26 日　日本钢铁代表团同中国签订钢材易货协议。

3 月 5 日　中日第四次贸易协议签订。

3 月 6 日　中国《人民日报》社论祝贺中日第四次贸易协议签订。

3 月 12 日起　台湾当局采取一系列破坏中日第四次贸易协议的举动。

4 月 9 日　日本政府采取三项行动,不支持中日第四次贸易协议。

5 月 2 日　长崎国旗事件发生。

5 月 7 日起　中国政府采取断然行动中止中日经贸联系。

7 月 30 日　日本社会党外事局长佐多忠隆访华。

10 月 7 日　周恩来总理、陈毅外长会见日中友协等 6 个访华团。

1959 年

2 月 24 日　日本日中关系协会等十一个团体向国会提交立即打开日中关系的要求书。

3 月 12 日　日本社会党委员长浅沼稻次郎访华,在北京的演讲会上指出"美帝国主义是日中两国人民的共同敌人"。

3 月 17 日　社会党和外交学会发表的联合声明中,中国方面第一次提出对日关系政治三原则。

3 月 18 日　毛泽东主席接见日本社会党委员长浅沼稻次郎。

9 月 20 日　周恩来总理和日本前首相石桥湛三签署会谈公报,提出改善中日关系和政经不能分离的原则。

10 月 21 日　日本自民党顾问松村谦三访华并同周恩来总理会谈,他表示支持周恩来总理和日本前首相石桥湛三签署的会谈公报。

1960 年

1 月 19 日　日美签订《日美共同合作和安全条约》。

1 月 25 日　中国人民对外友好协会发表《日中两国渔船紧急避难公文》。

5 月 9 日　中国人民支援日本人民反对《日美共同合作和安全条约》斗争周开始,北京等 33 个城市的 1 200 万人举行支援集会。同日北京举行 100 多万人参加的"支援日本人民反对日美军事同盟条约大会"。

5 月 14 日　毛泽东主席接见日本、古巴、巴西、阿根廷的朋友时说:"美帝国主义是中日两国人民的共同敌人"。

6 月 23 日　日本自民党在国会强行通过《日美共同合作和安全条约》,并使之生效。

7 月 19 日　池田勇人接替岸信介组成新内阁,表示要同中国进行文化、经济交流。

8 月 27 日　周恩来总理在北京接见日中贸易促进会专务理事铃木一雄时提出中日贸易三原则。

10 月 10 日　出席万隆会议的前首席代表高碕达之助访华。

10 月 11 日,周恩来总理在欢迎高碕达之助的宴会上重申改善中日关系的条件,即政治三原则、和平共处五项原则、万隆会议十项原则。

1961 年

1 月 24 日　毛泽东主席接见日中友好协会会长黑田寿男等人。

3 月 14 日　以巴金为团长的中国作家代表团访日。

5 月 14 日　中国人民对外友好协会和日中友好协会发表共同声明,表示:政治三原则、贸易三原则,反对"一个中国"、"一个半中国"的主张。

7 月 14 日　日本池田政府宣布拒绝以彭真为团长的中国共产党代表团入境参加日共八大。

9 月 5 日　由邓冈率领的中国新闻工作者代表团访日并与日本记者协会等四团体发表共同声明。

1962 年

1 月 12 日　日本社会党委员长浅沼稻次郎在东京被暴徒杀害,同日,周恩来总理接见日本社会党代表团访华,赞扬"浅沼精神"。

9 月 13 日至 24 日　日本自民党顾问松村谦三访华。16、17、19 日周恩来总理、陈毅副总理同他进行了三次会谈。19 日发表周恩来、松村谦三会谈纪要。

10 月 9 日　中国杭州市和日本岐阜县关于在杭州市建"日中不再战碑"换文在杭州市举行。

10 月 26 日　日本前通产相高碕达之助率团到达北京。

11 月 9 日　廖承志、高碕达之助分别在《中日长期综合贸易备忘录》上签字。

12 月 15 日　日本贸易三团体代表团访华。27 日签订《中日促进友好贸易议定书》。

1963 年

7 月 11 日　中华全国青年联合会负责人就日本政府拒绝中国青

年代表团入境发表谈话。

8月20日　日本政府批准仓廒人造丝会社使用日本输出入银行贷款向中国出口成套设备。

9月　在东京发生"周鸿庆事件"。

10月3日　中日友好协会成立。

10月5日　日本工业展览会在北京开幕。

12月10日　日本工业展览会在上海开幕。

12月15日　日本岐阜县向杭州市赠送"日中不再战石碑"揭幕式举行。

1964 年

1月27日　毛泽东主席接见西园寺公一和铃木一雄等日本朋友时表示：支持日本人民反美爱国正义斗争。

2月和5月　日本前首相吉田茂给台湾当局写了两封信，被称为"吉田书简"。

4月10日　中国经济贸易展览会在东京开幕。

7月3日　日本外相大平正芳到中国台湾活动。

8月13日　"廖承志办事处驻东京联络处"首席代表孙平化一行五人到达东京。

9月27日　根据中日交换新闻记者的会谈纪要，14名日本新闻记者来中国工作。

9月29日　根据中日交换新闻记者的会谈纪要，7名中国新闻记者到日本工作。

11月16日　中国机械进出口公司和日本日立造船公司签订万吨轮合同。

11月20日　日本佐藤内阁拒绝由彭真率领的中国共产党代表团入境。

1965 年

2月8日　日本佐藤内阁称坚持"吉田书简"，说：对中共延期付款

附　　录

不得使用日本输出入银行资金。

8 月中旬　日本政府拒绝给访问中国的日本青年代表团发护照。

8 月 25 日　中日青年友好大联欢万人大会在北京举行。

8 月 29 日　毛泽东主席接见参加大联欢的 23 个日本青年代表团。

9 月 18 日　廖承志、高碕达之助备忘录贸易就 1966 年间的贸易达成三次协议。

11 月　中日青年友好大联欢在北京举行。

11 月 25 日　毛泽东主席会见了参加大联欢的 15 个日本青年代表团。

12 月 17 日　中日签订 1965 年至 1967 年间的中日民间渔业协定。

1966 年

3 月 29 日　日本政府拒绝日本社会党邀请的中国外交学会代表团入境。

7 月 26 日　日本佐藤内阁拒绝刘宁一为团长的中国和平代表团访日。

9 月 6 日　陈毅副总理接见日本自民党访华团时说：即使在"文化大革命"中也要保持中日友好。

11 月 22 日　日本暴徒在名古屋打伤举办展览的日本和中国展团工作人员。

1967 年

6 月 4 日　日本科学技术展览会在中国天津开幕。

8 月 11 日　日本政府拒绝以周培源为团长的中日友好代表团访日。

9 月 7 至 9 日　日本首相佐藤"访问"台湾，干涉中国内政。

9 月 8 至 9 日　日本警察、特务和暴徒打伤中国驻东京廖承志办事处工作人员、中国驻日记者。

9 月 10 日　中国外交部新闻发言人宣布：日本《每日新闻》、《产经新闻》、《东京新闻》驻北京记者进行反华活动，上述三报的 3 名记者限期离开中国。

11 月 15 日　日本首相佐藤访问美国,与约翰逊总统发表联合公报,表示:有"中国威胁"、"支持美国遏制中国的政策"。

1968 年

3 月 6 日　廖承志和高碕达之助办事处签订会谈公报,把机构名称改为中日备忘录贸易办事处和日中觉书事务所。

4 月 10 日　中日友好协会和日中友协(正统)总部代表签署会谈纪要。

8 月 19 日　中国国际贸易促进会和日本工业展览会调查团在北京签订 1969 年日本在北京、上海举办工业展览会的协议。

1969 年

3 月 22 日　日本工业展览会在北京开幕,佐藤政府不准在会上展出 19 种产品。

11 月 21 日　日本首相佐藤访问美国,和尼克松总统发表联合公报,表示:"维持台湾地区的和平与安全也是日本安全的一个极重要因素。"

1970 年

4 月 5 日正在朝鲜访问的周恩来总理指出:佐藤政府成为战后日本最反动、最富有侵略性的一届政府。

4 月 19 日　周恩来会见松村谦三一行时提出了中日对外贸易四原则。

6 月 27 日　人民日报社论:坚决粉碎侵略性的美日军事同盟。

9 月 10 日　琉球政府发表《关于尖阁诸岛的所有权以及大陆架资源开发主权的宣言》,声称:"尖阁诸岛属于冲绳,行政权归还日本之后,当然属于日本领土之内。"

12 月 4 日　中国政府发表声明:"钓鱼岛是属于中国的岛屿。"

1971 年

3 月 17 日至 5 月 15 日　第三十一届世界乒乓球锦标赛在日本举行期间发生"乒乓外交"。

6 月 17 日　日美签订"归还冲绳协定",把中国的钓鱼岛列为所谓"归还区域"。

7 月 15 日　中美同时发表尼克松总统将访华的新闻公报。

8 月 24 日至 31 日　中日友协副会长王国权赴日参加松村谦三葬礼等活动。

9 月 22 日　日本首相佐藤宣布:日本决定同美国联合向联合国大会提出中国合法席位的所谓"重要问题"和"复合双重代表制"提案。

10 月 25 日　中国在联合国的合法席位恢复。

12 月 30 日　中国外交部发表声明:"钓鱼岛等岛屿自古以来就是中国领土不可分割的一部分。"

1972 年

1 月 6 日至 7 日　日本首相佐藤访问美国,和尼克松总统发表联合公报,表示:"日美安全的地区里没有把台湾除外。"

7 月 5 日　田中内阁成立,他在当晚的记者招待会上说:"恢复日中邦交正常化的时机已经成熟。"

7 月 7 日　田中在内阁成立会议上说:充分理解中国方面提出的邦交正常化三原则。

7 月 9 日　周恩来总理在欢迎民主也门代表团的宴会上说:日本政府"声明要加紧实现中日邦交正常化,这是值得欢迎的"。

8 月 11 日　日本大平外相会见孙平化、肖向前。

8 月 12 日　中国外交部长姬鹏飞宣布:周恩来总理邀请田中首相访华,"谈判并解决中日邦交正常化问题"。

8 月 15 日　田中首相、大平外相接见孙平化、肖向前。

8 月 23 日　日本自民党副总裁椎石悦三郎到台北被打。

9 月 14 日　以小坂善太郎为团长的自民党议员团访华。

9 月 20 日上午　中日双方发表公告宣布田中首相将于 9 月 25 日

至 30 日访问中国。

9 月 25 日　田中首相、大平外相到达北京开始访华。

9 月 28 日晚　毛泽东主席接见田中首相、大平外相、二阶堂官房长官 3 人。

9 月 29 日下午　《中日联合声明》在北京人民大会堂签字，中日实现邦交正常化。签字仪式后，大平外相在民族文化宫举行记者招待会宣布：日台条约已失去存在的意义，宣告结束。

9 月 30 日　田中首相结束在中国的访问，从上海回国。

11 月 9 日　日本众议院通过决议，支持中日两国政府签订的《中日联合声明》。

1973 年

1 月 11 日　日本驻华大使馆建馆。

1 月 17 日至 21 日　日本通产相中曾根康弘率团访华。

4 月 5 日　中国首任驻日大使陈楚向裕仁天皇递交国书。

6 月 24 日　天津和神户结为中日间第一对友好城市。

10 月　以滩尾弘吉为团长的"日台关系议员恳谈会"访问台湾，并发表了反对中日联合声明的讲话。

1974 年

1 月 5 日　中国外交部长姬鹏飞和日本外相大平正芳在北京签署《中日贸易协定》。

4 月 20 日　《中日航空协定》在北京签署。

9 月 29 日　中日两国定期航线正式通航。

10 月　日本前首相岸信介率"日台关系议员恳谈会"80 多名议员访台湾。

11 月 13 日　《中日海运协定》在东京签署。

1975 年

4 月　日本前首相岸信介参加台湾蒋介石的葬礼。

8 月 15 日　《中日渔业协定》在东京签署。

9月2日　日本驻上海总领事馆开馆。

1976 年

3月8日　中国驻大阪总领事馆开馆。

10月25日　中日海底电缆开通仪式分别在北京和东京举行。

1977 年

4月　日本执政党自民党在众议院强行通过所谓"日韩共同开发大陆架协定",并采用"自然生效"办法,使之"合法"地自然生效。

4月23日　中国外交部就日本众议院强行通过"日韩共同开发大陆架协定"这一侵犯中国主权的行为,向日本政府提出抗议。

6月13日　中国外交部发言人重申:背着中国政府片面签订的"日韩共同开发大陆架协定"是非法无效的。

1978 年

2月16日　中日民间第一个长期贸易协议在北京签字。

8月8日　日本外相园田直抵京,商谈中日和平友好条约的签订。

8月12日　《中日和平友好条约》在北京签字。

10月22日至29日　中国国务院副总理邓小平访日。

10月23日　《中日和平友好条约》批准书互换仪式在东京举行。中午,日本天皇裕仁会见了邓小平。

1979 年

1月12日至17日　日本参议院议长安井谦率团访华。

2月6日至8日　中国国务院副总理邓小平访美回国途中顺访日本。

4月8日至19日　中国全国人大副委员长邓颖超率团访日。

5月7日至6月5日　以廖承志为团长的"中日友好之船"访日。

11月20日　第一个中日合资公司——京和公司成立。(次年1月开业)

12 月 5 日至 9 日　日本首相大平正芳访华。

1980 年

3 月 17 至 18 日　中日外交事务当局首次定期协商在东京举行。

5 月 27 日至 31 日　中国政府总理华国锋作为第一位中国政府总理访日。

7 月 8 日　中国政府总理华国锋赴日本参加日本首相大平正芳的葬礼。

12 月 3 日至 5 日　中日政府成员第一次会议在北京举行。

1981 年

2 月 18 日　中日友好医院建设设计合同书在北京签订。

3 月 2 日　第一批在华日本孤儿赴日寻亲。

3 月 20 日　日本政府向中国政府提供的 5 000 万日元文化无偿合作赠款的换文在北京签订。

7 月 11 日　中国外交部就日本冲绳县派人赴钓鱼岛调查渔场一事向日本政府提出交涉。

10 月 21 日　中国政府总理赵紫阳在墨西哥坎昆会见日本首相铃木善幸。

1982 年

4 月 14 日　日本大阪高等法院撤销关于光华寮的原判,发回京都地方法院重审。

5 月 31 日至 6 月 5 日　中国政府总理赵紫阳访日。

7 月起　日本出现第一次教科书事件。

8 月 1 日　中国教育部通知日本驻华使馆,取消对小川平二教育相的访华邀请。

8 月 26 日　日本官房长官宫泽喜一发表政府见解,要以"政府的责任"改正受到中国批判的教科书。

9 月 26 日至 10 月 1 日　日本首相铃木善幸访华。

1983 年

2 月 18 日　日本首相中曾根康弘在国会答辩称:过去日本对中国的战争是侵略战争。

11 月 23 日至 31 日　中共中央总书记胡耀邦访日。

6 月 14 日至 15 日　中日第一次高级事务协商在东京举行。

1984 年

3 月 17 日　中日达成《关于解决在华日本孤儿问题的协商结论》。

3 月 23 日至 26 日　日本首相中曾根康弘访华。

9 月 10 日　"中日友好二十一世纪委员会"首次会议在东京举行。

9 月 24 日　日本青年 3 000 人访华,在北京、上海、杭州、西安等六大城市和中国青年大联欢。

1985 年

4 月 21 日至 29 日　中国全国人大常委会委员长彭真访日。

8 月 15 日　中曾根康弘首相带领内阁成员第一次以国家公职人员身份正式参拜"靖国神社"。

9 月 19 日　中国外交部就日本内阁成员在抗日战争 40 周年正式参拜"靖国神社"表示遗憾。

10 月 10 日　第一届中日外长定期会议在北京举行。

11 月 5 日　日本内阁声明:中曾根康弘首相参拜"靖国神社"并无给战争罪犯恢复名誉的意图。

1986 年

2 月　日本京都地方法院将"光华寮"改判台湾当局所有,被告不服,向大阪高等法院上诉。

5 月起　日本又将为军国主义翻案的《新编日本史》审定为合格教科书,出现第二次教科书事件。

6 月 7 日　中国外交部就日本文部省审定的新编高中教科书严重歪曲史实提出严正交涉。

9月8日　中曾根康弘首相免去藤尾正行的文部相职务。藤尾多次发表为军国主义发动侵略战争翻案的言论。

11月8日至9日　日本首相中曾根康弘访华。

1987 年

1月2日　中国外交部发言人对日本 1987 年军费突破国民生产总值的限额表示关注。

2月26日　日本大阪高等法院维持京都地方法院对京都光华寮案的原审记录。

2月26日　中国驻日大使馆、驻大阪总领事馆分别在东京和大阪举行记者招待会,指出:大阪高等法院对京都光华寮案的判决违反中日两国的联合声明和中日和平友好条约,在政治上是错误的,在法理上是站不住脚的。当晚,中国外交部副部长刘述卿紧急约见日本驻华大使,对大阪法院的错误判决进行了严正交涉,并提交了外交照会。

6月4日　邓小平在会见日本公明党访华团时对京都光华寮案、日本 1987 年军费突破国民生产总值的限额、中日贸易不平衡问题表达对日本的不满。

12月上旬　对当时发生的"东芝机械公司事件",日方提出处理方案,中方不满意,但以中日友好大局出发,可与日方协商处理,并提出五点要求。

1988 年

3月11日　中国驻日本福冈总领事馆遭暴徒枪击。

8月25日至30日　日本首相竹下登访华。

1989 年

4月12日至16日　中国政府李鹏总理访日。

6月5日起　日本政府宣布一系列对华制裁措施。

9月17至19日　日中友好议员联盟会长伊东正义访华,李鹏总理、江泽民总书记和邓小平主席先后接见。

9 月 22 日 日本外相宣布从 25 日起解除对日本人访华的限制。

11 月 21 日 海部俊树首相会见中日友协会长孙平化等。

12 月 5 日 日本政府向中国政府提供近 50 亿日元的无偿援助在北京签字。

1990 年

1 月 16 日至 25 日 日本政府邀请中国政府国务委员兼计委主任邹家华访日。

5 月 3 日至 4 日 李鹏总理和江泽民总书记先后会见日本众议员渡边美智雄。

5 月 5 日至 7 日 王震副主席、李鹏总理和江泽民总书记先后会见日本前首相宇野宗佑。

6 月 30 日至 7 月 8 日 日本政府邀请中国政府国务委员兼教委主任李铁映访日。

9 月 20 日至 23 日 日本前首相竹下登访华,并出席亚运会开幕式。

11 月 11 日至 14 日 中国政府副总理吴学谦访日,并出席明仁天皇即位大典。

1991 年

1 月 8 日至 11 日 日本政府大藏相桥本龙太郎访华。

3 月 21 日至 24 日 日本通产相中尾荣一访华。

4 月 5 日至 7 日 日本外相中山太郎访华。

6 月 25 日至 27 日 中国外交部长钱其琛访日。

8 月 10 日至 13 日 日本首相海部俊树访华。

1992 年

4 月 6 日至 10 日 中共中央总书记江泽民访日。

5 月 25 日至 6 月 1 日 中国全国人大常委会委员长万里访日。

6 月 日本国会通过旨在向联合国派兵的"援助联合国维持和平

法案"。

10 月 23 日至 28 日　日本明仁天皇和皇后访华。

1993 年

5 月 29 日至 6 月 1 日　中国政府副总理兼外交部长钱其琛访日。

11 月 9 日　中国国家主席江泽民在美国西雅图出席亚太经合组织领导人非正式会议时,会见日本首相细川护熙。

12 月 9 日　中国外交部发言人对日本通产省政策局长坂本访问台湾一事,表示遗憾。

1994 年

2 月 23 日至 3 月 4 日　中国政府副总理朱镕基访日。

3 月 19 日至 21 日　日本首相细川护熙访华。

5 月 4 日　中国外交部发言人对日本法务大臣永野茂门称侵华日军南京大屠杀是"捏造出来的"讲话予以严词驳斥。

8 月 12 日　日本环境厅长官樱井新发表歪曲日本侵略历史事实的讲话。

11 月 14 日　中国国家主席江泽民在印度尼西亚首都雅加达出席亚太经合组织领导人非正式会议时,会见日本首相村山富市。

1995 年

5 月 2 日至 6 日　日本首相村山富市访华。

6 月、8 月　日本参众两院通过抗议中国进行核试验的决议,并冻结日本政府对华无偿援助资金。

8 月 15 日　村山首相发表谈话,首次承认日本二战时的殖民侵略给亚洲人民造成极大损害,并公开道歉。

1996 年

3 月 31 日　日本外相池田对中国在台湾海峡进行军事演习表示困惑,钱其琛副总理当即给予驳斥。

6月14日、17日　日本参众两院发表通过强烈抗议中国举行核试验的决议。

7月14日　日本右翼团体"日本青年社"登上中国钓鱼岛的北小岛,设立灯塔。

7月中旬起　中国政府和舆论对日本侵犯钓鱼岛主权表示强烈抗议。

7月29日　日本首相桥本龙太郎参拜靖国神社。

1997年

3月29日至4月1日　日本外相池田访华,和钱其琛外长举行会晤。

5月6日　日本新进党国会议员西村真悟等4人登上钓鱼岛。

6月11日　日本右翼团体三名成员登上钓鱼岛北小岛。

6月16日　中国外交部发言人对日本右翼分子登上中国领土的非法行径表示愤慨,并向日本政府提出严正抗议。

8月17日　日本内阁官房长官梶山静六在朝日电视台发表讲话认为:台湾海峡属于日美共同防御的"周边有事"地区。

8月19日　中国外交部发言人沈国放对此表示严重关切,要求日本政府对此作出明确澄清。

8月28日　李鹏总理表示:梶山静六的讲话将动摇中日关系的基础,这个问题不是"小事",而是"大事",要求日本方面坚持"一个中国"的立场。

9月4日至7日　日本首相桥本龙太郎访华。

9月29日　日美签署"新日美防卫合作指针"。

11月11日至16日　李鹏总理访日。

12月10日　东京地方法院驳回花冈事件幸存者及死难者亲属代表要求鹿岛建设公司谢罪及给予经济赔偿的要求。

1998年

4月21日至26日　中国国家副主席胡锦涛访日。

11 月 25 日至 30 日　中国国家主席江泽民访日。

1999 年

3 月　大阪国际和平中心放映反华影片《自尊——命运的瞬间》。

4 月 12 日　刚当选的日本东京都知事石原慎太郎声称"南京大屠杀"是捏造的。

4 月 18 日　中国外交部发言人对石原的上述言论表示愤慨。

4 月 27 日　日本众议院强行通过"新日美防卫合作指针"的三个相关法案:《周边事态法》、《自卫队法修正法案》、《日美相互提供物品、劳务协定修改法案》。

5 月 24 日　日本参议院通过三个相关法案,变成立法程序。

7 月 8 日至 13 日　日本首相小渊惠三访华。

8 月 9 日　日本参议院全体会议通过把"日之丸"、"君之代"定为国旗、国歌的《国旗国歌法》。

9 月 11 日　中国国家主席在新西兰出席亚太经济合作组织会议时会见了日本首相小渊惠三。

11 月 13 日至 14 日　东京都知事石原慎太郎访问台湾。

12 月 8 日至 16 日　中国全国政协主席李瑞环访日。

12 月 20 日　日本防卫厅政务次官西村真悟说:日本也应有进行核武器试验的权力。

2000 年

1 月 23 日　日本右翼势力在"大阪国际和平中心"举办"20 世纪最大的谎言——南京大屠杀彻底验证聚会",受到日中两国人民的猛烈批评。

4 月 1 日至 6 日　中国人民解放军总参谋长傅全有访日。

5 月 11 日至 13 日　中国外交部长唐家璇访日。

5 月 20 日　中国国家主席江泽民在人民大会堂接见 2000 年日本文化观光交流大会使节团时就中日关系发表重要讲话。

6 月 7 日至 9 日　国务院副总理钱其琛赴日出席日本小渊前首相

的葬礼,并会见新任首相森喜朗。

6月19日至25日　日本防卫厅长官藤绳佑尔访华。

8月28日至31日　日本外务大臣河野洋平访华。

10月12日至17日　中国国务院总理朱镕基访日。

2001 年

4月3日　日本文部科学省宣布通过右翼炮制的历史教科书,中国外交部提出强烈抗议,要求日本政府纠正错误。

4月20日　日本政府允许李登辉以治病为名赴日。中方提出严正交涉,采取冻结中日高层往来、军舰访日、安全对话等措施。

7月9日　日本执政三党干事长访华。

8月13日　日本首相小泉纯一郎参拜靖国神社。

10月8日　日本首相小泉纯一郎对华进行工作访问,参观卢沟桥抗战纪念馆,对日本侵华历史表示反省和道歉。

10月21日　江泽民主席会见出席上海 APEC 会议的日本首相小泉纯一郎。

11月5日　中日韩三国领导人在文莱"10＋3"会议期间举行会晤,朱镕基总理和日本首相小泉纯一郎出席。

12月21日　中日双方就解决大葱、香菇、蔺草席三种农产品贸易争端达成共识,日方决定不启动正式保障措施,中方撤销特别关税报复措施。

12月22日　日本海上保安厅巡视船追逐一艘不明国籍船只进入中国专属经济区水域,双方发生交火,不明国籍船只沉没。中方对日本在中方管辖东海海域使用武力表示不满。

2002 年

4月2日至9日　李鹏委员长对日本进行正式友好访问,并与日本首相小泉纯一郎共同出席纪念中日邦交正常化 30 周年"中国文化年"、"日本文化年"开幕式。

4月12日　朱镕基总理会见出席博鳌论坛首届年会的日本首相

小泉纯一郎。

4月21日　日本首相小泉纯一郎再次参拜靖国神社。

4月21日　中方提出严正交涉,并推迟日本防卫厅长官中谷元访华及中国海军舰艇编队访日。

4月25日至28日　中共中央政治局委员、书记处书记曾庆红访问日本大分县。

5月8日　以全国政协副主席胡启立为名誉团长的中国5 000人旅游交流团访日。

5月8日　5名偷渡来华的朝鲜人冲闯日本驻沈阳总领馆。中国武警经日方同意后,进入日总领馆将两名非法闯入者带出。日方诬我武警违反国际法并作出强烈反应。我及时公布事实真相予以批驳。22日,我将5名涉案人员遣送第三国。

6月18日　在日方承认中方对本国专属经济区拥有主权权利和管辖权,并依法履行必要程序后,中方批准日方打捞东海沉船。

6月19日　唐家璇外长在泰国出席ACD外长非正式会议期间与日本外相川口顺子举行会晤。

7月30日　唐家璇外长在文莱出席"10＋3"会议期间会见日本外相川口顺子。

9月8日至10日　日本外相川口顺子访华,江泽民主席、钱其琛副总理分别会见。

9月22日　江泽民主席出席纪念中日邦交正常化30周年友好交流大会,并发表重要讲话。日本83名国会议员和各界人士13 000余人来华参加大会。

9月22日　朱镕基总理在丹麦出席第四届亚欧首脑会议期间会见日本首相小泉纯一郎。

10月27日　江泽民主席在墨西哥出席APEC第十次领导人非正式会议期间会见日本首相小泉纯一郎。

11月4日　朱镕基总理在金边出席"10＋3"领导人会议期间,主持同日本首相小泉纯一郎、韩国总理金硕洙的中日韩领导人会晤。

12月4日　江泽民主席会见日本三菱集团访华代表团。

12 月 4 日、24 日　唐家璇外长与日本外相川口顺子通电话,就中日关系等交换意见。

2003 年

1 月 4 日　日本媒体披露日本政府从所谓"民间所有者"手中租借钓鱼岛,中方向日本政府提出严正交涉。

1 月 14 日　日本首相小泉纯一郎第三次参拜靖国神社,中方提出严正交涉。

2 月 8 日　日本文部省批准一本删改南京大屠杀人数的历史教科书。

2 月 28 日　唐家璇外长与日本外相川口顺子通电话,就中日关系等交换意见。

3 月 11 日　东京地方法院以"赔偿请求权失效"为由驳回第二次世界大战中的中国劳工提出的诉讼请求。

4 月 6 日至 8 日　日本外相川口顺子访华,温家宝总理、唐家璇国务委员分别会见了她。

4 月 11 日　南京大屠杀幸存者李秀英名誉诉讼案在东京地方法院二审胜诉。

4 月 24 日　东京地方法院驳回中国慰安妇要求日本政府赔偿和道歉的诉讼请求。

5 月 13 日　外交部新闻发言人批评日本厚生大臣坂叻发表的邀请台湾参加世界卫生组织作为观察员的讲话是"干涉中国内政"。

5 月 18 日至 20 日　日本联合执政的自民党、公明党、保守新党干事长访华,胡锦涛主席、黄菊副总理、唐家璇国务委员分别会见。

5 月 31 日　胡锦涛主席在圣彼得堡出席建城 300 周年庆典期间会见日本首相小泉纯一郎。

7 月 22 日　胡锦涛主席会见日中议联会长林义郎。

7 月 23 日　吴邦国委员长会见日中议联会长林义郎。

8 月 4 日　中国齐齐哈尔市发生日本遗留毒气弹伤人事件,受害者达 36 人。

8月7日　李肇星外长访日,会见小泉首相,和川口顺子外相举行会谈。

8月9日至11日　日本内阁官房长官福田康夫访华,胡锦涛主席接见了他。

8月15日　小泉纯一郎首相发表讲话,对58年前的战争给亚洲人民带来的灾难表示深刻反省,永不再战。

同日,日本自民党总务会长堀内光雄,前首相羽田孜,保守新党干事长二阶俊博,众议院议长绵贯民辅,前防卫厅长官瓦力等参拜靖国神社。

8月25日　曾庆红副主席会见日本自民党前干事长野中广务。

8月25日　日本右翼分子登上中国钓鱼岛,中国外交部表示抗议。

9月4日　中国全国人民代表大会常务委员会委员长吴邦国抵达日本访问。6日,吴邦国委员长和小泉纯一郎首相会谈时说:妥善处理历史问题是中日关系发展的基础。

9月23日　19名日本花冈事件中国受害劳工领到5亿日元赔偿金。这是日本侵华历史遗留问题中首个索赔成功案例。

9月29日　东京地方法院判决日本政府负有对化学遗留武器不作为责任,中国原告胜诉。

10月3日　日本政府不服东京地方法院关于化学遗留武器的判决,提出上诉。

10月7日　温家宝总理在印度尼西亚巴厘岛"10＋3"会议期间会见小泉纯一郎首相,欢迎他访华。

10月9日　一艘中国大陆、中国台湾、中国香港保钓人士搭乘的抗议船在距中国钓鱼岛一公里处被日本舰船挡回。

11月14日　中国外交部副部长戴秉国访日,会见小泉纯一郎首相。

2004 年

1月1日　小泉纯一郎首相第四次参拜靖国神社。中国外交部副部长王毅代表中国政府表示抗议。

附　录

1月14日　国家副主席曾庆红会见日本自民党政调会长等。

1月16日　胡锦涛主席会见来京参加亚太议会论坛的日本前首相中曾根康弘等人。

1月16日　中国大陆的保钓船在中国钓鱼岛被日本军舰拦阻返航。

2月5日　日本政府决定削减2003年度对华日元贷款，降至1 000亿日元左右的规模。

2月10日　中国外交部发言人表示：绝不接受日本利用第三方在钓鱼岛问题上施压。

2月11日　胡锦涛主席会见日本公明党党首神崎武法。

3月8日　日本政府初步决定放宽中国对日商务及部分地区游客签证标准，减少中小学生修学签证费。

3月24日　中国7名公民登上钓鱼岛遭到日本警察扣留。中国200多人到日驻华使馆前抗议。

3月26日　日本新潟地方法院判决中国劳工胜诉。

3月30日　日本政府决定2003年度对华日元贷款削减20％，为967亿日元。

4月3日至4日　日本外相川口顺子访华。温家宝总理在会见她时指出：日本领导人参拜靖国神社伤害中国人民的感情；重申中国对钓鱼岛的主权立场。

4月6日　中国外交部发言人表示：不能接受日本用"中国威胁论"来解释对华减少政府开发援助。

4月7日　日本福冈地方法院判决小泉纯一郎首相2001年8月13日参拜靖国神社违法。

4月22日　日本84名议员参拜靖国神社。

4月23日　日本右翼分子毁坏中国驻大阪总领事馆建筑，日本内阁官房长官表示道歉。

5月24日　日本福冈高等法院驳回中国劳工赔偿诉讼请求。

5月25日　齐齐哈尔又出现日军侵华遗留毒气弹。

7月2日　中国花冈事件受害者向日本政府递交8万人签名的抗

议书。

7月9日　日本广岛高等法院判决中国劳工赔偿诉讼胜诉。

8月15日　3名日本内阁成员正式参拜靖国神社。

8月26日　日本东京都教委决定采用歪曲历史的所谓"新教科书"。

9月16日　小泉纯一郎政府决定年内不给李登辉发入境签证。

9月20日　吴邦国委员长会见日本众议院议长河野洋平。

9月22日　胡锦涛主席会见日本众议院议长河野洋平。

10月19日　75名日本议员参拜靖国神社。

11月21日　胡锦涛主席在智利圣地亚哥亚太经合组织非正式首脑会议上会见日本小泉纯一郎首相。

11月27日　日本文部科学大臣对日本历史教科书揭露日军罪行的内容表示不满。

11月30日　温家宝总理在老挝万象市"10＋3"首脑会议上会见日本小泉纯一郎首相。

12月15日　日本东京高等法院驳回中国山西的日军慰安妇提出的赔偿诉讼。

12月22日　中国外交部副部长武大伟、驻日大使王毅分别抗议日本政府发给李登辉签证。

12月27日　"台独"分子李登辉赴日活动。

2005 年

1月26日　统计数字表明,2004年中国超过美国成为日本最大的贸易伙伴。

2月9日　日本政府欲将1978年日本右翼团体在钓鱼岛上设置的灯塔接管为"国家财产";中国外交部发言人表示:日本政府单方面行动非法、无效。

2月19日　日本美国在华盛顿发表涉及台湾问题的共同声明。中国外交部发言人表示坚决反对。

3月4日　日本外相町村信孝要求中国政府改善在历史问题上的

所谓"反日教育"。

3月13日　日本政府将2004年度对华日元贷款削减至800亿日元。

4月5日　日本政府正式批准美化侵略、歪曲历史的"新历史教科书"。

4月5日至9日　中国成都、长沙、北京等28个城市出现"反对日本入常"的示威游行。

4月13日　中国外交部发言人抗议日本政府批准日本民间企业在东海勘探天然气的申请。

4月14日　日本外相町村信孝访华。

4月16日　中国上海等8个城市出现"反对日本入常"的示威游行。

4月20日　小泉纯一郎首相表示将根据1995年日本首相村山富市的讲话来发展中日关系。

4月22日　小泉纯一郎首相在印度尼西亚雅加达举办的亚非峰会上对日本过去的侵略表示道歉。

4月23日　胡锦涛主席在印度尼西亚雅加达举办的亚非峰会上会见日本小泉纯一郎首相。

5月4日　中国外交部发言人抗议日本外相町村信孝在谈及美日安保条约时发表的"涉台言论"。

5月8日　国务院副总理黄菊会见日本首相助理山崎拓。

5月13日　东京高等法院就中国辽宁平顶山惨案诉讼作出不公正判决。

5月18日　日本政府说有18名日本人把自己的户籍登记为钓鱼岛。

5月20日　国务院副总理吴仪开始对日本访问。

5月23日　国务院副总理吴仪以有"紧急公务"为由取消同小泉纯一郎首相的会谈,提前回国。

5月26日　中国外交部对日本政府向日本民间企业颁发在东海开采油气许可,提出抗议。

5 月 26 日　日本自民党众议员森冈正宏说:不必为战争罪道歉,第二次世界大战的战犯是美国等国贴上的标签。

5 月 26 日　中国外交部对日本自民党众议员森冈正宏的谬论提出严正谴责。

6 月 1 日　日本 8 名前首相集体指责小泉纯一郎首相参拜靖国神社。

6 月 1 日　中国驻联合国大使王光亚表示:中国将对德国、日本、印度、巴西四国加入联合国安全理事会常任理事国的提案投否决票。

6 月 30 日　世界抗日战争史实维护会向联合国秘书长安南递交全球 4 200 万人签名反对日本"入常"的表态书。

7 日 2 日　日本政府决定把对中国赴日旅游团体签证扩大到中国全国范围,并从当月 25 日开始执行。

7 日 19 日　东京高等法院再度判决中国细菌战诉讼团提出的索赔请求败诉。

8 月 1 日　日本政府新版"防卫白皮书"称:中国军力为重大威胁。

8 月 2 日　日本众议院多数通过删除"侵略"字样的关于第二次世界大战的决议。

8 月 15 日　日本 2 名内阁成员和 47 名议员参拜靖国神社。

8 月 15 日　小泉纯一郎首相表示要反省战争走和平之路,向战争受害国道歉。

9 月 29 日　日本大阪高等法院判决小泉纯一郎首相参拜靖国神社违法。

9 月 30 日至 10 月 1 日　中国外交部和日本在东京举行中日第三轮东海问题磋商。

10 月 12 日　中日韩三国 10 个城市在中国天津签署加强合作备忘录,以加强城市在制造业领域的合作和发展。

10 月 11 日至 11 日　日本内阁府事务次官江利川毅访华。

10 月 17 日　日本首相小泉纯一郎第五次参拜靖国神社。

10 月 17 日　中国外交部长李肇星紧急召见日本驻华大使,郑重宣读中华人民共和国外交部关于日本首相小泉纯一郎参拜靖国神社的声明,对其错误行为予以严厉谴责。

10 月 18 日　由日本超党派议员组成的"大家都来参拜靖国神社国会议员之会"的 101 名国会议员集体参拜靖国神社。

11 月 1 日　中国外交部亚洲司负责人奉命约见日本驻华公使,表示鉴于目前的严峻形势,町村外相访华不合时宜,中方不便接待,推迟町村信孝访华。

11 月 1 日　中国外交部发言人表示,日本领导人参拜靖国神社问题不是对话问题,中方坚决反对日本领导人参拜靖国神社,日本领导人必须也应该根据良知考虑广大受害国人民的感情。

11 月 1 日　日本驻广州总领事馆放宽了签证申请者范围,规定凡在广东居住的中国公民,不论是本省人还是外省人,都可申请赴日本旅游的团队旅游签证。

11 月 21 日　日本外务大臣麻生太郎声称,靖国神社内存有争议的游就馆"并没有美化战争,只是如实展示当时状况而已"。

11 月 22 日　中国外交部发言人在记者会上就麻生的言论回答记者问时说:我们对他公然发表这种言论感到震惊。靖国神社否认历史,美化日本军国主义侵略,游就馆是其中宣扬所谓"靖国史观"的核心设施。这是人所共知的事实。如果他连这一点都要否认,只能说明他没有勇气正确面对过去那段历史。

12 月 1 日　日本执政党自民党正式公布了酝酿已久的"海上安全水域法案"。该法案规定,国土交通相将专门保护在日本专属经济水域和大陆架上建立的日方开采设施。

12 月 2 日　第四次中日经济贸易伙伴磋商在东京结束,中日双方就中国市场经济地位、知识产权保护等众多经济领域的问题交换意见,并在一些问题上取得共识。

12 月 5 日　中国和日本在东京签署中日长期贸易协定,为 2006 年至 2010 年两国之间的贸易往来提供框架。

12 月 8 日　中日裁军局长级年度定期会谈在北京举行。

12 月 20 日　来自日中韩 3 个国家的共计约 1 000 人向日本爱媛县松山地方法院提起诉讼,指出该县教委今年采用由"新历史教科书编纂会"编写、扶桑社出版的中学历史教科书使他们遭受精神痛苦,要求知事加户守行等人取消采用该教科书的决定,并赔偿精神损害费约 12 万日元。

2006 年

1 月 18 日　自民党在东京通过 2006 年"运动方针",再次将号召党员参拜靖国神社的内容写入"运动方针"。该方针内容包括:继续参拜靖国神社、实现防卫厅升格为"省"、为制定新宪法而制定国民投票法以及不断推进改革等。

2 月 14 日　中国国家海洋局发布的《2005 年中国海洋行政执法公报》透露,中国海监总队自 2004 年 7 月 7 日至 2005 年 6 月,针对日本政府单方面在中日争议海区进行海底油气资源调查这一做法,共派出中国海监飞机 146 架次、船舶 18 批次,对日本海底油气资源调查船队实施了历时 12 个月的跟踪监视和监督管理。

2 月 19 日　日本外相麻生太郎在东京的一次公开会议上称,2004 年 5 月一名日本驻中国上海总领事馆外交官在上海总领馆自杀,该外交官"因遭到中国'勒索',为避免向中方泄密选择自杀了断",这进一步恶化了本已紧张的中日关系。20 日,他收回自己的此番言论,称那只是自己做的一种可能的假设。

2 月 21 日　日本贸易振兴机构发表数据显示,2005 年日本与中国内地的贸易总额达 1 893 亿美元,比 2004 年增长 12.7%,连续 7 年更新历史最高记录。尽管上年中日两国的贸易总额再度增长,但与 2003 年增长 30.4%、2004 年增长 26.9% 相比,增长幅度明显下降。日本 2005 年对中国的出口总额为 803 亿美元,比上年增长 8.9%,进口总额为 1 090 亿美元,比上年增长 15.7%。进口总额 2005 年首次突破 1 000 亿美元。

2 月 24 日　日本政府在内阁会议上决定,由冲绳担当大使宫本雄二接替阿南惟茂出任下一任驻华大使。

2 月 27 日　日本外务省发言人表示,日本对台立场不会有所改变,仍维持"日中共同声明"中的立场,日本不希望两岸有军事、政治上的对立,而且强烈希望双方能早日经由直接对话和平解决问题,日本也不会支持任何一方片面改变现状的做法。

3月2日　在日本外务省2006年度版的裁军白皮书《日本的裁军与不扩散外交》中,虽然没有直接提及中国,但对中国增强军备,表明强烈"担忧"。

3月9日　日本外相麻生太郎在日本国会一委员会答询时,表示支持台湾以观察员身份参加世界卫生组织大会。

3月14日　中国总理温家宝为推进中日关系,提出了三点建议:第一,继续进行政府之间的战略对话;第二,加强民间交往;第三,稳定和发展两国的经贸关系。

3月15日　由前首相宫泽喜一和众议院议长河野洋平率领的自民党议员,联合成立了一个以讨论亚洲政策为主旨的"亚洲战略研究会",这些人倡议下任首相不应当步小泉纯一郎的后尘。

3月16日　随着北九州新机场正式对外通航,大连市和日本北九州市实现直航。

3月17日　日本自民党决定,将向本届国会提交《有关海洋建筑物的安全水域法草案》。该法案的目的在于当日方在本国专属经济水域(EEZ)等进行试开采时,保护设施和船舶的安全,针对中日存在对立的东海油气田开发问题,体现日方的强硬态度,以此起到牵制中方的效果。

3月29日　日本文部科学省结束了年度教科书审定工作,多种高中教科书将随后进行修订,文部科学省要求在关于有争议领土和历史相关问题上能够"反映日本政府的立场"。同一天,日本文部科学相中山成彬称,应该将钓鱼岛(日本称"尖阁列岛")及日韩争议的独岛作为日本的领土列入历史教科书"学习指导重点"。

3月31日　中国外交部亚洲司负责人奉命约见日本驻华使馆公使,就日本政府审定通过的新一批高中教科书将中国领土钓鱼岛称为日本领土的问题向日方提出强烈抗议。

3月31日　中国国家主席胡锦涛在人民大会堂会见日本日中友好七团体负责人桥本龙太郎、高村正彦、平山郁夫、连井乔、千速晃、野田毅、林义郎等。宾主就加强中日民间交流,促进中日关系的改善和发展等进行友好谈话。

4月21日　日本各党派96名议员集体参拜靖国神社。

5月23日　中国外交部长李肇星在卡塔尔会见日本外相麻生太郎。

6月6日　日本政府决定恢复对华政府贷款。(约740亿日元)

6月8日　日本政府向中国无偿援助784万美元的协议在北京签订。

7月3日　日本民主党党首小泽一郎率团访华。

4日　中国国家主席胡锦涛在人民大会堂会见日本民主党党首小泽一郎率领的访华团。

7月27日　中国外交部长李肇星在新加坡出席东盟外长会议时会见日本外相麻生太郎。

8月15日　日本首相小泉纯一郎第六次参拜靖国神社。

8月15日　中国外交部长李肇星紧急召见日本驻华大使,郑重宣读中华人民共和国外交部关于日本首相小泉纯一郎参拜靖国神社的声明,对其错误行为予以严厉谴责。

8月17日　中国台湾的保钓船在距钓鱼岛海域被日本海上保安厅巡逻船拦截被迫返航。

9月初　小泉纯一郎宣布辞去首相职务。

20日　安倍晋三当选日本自民党总裁。

26日　安倍当选日本首相。

10月2日　日本首相安倍晋三出席众议院全体会议,并接受各党代表对其施政演说进行的提问。有关甲级战犯责任问题,安倍晋三没有作出正面回答,仅表示:“对那场战争的责任主体问题有各种各样的议论,由政府来作出具体判断是不妥当的。”在回答有关历史问题的质询时,安倍晋三引用“村山谈话”说,日本的殖民统治和侵略给许多国家,特别是亚洲各国人民造成了巨大的损害和痛苦。他还说,日本根据旧金山和约接受远东军事法庭审判结果,日本不应对审判结果表示异议。

附　录

　　10 月 8 日　　应中国国务院总理温家宝的邀请,日本首相安倍晋三抵达北京,开始对中国进行为期两天的正式访问。这是安倍就任日本首相以来首次访华。温家宝总理举行仪式欢迎安倍访华,并与安倍晋三举行会谈。温家宝首先对安倍首相的来访表示欢迎,对他在对华关系上所显示的积极姿态表示赞赏。安倍晋三感谢中方的友好接待,祝贺中华人民共和国成立 57 周年。国家主席胡锦涛当天下午在人民大会堂会见安倍晋三首相,就中日关系发展提出 4 项主张。同一天中日双方发表包括九项内容的《中日联合新闻公报》。

　　10 月 20 日　　日本首相安倍晋三表示,他领导的政府和自民党不会讨论日本是否应该拥有核武器的问题。当天他还重申,日本内阁将一贯遵守"不拥有、不研制、不使用核武器"以及不允许日本本土出现核武器的"无核三原则"。

　　11 月 8 日　　日本在联合国提出一个新动议称:中国应该承担更多的联合国会费,而日本应降低所承担的份额。为更好地反映中国不断增强的经济实力,中国承担的联合国会费份额应从 2006 年的 2.1% 上升到 3.9%,日本所承担的份额应从该年的 19.5% 下降到 15.3%。这是日本同年第二次提议中国增加所承担的联合国会费份额。12 月 22 日,联合国大会全体会议一致通过 2007—2009 年联合国会费分摊比率的决议。决定各成员国按现有的计算方式分摊会费。日本由于经济增长缓慢,会费分摊率将从 2004 年至 2006 年的 19.468% 大幅降至 16.624%。中国会费分摊率将从 2.053% 上升至 2.667%。

　　11 月 16 日　　正在越南河内参加亚太经合组织第十八届部长级会议的中国外交部长李肇星会见日本外相麻生太郎,双方就中日共同历史研究问题达成 5 点共识。

　　11 月 21 日　　安倍晋三首相在东京首相官邸与来访的丹麦首相安诺斯·福格·拉斯穆森举行会晤。安倍晋三称,希望丹麦密切关注中国的军费开支,并再次表示日本反对欧盟解除对华武器禁运。

　　11 月 22 日　　日本高松高等法院驳回前首相小泉纯一郎参拜靖国神社违宪的赔偿诉讼,支持一审判决,驳回原告的上诉。

　　11 月 22 日　　日本札幌大学孔子学院成立签字仪式在札幌举行,

标志着孔子学院正式落户北海道,这也是中日双方在日本合作建立的第六所孔子学院。

12月2日至3日　第八届中日韩环境部长会议在北京举行。

12月14日　甘肃省敦煌市一所乡村中学得到日本政府8.49万美元的无偿援助。他们将用这笔钱修建安全的、符合国家建筑标准的教学楼。这项称之为"日本利民工程援助"的是日本政府对华提供发展援助的一部分。

12月17日　中印日韩美五国能源部长会议召开之后,日本经济产业大臣甘利明表示,中日两国已在能源问题上就召开年度部长级会谈达成协议。

12月20日　日本向中国提供无偿资金援助,提高中国的酸雨和沙尘观测水平。日方提供的资金额最大为7.93亿日元。作为跨国境环境污染的对应措施,日本与东亚各国共同建立了酸雨观测网。

12月21日　日中两国政府在东京外务省举行会议,就处理和回收日军在华遗弃化学武器问题进行工作磋商。双方确认,两国将于2007年尽早成立"日中遗弃化学武器处理联合机构",加速回收和处理工作,并在遗弃化学武器集中的吉林省哈尔巴岭地区建设大型处理设施。

12月21日　中国外交部发言人在记者会上重申,日本遗弃化学武器是日本军国主义侵华期间犯下的严重罪行,是中日之间的重大遗留问题,至今仍对中国有关地区人民生命财产安全和生态环境构成重大现实威胁和危害。中日两国政府于1999年7月签署了《关于销毁中国境内日本遗弃化学武器的备忘录》,日方在《备忘录》中承认在中国遗弃了大量化学武器,并承诺履行《禁止化学武器公约》所规定的义务。中方希望日方按照有关国际公约和所作出的承诺,尽快认真解决这一问题。

2007年

1月7日　日本公明党代表太田昭宏对中国进行为期3天的访问。

1月8日　中国国家主席胡锦涛在人民大会堂会见日本公明党代表太田昭宏。

1月12日　首届中日韩科技部长会议在韩国首都首尔举行。会后,三方共同签署了《首届中日韩科技部长会议联合声明》,宣布三国将建立科技合作机制,推动三国在科技领域的合作。

1月15日　应日本民主党邀请,中共中央对外联络部部长王家瑞率领中国共产党代表团赴日,参加"中国共产党与日本民主党定期交流机制"第一次会议。

1月16日　中国商务部公布,上年中日贸易额首次达2073.6亿美元。日本成为中国第三大贸易伙伴。截至2006年11月底,日本对华投资累计实际到位金额574.5亿美元,是中国第二大外资来源地。2006年1月至10月,中国企业对日投资协议金额1 218.95万美元,累计投资金额1.8亿美元。

1月20日　日本自民党的国会对策委员长二阶俊博、公明党的国会对策委员长漆原良夫,在北京与中国国家旅游局局长邵琪伟举行了会谈。日方通报中方,为扩大中国游客赴日旅游,将新增沈阳和大连为赴日旅游签证发放地。

1月25日　日本最高法院审理光华寮案件。围绕中国大陆和台湾对位于京都市左京区的留学生宿舍"光华寮"所有权的诉讼案已进入三审阶段。中国外交部发言人同日在例行记者会表示,这不是一般的民事诉讼,而是关系到中国政府合法权益,涉及中日关系基本原则的政治案件。中国政府对此高度关注,希望日方按照中日联合声明的原则妥善处理这一问题。

1月25日　第七次中日战略对话在北京举行。

2月1日　美国民主党众议员迈克·本田和多名共和党众议员联名提交一份议案,谴责日本强征亚洲其他国家妇女充当日军"慰安妇",要日本政府以清楚、明确的方式,正式承认慰安妇问题,就此道歉并承担相关历史责任。

2月13日　据有关数据显示,2006年日本对华直接投资(金融业务除外)为45.980 672万美元,比2005年减少29.58%。自2002年以来,日本对华直接投资就不断减少。2006 年海外对中国的直接投资达到 630.205 372 万美元,比前年增加 4.47%。但是日本占海外对华投资总额的比例却由 2005 年的 10.82% 下降到 7.30%。

2 月 15 日　中国外交部长李肇星抵达东京对日本进行为期两天的正式访问。当天下午李肇星与日本众议院议长河野洋平、公明党代表太田昭宏、官房长官盐崎恭久分别举行了会谈。16 日,李肇星外长与日本首相安倍晋三、外相麻生太郎以及日中友好七团体的代表进行会谈,就双边关系和共同关心的问题交换意见。

2 月 15 日　美国国会众议院外交关系委员会所属的有关小组,就日本在二战期间强征大量亚洲其他国家妇女充当日军慰安妇问题举行听证会。

2 月 18 日　日本外务大臣麻生太郎在日本国会众议院说,美国国会下院正在讨论的该项关于慰安妇问题的议案"没有事实依据"。

2 月 27 日至 3 月 2 日　日本自民党总务会长丹羽雄哉访问中国。

3 月初　日本贸易振兴会发表关于 2006 年日中贸易的分析报告。2006 年日中贸易额为 2 112.9 亿美元,较上一年增长 11.5%,首次突破 2 000 亿美元。美国在日本对外贸易中所占比例最高,为 17.4%;而日本对华贸易的比例增至 17.2%,与对美贸易仅差 0.2 百分点。报告预测 2007 年中国将超过美国,成为日本最大贸易伙伴。

3 月 13 日　日本东京高等法院驳回中国 5 名日军遗留化学武器受害者要求日本政府作出总计 8 000 万日元赔偿的诉讼,维持东京地方法院的一审判决。原告的辩护律师团在之后举行的记者会上表示将立即上诉。

3 月 22 日　中国人大与日本参议院定期交流机制第一次会议召开,全国人大常委会副委员长路甬祥率团访问日本,正式启动全国人大同日本参议院的定期交流机制。

4 月 11 日至 13 日　中国国务院总理温家宝访问日本。在访问中,温家宝会晤日本天皇、首相和各政党团体负责人,在日本国会发表演讲,启动中日经济高层对话机制。11 日,温总理与日本首相安倍晋三举行会谈,双方发表《中日联合新闻公报》,就构筑"基于共同战略利益的互惠关系"达成共识。12 日,温总理在日本国会发表演讲,阐述在新的历史条件下进一步发展中日关系的五原则。

4 月 12 日　陪同温家宝总理访问日本的中国国家发展和改革委员会主任马凯与日本经济产业大臣甘利明在东京举行第一次部长级能源政策对话,并共同主持召开中日能源合作研讨会。双方共同签署《关于加强两国在能源领域合作的联合声明》。双方有关部门企业和研究机构还签署了包括电力、油气和节能在内的 6 个协议。

4 月 30 日上午　中日两国政府在北京举行西安外国语大学、湖南大学申请的日本对华文化无偿援助政府换文签字仪式。中国教育部副部长章新胜、日本驻华特命全权大使宫本雄二分别代表两国政府签字。该项目援助限额分别为西安外国语大学 4 670 万日元、湖南大学 2 460 万日元。

5 月 14 日　日本外务省宣布,为促进日中两国间的人员交流,从本月 31 日起,日本驻沈阳总领事馆和常驻大连办事处也将开始办理中国人赴日团体旅游签证。

5 月 30 日至 6 月 9 日　台湾地区前领导人李登辉访问日本,这是在他 2000 年 5 月之后的第三次访日。

6 月 3 日　日中韩三国外长的首次定期会谈在韩国的济州岛举行。

6 月 12 日　日本最高法院第三法庭驳回原中国劳工刘宗根等 6 人的上诉请求,维持二审判决,这起劳工案最终以原告方败诉结案。

6 月 14 日起　日本前首相中曾根康弘对中国进行为期 9 天的访问。

6 月 19 日　中国国家主席胡锦涛在人民大会堂会见中曾根康弘和由他率领的日本日中青年世代友好代表团。

6 月 18 日　日本执政党自民党和公明党的共 7 名众议院议员乘坐日本海上保安厅飞机,从位于那霸市的海上保安厅那霸航空基地出发,从上空对钓鱼岛以及中国开采东海油气田的情况观察 3 个多小时。

6 月 19 日　中国国家主席胡锦涛在北京的人民大会堂会见访问中国的日本前自治相野田毅。

7月3日　因发表美国投掷原子弹轰炸日本是"无奈之举"言论备受批评的日本防卫大臣久间章生辞职,安倍晋三随即任命首相国家安全保障问题辅佐官小池百合子出任防卫大臣。小池也成为日本第一位出任此职的女性。

7月20日　日本厚生劳动省公布的2006年度进口食品监控统计报告指出,虽然对中国食品的抽检率最高,但是中国食品的抽检合格率达到99%,超过美国、欧洲。

8月1日　中国外交部长杨洁篪在马尼拉与日本外相麻生太郎进行会谈。

8月7日　日本《读卖新闻》报道,中日两国政府达成协议,同意双方协商通过外交途径,由中日两国警察当局之间合作的中日刑事互助条约的具体内容。如果日本国会同意通过并缔结该条约,中国将成为美国、韩国之后的第三个与日本签约的国家。

8月10日　日本内阁全体16名成员分别表示,他们不会在8月15日参拜靖国神社,这将是20世纪80年代中期以来首次没有内阁大臣在日本二战战败日当天参拜靖国神社。

8月14日　部分日本自卫队队员前来中国吉林,对原日军遗留在中国的化学武器进行回收。这是日本自卫队派出的第四批队员,由8名陆上自卫队员组成。

8月15日　日本政府在东京武道馆举行"全国战殁者追悼仪式"。日本首相安倍晋三在仪式上表示,日本要反省战争,为世界的永久和平作出贡献。安倍晋三说,"日本在二战中给诸多国家特别是亚洲各国的人民造成了巨大的损害和痛苦,我作为国民的代表,在作出深刻反省的同时,对死难者表示由衷的哀悼。"

8月23日　中国总理温家宝与正在中国进行访问的日本环境相若林正俊举行会谈时,对于安倍晋三15日的讲话表示赞赏。

8月21日　中日环境部长会谈在北京举行。两国政府达成协议,即日本以同中国的二氧化碳排放权交易为前提,进一步为中国削减二氧化碳排量提供技术支持。

8月29日　中国中央军委副主席、国务委员兼国防部长曹刚川抵达东京,开始对日本进行为期 5 天的正式友好访问。此次曹刚川出访日本是 1998 年以来中国国防部长首次访日。

9 月 12 日　日本首相安倍晋三在东京的首相官邸会见记者,正式表示辞职。

9 月 15 日　前官房长官福田康夫在 20 日下午举行的自民党总裁选举中,以 330 票对 197 票击败麻生太郎,当选为第二十二任总裁。25 日,福田康夫当选为日本新任首相,组建了新内阁。

9 月 30 日　中华人民共和国主席胡锦涛根据全国人大常委会的决定,免去王毅中华人民共和国驻日本国特命全权大使的职务,任命崔天凯为中华人民共和国驻日本国特命全权大使。

10 月 1 日　日本新一任首相福田康夫,在国会众议院全体会议上发表首次施政演说,就日本的外交政策称:"日本将致力于与中国构建立足于共同战略利益的互惠关系,共同为实现亚洲的和平与稳定作出贡献。"

10 月 19 日上午　日本官房长官町村信孝在记者招待会上就中日政府围绕东海油气田共同开发具体方案谈判陷入僵局一事批评中方。他称,"中国没能提出实际深入的方案,令人遗憾。希望中方能以积极解决问题的态度,尽早提出具体方案。"

10 月 20 日傍晚　中国民间保钓联合会的一艘船只,悬挂五星红旗,驶往钓鱼岛,抵达距钓鱼岛 7 海里的海域,宣示主权,随即遭到日本海上保安厅 3 艘舰艇和一架飞机拦截。保钓船在与日本舰艇对峙后,29 日上午返航。

11 月 5 日　中国常驻禁止化学武器组织大使薛捍勤在荷兰海牙召开的《禁止化学武器公约》第十二次缔约国大会上发言指出,日本遗弃在中国的化学武器至今仍对中国人民的生命安全和生态环境构成严重威胁。中方敦促日方尽早彻底销毁全部日遗化学武器。

11 月 26 日至 27 日　为纪念中日两国邦交正常化 35 周年,由中国国务院新闻办公室和日本日中媒体对话活动发起人会主办的中日媒体人士对话活动在东京举行。27 日上午,日本首相福田康夫在首相官邸会见参加此次对话活动的中方代表团。

11 月 28 日　21 日从湛江起航的中国海军深圳号导弹驱逐舰抵达东京,开始对日本进行为期 4 天的友好访问。这是一次为纪念中日邦交正常化 35 周年而进行的重要活动,是中国人民解放军海军舰艇首次访问日本。

12 月 1 日　首次中日经济高层对话在北京举行。

12 月 1 日　中国外交部长杨洁篪和日本外相高村正彦,分别代表两国政府,签署了 2007 年度日本政府对华日元贷款政府换文。这是日本最后一次向中国提供低息长期贷款。此次对华日元贷款金额为 460 亿日元,将用于中国 6 个环保项目的建设。日本政府已累计向中国政府提供日元贷款约 32 000 亿日元。

12 月 6 日　为纪念中日邦交正常化 35 周年,日本最大在野党民主党党首小泽一郎率领一个以 45 名参众两院议员加上他们的约 400 名民主党支持者的大型访问团抵达北京,对中国进行为期 3 天的访问。

12 月 7 日　中国国家主席胡锦涛在人民大会堂会见小泽一郎及代表团的主要成员。当天,"中国共产党与日本民主党定期交流机制"第二次会议在北京召开。8 日,访华团在和中国共产党召开的"交流协议机构"政党间定期会议上,针对台海两岸问题表明,民主党不支持"台湾独立",但也反对中国大陆对台动武,并要求中国大陆自我克制。

12 月 27 日　日本首相福田康夫抵达北京,开始对中国进行为期 4 天的正式访问。28 日,中国国务院总理温家宝在人民大会堂举行仪式,欢迎福田康夫首相访华,并与他举行正式会谈。温家宝代表中国政府对福田康夫访华表示热烈欢迎,并对他长期关心与重视中日关系表示赞赏。

12 月 28 日　中国国家主席胡锦涛也会见了福田康夫。胡锦涛积极评价当前中日关系改善和发展的良好势头。福田康夫重申日方的立场,表示日方不搞"两个中国"或"一中一台",不支持"台独",不支持台湾"加入"联合国,不支持"入联公投"。

2008 年

1 月 11 日　日本国会参议院全体会议否决 2007 年 11 月 13 日日

本国会众议院通过并提交参议院审议的《关于为海上阻止行动反恐实施补给支援活动的特别措施法案》。当天下午，日本国会众议院全体会议再次表决，凭借超过三分之二的赞成票通过该法案。根据日本宪法，当参众两院意见不一致时，以众议院表决结果为准，法案获得通过。新法案在日本国会强行通过后，日本海上自卫队于当月下旬开始恢复在印度洋的补给支援活动。

1月27日　新一届中日友好21世纪委员会第七次会议在北京举行。

1月29日　中国外交部发言人在记者会上回答"日方期待在胡主席访日前解决东海油气开发问题，中方对此持何立场"的提问时表示，对于中日东海问题，中方愿与日方共同努力，按照两国领导人达成的新共识，继续以诚意和积极的态度保持磋商的进程和势头，在进一步改善两国关系的进程中，争取尽早解决这一问题。

1月30日　日本NHK电视台晚间新闻报道，自2007年12月底至2008年1月22日，日本千叶、兵库两县3个家庭共有10人在食用中国河北省某食品加工厂生产的速冻水饺后，先后出现了呕吐、腹泻等食物中毒症状。这一事件随即成为日本媒体报道的焦点。

2月5日　日本外务省发表新闻公报说，因中国部分地区遭受严重雪灾，日本政府当天决定向中国提供价值5 700万日元的毛毯、发电机等紧急援助物资。

2月20日　中国全国人大与日本参议院定期交流机制第二次会议在北京举行。

2月26日至29日　应中央军委委员、总参谋长陈炳德上将的邀请，日本自卫队联合参谋长斋藤隆海军上将访华。

2月28日　日本贸易振兴会公布的统计数据显示，2007年中日贸易总额达2 366.4亿美元，中国已经成为日本第一大贸易伙伴。日本2007年对华贸易额比上年增长12%，连续9年更新历史最高纪录。

3月23日　中国财政部与日本财务省在东京共同举办第二次中日财长对话会。

3月30日至31日　应中国国防部邀请，日本防卫省事务次官增田好平一行访华,参加第八次中日防务安全磋商。

4月17日至20日 中国外交部长杨洁篪访问日本。17日,杨洁篪在东京同高村正彦举行会谈。18日,杨洁篪分别会见日本首相福田康夫、日本众议院议长河野洋平和参议院议长江田五月。

5月6日至10日 应日本政府邀请,中国国家主席胡锦涛对日本进行国事访问。这是中国国家元首时隔10年首次访日。6日晚间,在东京松本楼与日本首相福田康夫共进晚餐。7日,胡锦涛主席与福田康夫在首相官邸举行正式首脑会谈,签署《中日关于全面推进战略互惠关系的联合声明》,这是中日之间的第四份重要政治文件。之后,胡锦涛主席出席明仁天皇在皇宫举行的欢迎仪式,会晤日本天皇。下午,胡锦涛主席先后会见日本自民党主要负责人伊吹文明、公明党代表太田昭宏、民主党代表小泽一郎、共产党委员长志位和夫、社民党党首福岛瑞穗。当晚,出席明仁天皇为他举行的欢迎宴会。8日,胡锦涛主席在早稻田大学发表演讲。

5月12日下午 中国四川省发生强烈地震,日本首相福田康夫当天傍晚通过日本驻中国大使馆致电胡锦涛主席和温家宝总理,向地震灾区表示慰问,并表示准备尽力提供所需援助。14日,日本明仁天皇对死难者表示深切哀悼。5月15日,在征得中国政府同意后,日本外务省、海上保安厅派出赴成都参加抗震救灾的国际紧急救援队,一行31人携带救援设备于当晚抵达灾区。这是汶川大地震后第一支抵达灾区的外国专业救援队;也是新中国自成立以来首次在特大自然灾难后接受外国专业人员救援。20日,日本政府另派由23人组成的国际医疗队前往灾区实施救援。汶川大地震发生后,日本政府随即宣布向中方提供总额5亿日元的紧急援助。5月30日,日本政府又宣布提供总额5亿日元的追加援助。

5月16日 日本参议院全体会议表决通过《日中刑事司法协助条约》。

6月6日 中日两国政府就双边和平利用核能合作协定有关问题完成外交换文。

6月10日凌晨 台湾联合号海钓船在钓鱼岛南方海域6海里海

钓时,和日本巡逻船相撞后沉没,船上 16 人全部获救,其中 13 名钓客由海巡署的台中舰接回台湾,两名船员 12 日上午返台,船长何鸿义 13 日获释,当日晚返抵台湾。

6 月 10 日　中国外交部发言人在记者会上说,中国对日本海上保安厅船只与中国台湾渔船在钓鱼岛近海相撞表示严重关切和强烈不满。

6 月 12 日　马英九政府发表对日四点强硬声明。

6 月 14 日　第二次中日韩外长会在日本东京举行。

6 月 14 日上午　日本东北地区的岩手县发生里氏 7.2 级强烈地震,中国国家主席胡锦涛和国务院总理温家宝于当天分别致电日本首相福田康夫,表示诚挚慰问。中国驻日本大使崔天凯向日本红十字会转交中国政府向日本岩手宫城地震灾区提供的 10 万美元救灾捐款。

6 月 18 日　中国外交部发言人宣布,中日就东海问题达成原则共识。同一天日本外相高村正彦和日本经济产业大臣甘利明在外务省对媒体记者共同发布了中日两国就东海问题达成的原则共识。中日双方确认,一是要在不损害各自法律立场的情况下,在东海特定区块进行共同开发。二是中国企业欢迎日本法人按照中国法律(即《中华人民共和国对外合作开采海洋石油资源条例》),参加春晓油气田的合作开发。

6 月 19 日　中国外交部副部长武大伟向中外记者发表谈话强调,春晓油气田的主权权利属于中国,中国企业根据中国法律吸收日本企业投资参与春晓油气田的合作开发,与中日两国就解决东海问题所提出的共同开发是两回事。武大伟表示,共同开发是指搁置主权争议,中方和日方的主张都不受影响。在这种情况下,我们选择一个双方都能接受的海域进行共同开发。在共同开发的区块内,不是依照中国法律,也不是依照日本法律,而是根据两国政府商定的办法和原则来进行开发。

6 月 20 日　中国外交部长杨洁篪回答记者提问时表示,东海的最终划界问题,将由中日双方通过谈判加以解决。杨洁篪表示,在东海划界问题上,中方过去从来没有承认过日方所谓"中间线"的主张,今后也不会承认。中方主张按自然延伸原则实现东海大陆架公平划界。

6月19日上午　日本海上自卫队涟号驱逐舰从广岛县吴市军港启程，对中国进行友好访问。20日，涟号抵达中国湛江港码头。这是日本自卫队舰艇首次访华。

6月30日　日本众议院决算行政委员会委员长枝野幸男众议员等5人，搭乘日本海上保安厅的飞机，到钓鱼岛上空"视察"。

6月30日　中国外交部亚洲司负责人奉命约见日本驻华使馆官员，就日方不顾中方严正交涉和反对，放任部分国会议员前往钓鱼岛上空进行所谓"空中视察"提出抗议。

7月3日　日本日中友好协会在东京召开全国大会，日本前内阁官房长官、自民党前干事长加藤纮一在会上就任新一任会长，担任会长长达16年的平山郁夫则出任名誉会长。

7月7日至9日　应日本首相福田康夫的邀请，中国国家主席胡锦涛出席在日本举行的八国集团与有关国家领导人对话会。9日，胡锦涛在日本北海道洞爷湖会见日本首相福田康夫，双方表示将进一步推动中日关系的发展。

7月8日　日本最高法院就二战期间北海道中国劳工及其遗属向日本政府及企业索赔一案作出终审判决，拒绝中国劳工的赔偿要求。

8月8日　日本首相福田康夫抵达北京，出席第二十九届北京奥运会开幕式及相关活动。福田康夫是近20年来首位出席奥运开幕式的日本在任首相。8日下午，胡锦涛和温家宝分别会见福田康夫。

8月9日　中国全国政协主席贾庆林在人民大会堂会见了由日本前首相森喜朗率领的"支持北京奥运会议员联盟"代表团一行。

8月17日　中国国务委员戴秉国在中南海会见来北京观看奥运会比赛的日本外相高村正彦。

8月18日　中国全国人大常委会委员长吴邦国在北京人民大会堂会见前来观看北京奥运会的日本国会众议院议长河野洋平。

9月1日晚　日本首相福田康夫举行紧急记者会，宣布辞去首相职务。

9月21日　中国国家主席胡锦涛在人民大会堂会见由日中经济协会名誉会长御手洗和会长张富士夫率领的日本日中经济协会代表团。

10 月 23 日　中国国务院总理温家宝就《中日和平友好条约》缔结 30 周年与日本首相麻生太郎互致贺电。

10 月 23 日　日本首相麻生太郎抵达北京,出席在北京举行的第七届亚欧首脑会议。这是麻生太郎就任日本首相以来的首次访华。24 日上午中国国家主席胡锦涛和国务院总理温家宝分别会晤麻生太郎。

10 月 24 日　纪念《中日和平友好条约》缔结 30 周年招待会在人民大会堂举行。中国国家主席胡锦涛和日本首相麻生太郎出席招待会并致辞。

10 月 28 日　中央军委委员、中国人民解放军海军司令员吴胜利应日本海上幕僚长赤星庆治上将邀请对日本进行访问。这是中国人民解放军海军司令员首次访日。

10 月 31 日　日本防卫大臣滨田靖一宣布罢免田毋神俊雄的航空自卫队幕僚长之职,他此前发表了《日本是侵略国家吗》的文章,其中美化日本侵略战争和殖民地统治的言论,被认为严重违反了以对过去的侵略和殖民统治表示深刻反省为主旨的 1995 年村山讲话,受到各方的严厉批评。

11 月 1 日　中国外交部发言人就日本自卫队高官撰文否认侵略历史表示,日本军国主义对外发动侵略战争,给包括中国人民在内的亚洲人民带来深重灾难,这是不容置疑的历史事实。我们对日本自卫队现役高级军官公然歪曲历史、美化侵略感到震惊和愤慨。

11 月 10 日至 12 日　第二届中韩日海关领导人会议在韩国济州岛举行。

11 月 10 日、11 日　由第三批青年代表团 300 人和第六批高中生代表团 398 人组成的中国青少年代表团分批抵达日本,进行为期 9 天的访问交流,并出席"中日青少年友好交流年"日方闭幕式活动。

11 月 12 日　"中日青少年友好交流年"日方闭幕式在东京隆重举行,日本首相麻生太郎、前首相福田康夫、中国驻日本大使崔天凯等出席仪式。

11 月 22 日　中国国家主席胡锦涛在利马会见日本首相麻生太

郎。双方就中日交流、国际金融危机等问题交换了意见。

12月13日 中日韩领导人会议在日本福冈举行,中国国务院总理温家宝、日本首相麻生太郎、韩国总统李明博出席。三国领导人就中日韩三国合作以及共同关心的地区和国际问题交换意见。三方正式签署《三国伙伴关系联合声明》,并发表《国际金融和经济问题的联合声明》、《三国灾害管理联合声明》和《中日韩合作行动计划》。

12月18日至20日 以日本前首相福田康夫为最高顾问,前外务大臣、日中友好议员联盟会长高村正彦为总团长的第二批日本青少年友好使者代表团一行1 000人来华访问,并出席在北京举办的"中日青少年友好交流年"中方闭幕式活动。

12月20日 "中日青少年友好交流年"闭幕式在北京航空航天大学举行。中国总理温家宝、日本前首相福田康夫等出席了闭幕式。

12月25日 第二届中日韩文化部长会议在韩国济州岛西归浦市举行,会议就加强文化交流与合作发表《济州宣言》。

2009 年

1月5日 日本内阁官房长官河村建夫抗议中国开发"天外天"油气田。

1月26日 日本首相麻生太郎对在日华人发表春节贺词。

2月5日 日本最高法院第一法庭对南京大屠杀幸存者夏淑琴名誉案宣判终审胜诉。

2月26日 日本首相麻生太郎在国会答辩时称:钓鱼岛是日本"固有领土",当然是日美安保条约适用的对象。

2月26日 中国外交部发言人对日本首相麻生太郎关于"钓鱼岛是日本'固有领土',当然是日美安保条约适用的对象"的讲话表示坚决反对。

3月20日 日本防卫相滨口幸一访华。21日,全国人大常委会委员长吴邦国会见滨口幸一。

4月2日 在伦敦出席二十国集团领导人金融峰会的中国国家主席胡锦涛会见日本首相麻生太郎。

4月9日　日本外务省发言人指出,日本支持台湾以观察员身份参与世界卫生大会的立场维持不变,期待台湾今年能以观察员身份参加世界卫生组织(WHO)的年度大会。10日,台湾"外交部"发言人陈铭政表示,感谢日方支持台湾参与世界卫生组织。

4月11日　出席东亚领导人系列会议的中国国务院总理温家宝在泰国帕塔亚会见了日本首相麻生太郎。

4月18日　温家宝总理在海南博鳌会见前来出席博鳌亚洲论坛2009年年会的日本前首相福田康夫。

4月20日　上海世博会日本馆展示方案公布。上海世博会日本馆中文名称采用"紫蚕岛",馆标为"微笑相联"。"日本馆"总耗资约130亿日元(约合人民币9亿元)创历届新高,除了日本馆之外,日本还有企业和地方政府联手参展的"日本产业馆"。

4月21日　日本首相麻生太郎以"内阁总理大臣"的名义向靖国神社献上了被称为"真榊"的杨桐供品。

4月27日　日本外相中曾根弘文在东京发表演说,提出11条核裁军新构想,表明强烈支持奥巴马"无核武器世界"构想,并批评中国不进行核裁军。

4月28日　中国外交部发言人表示,中国的核战略和核政策是十分明确、完全透明的。日方在这方面对中国的无理指责是完全站不住脚的。

4月29日至30日　日本首相麻生太郎对中国进行为期两天的访问,这是麻生太郎2008年9月当选日本首相以来的首次正式访华。29日,中国国务院总理温家宝在人民大会堂与麻生太郎举行会谈。30日,中国国家主席胡锦涛在人民大会堂会见麻生太郎。

5月4日　日本首相麻生太郎在捷克出席日本与欧盟的定期首脑会议时,再次提到"中国核威胁",并将其视为威胁东北亚安全的因素之一。

5月11日　中国国家主席胡锦涛在成都市会见日本驻华大使宫本雄二等27国的驻华大使及公使,对各国提供的灾后救援和重建援助表示感谢。

6月6日　中国国务院副总理王岐山率领第二次中日经济高层对话中方代表团抵达日本东京,出席第二次中日经济高层对话。

6月7日　日本外相中曾根弘文在东京与出席日中部长级高层经济对话的中国外交部长杨洁篪举行会谈。

6月8日　中国国务委员兼国防部长梁光烈在北京会见日本笹川日中友好基金代表团暨日本中青年军官研修团。

6月20日上午　第十次中日战略对话在北京钓鱼台国宾馆举行。

7月初　日本媒体报道,日本防卫省已确定方针,将讨论在位于日本西南的与那国岛部署陆上自卫队,并计划将这一部署纳入将于年底修订的新五年防卫大纲。与那国岛与中国大陆、台湾都非常接近,具有重要军事价值。

7月8日　日本防卫大臣滨田靖一搭乘自卫队飞机抵达与那国岛进行视察。在当晚举行的记者会上,滨田明确表示,包括与那国岛在内的西南诸岛的防卫非常重要,政府将考虑派遣陆上自卫队进驻。

7月14日　中国国务委员兼国防部长梁光烈上将在北京会见日本海上自卫队参谋长赤星庆治一行。

8月25日　针对日本向联合国大陆架界限委员会申请的南太平洋大陆架延伸,中国以冲之鸟礁"是岩礁,无权设定大陆架"为由正式提出反对。

8月30日　日本民主党获得大选胜利(民主党获得众议院308席,自由民主党仅获得119席)。

9月16日　鸠山由纪夫当选新一任日本首相。中国国务院总理温家宝致电鸠山由纪夫祝贺他就任日本首相。

9月17日　中国官方首度就日本首相鸠山由纪夫提出的东亚共同体构想表态。当天中国外交部发言人在记者会上说,建立东亚共同体,促进东亚经济社会全面、协调、可持续发展和持久和平是东亚合作的长远目标,也是东盟和中日韩各方的共识。中方致力于同包括日本在内的东亚各国深化东亚合作,朝着东亚共同体的目标不断迈进。

9月21日　中国国家主席胡锦涛在纽约会见日本新首相鸠山由纪夫。这是鸠山由纪夫就任日本首相后,胡锦涛与他举行的第一次会晗。胡锦涛就中日关系的发展提出加强高层交往,增进政治互信等五点意见。胡锦涛强调,历史问题和台湾问题事关中日关系的政治基础;慎重妥善处理这两大问题,是中日关系健康稳定发展的基本前提和关键所在。鸠山表示,日本政府在历史问题上将坚持"村山谈话"精神,在台湾问题上将继续恪守日中联合声明。

9月28日　日本新任防卫大臣北泽俊美表示,在冲绳与那国岛派驻自卫队刺激邻国不合时宜。北泽俊美的表态证明,日本新政权将撤销在与那国岛派驻自卫队的计划。

9月28日　第三次中日韩外长会议在上海举行。

10月9日　日本首相鸠山由纪夫抵达北京,出席10日举行的第二次中日韩领导人会议。这是鸠山由纪夫就任首相后的首次中国之行。

10月9日　中国国务委员戴秉国在中南海会见陪同日本首相鸠山由纪夫来华的日本外相冈田克也。当天中国外长杨洁篪也与冈田克也举行会谈,讨论朝鲜半岛局势、东亚区域合作等国际和地区问题。10日,中共中央对外联络部部长王家瑞在北京会见冈田克也。

10月10日　第二次中日韩领导人会议在北京人民大会堂举行。中国国务院总理温家宝主持会议,韩国总统李明博、日本首相鸠山由纪夫出席会议。会议发表《中日韩合作十周年联合声明》和《中日韩可持续发展联合声明》,达成十项合作倡议。

10月10日　中国国家主席胡锦涛在钓鱼台国宾馆会见韩国总统李明博、日本首相鸠山由纪夫。胡锦涛表示中方愿与韩方、日方共同努力,继续落实好相互达成的有关共识,推动中韩战略合作伙伴关系、中日战略互惠关系深入健康稳定发展。10日下午中国总理温家宝在人民大会堂会见鸠山由纪夫,就发展中日关系提出加强高层交往、深化互利合作等四点意见。

10月20日　日本政府向热比娅发放签证,热比娅抵日,在日本停留到11月上旬。

10月30日　达赖抵达日本,停留至11月7日。对于达赖窜访一事,日本外相冈田克也10月7日曾表示,鸠山内阁成员没有与达赖会面的计划。

10 月 31 日　日本驻青岛总领事馆开馆仪式在青岛香格里拉大饭店举行。

11 月 4 日　日本首相鸠山由纪夫在东京会见正在日本访问的中共中央政治局委员、广东省委书记汪洋一行。

11 月 10 日　中联部部长王家瑞率领中国共产党访日代表团与日本民主党在东京召开两党交流磋商机制的第三次会议。当天,日本外相冈田克也在东京与王家瑞举行会谈。11 日上午,日本首相鸠山由纪夫在官邸会晤王家瑞。

11 月 7 日　日本媒体近日报道称,日本政府决定将在日本最南端的冲之鸟礁(日方称之为"冲之鸟岛")上建设港湾和自卫队基地,这一计划预计在 2010 年开始实施。日本方面坚持宣称冲之鸟礁是一个"岛屿",因为如果是岛屿的话,将使日本得到其周边 200 海里的专属经济区。台湾"外交部"亚东关系协会秘书长陈调和 8 日表示,所谓的"冲之鸟岛"只是礁石,不能作为划分 200 海里经济海域基准。中国政府早已于 8 月向联合国大陆架界限委员会要求认定日本主张的"冲之鸟岛",只是"人无法居住且无法维持经济生活的岩石",不能设定专属经济水域。

11 月 19 日至 22 日　中国外交部长杨洁篪访问日本。20 日,日本首相鸠山由纪夫在官邸与中国外交部长杨洁篪举行会谈;当天上午杨洁篪还与日本自民党干事长大岛理森举行会谈。

11 月 26 日　中国国防部长梁光烈对日本展开为期 6 天的访问。

12 月 1 日　第九届关西地区中日商务论坛在日本大阪举行。

12 月 10 日　民主党干事长小泽一郎任名誉团长的日本访华团到达北京,访期 4 天。访华团共有 600 余人,包括约 140 名民主党国会议员及普通参加者。此次访华是落实日本民主党和中国共产党的定期磋商机制和小泽一郎从自民党时代就参与至今的日中交流项目"长城计划"的联合实施。傍晚,中国国家主席胡锦涛与小泽一郎在人民大会堂举行会谈,双方就加强民主党与中国共产党的关系、通过议员交流促进日中友好等达成共识。11 日,中国国务委员兼国防部长梁光烈上将在八一大楼会见小泽一郎一行。

12 月 13 日　台湾民进党主席蔡英文赴日本进行为期 4 天的访问。

12 月 14 日　中国国家副主席习近平抵达东京,开始对日本进行为期 4 天的正式访问。这是习近平 2008 年 3 月担任国家副主席以来首次访日。习近平在东京会见日本首相鸠山由纪夫,双方就中日关系和其他共同关心的国际和地区问题交换意见,达成广泛共识。会见后,鸠山首相在总理府为习近平举行欢迎宴会。15 日上午,日本天皇在皇宫宫殿"竹之间"会晤习近平。习近平在东京分别会晤日本众议院议长横路孝弘和参议院议长江田五月。并与日本经团联会长御手洗富士夫等经济界领袖举行会谈。习近平在东京相继会见日本国民新党、自民党、公明党、共产党党首,同他们就双边和国际、地区中的广泛话题进行交谈。16 日上午,习近平在东京会晤日本外相冈田克也。当天习近平还在东京与日本社会民主党党首福岛瑞穗举行会谈。

12 月 15 日　中国全国人大与日本国会众议院合作委员会第五次会议在北京举行。

12 月 24 日　日本最高法院就在二战期间被强掳到福冈县做苦役的 45 名中国劳工状告日本政府和加害企业一案作出终审裁决,以"诉讼时效已过"和"国家无答责"为由,驳回中国受害者要求日本政府赔偿的诉讼请求。当天,日本最高法院还就另一起二战期间日本政府和企业强掳中国劳工到长崎县进行强制劳动的诉讼作出决定,不受理原告中国劳工一方的上诉,这起诉讼以原告败诉结束。

2010 年

1 月 17 日　出席第四届东亚—拉美合作论坛的中国外长杨洁篪和日本外相冈田克也在会谈时就东海油气田问题交换了意见。

1 月 21 日　中日两国政府在北京签署《推进中日食品安全合作备忘录》,防止"毒饺子"事件再次发生。

2 月 12 日　中国政府将再租借给日本一对熊猫。

2 月 22 日　日本内阁官房长官平野博文说:日本可能将它与中国在开发东海油气田问题上的争端诉诸国际海洋法法庭。

3月30日　日本首相鸠山由纪夫对中国政府判决日籍贩毒分子死刑表示关注。

4月3日　日本副首相兼财务大臣菅直人访华。中国国务院总理温家宝同他进行会谈。

4月6日　日本鸠山内阁通过的外交白皮书称：中国的崛起为"不确定、不稳定因素"。

4月10日　日本首相鸠山由纪夫在接受美国《时代》周刊采访时称：中国的快速发展对日本有利。

4月13日　中国国家主席胡锦涛在华盛顿出席国际核安全峰会时会见日本首相鸠山由纪夫。

4月22日　日本59名议员集体参拜靖国神社。无现任内阁大臣参拜靖国神社。

5月6日　日本外相冈田克也召见中国驻日大使程永华，就中日调查船东海对峙向中国提出"抗议"。

5月18日　日本众议院通过保护冲之鸟礁的《低潮线保全和基地设施法》。

5月29日至30日　中日韩三国总理第三届会议在韩国济州岛举行。

5月30日至6月1日　中国国务院总理温家宝访问日本。31日温家宝总理和鸠山首相会谈，同意重建两国总理热线；正式启动落实东海问题原则的政府间换文谈判；加快建立两国防卫部门联络机制，尽快商签海上搜救协定；签署中日食品安全合作框架协议。温家宝总理在东京还分别会见日本众议院议长横路孝弘和参议院议长江田五月。

6月2日　鸠山首相宣布辞职。民主党干事长小泽也决定辞职。

6月4日　菅直人当选第九十四任日本首相。

6月15日　菅直人首相表示将不参拜靖国神社。

6月27日　中国国家主席胡锦涛在加拿大多伦多出席二十国峰会期间会见菅直人首相。

7月27日　中日两国外交部门举行了落实东海问题原则共识的第一轮政府间谈判。

8月28日　第三次中日战略对话会议在北京举行。温家宝总理会见日本外相冈田克也。

9月7日　在中国东海钓鱼岛海域进正常捕鱼作业的中国"闽晋渔5179号"渔船遭日本海保巡逻船冲撞并被扣押。

当晚,中国外交部副部长宋涛奉命召见日本驻华大使丹羽宇一郎,就日本海上保安厅巡逻船在钓鱼岛海域拦截扣押中国渔船一事提出严正交涉。

夜间,日本海上保安厅决定以涉嫌妨碍执行公务为由,逮捕中国渔船船长,以涉嫌违反日本《渔业法》为由展开调查。

8日　中国外交部部长助理胡正跃奉命召见日本驻华大使对日方在钓鱼岛海域抓扣中国渔船事提出强烈抗议。

10日　中国外交部部长杨洁篪召见日本驻华大使,要求日本政府立即放人放船。中国政府宣布暂停中日间关于东海问题的开发。

12日　国务委员戴秉国召见日本驻华大使,要求日本政府立即放人放船。

13日　中国政府通知日本政府,原定15日启程的中国全国人民代表大会代表团因故推迟访问日本。日本政府同意放人放船,但坚持扣留中国渔船的船长。中国政府派专机赴冲绳接回了14名中国船员。"闽晋渔5179号"渔船于当日启程返回福建的港口。

14日　外交部部长助理胡正跃奉命再次召见日本驻华大使,要求放回中国船长。

22日　中国政府总理温家宝在纽约敦促日方立即释放中国船长。

23日　日方被迫放还中国船长。

10月30日　在越南河内举行的东亚峰会上,温家宝总理和菅直人首相交谈10分钟。

11月13日　在日本横滨举行的亚太经合组织非正式领导人会议上,中国国家主席胡锦涛和日本首相菅直人举行会谈。

2011 年

2月28日　中日外交部副部长级战略对话在东京举行。

3月11日 发生东日本大地震。18日中国国家主席胡锦涛前往日本驻华大使馆吊唁。

5月21日 中国国务院总理温家宝去日本参加第四次中日韩三国领导人会议,当天下午即前往东日本大地震灾区中心福岛县慰问。

7月3日 中日两国防卫部门副部长级安全磋商在日本东京举行。

8月30日 菅直人辞去日本首相职位。

9月2日 野田佳彦当选日本首相。

12月25日至26日 野田首相正式访华。

2012 年

2月20日 日本名古屋市市长发表否认南京大屠杀讲话。

4月17日 东京都知事石原慎太郎在美国纽约妄言要出面"购买钓鱼岛"。

5月11日 日本政府给中国"疆独"分子热比娅发放了入境签证。

8月15日 中国民间"保钓"人士乘船登上中国领土钓鱼岛,遭到日本海上保安厅所谓"驱逐"。

8月19日 东京都政府派人到钓鱼岛海域进行测量,为所谓"购岛"做准备。

9月9日 中国国家主席胡锦涛在俄罗斯海参崴参加亚太经合组织领导人非正式会议期间,正告日本野田首相立即停止侵犯中国钓鱼岛领土主权。

10日 日本政府宣布将钓鱼岛"国有化"。

10日起 中国政府公布钓鱼岛及附属岛屿领海基点及基线。

11日 日本政府又签订所谓钓鱼岛"购岛合同"。

13日 6艘中国海监船、渔政船抵达钓鱼岛海域巡航,此后至今一直有多艘中国政府公务船在该海域巡航。

16日 大批中国渔船赴钓鱼岛渔场生产作业;中国中央电视台开始发布钓鱼岛海区天气预报;中国出版了有关钓鱼岛地区的各种地图册。

9 月中下旬起,中国海监船、渔政船、海监飞机不断在钓鱼岛海域巡航、上空巡视。中国海军在钓鱼岛海域附近航道活动。

11 月 16 日　日本众议院举行大选,民主党惨败。

12 月 28 日　安倍内阁成立,安倍晋三任首相第二次上台执政。

2013 年

1 月 25 日　习近平在北京人民大会堂会见日本公明党党首山口那津男,首次发表针对中日关系的重要讲话。

3 月 12 日　安倍内阁通过政府决议将 4 月 28 日设立为所谓"主权恢复日"。

28 日　日本外务省发布《外交蓝皮书》,渲染中国威胁,炫耀日美同盟。

4 月 21 日　安倍首相送祭品给靖国神社。22 日,安倍内阁副首相麻生等参拜靖国神社;23 日,日本国会 168 名国会议员集体参拜靖国神社。

6 月底 30 名日本右翼分子进入中国钓鱼岛海域活动,遭到中国海警船驱逐。

9 月 5 日　二十国集团领导人第八次峰会在俄罗斯圣彼得堡举行。会议开始前,国家主席习近平同日本首相安倍晋三在各国领导人等候的贵宾室相遇,双方进行了简短交谈。

10 月 17 日　安倍又送祭品给靖国神社,那几日又有大批国会议员参拜。

23 日　日本外务省网站挂上了自己制作的恶意宣传钓鱼岛等岛屿"归属"日本的视频。

12 月 26 日　安倍晋三以首相身份悍然参拜靖国神社。

2014 年

1 月 28 日　日本文部省颁布的历史教科书说明中写入:钓鱼岛、独岛是"日本固有领土"。

2 月 27 日　中国全国人大常委会通过决定,将每年 9 月 3 日定为

"中国人民抗日战争胜利纪念日",每年12月13日设立为"南京大屠杀死难者国家公祭日"。

3月21日　日本民主党干事长中川正春访华。3月28日,中国国家主席习近平在德国首都柏林发表演讲中就中日关系、历史认识问题表达严正立场。

4月1日　安倍政府更改执行几十年的武器出口三原则,日本军工企业从此可以大规模出口各种武器。

4月24日　日本东京都知事舛添要一访华。

5月5日　中国全国人民代表大会委员长张德江会见了访华的日中议员联盟访华团团长高村正彦。

6月10日　中国有关方面拟将第二次世界大战时日本制造的"南京大屠杀"和强征"慰安妇"的历史史料申请进入世界记忆遗产名录。

7月1日　安倍内阁通过解禁集体自卫权决议案。

7日　纪念中国全民族抗战爆发77周年纪大会在北京中国人民抗日战争纪念馆举行,习近平发表重要讲话。

16日　日本民主党党首海江田万里访华。

8月1日　中国政府外交部长王毅和日本外务相岸田文雄在缅甸首都内比都在出席东盟中日韩外长会议期间进行了会见。

29日　中国国防部长常万全在北京会见日本防卫相小野时称:"到了日本纠正错误的时候了"。

11月7日　中国国务委员杨洁篪同来访的日本国家安全保障局长谷内正太郎举行会谈,达成四项重要共识。

10日　国家主席习近平在人民大会堂应约会见了日本首相安倍晋三。

2015 年

1月22日　第三轮中日海洋事务高级别磋商在日本横滨举行,达成6点共识。

3月21日　中日韩三国外长会谈在首尔举行,会议发表联合新闻稿:正视历史,面向未来,推进三国合作。

23 日　中国全国政治协商会议主席俞正声会见日本自民党党首谷垣桢一和公明党党首井上义久。中日之间重启执政党交流。

4 月 22 日　在印度尼西亚首都雅加达举行的纪念万隆会议举行 60 周年会议期间,习近平主席应约会见了日本首相安倍。

5 月 20 日　日本自民党总务会长二阶俊博率 3 000 人交流团访问中国。这是近年来规模最大的日本访华代表团。

23 日　习近平主席出席在北京人民大会堂举行的中日友好交流大会,发表讲话。

6 月 7 日　推迟两年的第五次中日财长对话在北京举行。中国政府副总理张高丽会见来访的日本副首相兼财务相麻生太郎。

7 日　西方七国集团峰会在德国开幕,安倍首相利用会谈多次攻击中国。

二、 主要参考书目

(一) 中国方面的著作

《毛泽东外交文选》,中央文献出版社 1994 年版。

《周恩来外交文选》,中央文献出版社 1990 年版。

《邓小平文选》第 3 卷,人民出版社 1994 年版。

《江泽民文选》人民出版社 2006 年版。

裴坚章、王泰平主编:《中华人民共和国外交史 1949—1978》,世界知识出版社 1999 年版。

韩念龙主编:《当代中国外交》,中国社会科学出版社 1987 年版。

田增佩主编:《改革开放以来的中国外交》,世界知识出版社 1993 年版。

石志夫主编:《中华人民共和国对外关系史》,北京大学出版社 1994 年版。

王泰平主编:《当代中国外交 50 年》,北京出版社 1999 年版。

曲星:《中国外交 50 年》,江苏人民出版社 2000 年版。

中国外交部外交史研究室编:《周恩来外交活动大事记》,世界知识出版社 1993 年版。

中共中央文献研究室编:《周恩来年谱》(1949—1976)下卷,中央文献出版社 1997 年版。

《新中国外交官回忆录》(第 3 辑),世界知识出版社 1994 年版。

《新中国外交官回忆录》(第 4 辑),世界知识出版社 1996 年版。

顾保孜、杜修贤:《红镜头》,辽宁人民出版社 1998 年版。

师哲:《峰与谷——师哲回忆录》,红旗出版社 1997 年版。

林代昭:《战后中日关系史》,北京大学出版社 1992 年版。

杨正光:《中日关系简史》,湖北人民出版社 1984 年版。

杨正光主编:《当代中日关系四十年》,时事出版社 1993 年版。

吴学文、林连德、徐之先:《当代中日关系》(1945—1994),时事出版社 1995 年版。

吴学文、徐之先、李信根:《日本外交轨迹》(1945—1989),时事出版社 1990 年版。

陆建元:《战后中日关系》(1945—1992),河南人民出版社 1994 年版。

宋有成、李寒梅等:《战后日本外交史》(1945—1994),世界知识出版社 1995 年版。

谢益显主编:《中国当代外交史》,中国青年出版社 1997 年版、2002 年版、2009 年版。

田桓主编:《战后中日关系史年表 1949—1993》,中国社会科学出版社 1994 年版。

田桓主编:《战后中日关系史文献集》,中国社会科学出版社 1997 年版。

李恩民:《中日民间经济外交》(1945—1972),人民出版社 1997 年版。

孙平化:《中日友好随想录》,世界知识出版社 1986 年版。

史桂芳:《战后中日关系》(1945—2003),当代世界出版社 2004 年版。

徐之先:《中日外交关系 30 年 1972—2002》,时事出版社 2002 年版。

王智新:《靖国神社》,广东人民出版社 2005 年版。

张耀武:《中日关系中的台湾问题》,新华出版社 2004 年版。

彭玉龙:《谢罪与翻案》,解放军出版社 2001 年版。

王真:《抗日战争与中国的国际地位》,社会科学文献出版社 2003 年版。

外交部档案馆编:《解密外交文献——中华人民共和国建交档案 1949—1955》,中国画报出版社 2006 年版。

《廖承志文集》上下卷,人民出版社 1990 年版。

黄大慧:《日本对华政策与国内政治——中日复交政治过程分析》,当代世界出版社 2006 年版。

陈奉林:《战后日台关系史》(1945—1972),香港社会科学出版社有限公司 2004 年版。

司马桑敦:《中日关系二十五年》,台北联合报社 1978 年版。

《中日友好关系的新阶段》,人民出版社 1978 年版。

牛军:《中华人民共和国对外关系史概论》,北京大学出版社 2009 年版。

冯昭奎:《对话:北京和东京》,新华出版社 1999 年版。

张香山:《中日关系管窥与见证》,当代世界出版社 1998 年版。

李玉、夏应元、汤重南:《中国的中日关系研究》,世界知识出版社 2000 年版。

张历历:《20 世纪中国对外关系》,甘肃人民出版社 2000 年版。

张历历:《百年中日关系》,世界知识出版社 2006 年版。

张历历:《外交决策》,世界知识出版社 2007 年版。

张历历:《当代中国外交简史》,上海人民出版社 2009 年版。

《中国外交》(1987—2010 年),世界知识出版社 1987—2011 年版。

《世界知识概览》(1982—2010 年),世界知识出版社 1987—2011 年版。

(二) 外国方面的著作

[日]永野信利:《日中建交谈判纪实》,时事出版社 1989 年版。

[日]田中明彦:《日中关系》(1945—1990),东京大学出版会 1991 年版。

〔日〕入江昭:《日中关系这一百年》,东京岩波书店 1995 年版。

〔日〕日本外务省编:《日本外交文书》第 44、45 卷,东京原书房 1972 年版。

〔日〕信夫清三郎:《日本外交史》(1853—1972),商务印书馆 1980 年版。

〔日〕岛田政雄、田家农:《战后日中关系五十年》,台北东方书店 1997 年版。

〔日〕毛里和子:《中日关系——从战后走向新时代》,社会科学文献出版社 2009 年版。

〔日〕松村歧夫、伊藤光利、辻中丰:《日本的政治》,东京有斐阁 1992 年版。

〔日〕添谷芳秀:《日本外交和中国 1945—1972》,东京庆应义塾大学出版社 1995 年版。

〔日〕早坂茂三:《政治家田中角荣》,东京中央公论社 1987 年版。

〔日〕大平正芳纪念财团编、中日友好协会等译:《大平正芳》,中国青年出版社 1991 年版。

〔日〕古川万太郎:《日中战后关系史》,东京原书房 1988 年版。

〔日〕渡边昭夫:《战后日本的对外政策》,东京有斐阁 1985 年版。

〔美〕迈克尔·格林、帕特里克·克罗宁主编:《美日联盟:过去,现在与将来》,新华出版社 2000 年版。

〔美〕傅高义等主编:《中美日关系的黄金时代》(1972—1992),重庆出版社 2009 年版。

后　记

　　我是 1978 年参加改革开放后的第一次全国统一大学考试(改革开放后的第一次大学考试是 1977 年底由各省命题考,学生在 1978 年 2 月入学),在 9 月份进入厦门大学历史系历史专业学习的。

　　1980 年我上大三的时候,学校要求写学年论文,我就由历史专业黄焕宗教授指导,自选了一个"论日本教神道"的题目写了一篇习作。因黄老师和蔼可亲,对我很好,大四写毕业论文时,我又请黄老师指导,写的题目是"论日本国家神道",并取得了学士学位。在厦门大学四年,美丽的校园、严谨的校风、热情的老师、友爱的同学给我留下了终身难忘的印象,现在还时常梦回母校。闻听前几年黄老师已仙逝,愿他在天之灵安息。

　　1982 年春我考上了外交学院国际政治专业中国对外关系方向的首届硕士研究生。9 月到北京入学后,师从谢益显教授。谢老师带我们五个师兄弟,刘沛、林长盛、李乐平用英语考入,曲星用法语考入,我用日语考入。谢老师就说:你这三年就研究中日关系吧。谢老师对我很好,我在谢老师指导下学习、研究了三年中日关系,并于 1985 年 6 月以"论 1958 年中日关系中断的几个问题"为题写作论文并取得硕士学位(答辩委员会主席是中国国际问题研究所亚太室主任陶炳尉教授)。

　　硕士论文写完时大约在 1985 年初,还未到答辩时间。这时北京社科院国际问题研究所杨正光、颜锡雄等人正在筹备成立中国中日关系研究会,该所谢芳女士是我同级入学的国际法专业的同学高风的爱人(他们两人是北大国政系 78 级的同学)。杨正光、颜锡雄就请谢芳转告约我写一篇新中国与日本关系的文章。在春天一个阳光明媚的上午,我趴在桌上用 3 个小时写了一篇文章《简论建国后中日关系史的分期问题》(约 4—5 千字)。我写文章时,对面桌子坐着我的室友国际法专业的段洁龙,他也是看三个小时书动都没动。该文很快印在 1985 年 5 月出的《中国中日关系研究会会刊》第一期上。这是我印成铅字的第一篇文章。未毕业前，我写的书评《来自另一方的纪录——岸信介回顾录》发表在《世界史研究动态》1985年第4期；论文《试析从九一八到武汉沦陷前日本的对华政策》发表在《历史教学》1985年第6期上。我的学术纪录上最初几篇文章都是中日关系方面的。

毕业时，谢老师就将我们五个师兄弟中的四人留在外交学院中国对外关系教研室任教（现仅我一人还在外交学院）。当时我主讲"当代中国外交"这门课。这样约有七八年时间，并没有机会教中日关系，其间我一直在写中日关系方面的文章，包括多篇现代史上的日本侵华外交政策的文章。到1992年之后，有机会了，我先给本科生开了"战后中日关系"的选修课，然后又给硕士研究生上选修课。到1998年我自己带研究生后，又有机会给硕士研究生上"中日关系"专业课，学术活动范围逐渐加大。1998年7月8日，我第一次到中央电视台国际频道做访谈嘉宾时，谈的也是中日关系问题。此后十多年，我和各种媒体合作，中日关系是主要议题之一。

2006年，我在世界知识出版社出版了《百年中日关系》，该书有一定的学术影响。这是我的第一本中日关系学术专著。但这本书时间跨度上百年，书也太厚（50万字），给学生做教材有些不合适。这次有机会推出的《新中国与日本关系史》是我的第二本中日关系学术专著，它更加适合给目前国内高校国际关系、中日关系、日语学专业的学生做教材。让人有些感慨的是，我现在在中日关系方面的学术成绩源于30年前大三时的一篇论文选题。此后，30年的学习、25年的教学实践，构成了我半生的生活轨迹。

本书能够出版要感谢上海人民出版社的领导慧眼识书，特别是该社图编一部主任齐书深为本书的出版做了大量工作，在此表示感谢。

在我多年关于中日关系的教学过程中，特别是在指导硕士研究生的过程中，我的很多学生都曾在课内外提过许多好的意见，对本书的写作多有帮助。如：王星宇、汪澍、魏微、王朝晖、李锴、刘华、王梦飞、张勇、陆悦麟、殷翔宇、颜志雄、李桂萌、俞鹏、尚健、阚四进、姚冰、樊超、赵冬情、刘潇洁、于贵勇、支哗、张煜等（截至2006级的部分同学），在此对同学们表示感谢。

后　记

　　由于写作过程中受到时间、学识、资料等多方面影响，书中疏漏、错误之处在所难免，敬请同行和读者批评指正。对书中引用的各方面的著作、论文、文章、资料集的作者们表示感谢。

张历历

于北京城西昆玉河畔

2010 年 7 月

再版后记

上海人民出版社 2011 年 8 月出版《新中国与日本关系史》后，受到社会各界的广泛好评。国内很多大学外交学、中国对外关系、国际关系以及日语专业的老师把该书列为专业教材和参考书。许多学生在阅读该书之后给予作者肯定。在此我表示衷心感谢。

由于《新中国与日本关系史》第一版的截稿时间是 2010 年 7 月。在本书截稿后不久，2010 年 9 月初日本政府在中国钓鱼岛海域制造了"撞船扣人事件"，在日本右翼的破坏下中日政治关系受到严重损害，导致中日关系进入复杂多变的阶段。在这个阶段，中日两国间的各种各样事件接踵而至，受到社会上不同媒体的全面报道。中日关系成为中日两国媒体及国际媒体报道量最大的双边关系。因此，最近五年的中日关系受到广大读者高度关注，纷纷要求对《新中国与日本关系史》第一版增补再版。从国内高等院校外交学、中国对外关系、国际关系等学科中"中日关系史"这门课的教学需求分析，也需要一部反映中日关系最新发展的"中日关系史"。

在这种背景下，作者用较短时间将 2010 年 8 月至 2015 年 6 月的中日关系的主要内容，列为第十一章，做了系统性梳理和一定的政策分析。因写作时间较短，该书前十章内容均未做修改，特此说明。

《新中国与日本关系史》第二版能够出版，要感谢上海人民出版社领导的支持和出版、发行等各部门工作人员的辛勤工作。另外要感谢上海人民出版社副总编齐书深和责任编辑楼岚岚为本书付出的努力和贡献。

因写作时间较短和作者学识所限，《新中国与日本关系史》第二版中如有错误和不当之处，敬请读者批评指正。作者深表感谢！

张历历

2015 年 6 月于北京

图书在版编目(CIP)数据

新中国和日本关系史/张历历著.—上海：上海
人民出版社，2016
ISBN 978-7-208-13735-6

Ⅰ.①新…　Ⅱ.①张…　Ⅲ.①中日关系-国际关系史-
研究-1949～2015　Ⅳ.①D829.313

中国版本图书馆 CIP 数据核字(2016)第 075257 号

责任编辑　楼岚岚　马瑞瑞
装帧设计　范昊如

新中国和日本关系史
张历历　著

出　　　版　上海人民出版社
　　　　　　　(200001　上海福建中路 193 号)
发　　　行　上海人民出版社发行中心
印　　　刷　上海商务联西印刷有限公司
开　　　本　720×1000　1/16
印　　　张　24.5
插　　　页　2
字　　　数　342,000
版　　　次　2016 年 5 月第 1 版
印　　　次　2020 年 1 月第 2 次印刷
ISBN 978-7-208-13735-6/D・2852
定　　　价　78.00 元